»Mrs. Peel, wir werden gebraucht!«

Franziska Fischer

»Mrs. Peel, wir werden gebraucht!«

Mit Schirm, Charme und Melone
Das Buch zur Serie

BERTZ+FISCHER

Bibliografische Information Der Deutschen Bibliothek
Die Deutsche Bibliothek verzeichnet diese Publikation in der
Deutschen Nationalbibliografie; detaillierte bibliografische Daten
sind im Internet über <http://dnb.ddb.de> abrufbar.

Redaktion und Satz:
Maurice Lahde

Redaktionelle Mitarbeit:
Barbara Heitkämper, Christin Stein, Martin Zutz

Scans & Screenshots:
Christina Durstewitz, Barbara Heitkämper, Vivian Lievenbrück

Fotonachweis:
Screenshots: 8-10, 68, 76-78, 80-88, 90-96, 98-102, 105, 107, 108, 111, 114, 117-119, 124, 126, 127, 129, 132, 133, 135, 137, 171, 172, 176, 179 (rechts), 180, 181, 184, 185 (oben), 190; Archiv des Verlags: Umschlag vorne; 48 (unten), 49 (unten), 56 (links), 61, 64, 65, 89, 113 (unten), 131; bfi Publishing: 167, 187; Éditions Huitième Art: 13, 14, 16, 19, 20, 22, 25, 27, 28, 30, 31, 35, 38-45, 47, 48 (oben), 54, 55, 56 (rechts), 57, 58, 62, 66, 67, 69-74, 97, 103, 106, 113 (oben), 115, 116, 123, 125, 134, 146, 149, 151, 153, 155, 156, 159, 161, 163, 164, 169, 173, 175, 177, 178, 179 (links), 182, 183, 185 (unten), 186, 188, 189, 191-194, 196-205, 207-216, 218; Internet: 46; Lumiere Pictures Ltd.: 17, 29, 33, 143, 195; Dave Rogers / Michael Joseph Ltd.: 136; Zitty-Archiv: 21, 23, 26, 34, 36, 49 (oben), 51-53, 75, 120, 141, 142, 144, Umschlag hinten.
© Photographs: original copyright holders

Alle Rechte vorbehalten
© 2012 by Bertz + Fischer GbR, Berlin
Wrangelstr. 67, 10997 Berlin
Printed in Poland
ISBN 978-3-86505-159-2

Inhalt

Vorwort zur dritten Auflage   6

Mrs. Peel, Sie wurden gebraucht!   7

Fighting and Fashion – Die *Avengers*-Story   11

Rächer ohne Schirm und Melone: Ian Hendry / Patrick Macnee 1961   11
Frauenpower: Honor Blackman / Patrick Macnee 1962   15
Judokicks und schwarzes Leder: Honor Blackman / Patrick Macnee 1963-64   19
Bildschirm frei für M. Appeal: Diana Rigg / Patrick Macnee 1965-66   22
Emma Peel wird's zu bunt: Diana Rigg / Patrick Macnee 1967-68   32
Tee entgegen dem Uhrzeigersinn: Linda Thorson / Patrick Macnee 1969   37
Zu viel Gewalt, zu wenig Lip-Gloss: The New Avengers 1976   41

Im Geheimdienst Ihrer Majestät – Die Stars   45

Zwischen Shakespeare und Schottland – Diana Rigg   45
Ein Leben wie im Film – Patrick Macnee   54

Pop und Pep und Parodie – Die Erfolgsformeln   63

Fahrkarten in die Vergangenheit – Another time, another place   63
Wer ist wer? – Agenten und andere Exzentriker   71
»Wo ist denn die Leiche?« – Erzählen in Serie   84
Mit 160 aus dem Stand – Tricks und Techniken   95
Britischer Humor – *Avengers*-like   101
Verbrechen lohnt sich nicht – Die Fälle der Agenten   109
Dickens, Bond und Robin Hood – Mythen, Stoffe, Motive   120

Die Rückkehr der Rächer – *The Avengers* als Kinofilm   139

Mrs. Peel, Sie werden immer noch gebraucht!   143

Die 187 Folgen – Ein Episodenführer   145

Mit Schirm, Charme und Melone zum Nachlesen   218
Episoden-Register   220

Vier Jahrzehnte im Geheimdienst Ihrer Majestät – Vorwort zur dritten Auflage

Warum ich über die Serie *Mit Schirm, Charme und Melone* schreiben würde, wurde ich oft gefragt, als die erste Auflage dieses Buches erschien. Das sei doch schon so lange her und ich damals noch nicht einmal geboren! Wenn das so ist, können die Mediävisten wohl gleich einpacken, hab' ich darauf geantwortet. Das hat die Debatte schnell beendet.

Warum sich heute noch mit John Steed und Emma Peel beschäftigen? Nun, die Frage lautet doch viel mehr – warum nicht? Oder: Womit denn sonst? Manches hat sich verändert in den letzten Jahren. Mehrere neue Bücher sind über die Serie geschrieben worden, und das Internet bringt Fans aus aller Welt näher zusammen. Eines aber hat sich nicht geändert: *Mit Schirm, Charme und Melone* bleibt ein ganz besonderer Glücksfall in der Geschichte des Fernsehens.

Betrachten Sie dies Buch als Einstieg in die Welt von John Steed und Emma Peel. Alle, die von hier aus weiterreisen wollen ins *Avengers*-Universum, finden im Anhang ausführliche Literaturhinweise – und zum ersten Mal auch Angaben über die besten Internetseiten. Für eventuelle Fehler bitte ich Leser um Nachsicht und Kenner um Gnade. Beiden wünsche ich viel Spaß mit diesem Buch.

Mrs. Peel, Sie wurden gebraucht!

Die Geschichte von *Mit Schirm, Charme und Melone* begann im Jahre 1960, vor weit mehr als 40 Jahren. Die erste Folge, die ich, etwa mit fünf Jahren, gesehen habe, hat mich nachhaltig beeindruckt und – was ich damals noch nicht ahnen konnte – zu ewigem Fantum verurteilt. *Eins, Zwei, Drei – Wer hat den Ball?*, eine Episode, die den *make-believe* auf geradezu verbotene Art und Weise strapazierte, trug mir nächtelang Albträume und ein Bild im Kopf ein, das ich noch Jahre mit mir herumtrug, ohne zu wissen, woher es stammte: ein zu gruseliger Musikbegleitung über einen Teppich rollender, spiralförmig gemusterter Babyball, der jeden, der ihn berührte, auf eine Reise, unheimlich wie ein LSD-Trip, schickte; eine Reise in ein sonderbares Kinderland voller Spielzeugkarusselle und riesiger Stofftiere. Erst beim Wiedersehen Jahre später begriff ich den schrulligen Humor dieses verdrehten Plots.

Ganze Fernsehgenerationen sind schon mit *Schirm, Charme und Melone* aufgewachsen, und das wird auch in Zukunft so bleiben. Ein Ende der Wiederholungen der fantastischen Stories vom eleganten Geheimagenten John Steed und seinen wechselnden *leading ladies*, allen voran der fabelhaften Emma Peel, ist nicht in Sicht.

»Mrs. Peel, wir werden gebraucht«, mit diesem Satz begannen die Fälle der beiden Spione oft, und dann folgten 50 unterhaltsame Minuten, die gern mit einem Glas Champagner endeten. Die Erfolgsbilanz von *Mit Schirm, Charme und Melone*, im Original *The Avengers* (Die Rächer) genannt, ist beeindruckend. Insgesamt wurden sechs Staffeln fürs Fernsehen gedreht, es gab eine Bühnen- und eine Radioversion der Serie und eine TV-Neuauflage in den 70ern, die in England *The New Avengers*, in Deutschland aber weiter unverändert *Mit Schirm, Charme und Melone* hieß. Die Spanier zeigten die Serie unter dem Namen *Los Vengadores*, die Niederländer als *De Wrekers*, in Frankreich lief sie als *Chapeau melon et bottes de cuir*, aber nicht nur dort bekam man die Abenteuer von Steed und Peel zu sehen: Die Senderechte für die beiden Emma-Peel-Staffeln wurden in über 120 Länder verkauft.

Wie kam es zu diesem enormen Erfolg? Was ist das Besondere an dieser Serie, die zu den erfolgreichsten Fernsehproduktionen aller Zeiten zählt? Die Antwort ist simpel. Serien machen süchtig. Und diese ganz besonders. Wer sie einmal gesehen hat, die schlagkräftige Witwe und ihren kultivierten, charmanten Partner, der vergisst die beiden nie. Emma Peel, in ihrem sexy Nahkampfdress, der als *Emmapeeler* in die Modegeschichte einging, war *die* weibliche Fernseh-Ikone der 60er Jahre. Ihr kühler Charme und Steeds *bowler and brolly* – Melone und Schirm – erhoben die Ausnahmesituation zum Normalzustand – aber bitte *very british* und mit Stil!

Stil und Styling sind ohnehin das A und O der Serie, denn bei *Mit Schirm, Charme und Melone* ist alles eine Frage des Designs. Angehenden Kunststudenten, die sich näher mit Pop-Art befassen wollen, sei das Betrachten dieser Serie wärmstens ans Herz gelegt. Neben Emma Peels exquisiter Garderobe im Stil der *swinging sixties* sind auch die konstruktivistisch angelegten Innenausstattungen der Räume perfekte Illustrationen für Pop-inspirierte Modetrends der 60er Jahre. Diesem fashionablen Ambiente verleihen edle Anleihen aus anderen Epochen einen Hauch von Gediegenheit: Ob hochherrschaftliche Anwesen oder die erlesenen Autos der beiden Agenten, Peels schicker Lotus Elan oder Steeds grasgrüner Bentley, mit denen die beiden durch sonnendurchflutete englische Landschaften fahren – im *Mit Schirm, Charme und Melone*-Universum sieht die Welt einfach schöner aus.

Mrs. Peel, Sie wurden gebraucht!

Es ist nicht zu leugnen: Serien machen süchtig. »Sie erwischen einen da, wo man sich am sichersten fühlt – zu Hause – und gaukeln einem allzu oft eine Vertrautheit vor, die man höchstens den besten Freunden zugesteht«, bekannte ein Kritiker in der Filmzeitschrift *steadycam*, und ein anderer begründete seine leidenschaftliche Liebe für die Serie damit, dass »schon John Steeds Stimme genügt, um sich geborgen zu fühlen«. Auch wenn John und Emma uns längst ans Herz gewachsen sind – der Umgang mit Fernsehserien scheint hierzulande oftmals keine Zwischentöne vorzusehen. Auf der einen Seite kritiklose Liebe, auf der anderen leidenschaftliche Verachtung des Serienprinzips als minderwertige Unterhaltung, die beim Betrachter zwangsweise und unmittelbar zur totalen Verblödung führen muss. *Mit Schirm, Charme und Melone* hat heftig ablehnende Reaktionen der letzteren Art nur sehr selten ausgelöst, doch für manch einen war es ein schuldbesetztes Vergnügen, dienstags abends, Woche für Woche, um Viertel nach neun wie gebannt vor dem Fernseher zu hocken, wenn das Titelthema der Serie ertönte. Dass die Abenteuer von Steed und Peel exquisite Avantgarde sind, intelligent und gut konsumierbar, darüber besteht wohl weitgehend Konsens.

Heute *Mit Schirm, Charme und Melone* zu gucken ist wie eine Zeitreise zurück in die 60er. Es ist die Zeit der Beatles und der Boutiquen in der Carnaby Street, die Zeit des Kalten Krieges und der James-Bond-Filme. In dieser lebendigen Atmosphäre siedelten die Produzenten ihr surrealistisches Popmärchen im Spionagemilieu an. Die Idee zur Serie wurde bereits 1960 geboren, also zwei Jahre vor dem ersten Bond-Film, nicht als Reaktion darauf, wie es oft heißt. Mit *Schirm, Charme und Melone* war zuerst da. Allerdings dauerte es ein paar Jahre, bis die Serie ihr heute bekanntes Gesicht erhielt.

Insgesamt wurden sechs verschiedene Staffeln mit vier verschiedenen Partnern für Steed alias Patrick Macnee produziert, weltberühmt wurden aber vor allem diejenigen Episoden, in denen Diana Rigg als witzige und wagemutige Freizeitagentin Emma Peel mit von der Partie war. Dass Steeds Partner ursprünglich ein Mann war – der Arzt Dr. David Keel, dargestellt von Ian Hendry –, wissen nur wenige. Auch Keels Nachfolgerin Mrs. Catherine Gale (Honor Blackman), eine kühle, blonde Anthropologin mit schwarzem Gürtel in Judo, war im deutschen Fernsehen nie zu sehen. Auf Emma Peel folgte Tara King, Agentin im ersten Ausbildungsjahr (alias Linda Thorson). Und schließlich wurde noch eine 70er-Jahre-Version gedreht, in der John Steed mit der blonden Exballerina Purdey und dem jugendlichen Helden Gambit gleich zwei neue Mitarbeiter zur Seite gestellt wurden.

Mit den Hauptdarstellern änderten sich im Lauf der Jahre auch Stil und Dramaturgie der Serie, man wechselte von Video auf Film und von Schwarzweiß zu Farbe. Das verbindende Glied der verschiedenen Staffeln war zum einen der treue Patrick Macnee, zum anderen das unverwechselbare Flair dieser Serie: mondän, *sophisticated* und britisch bis ins Mark. Das Großbritannien der *Avengers* ist das Land der Butler und Bentleys, der Golfplätze und der Maßanzüge aus der Bondstreet; ein Land, in dem es Muffins zum Tee gibt, Gainsborough-Porträts an den Wänden hängen und jedes Abenteuer mit knallenden Champagnerkorken ausklingt. Trotz der Liebe zu *Good Old England* ist die Serie ein in mehr als einer Hinsicht äußerst fortschrittliches Produkt, das den Geist der vitalen 60er Jahre widerspiegelt.

Die Briten zeigten alle 161 *Avengers*- und 26 *New Avengers*-Episoden vollständig und (fast) ungekürzt, andere Länder, darunter die Bundesrepublik Deutschland, glaubten, einzelne Szenen oder auch ganze Geschichten ihrem Publikum nicht zumuten zu können, und ließen die Schere walten. Und so bekamen deutsche Fernsehzuschauer erst Ende der 90er Jahre zu sehen, wie Emma Peel als »Königin der Sünde« mit Stiefeln, Korsage und lebender Schlange um die Hüfte bei einer wüsten Party auftrat, wie Menschen in künstlich erzeugten Regengüssen ertranken oder von lebendigen Pflanzen aufgefressen wurden. Hierzulande wurden anstelle des »Science-Fiction-Unfugs« lieber die Spionagegeschichten gezeigt, in denen Steed und Peel den Kapitalismus gegen Agenten aus dem Osten verteidigten oder verrückte Welteroberer und durchgeknallte Wissenschaftler zur Strecke brachten. »*Crime doesn't pay!*«, das bekamen alle zu spüren, die sich mit Peel und Steed anlegten.

John Steed, der coole Antiheld des Establishments, und Emma Peel, die katzenhafte Pop-Ikone, waren aber keineswegs verbissene Vertreter von *law and order*, sondern verwegene Individualisten mit gelegentlichen patriotischen Anflügen. Die beiden Agenten Ihrer Majestät waren so *sophisticated*, dass

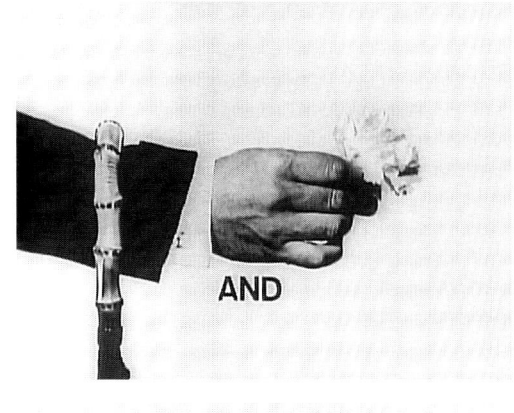

man sie »fast schon als Lebenshilfe nehmen konnte«, schrieb die *tageszeitung* im Oktober 1991, 30 Jahre nach der Ausstrahlung der ersten Folge. Emma Peel, die erste wirklich emanzipierte Serienheldin, lebte vor, was es bedeutete, unabhängig und selbst-

Mrs. Peel, Sie wurden gebraucht!

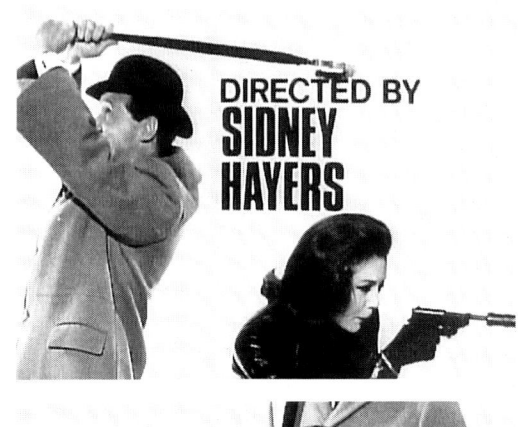

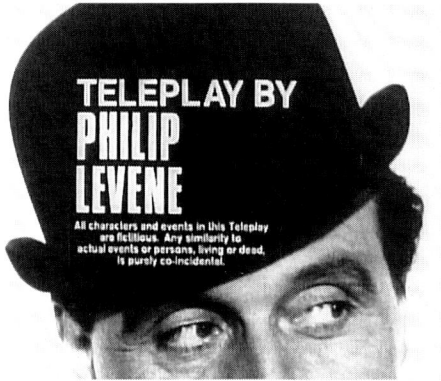

ständig zu sein. Unter ihrer Regie »mutierte die an sich harmlose Krimiserie zum Schlachtfeld des Geschlechterkampfes«, schrieb ein Fan im *Neuen Deutschland*, ebenfalls im Oktober 1991, als ein Berliner Kino zwei bislang unbekannte Episoden ausstrahlte. Peel erfreute sich auch in Kreisen der Frauenbewegung großer Beliebtheit, und ebenso erlagen eingefleischte Chauvinisten ihrem Charme und ihrem umwerfenden Aussehen.

Dieses Buch, obwohl aus der Perspektive eines Fans geschrieben, soll sich aber nicht in kritikloser Begeisterung verlieren. Eine Fernsehserie ist eine Fernsehserie ist eine Fernsehserie und als solche mit gewissen Grenzen und Beschränkungen behaftet, und es mindert keineswegs die Begeisterung, auch darauf zu sprechen zu kommen.

Allen, die mir bei diesem Projekt geholfen haben, möchte ich herzlich danken. Vor allem Winfried Secker vom deutschen *Mit Schirm, Charme und Melone*-Fanclub in Frankfurt am Main. Er hat das Manuskript fachmännisch geprüft und mich mit Material unterstützt. Zudem gilt mein beonderer Dank Dave Rogers, dem Chronisten der Serie und der unumstrittenen Autorität in allen Fragen rund um den *Avengers*-Kosmos. Ohne seine Bücher wäre das Kapitel über die Entstehung der Serie um einiges kürzer ausgefallen. Rogers ist auch der Herausgeber des Fanzines *Stay Tuned*, in dem *Avengers*-Anhänger das Objekt ihrer Verehrung von allen Seiten beleuchteten und noch Jahrzehnte später durch Interviews mit allen Beteiligten den Mythos am Leben hielten.

Fighting and Fashion –
Die *Avengers*-Story

»*Mit Schirm, Charme und Melone ist die Geschichte eines Mannes mit einer Melone und einer Frau, die sich Männer über die Schulter wirft.*« Patrick Macnee

Rächer ohne Schirm und Melone: Ian Hendry / Patrick Macnee 1961

Das Verdienst, der Welt den melonebestückten Geheimagenten John Steed beschert zu haben, wird allgemein Howard Thomas, dem damaligen *Managing Director* des Fernsehsenders ABC, zugesprochen.

ABC war eine der Tochteranstalten des unabhängigen Senders ITV und machte in den 60ern mit ambitionierten Projekten von sich reden. Was hierzulande in den 80er Jahren stürmische Diskussionen auslöste, gehörte in Großbritannien bereits seit Mitte der 50er zum Alltag: das Privatfernsehen. Jahrelang stritten die staatliche BBC und die private ITV mit unterschiedlichen Programmkonzepten um die Gunst der Zuschauer. Die BBC sendete getreu dem Motto: »Gib dem Publikum etwas, was ein bisschen besser ist, als es selbst glaubt, zu wollen« (Paulu, 1981). ITV sah sich im Gegensatz dazu von keinerlei Bildungs- und Besserungsauftrag belastet und versuchte, sein Publikum so gut wie möglich zu unterhalten – mit unglaublichem Erfolg: Bis zu 70 Prozent Einschaltquote lehrten die BBC das Fürchten. Das Umdenken fiel dem Staatssender schwer, denn bis zur Einführung der privaten Konkurrenz hatte die BBC 30 Jahre absoluter Monopolstellung hinter sich. Eine Serie wie *Mit Schirm, Charme und Melone* konnte in den 60er Jahren nur ein ITV-Produkt sein; erst im Laufe der Jahre näherten sich die beiden Kontrahenten einander immer mehr an, und später sprengten zwei weitere Sender das Duell der beiden Giganten der ersten Stunde. Hauptstandort der in London ansässigen ABC waren die Teddington Studios. Dort und ein paar Meilen außerhalb der Stadt in Elstree, dem Zentrum der englischen Film- und Fernsehindustrie der 60er, wurde die Serie produziert.

Und so begann die Geschichte: Eines Tages, wir schreiben das Jahr 1960, schlug Howard Thomas dem Chef der Abteilung Schauspiel, dem Kanadier Sydney Newman, vor, das ABC-Programm durch eine lockere, unterhaltsame Serie im Stile der Filme von Alfred Hitchcock oder der James-Bond-Romane Ian Flemings zu ergänzen. Das neue Produkt sollte spannend und humorvoll sein und beim Publikum sowohl Gelächter als auch Gänsehaut auslösen.

Newman benutzte als Vorbild für das geplante Programm eine andere ABC-Produktion namens *Police Surgeon*, eine ziemlich konventionelle *law and order*-Krimiserie, die nach kurzer Laufzeit bereits wieder abgesetzt worden war. Beim Publikum hatte *Police Surgeon* nicht besonders eingeschlagen; der schicke, junge Hauptdarsteller Ian Hendry war hingegen ausgesprochen populär. Der richtige Mann – die falsche Serie, dachte Newman und bot ihm die Hauptrolle in der geplanten neuen Produktion an. Zusammen mit Leonard White, dem Koproduzenten von *Police Surgeon*, beschloss er, noch eine zweite Hauptrolle einzuführen. Hendry sollte den Arzt Dr. David Keel spielen, dessen Verlobte versehentlich von Kriminellen erschossen wird und der bei seiner Suche nach den Mördern von John Steed, einem professionellen Geheimagenten, unterstützt wird. Dieser Hintergrund erklärt auch den Titel der neuen Serie: The Avengers (Die Rächer). Er wurde beibehalten, auch wenn die Rache an den Mördern der Verlobten bald in den Hintergrund geriet und die beiden sich anderen Fällen zuwandten.

Die Suche nach dem richtigen Darsteller für den neu erfundenen Geheimagenten John Steed, der etwas Geheimnisvolles und Hintergründiges ausstrahlen sollte, war schnell abgeschlossen, als sich Newman an Patrick Macnee erinnerte, mit dem er in Kanada zusammengearbeitet hatte.

Die Arbeit begann. Drehbücher wurden in Auftrag gegeben und der Rest des Teams ausgesucht. *Mit Schirm, Charme und Melone* startete als reine Krimiserie. Der Kampf gegen Bandenverbrecher, zusätzlich motiviert durch eine persönliche Tragödie, ließ keinen Raum für spätere *Avengers*-typische Überspannheiten. Authentizität wurde groß geschrieben, harte, schnelle Action und gut recherchierte Stories: Steed und Keel ließen Fälscherbanden auffliegen (*Square Root of Evil*), überführten Diamantenschmuggler (*Diamond Cut Diamond*) oder legten Schutzgelderpressern das Handwerk (*Brought to Book*). Keel stieß in seiner Eigenschaft als Arzt immer wieder auf die Spur eines Verbrechens, verarztete Angeschossene oder identifizierte Leichen, bei denen ihm seltsame Dinge auffielen. Zusammen mit Steed machte er sich dann an die Aufklärung des Falles, und seine Doktortasche ermöglichte ihm ein ums andere Mal unauffällig Zugang, wo der Berufsagent Misstrauen erregt hätte.

Schon vor Beginn der Dreharbeiten zeigte Hendry sich begeistert von seiner Rolle. Keel sei ein »interessanter Charakter, er besitzt Härte und Mitgefühl und fungiert als Gewissen des Teams« (Rogers, 1989). In dem für das Team aufgestellten Produktionscode (einer Art Merkblatt, auf dem die wichtigsten Direktiven der Serie festgelegt wurden, die bei der Produktion zu beachten seien) wird Keel als guter Arzt, als attraktiv, freundlich und humorvoll und als selbstständige Persönlichkeit beschrieben: »Jede Tendenz, aus ihm einen ›kleinen Jungen‹ zu machen, der Steed hinterhertrottet, immer Fragen stellt und dumme Fehler macht, *muss* ausgeschlossen werden« (Rogers, 1989). Keel ist ein Amateur im Spionagegeschäft, aber ein ausgesprochen begabter Amateur. Ermöglicht wird seine Arbeit als Agent nach Sprechstundenschluss durch seinen Partner Dr. Tredding, der immer bereit ist, für ihn einzuspringen, ohne Fragen zu stellen.

John Steed ist im Gegensatz zu David Keel ein professioneller Undercover-Agent. Er ist verbindlich, weltmännisch und dekadent, beherrscht alle möglichen Kampfsportarten, kämpft aber lieber auf unkonventionelle Weise. Die *Marquis von Queensberry*-Regeln, für mehr Fairness beim Boxen entwickelt, gelten für ihn nicht: »Seine Motive sind nicht notwendigerweise so ›moralisch‹ wie Keels. Für ihn ist das *Gelingen* einer Mission das einzig Wichtige, und deshalb können seine Mittel manchmal fragwürdig sein«, heißt es in der Produktionsanweisung. Steed ist ein Einzelgänger und hat, abgesehen von gelegentlichen Telefongesprächen mit seinem Chef One-Ten, keinerlei Kontakt zu seiner Organisation. In den ersten Episoden trug er noch Hut und Trenchcoat; sein Markenzeichen, die Melone, kam erst später dazu, ebenso wie das wichtigste Accessoire des britischen Gentlemanspions, sein Schirm. Auch Macnee mochte seine Rolle, nachdem er sich einmal entschieden hatte. »Er ist ein Raubtier, was Frauen betrifft, und liebt Schwierigkeiten. Er denkt nicht darüber nach, wie er die Verbrecher retten kann, sondern darüber, wie er sie überwältigt.« (Rogers, 1989)

Das Format der Serie legte Leonard White von Anfang an unverbrüchlich fest: Glamour, ungewöhnliche oder exotische Orte, ein wichtiger Auftrag, witzige, intelligente Dialoge sowie Action, das sollte in jedem Skript enthalten sein. An das Team erging folgender Aufruf: »Weil wir ›neu‹ sind und harter Konkurrenz von anderen Produktionen entgegensehen, müssen unsere Episoden *besser* sein und dürfen *nicht* nachlassen, wenn wir etabliert sind.« (Rogers, 1989) White wusste, wovon er sprach. Anfang der 60er tobte der Konkurrenzkampf im Serien-

Noch ohne Schirm und Melone: John Steed (Patrick Macnee) mit seinem ersten Partner Dr. Keel (Ian Hendry)

geschäft mit großer Härte. Das Fernsehen war ein noch ziemlich junges Medium, und was das Fernsehpublikum eigentlich sehen wollte, galt es in der Praxis erst herauszufinden. Per Einschaltquote entschieden die Zuschauer, was auf den Bildschirm kam, und das Ergebnis war immer wechselnden Moden unterworfen. Der gewaltige Boom der Westernserie, 1955 ausgelöst durch *Rauchende Colts*, die erste an ein erwachsenes Publikum gerichtete Serie aus den Tagen des wilden Westens, ließ trotz diverser Ableger wie *Cheyenne* oder *Maverick* langsam nach. Auch Polizeiserien alter Schule, zum Beispiel *Dezernat M* oder *Die Unbestechlichen*, waren plötzlich nicht mehr zeitgemäß. Die 60er Jahre waren eine Zeit voller eskalierender Widersprüche, Unruhen und Revolten, die Zeit des Vietnamkrieges, der Studentenproteste und der Abrechnung mit der Elterngeneration – keine gute Zeit für Western- oder Polizeiserien autoritärer Prägung. Stattdessen brach die große Spionage- und Science-Fiction-Welle an. Geheimagenten und Privatdetektive waren die Helden der Stunde, gefragt war Individualismus anstelle des hierarchiegläubigen Geistes der braven Polizeibeamten. Einer gegen alle, das traf den Nerv der Zeit: Richard Kimble wurde *Auf der Flucht* als unschuldiges Opfer von einer übermächtigen Staatsmacht gejagt; der Protagonist von *Nummer Sechs* war Gefangener in einem undurchschaubaren System. Fernsehserien erreichten in den 60er Jahren ein bislang unbekanntes Niveau, sowohl was ihre technische als auch ihre inhaltliche Qualität betraf.

Mit Schirm, Charme und Melone war die erste Serie, die konsequent in diese Bresche sprang und den Mythos vom unorthodoxen Geheimagenten propagierte, aber erst im Laufe der Jahre entwickel-

Die *Avengers*-Story

Harte, schnelle Action: Ian Hendry in der ersten *Avengers*-Episode *Hot Snow*

Folgen wurden auf Video produziert und entstanden erst am Tag ihrer Ausstrahlung. Die meisten Szenen gingen damals noch live auf Sendung, nur Außenaufnahmen und andere kompliziertere Einstellungen wurden auf teurem Filmmaterial vorproduziert und nachträglich hineingeschnitten. Dass viele Szenen live sind, merkt man ihnen heute an: Da hat die Kamera Mühe, den Gang eines Menschen zu verfolgen, und verliert ihn gar, da sitzt der Hauptdarsteller beharrlich im Dunkeln, obwohl der Nachbarstuhl perfekt ausgeleuchtet ist. Bedauerlich an der Aufzeichnung auf Video ist aber vor allem, dass das Material im Laufe der Jahre so gelitten hat, dass die erste Staffel wahrscheinlich fast komplett verloren gegangen ist. Heute ist nur noch die erste Folge auf Video erhältlich; gelegentlich liest man aber im Internet, daß vielleicht doch mehr noch mehr der ersten Staffel erhalten geblieben ist, zumindest in Fragmenten. Wer weiß, was gründliche Recherche und moderne Technik in den nächsten Jahren noch ans Licht bringen werden.

te sie mit unglaublicher Eigendynamik ihren eigenen Stil, der gleich von einer ganzen Reihe von Nachfolgern kopiert wurde. Das alles war 1960 natürlich noch nicht abzusehen. Die Produzenten wussten nur, dass es an der Zeit war, etwas Neues, nie Dagewesenes zu schaffen und neue Fernseh-Maßstäbe zu setzen.

Die erste Szene, der Tod von Peggy, Dr. Keels Verlobter, wurde am 20. Dezember 1960 aufgenommen. Bereits einen Monat später, am 27. Januar 1961, lief diese erste von 26 Episoden im Fernsehen. Die ersten *Mit Schirm, Charme und Melone*-Folgen wurden auf Video produziert und entstanden erst am Tag

Die Serie kam beim Publikum gut an, Hendry und Macnee waren auf dem Weg zum Starruhm, und im Dezember sollten weitere Episoden gedreht werden. Zwar erschien Hendrys Name im Vorspann vor dem Titel und Macnees erst danach, doch die Zuschauer zogen dem Amateur den Profi vor. Die Produzenten waren entschlossen, dem Publikum zu geben, was das Publikum wollte, und bauten Steeds Rolle aus. Ian Hendry reagierte sauer und gekränkt. Ein Streik der Gewerkschaft der Schauspieler unterbrach die Dreharbeiten für kurze Zeit, und wenig später kündigte er an, er wolle aus der Serie aussteigen, um an seiner Kinokarriere zu arbeiten.

Frauenpower: Honor Blackman / Patrick Macnee 1962

Im festen Vertrauen darauf, dass Macnees Beliebtheit die Serie auch ohne Ian Hendry weitertragen würde – und weil noch haufenweise neue Drehbücher in der Schublade lagen –, setzten die Produzenten die Arbeit an *Mit Schirm, Charme und Melone* fort. Macnee bekam diesmal eine Frau zur Seite gestellt: Mrs. Catherine Gale alias Honor Blackman. Eine Frauenrolle einzuführen war Whites Idee gewesen. Zwei konkrete Vorbilder, beides berühmte Frauen der damaligen Zeit, hatten ihn zu dieser Figur inspiriert: die Anthropologin Margaret Mead und Margaret Bourne-Smith, eine bekannte Fotografin vom *Life Magazin*.

Catherine Gale war für die Fernsehzuschauer der 60er Jahre ein vollkommen neuer Frauentyp: kühl, schön und streng, eine Frau mit selbstbewusstem Auftreten und einem wissenschaftlichen Abschluss in Anthropologie, die nicht nur Judo beherrschte, sondern sich auch bestens mit Schusswaffen auskannte. Abenteuerlust und Integrität waren ihre hervorstechendsten Charakterzüge, und entsprechend dramatisch sah auch ihr Vorleben laut Produktionsanweisung aus. In jungen Jahren hatte Gale einen Farmer geheiratet und war mit ihm nach Kenia ausgewandert, wo ihr Mann später bei einem Volksaufstand erschossen wurde. In der Einsamkeit ihrer abgelegenen Farm lernte sie schießen und sich ihrer Haut zu wehren, sie kämpfte mit Castros Partisanen in den Bergen Kubas, überwarf sich aber mit ihm nach seiner Machtübernahme wegen politischer Differenzen, woraufhin der Diktator sie deportieren ließ (dies alles wurde in der Serie nicht ausdrücklich erwähnt, doch vor diesem persönlichen Hintergrund mussten die Autoren sie operieren lassen).

Nach dem kubanischen Abenteuer kehrt Gale nach England zurück und nimmt eine Stelle im Britischen Museum an. Dort lernt sie eines Tages den Geheimagenten John Steed kennen, als er, in der Episode *Warlock*, das Museum besucht, um wissenschaftliche Auskünfte über schwarze Magie einzuholen. Steed, wie gewohnt in der Wahl seiner Mittel nicht zimperlich, lässt sich von ihr bei seinem Fall helfen, und Gale gerät in Lebensgefahr, als die beiden einen Zauberer bei seinen schwarzen Messen stören. Von da an bilden Steed, der Profi, und Gale, die Amateurin, mit Wissen und Einverständnis des Geheimdienstes ein Team. Zwischen den beiden ungleichen Partnern herrschen Respekt und Sympathie, aber grundsätzliche Unterschiede in Temperament und Moral führen immer wieder zu Spannungen. Vor allem Gales strenge Moralbegriffe kollidieren gerne mal mit Steeds Prinzip, dass der Zweck jedes Mittel heiligt.

ABC suchte sechs Monate lang nach der richtigen Besetzung für diese Rolle. Honor Blackman unterschrieb im Juni 1962 einen Vertrag über zunächst einmal sechs Folgen. Blackman hat ihre Rolle immer als Herausforderung begriffen und war auch später sehr stolz darauf, Mrs. Catherine Gale gewesen zu sein. »Ich war etwas Neues fürs Fernsehen. Die erste Feministin in einer Fernsehserie; die erste Frau, die kämpft.« (Rogers, 1989) Produzent Sydney Newman war in einem Interview mit *Stay Tuned* der gleichen Meinung. »Bis zu dieser Zeit waren Frauen in Fernsehserien entweder Sekretärinnen oder Sexobjekte, aber keine Frauen, die ihren Kopf benutzten, Entscheidungen trafen oder aktiv am Geschehen teilnahmen.«

Macnees Rolle wurde seiner neuen Partnerin angepasst und sein Outfit gründlich überarbeitet, sodass er mit der modischen Cathy Gale Schritt halten konnte. Auf Wunsch seines Produzenten fuhr er zu einem Londoner Schneider und Hutmacher und kehrte mit einem enormen Sortiment von Westen, Anzügen und – natürlich Melonen zurück, die im Lauf der Jahre zu seinem Markenzeichen wurden. Über Blackman, die er sehr bewunderte, sagte Macnee Jahre später: »Honor Blackman war bei weitem die passendste Frau für die Rolle. [...] Mit ihrem unglaublichem Aussehen, ihrer Energie, Angriffslust und Originalität schuf sie Cathy Gale, die so *der* erste weibliche Fernsehstar wurde. [...] Wir hatten den gleichen Sinn für Humor und einen tiefen Respekt füreinander.« (Rogers, 1989)

Steed hatte in dieser Staffel aber auch andere Partner an seiner Seite. In drei Episoden wurde Jon

Die *Avengers*-Story

Streng, kühl, selbstbewusst ...

Rollason alias Dr. Martin King quasi als Nachfolger von Keel getestet. Doch er überzeugte ebenso wenig wie ein ganz anderer Charakter: eine Nachtclubsängerin mit dem schönen Namen Venus Smith. Auch sie war Steed in mehreren Folgen bei seinen Ermittlungen behilflich. Ihre Rolle aber war nicht klar definiert, und es wirkte oft ein bißchen konstruiert, die Handlung immer wieder in ihren Club zu verlegen, damit sie als attraktive, blonde Sängerin glänzen konnte. Venus, Dr. King und auch der ominöse One-Ten, der Leiter des Geheimdienstes, verschwanden bald wieder in der Versenkung. Cathy Gale nahm für den Rest der Staffel den Platz an Steeds Seite ein. Das gemischte Agentendoppel wurde *Avengers*-Standard.

Gales berühmter, Judo-inspirierter Kampfstil machte den Produzenten anfangs viel Kopfzerbrechen. Ursprünglich sollte sie eine Reihe von Waffen im Miniaturformat in ihrer Handtasche mit sich tragen, doch das erschien bald allen Beteiligten reichlich albern. Die nächsten Vorschläge waren ein Strumpfbandhalfter, Minischwerter und – Modesty Blaise lässt grüßen – ein Kongostab, doch aus verschiedenen Gründen erwiesen sich alle Utensilien als unbrauchbar. Schließlich entschied man sich für den unbewaffneten Kampf, womit die beiden Hauptdarsteller bislang keinerlei Erfahrungen hatten. Doch den Produzenten war nichts zu aufwändig, und sie ließen ihre Stars nach Paris fliegen, zu René Burdet, dem Ex-Chef der französischen Résistance in Marseille. Burdet machte Honor und Patrick mit den Grundbegriffen des Judo vertraut und trainierte mit ihnen die verschiedenen Würfe und Griffe. Honor Blackman, die den größeren Teil der Judoszenen übernehmen sollte, machte sich mit viel Disziplin ans Training. Jeder Griff musste sitzen, denn noch immer ging der größte Teil der Szenen live aus dem Studio direkt auf die Bildschirme. Oft sei ihr Rücken ganz zerschrammt gewesen, erinnerte sich Blackman später in der Fernseh-Dokumentation *Avenging the Avengers*, in der die Stars der Serie zu ihren Erlebnissen befragt wurden. Und einmal war ihr Gegenspieler nach einer Prügelei siebeneinhalb Minuten lang bewusstlos, berichtete Mrs. Blackman mit leuchtenden Augen – der Betreffende möge es ihr bitte nachsehen.

Patrick Macnee entwickelte für sich selbst eine etwas ungewöhnlichere Kampfmethode, bei der sein Schirm und seine stahlverstärkte Melone zum Einsatz kamen.

Kompliziert lag der Fall, was Johns und Cathys persönliches Verhältnis betraf. Sexuelle Freizügigkeit hatte sich zu Beginn der 60er weder in England noch in Deutschland durchgesetzt, und vor allem das Fernsehen musste sehr darauf achten, die Duldsamkeitsgrenze des Publikums nicht zu überschreiten. Das stellte das Team vor allerhand Schwierigkeiten, denn bei zwei allein stehenden, attraktiven Menschen, die miteinander arbeiteten, gut miteinander auskamen und das Ende ihrer Abenteuer oft bei einer Flasche Champagner feierten, während das Bild langsam ausgeblendet wurde, fragte sich auch der unbedarfteste Zuschauer, wie das Verhältnis zwischen John Steed und Catherine Gale wohl tatsächlich beschaffen sei.

... Honor Blackman revolutionierte das Frauenbild im Fernsehen

Die *Avengers*-Story

Avengers-Attribute: Patrick Macnee mit Schirm und Melone, Honor Blackman in Lederkluft

Auch eine andere Frage wurde mit großem Ernst behandelt: das Kleiderproblem. Produzent White setzte den Standard für die nächsten Jahre und erklärte Honor Blackman zum *leader of fashion*. »Es ist der erklärte Wille der Produzenten, Modetrends zu *schaffen*, nicht *nachzuahmen*«, hieß die neue Losung (Rogers, 1989). Michael Whitaker, der schon in mehreren Filmen mit Blackman zusammengearbeitet hatte, wurde verpflichtet, Aufsehen erregende und avantgardistische Kleider zu entwerfen. Aus heutiger Sicht mutet das Ergebnis etwas zeitgebunden an, doch die fertigen Modelle passten zu Cathy Gale, sie waren streng, modern und figurbetont und engten ihre Bewegungsfreiheit nicht zu sehr ein, denn schließlich sollte sie damit ja spionieren und kämpfen. Das Lederoutfit, das sie berühmt gemacht hat, entstand allerdings rein zufällig. »Cathy führte ein sehr aktives Leben, und mir wurde bald klar, dass ich etwas brauchte, was nicht reißen würde. Röcke kamen nicht in Frage. Wenn dir die Beine über den Kopf fliegen, ist das Letzte, worüber du nachdenken willst, die Frage, ob deine Strumpfbänder zu sehen sind. Es passierte am Anfang der Serie, ich zerriss mir die Hose in einer Nahaufnahme, mit dem Rücken genau vor der Kamera. Mir wurde klar, ich müsse ein härteres Material finden. Jemand schlug Seide vor, aber Seide sah auf dem Fernsehbild nicht gut aus. Dann schlug jemand, ich glaube, es war Patrick, Leder vor, und nachdem wir es ausprobiert hatten, sagten die Produzenten ›großartig‹, also trug ich es für den Rest der Dreharbeiten. Das Einzige, was man zu Lederhosen tragen kann, sind Stiefel, also haben sie mir halblange schwarze Stiefel angezogen, und fertig war das Lederoutfit.« (Rogers, 1989)

Macnee war sich anscheinend nicht darüber im Klaren, dass er an diesem Tag eines *der* Markenzeichen der Serie erfunden hatte. Der Lederdress sollte fortan für viel Aufregung sorgen. Nicht nur Blackmans Kampfdress wurde aus Leder gemacht, sondern auch ihre Röcke, Oberteile und Kleider. Ein neuer Modetrend entstand, und die Bekleidungsindustrie produzierte ganze Kaufhäuser voller Lederwaren. Alle trugen es, nur Honor Blackman privat nicht – erst Jahre später kaufte sie sich ihre erste Lederjacke. Doch der Lederdress hatte nicht nur eine modische, sondern auch eine sexuelle Komponente. Patrick Macnee erinnerte sich später an den spielerischen Umgang mit der Zensur: »Wir benutzten eine Menge Fetische, Leder, Fesseln, was auch immer, aber auf sehr subtile Weise. [...] Man könnte sagen, wir haben ein bisschen gekitzelt.« (Rogers, 1989)

Diese Kitzeleien brachten Blackman mitunter in delikate Situationen. Sie bekam eigenartige Fanpost, einiges davon fand sie belustigend, anderes weniger, und schließlich ging man dazu über, ihre Post von Marie Donaldsen, der Pressebeauftragten der Serie, vorsortieren zu lassen. Etwas gelassener erzählte Honor Blackman später: »Manche Leute dachten tatsächlich, dass ich, weil ich Leder und Stiefel anhatte, auch eine Peitsche tragen würde. Ich wurde ab und zu ›seltsamen‹ Parties eingeladen – vorausgesetzt, ich brächte meine Peitsche mit! Natürlich bin ich nie hingegangen.« (Rogers, 1989)

Viel schwieriger zu handhaben waren gezielte Angriffe von Presseleuten, die versuchten, sie bloßzustellen, weil sie ihre Art und ihren Stil nicht akzeptierten. Aus Sicherheitsgründen gewöhnte sich Honor deshalb unter anderem an, Interviewfragen vorher abzusprechen. Bei einem Live-Interview in den Midlands lehnte der Moderator dies jedoch ab. Vor laufender Kamera plauderten die beiden über die Arbeit beim Fernsehen, bis der Journalist plötzlich mit falschem Lächeln fragte: »Erzählen Sie mal, Miss Blackman, wie ist es, wenn man halb Frau, halb Mann ist?« Darauf beugte sich Blackman, die an diesem Tag ein enges Kleid trug, das ihre eher üppige Figur betonte, nach vorne und fragte freundlich und ohne mit der Wimper zu zucken: »Auf welche Hälfte beziehen Sie sich?« Mit hochrotem Kopf beeilte sich der Moderator, den Rest des Interviews hinter sich zu bringen (Rogers, 1989).

Derartige Zwischenfälle blieben die Ausnahme. Nach der Ausstrahlung der ersten Folgen der Blackman-Staffel war die Presse sich weitgehend einig über die Serie. Sie sei der »Liebling der Primrose Hill Szene. Dafür bleiben auch die Schönen aus Belgravia und Chelsea am Samstagabend zu Hause«, urteilte die *Sunday Times*, und der *Spectator* schrieb begeistert: »Sie ist trivial, und ich liebe sie ohne jede Einschränkung; sie ist raffiniert kalkuliert und mit viel Stil gespielt.« Es gab aber nicht nur Lob, ein Radiokritiker fand die Serie »albern« und zeigte sich in polemischem Tonfall besorgt, dass eine Serie, die »so leer wie ein Totenkopf« sei, ernste Folgen für die Psyche der Beteiligten haben müsse (Rogers, 1983). Schon wenige Wochen nach dem Start der zweiten Staffel avancierte die Serie zum Spitzenreiter in der Zuschauergunst.

Judokicks und schwarzes Leder: Honor Blackman / Patrick Macnee 1963-64

Während die Vorbereitungen für die 26 neuen Folgen der dritten Staffel liefen, befand der Finanzdirektor der ABC-Tochtergesellschaft *Iris Production*, die für die Produktion der Serie in letzter Instanz zuständig war, die *Avengers* plötzlich für zu kostspielig, Macnee und Blackman zusammen seien zu teuer, und er ordnete an, man müsse sich von einem der beiden Stars trennen. Doch der Erfolg gab dem bisherigen Konzept recht, die Quoten stimmten, und so wurde statt der geplanten Kürzung ein Extra-Budget von 5.000 Pfund bewilligt, sodass die Verträge von Macnee und Blackman ohne weitere Probleme verlängert werden konnten.

Im Team standen zu diesem Zeitpunkt große Veränderungen an. Leonard White verließ die Serie und ging zum ABC-*Armchair Theatre*, und John Bryce, der ehemalige *Story Editor* der Crew, wurde als sein Nachfolger unter Vertrag genommen. Neu dazu kamen auch Paul Whitsun-Jones als Charles, in einigen Episoden Steeds neuer Chef, und Ronald Radd, der als Quilpie diese Rolle in anderen Folgen übernahm. Quilpies Büro lag sehr *Avengers*-typisch

Die *Avengers*-Story

No Sex? Im Einsatz blieben Gale und Steed stets professionell auf Distanz

Äußerst beunruhigend für das Team war eine Zeitungskritik, in der Steed als *Marshmallow Scarlet Pimpernel* bezeichnet wurde. Befragungen ergaben, dass er von den Zuschauern mehr und mehr als humoristische Beigabe zur dominanteren Cathy Gale betrachtet wurde. Sofort wurden entsprechende Maßnahmen eingeleitet, um ihn wieder etwas *tougher* erscheinen zu lassen. So musste Steed zum Beispiel in der Episode *Man with Two Shadows* einen wehrlos am Boden liegenden Gefangenen während einer Befragung mit voller Kraft in die Rippen treten. Auch an Blackman ging die Kritik nicht spurlos vorbei, sie wurde angehalten, Cathy etwas weiblicher und menschlicher zu

in einem Schlachterladen versteckt, was ihm die Gelegenheit gab, seinen Agenten ein cooles »Kommen Sie mit in den Kühlraum, es gibt Arbeit« zuzuraunen.

Einer der Gründe für den großen Erfolg der Blackman-Staffeln war laut Dave Rogers, dem Chronisten der Serie, die freundliche und kooperative Stimmung während der Dreharbeiten. Ein anderer lag seiner Meinung nach in dem ausgezeichneten Autorenteam, das die Bücher ausarbeitete. Autoren wie Brian Clemens, Roger Marshall und Malcolm Hulke dachten sich spannende, neue Geschichten für die beiden Agenten aus. Die Zusammenarbeit mit einer Anthropologin verwickelte Steed in ungewöhnlichere Fälle als die, die er mit seinem früheren Partner, dem Arzt Dr. Keel, zu lösen hatte, und die erotische Komponente sorgte für einen neuen, ironischen Unterton. Zwar waren es in erster Linie immer noch harte Kriminalstories, aber Steed und Gale ermittelten nicht mehr im Londoner Verbrechermilieu, ihre Fälle bekamen einen mehr »außenpolitischen« Charakter. Nun galt es unter anderem, Anschläge auf hochrangige Politiker zu verhindern (*The Decapod*), Landesfeinde am Stehlen von Militärgeheimnissen zu hindern (*Mission to Montreal*) oder andere klassische Agententätigkeiten von nationaler Bedeutung zu verrichten.

gestalten. Das ging soweit, dass sie sich in *Six Hands across a Table* in einen Mann verlieben und ihn küssen sollte. Natürlich wurde nichts aus den beiden, denn ganz traditionsgemäß entpuppte er sich am Schluss als Kopf der Bande. Dies war auch das letzte Mal, dass Derartiges bei *Mit Schirm, Charme und Melone* zu sehen war: Von da an blieben die Heldinnen unnahbar, und Küsse – oder gar Sex – waren tabu.

John Bryce stellte für die neue Staffel einen neuen Produktionscode auf, der die wesentlichen Züge der Serie beibehielt und einige andere ergänzte, darunter solche, mit denen man der Verantwortung gerecht werden wollte, die aus der Vorbildfunktion des Fernsehens vor allem für Kinder erwuchs. *Mit Schirm, Charme und Melone* wurde politisch korrekt: »*Trinkszenen* sollten auf ein Minimum reduziert werden. *Rauchen* sollte auf ein Minimum reduziert werden. *Blasphemy* ist *out!*« (Rogers, 1989) Der Champagner, den Steed sich nach bestandenen Abenteuern mit seiner Partnerin gönnte, gehörte anscheinend nicht in die Kategorie Trinkszenen...

Das Outfit der beiden Stars wurde völlig neu überarbeitet. Macnees Kleidung wurde noch edwardianischer, mit Nadelstreifenwesten und Röhrenhosen, zu denen er seine kunstvoll gearbeiteten

Als Bond-Girl zum Weltruhm: Honor Blackman mit Sean Connery in GOLDFINGER (1964)

Melonen und getüpfelte Seidentücher in der Brusttasche trug. Blackmans Kleidern nahm sich der Stardesigner Frederick Starke, Ex-Chef der Londoner *Fashion House Group*, an. Ihr Lederlook wurde zum Teil durch femininere, weich fließende Kleidung mit militärischen und chinesischen Einflüssen ersetzt. Die Starke-Modelle wurden am 29. Oktober 1963 unter großer Pressebeteiligung auf der *Avengers Fashion Show* im Londoner *Ambassadeurs Club* gezeigt, von Mannequins und den Stars der Serie selbst vorgeführt – sicher ein großer Spaß für die beiden und ein Indiz dafür, wiewichtig Stil und Design der Serie waren.

Zusätzlich zum neuen Outfit bekamen John Steed und Cathy Gale in der neuen Staffel erstmals feste Wohnsitze, sodass nun viele der Geschichten in Steeds oder Gales Wohnung ihren Anfang nahmen und nach Abschluss des Falles auch wieder dort endeten. Nummer 5, *Westminster Mews* (später umgeändert in *Stable Mews*), die Wohnung von John Steed, ist ein ausgesprochen gediegener Ort: Viktorianische Möbel, rote Ledersessel und holzgetäfelte Wände sorgen für eine behagliche Atmosphäre. Polopokale, Jagdtrophäen und ein Porträt seines Großvaters über dem mächtigen Kamin zeigen Steeds Verwurzelung in festen Traditionen. Ganz anders sieht es in Nummer *14, Primrose Hill* aus. Gales modernes, funktionalistisches *flat* ist mit einer Cocktailbar, einem Fotostudio und einem Monitor an der Tür ausgestattet, der

Die *Avengers*-Story

Independent Television's Personality 1963: Honor Blackman

Im Dezember kam zum ersten Mal die Idee auf, einen Kinofilm aus dem *Mit Schirm, Charme und Melone*-Format zu machen. Der amerikanische Filmproduzent Louis de Rochemont sprach bei ABC vor und stieß auf offene Ohren. Auch Blackman und Macnee waren einverstanden, und Howard Thomas begann, die grundlegende Story auszuarbeiten, die im mittleren Osten spielen sollte, wo die *Avengers* den Tod einer ganzen Schulklasse angehender Diplomaten und Agenten rächen sollten.

Gleichzeitig landete noch ein zweiter Vorschlag auf dem Schreibtisch von Howard Thomas. Cheryl Crawford, eine erfolgreiche amerikanische Theaterproduzentin, bekundete ihr Interesse, *Mit Schirm, Charme und Melone* als Musical herauszubringen. Die Idee erschien seltsam, aber Thomas hielt sie für möglich und stimmte zu. Während sich die Produktionsgesellschaft angesichts so vieler neuer, lukrativer Projekte in Träumen von unvorstellbarem Ruhm und Reichtum erging, kündigte Honor Blackman völlig unerwartet ihren Vertrag zum Ende der laufenden Staffel.

ihr automatisch anzeigt, wer zu Besuch kommt, und die Möbel lassen sich per Knopfdruck bedienen.

Die Dreharbeiten gingen weiter. Honor und Patrick standen bis zu sieben Tage pro Woche vor der Kamera, und in ihrer Freizeit kümmerten sie sich um alles, was sonst noch anfiel, zum Beispiel Judotraining, Gymnastikstunden, Kostümproben und Interviews. Als Belohnung für die Schufterei wurden die beiden Ende 1963 bei der *Great Britain Annual Awards Ceremony* im Londoner Dorchester Hotel zu den *Independent Television's Personalities* des Jahres gewählt.

Bildschirm frei für M. Appeal: Diana Rigg / Patrick Macnee 1965-66

Innerhalb von Stunden brachten die Zeitungen Schlagzeilen wie »Cathy hängt ihre Stiefel an den Nagel« oder »Cathy verlässt die *Avengers*« (Rogers, 1989). Blackman begründete ihre Entscheidung damit, dass sie einen Filmvertrag in Aussicht habe und nicht warten wolle, bis die Figur der Cathy Gale unmodern und langweilig werde. Der ausschlaggebende Grund für ihren Ausstieg war das Angebot, die Rolle der Pussy Galore in dem neuen Bond-Film GOLDFINGER (1964, R: Guy Hamilton) zu übernehmen – Blackman sah ihre Chance für eine Filmkarriere gekommen. Es ist ein generelles Phänomen der 60er: Fernsehen galt allgemein noch als unrespektabel. Zwar machte das relativ junge Medium der Filmindustrie zunehmend ernsthafte

»Emma Peel, die Größte, unser Glück«: Steeds neue Partnerin wurde zur Pop-Ikone der 60er Jahre

Konkurrenz, und immer mehr Autoren, Regisseure und Produzenten wanderten ab, um die Möglichkeiten des neuen Mediums auszutesten, denn die Gewinnchancen waren hoch, das Geschäft boomte, und vor allem die Serienproduktionen versprachen Arbeit auf Jahre hinaus. Doch der Makel des Primitiven, künstlerisch Zweit- oder Drittklassigen haftete dem Fernsehen noch stark an. Vor allem Schauspieler, die notgedrungen mehr auf ihr Image bedacht waren als Autoren oder Produzenten, wollten nicht zu lange beim Fernsehen bleiben, weil eine Rückkehr zum Film den »Abtrünnigen« oft fast unmöglich gemacht wurde. Im Laufe des Jahrzehnts verlor das Fernsehen langsam seinen Ruf als »randständiges, wenig beachtetes, geringgeachtetes Medium nur technisch ersten Ranges«, nun wollten auch »die Gebildeten unter seinen Verächtern nicht länger auf die Truhe aus Holz und Glas« verzichten (Hoffmann/Klotz, 1987). Doch für die Schauspieler blieb die Entscheidung pro oder contra Fernsehen trotzdem keine leichte. Blackman zumindest war entschlossen, diese vielleicht letzte Chance, Fuß im Filmgeschäft zu fassen, zu ergreifen.

Aus der Serie wurde sie einfach rausgeschrieben, angeblich war sie im Endlos-Urlaub auf den Bahamas. In *Stadt ohne Rückkehr*, der ersten Emma-Peel-Geschichte, treten Peel und Steed ganz selbstverständlich als neue Partner auf und verlieren kein Wort über die Abwesenheit Mrs. Gales. Einen Tribut an Honor Blackman und eine Anspielung auf ihren Auftritt in GOLDFINGER enthält dafür eine Szene in einer der späteren Episoden: In *Weihnachten – ein Albtraum* bekommt Steed eine Weihnachtskarte von Cathy und sagt belustigt: »Eine Karte von Mrs. Gale! Was macht sie denn in Fort Knox?«

Die *Avengers*-Story

Auf dem Gipfel des Erfolges zu sein und zugleich ohne eine Hauptdarstellerin dazustehen, muss für die Produzenten der Serie keine angenehme Situation gewesen sein. Fieberhaft wurde *Telemen Limited* mit der Suche nach einem geeigneten Ersatz beauftragt. Als *Telemen* firmierten der bekannte Filmproduzent Julian Wintle sowie Albert Fennel und Brian Clemens, die als Koproduzenten und *story editors* für die neue Staffel unter Vertrag standen. Diese drei haben *Mit Schirm, Charme und Melone* zu dem gemacht, was wir heute kennen. Neue Bücher wurden in Auftrag gegeben, während die Suche nach einer Partnerin für Steed andauerte. Die vierte Staffel sollte vollständig auf Film produziert werden, da auch die Amerikaner ihr Interesse an der Serie unter der Voraussetzung bekundet hatten, dass sie auf Filmmaterial vorliege. Über 60 junge Schauspielerinnen sprachen für die Rolle vor, für die es noch nicht mal einen Namen gab. Eine Zeitlang war »Mantha«, eine Abkürzung von »Samantha«, im Gespräch, aber so richtig überzeugte dieser Vorschlag niemanden. Schließlich hatte Marie Donaldson, die Pressefrau der Serie, einen Geistesblitz: Beim Grübeln über einen zündenden neuen Namen fiel ihr »M. Appeal« ein, als Kürzel von *Man Appeal* – ein Wortspiel in Anlehnung an den englischen Ausdruck *Sex Appeal* – und M. Appeal wurde durch schnelles Sprechen zu – Emma Peel! Alle waren von dem Namen und seiner unterschwelligen Bedeutung begeistert, und Emma Peel hatte bald darauf eine Lebensgeschichte. Als Tochter eines reichen Geschäftsmannes und Witwe des verunglückten Testpiloten Peter Peel lebt Emma wohlhabend, unabhängig und unbeschwert in ihrer Londoner Studiowohnung und vertreibt sich die Zeit als Steeds Mitarbeiterin im Spionage-Gegenspionage-Geschäft. Peel ist ein etwas jüngerer und humorvollerer Typ, als Gale es gewesen war. Ähnlich wie diese hat aber auch sie eine hypermoderne Wohnung, kleidet sich nach der neuesten Mode und fährt schnelle Autos. Ihr Verhältnis zu Steed ist herzlicher und wärmer als das ihrer Vorgängerin, und gelegentliche Anspielungen deuten darauf hin, dass die beiden nicht nur Berufliches verbindet.

Nach monatelanger Suche war die richtige Darstellerin für die Rolle der Emma Peel immer noch nicht gefunden. In die engere Wahl kam die Schauspielerin Elizabeth Shepherd, eine ausgebildete Shakespeare-Darstellerin, die als eine der schönsten Frauen Englands galt. Doch noch nachdem die erste Episode der neuen Staffel, *Stadt ohne Rückkehr*, schon abgedreht worden war, entschied sich das Team gegen sie – zu schön, zu wenig Ausstrahlung, befanden die Produzenten. Man suchte eher einen Frauentyp mit Charakter und Esprit.

Dodo Watts, *casting director* des Teams, schlug daraufhin Diana Rigg vor, eine junge Schauspielerin, die sie aus einer Produktion des *Armchair Theatre* kannte. Brian Clemens und Albert Fenell sahen sich das Stück daraufhin an und luden Diana zu einem Casting mit Patrick Macnee ein. Rigg, überzeugt, keine ernsthafte Chance zu haben, kam aus reiner Neugier. Bei den Probeaufnahmen musste sie Macnee einen Gipsverband anlegen und mit einem Gewehr auf einen Schurken schießen. »Das Studio war überlaufen mit unglaublich ehrgeizigen jungen Frauen [...], wir mussten schwarze Hosen und Pullover tragen, und die ganze Gruppe sah wie eine Neo-Nazi-Armee aus«, schilderte Diana Rigg später das Casting (Tracy, 2004). Überzeugt, sie würde sowieso nicht ausgewählt, erschien sie zu spät für eine zweite Probe: »Ich war mit einer Freundin Mittagessen, und wir hatten ein paar Gläser Wein. Sie waren ein bisschen sauer auf mich.«

Jedoch die fertigen Bilder begeisterten die gesamte Mannschaft, und Macnee schloss sie sofort ins Herz. »Als Diana zu uns kam, war sie gerade 28, aber sie hatte diesen vollkommenen, technisch perfekten Comedy-Stil, sie sprühte vor Temperament und Selbstsicherheit. Sie war so gut, dass dadurch mein eigener Sinn für Comedy geschärft wurde. [...] Die meisten Szenen, in denen wir zusammen auftraten, wurden von uns zum großen Teil umgeschrieben. Sie hatte eine scharfe und lebendige Vorstellungskraft und das richtige Verständnis dafür, was eine Frau wie sie in der gegebenen Situation sagen würde, egal wie unerhört oder verrückt es war.« (Rogers, 1989)

Von nun an wurde der Stil der Serie leichter und überdrehter, immer öfter landeten die beiden Agenten in abstrusen Situationen, in denen der Ausnahmezustand zum Normalfall wurde. Dazu bekamen sie, quasi als unmoralische Unterstützung, eine Reihe exzentrischer Nebenfiguren an

Multitalent: Emma Peel frönt ihren musikalischen Neigungen

Die *Avengers*-Story

Die Stories wurden immer fantasievoller: Steed und Peel auf exklusivem Fortbewegungsmittel in *Honig für den Prinzen*

die Hand, an denen sie ihr komisches Talent entfalten konnten. Die seither typische *Schirm, Charme und Melone*-Mischung aus Avantgarde, Humor und Action war etwas Neues fürs Fernsehen, und die Stories wurden immer fantasievoller. Dealer, Waffenhändler und andere mittelmäßige Verbrecher überließen die beiden Agenten von nun an weniger genialen Ermittlern. Mrs. Peel und Mr. Steed interessierten sich mehr dafür, das Land vor übermächtigen *Robotern* zu schützen, erlebten eine Stunde, die niemals stattfand (*Die fehlende Stunde*), und ertranken fast in künstlich erzeugten Regenstürmen (*H2O – Tödliches Naß*). Doch egal ob mordende Heiratsvermittler (*Das Mörderinstitut*) oder fleischfressende Pflanzen (*Mörderischer Löwenzahn*) sich ihnen in den Weg stellten – am Ende blieben stets die Agenten Ihrer Majestät die Sieger.

Der Presse verdankte die Serie bald das Attribut *Kinkiness*, ein Wort, das man zum einen mit *Spleenigkeit* übersetzen kann, das aber auch *sexuell anders oder abartig* bedeutet. »Sind Sie so *kinky* wie die *Avengers*?«, fragte auch das *Mit Schirm, Charme und Melone*-Fanheft *Stay Tuned* seine Leser in einem Quiz, in dem man anhand von zehn Fragen zur Serie seinen persönlichen »Kinkiness-Quotienten« ermitteln konnte.

In puncto *fighting and fashion* tat sich ebenfalls einiges. Emma Peel sollte zwar ein eigenes Profil erhalten, andererseits wollte man nicht ganz auf die erfolgreiche Cathy-Gale-Formel verzichten. Emmas Kampftechnik wurde also leicht abgeändert: Anstelle von Judo, worin Cathy Expertin gewesen war, verlegte sie sich auf Karate. In sorgfältig geplanten Choreografien, die der amerikanische Stuntman Ray Austin ausarbeitete, stach sie mit gerade ausgestreckten Fingern auf ihre Gegner ein und schleuderte ihre Beine mit langen schwungvollen Bewegungen den Schurken entgegen. Anders als Honor musste Diana nicht monatelang trainieren, sondern nur einen kurzen Crash-Kurs über sich ergehen lassen, denn bei den Filmaufnahmen ließen eine Reihe von Stuntmen und entsprechende Schnitte (nun wurde ja nicht mehr live gesendet) ihre Kämpfe überzeugender aussehen, als sie waren – bei der leichtesten Berührung flogen ihre Gegner bereitwillig in die nächste Ecke. In den harten Szenen wurde Rigg von Cyd Child gedoubelt, die ihr so ähnlich sah, dass es gar nicht weiter auffiel, wenn einmal nicht Diana, sondern kurz Cyd zu sehen war. Es war Childs erster Job als Stuntfrau und das erste Mal, dass sie vor einer Kamera stand, doch mithilfe von Ray Austin fand sie sich schnell zurecht und blieb den *Avengers* bis zum Schluss treu. »Meine Erinnerungen an die Arbeit mit Patrick, Diana, Linda, Joanna und Gareth [alles spätere ›Rächer‹; A.d.V.] würde ich für nichts eintauschen«, sagte sie Jahre später in einem Interview mit *Stay Tuned*, als sie – inzwischen Mutter geworden – den gefährlichen Job an den Nagel gehängt hatte.

Für Peels Garderobe konnte der Modedesigner John Bates gewonnen werden. Zum ersten Mal wurde eine gesamte Kollektion speziell für eine Fernsehserie entworfen. Das *Jean Varon Fashion House* ließ die Kollektion bei mehreren Firmen in Auftrag geben und führte das *Jean Varon Avengers Pack* auf eigens dafür veranstalteten Modenschauen vor. Bates' Ideen für Peels Garderobe waren ausgesprochen *up to date*, aber dennoch zeitlos schick und tragbar. Besonders wichtig für das Design der Modelle waren die Linien und Farben des Bildschirms selbst, auf dem sie wirken sollten. Bates entwarf schwarzweiße Kleider mit horizontalen und vertikalen Linien, meist nur großflächig gemustert oder à la Mondrian schwarzumrandet, die ihren Pop- und Op-art-Einfluss nicht zu verleugnen suchten. Emma Peel trug Mützen mit Zielscheibenmotiv, einem typischen

Ein Crash-Kurs genügte: Guten Flug!

Die *Avengers*-Story

Pop-Art-Symbol: Emma Peel mit »Zielscheiben-Mütze«

Pop-Art-Symbol, und eines ihrer berühmtesten Kleider hatte den Namen *TV* – eine selbstironische Volte: fürs Fernsehen erdacht und vom Fernsehen inspiriert zugleich.

Peels jeweiligem Outfit wurde der Rest der Szene angepasst. Spiralförmig geringelte schwarzweiße Fußböden und immer wieder, an Außenwänden, in Wohnungen und sogar in Hotelhallen, das Schachbrettmuster. Bauhaus-Konstruktivismus und 30er-Jahre-Stummfilmdekorationen standen Pate. Eine andere berühmte Kombination Emma Peels namens *Flash* bestand aus einer silbernen Hose und einem gleichfarbigen Bikinioberteil, das Ganze wirkte ausgesprochen sexy.

Pop- und Op-Designer experimentierten in den 60ern mit einer Vielzahl neuer Materialien und Formen, und Plastik war besonders *hip*. Nackte Brüste, in Klarsichtfolie verpackt, wie von Jane Fonda als *Barbarella* vorgeführt, bekam man bei Emma Peel allerdings nicht zu sehen. Ein für ihren Stil unabdingbares Accessoire war stattdessen der Reißverschluss, an Hosen, Schuhen und eleganten Oberteilen angebracht, ein Ausdruck ihrer praktischen Art und ein Symbol für Emmas »unverklemmte« Sexualität. Verglichen mit anderen Modeerfahrungen der 60er Jahre blieb *Mit Schirm, Charme und Melone* mit Rücksicht auf das Publikum ziemlich züchtig. Trotz – oder gerade wegen – dieser unextremen Haltung wurde die Serie für das breite Publikum zum modischen Trendsetter. Eine Vorführung des *Avengers Pack* im August 1965, an der neben den beiden Agenten auch Starmodell Twiggy teilnahm, wurde zum fashionablen Happening. Hinterher posierte die magersüchtige Kindfrau, *das* Schönheitsideal der 60er (Maße: 78-55-80 bei 41 Kilo Körpergewicht), zusammen mit Macnee für Modefotos. Die neuen Outfits kamen bald darauf in den Handel und wurden ein Verkaufsschlager. Die ganze Insel trug Pop-Design im *Schirm, Charme und Melone*-Stil.

Steed behielt in der neuen Staffel seine alte Adresse, erhielt aber einen an sein Telefon angeschlossenen Recorder, der jedes Gespräch aufzeichnete. Peels Dachgeschoss-Penthouse lag in Hampstead und bestand im Wesentlichen aus einem einzigen Raum, den sie mithilfe von Knöpfen an der Wand in ein Schlafzimmer, ein Wohnzimmer oder was auch immer umwandeln konnte. Moderne Gemälde und Skulpturen und ein großes künstliches Kamera-Auge über der Tür, das, sobald jemand klingelte, aufging und das Bild des Besuchers auf einen Monitor übertrug, rundeten die Einrichtung ab. Ansonsten finden sich in der Wohnung allerhand Spuren der vielfältigen Hobbys der Emma Peel. Das Allround-Genie beschäftigte sich nicht nur mit Anthropologie und Thermodynamik, sondern bildhauerte auch, weshalb auf dem Teppich im Wohnzimmer immer ein paar große, halb fertige Steinblöcke herumstanden.

Die neue Staffel brauchte auch eine entsprechend neue musikalische Untermalung. Laurie Johnson komponierte nach langen Sitzungen mit Fennell, Clemens und Wintle ein flottes und fröhliches Thema, das ein wenig an die Melodie der berühmten *Miss Marple*-Serie mit Margaret Rutherford erinnert – einer anderen Säule des britischen Empires.

Sinn für Design: Immer wieder Schachbrettmuster

Die *Avengers*-Story

Fighting & Fashion: Erstmals wurde speziell für eine TV-Serie eine ganze Kollektion entworfen

Albert Fennel und Brian Clemens waren sich darüber im klaren, dass der einzige Weg, den amerikanischen Markt zu erobern und so trotz der enormen Produktionskosten echte Gewinne zu machen, darin lag, den Amerikanern etwas zu bieten, was sie nicht selbst machen konnten. So entstand die übertrieben britische Art der Serie, ihr unnachahmlicher *stiff-upperlip*-Stil, der die ganze Arroganz des ehemaligen Empires und die leichte Beschränktheit des typischen Inselbewohners auf die Schippe nahm, was die Amerikaner herrlich skurril fanden.

Die Dreharbeiten begannen im Mai 1965. Diana Rigg und Patrick Macnee arbeiteten 14 Stunden pro Tag und lernten pro Woche 60 Seiten Dialog auswendig. Die Zeit drängte, denn für jede Episode – Kostenpunkt 30.000 Pfund – waren durchschnittlich zehn Drehtage vorgesehen. Da nun auf Film gedreht wurde, waren mehr Außenaufnahmen möglich als vorher, und die meisten entstanden in Hertfordshire, in der Nähe der Elstree Studios.

20 Minuten baden, ein Glas Zitronensaft (viele Kalorien erlaubten ihr die engen Catsuits wirklich nicht), und Dianas Tag begann, wenn ihr Chauffeur sie zur Arbeit fuhr. Auch ihre Einkäufe habe John Taylor für sie erledigt, schreibt Kathleen Tracy in ihrer Biografie, aus Zeitmangel, wofür Rigg, die zeitlebens Unprätentiöse, ihm ewig dankbar war.

Diana Rigg katapultierte die Serie in den Weltruhm. 40 verschiedene Länder übernahmen die vierte *Avengers*-Staffel, geschätzte Zuschauerzahl weltweit: 30 Millionen. Auch auf deutschen Bildschirmen waren die beiden Agenten ab 1966 unter dem passend gewählten Titel *Mit Schirm, Charme und Melone* zu sehen; das ZDF kaufte die Senderechte und zeigte sie in 14-tägigem Abstand dienstagabends um 21.15 Uhr. Die deutschen Zuschauer, deren Serienerfahrung überwiegend aus *Flipper* und *Fury*, *Bonanza* und *Rauchende Colts* bestand und deren Englandbild ein kleiner, albern daherredender Berufsbrite mit dem koketten deutschen Spitznamen *Mr. Pumpernickel* geprägt hatte, waren vom eleganten Steed und seiner avantgardistischen Partnerin begeistert. Bereits die ersten Folgen hatten Einschaltquoten von durchschnittlich 55 Prozent, und die Zeitungen jubelten. »Die beste Unterhaltungsserie, die bisher im deutschen Fernsehen zu sehen war«, schrieb die *FAZ*, »die intellektuellste aller Krimiserien«, befand die *Zeit*, und der *Münchner Merkur* nannte *Mit Schirm, Charme und Melone* eine »witzig-spannende Persiflage auf alle Arten von Sex- und Crime-Darbietungen« und John und Emma »die nonchalanten Racheengel mit dem Umgangston der High-Snobiety«.

Mit Schirm, Charme und Melone war nicht die erste britische Serie im deutschen Fernsehen (dieser Ruhm gebührt *Simon Templar*, bereits ab 1963 mit Roger Moore in der Titelrolle ausgestrahlt), bis heute aber wahrscheinlich die erfolgreichste. Nachdem die ersten 13 Folgen gesendet waren, plante das ZDF, eine Pause von mehreren Monaten einzulegen. Stattdessen lief *Solo für O.N.K.E.L.*, eine ebenfalls stark Pop-orientierte Spionageserie, aber

Emma Peels jeweiligem Outfit wurde der Rest der Szene angepasst

das Agentenduo Napoleon Solo und Illya Kuryakin konnte Peel und Steed nicht ersetzen. Nach massiven Zuschauerprotesten ließ der Sender reumütig die nächsten Episoden von *Mit Schirm, Charme und Melone* folgen und erntete Dankbarkeit allerorten. »Die Welt war wieder im Lot, die Republik befreit, als Emma Peel, die Größte, unser Glück, als Emma, die Detektivin aus England, auf Deutschlands Bildschirme heimgekehrt war«, schrieb die *Frankfurter Allgemeine Zeitung*, und der *Münchner Merkur* titelte mit Emphatie: »Emma hat uns wieder.«

Öffentliche Auftritte von Rigg und Macnee wurden zum Sicherheitsrisiko. Bei einem gemeinsamen Auftritt in Düsseldorf stellten sich die beiden der deutschen Öffentlichkeit und Presse vor, und ihre Anhänger waren so begeistert, dass nur massiver Polizeieinsatz vor dem Restaurant die Fans an allzu begeisterten Sympathiebekundungen hindern konnte.

Zum Erfolg der Serie in der Bundesrepublik trugen neben der ausgezeichneten Übersetzung vor allem die kongenialen deutschen Sprecher bei: Margot Leonard, die schon Brigitte Bardot und Marilyn Monroe ihre Stimme lieh, traf Peels intelligenten *tongue in cheek*-Ton ganz genau. Und Gert Günther Hoffmann, als »König der Synchronsprecher« und deutsche Stimme diverser Superstars wie James Bond, Rock Hudson und Captain Kirk bekannt, verlieh Steed sein kultiviertes Timbre. Nicht alle Episoden jedoch wurden von Leonard und Hoffmann gesprochen, und wo dies nicht der Fall ist, bemerkt man große Unterschiede. Besonders fehlbesetzt: das gutturale Organ von Joseline Gassen, bekannt vor allem als Stimme von Jennifer Hart in *Hart aber herzlich*. Oft wurde auch die chronologisch richtige Reihenfolge der mit unterschiedlichen Stimmen synchronisierten Folgen ignoriert. Frei nach dem bekannten Fernseh-Motto: Das versendet sich. Dieser lieblose Umgang mit eingekauftem Material war mitnichten ein Einzelfall. Manche Fernsehredakteure sahen in den Serien, die das Publikum wirklich sehen wollte, also vor allem den sauber gemachten, amerikanischen Krimi- oder Spionageserien, oft nur »billiges Programmfutter«.

Dazu wurden einige Episoden dem deutschen Fernsehpublikum lange Zeit glatt unterschlagen. Angeblich fand der verantwortliche ZDF-Redakteur sie »zu sadistisch oder zu versponnen« (*Stuttgarter Zeitung*, April 1967). Vielleicht war man dort auch nicht allzu traurig, als 1986 die Senderechte ausliefen. Die Geschichten um die aufmüpfige Witwe und ihren charmanten Partner fielen an SAT.1 und die Kirch-Gruppe.

In deren Auftrag wurden 1996 viele Folgen nachsynchronisiert, und 1998, stolze 30 Jahre (!), nachdem sie gedreht wurden, waren endlich fast alle Episoden aus der ersten Emma-Peel-Staffel im deutschen Free-TV zu sehen. Bis zur absoluten Vollständigkeit mussten die Fans (nach Recherchen der Internetseite sk96.de) sogar bis zum Jahr 2003 warten, als die beiden Emma-Peel-Staffeln komplett auf Kabel 1 liefen.

Emma Peel wird's zu bunt: Diana Rigg / Patrick Macnee 1967-68

Trotz aller Erfolge und aller Anstrengungen war der entscheidende amerikanische Markt noch nicht gewonnen. ABC stand in komplizierten Verhandlungen mit zwei amerikanischen Sendern, die beide ihr Interesse an den Rechten für *Mit Schirm, Charme und Melone* bekundet hatten. Der Vertreter von NBC äußerte sich zwar positiv über das, was er zu sehen bekam, meinte aber, Amerika sei »noch nicht reif für eine so extreme Serie« (Rogers, 1989). Problematisch fand er vor allem die Dialoge zwischen Emma und John, die seiner Meinung nach zu arrogant wirkten. Ein zweites Problem lag darin, dass die Episoden schwarz-weiß waren. Das englische Fernsehen strahlte größtenteils noch monochromatisch aus, NBS, CBS und die amerikanische ABC orientierten sich hingegen längst zur Farbe hin. Auch in der Bundesrepublik wurde 1967 auf der Funkausstellung offiziell das Farbfernsehen eingeführt, und ab August begannen ARD und ZDF mit der regelmäßigen Ausstrahlung des Fernsehprogramms in Farbe.

Um die Situation zu retten, entschloss sich Howard Thomas, die Sache selbst in die Hand zu nehmen, und flog nach New York, um dort die

Für deutsche Zuschauer nicht zumutbar: Emma Peel als »Königin der Sünde«

Die *Avengers*-Story

Patrick Macnee hat gut lachen: Die Rigg/Macnee-Staffeln wurden um die halbe Welt verkauft

zu, Steed bückt sich und nimmt ihm eine Flasche Champagner aus der Hand. Steed lächelt Peel zu, die eine kleine Pistole aus ihrem Stiefel zieht und die Flasche damit aufschießt. Er füllt zwei Gläser, beide prosten sich zu und verschwinden im Hintergrund, während eine Stimme aus dem Off die beiden Agenten und ihre Tätigkeit vorstellt.

Der Plan ging auf, die Amerikaner liebten die beiden schrulligen Engländer vom alten Kontinent bald genauso wie die Briten und die Deutschen. »Die erste Reaktion der Kritiker war kühl und reserviert. Sie schienen unsicher über die wilde, lustige, aufregende, dicht geschriebene und makellos gespielte Serie. Das Publikum war nicht so zurückhaltend. In ihren eigenen vier Wänden, ohne dass es jemand wusste, genossen sie es, die katzengleiche Peel in alle möglichen verrückten Situationen geraten und den altertümlichen Steed ihr ritterlich zu Hilfe eilen zu sehen. [...] Bis 1968 hatte jeder das schuldige Vergnügen, die Show zu sehen, eingestanden; Publikum wie Kritiker gleichermaßen.« (Meyers, 1981)

Verhandlungen aufzunehmen. Sein Vorschlag: Entweder würden 13 schwarzweiße Episoden zusammen mit 13 farbigen – die noch zu drehen wären – verkauft, oder man würde den Amerikanern die gesamte, neu geplante Farbstaffel mit allen 26 Folgen anbieten, dies aber nur in Kombination mit den 26 schwarzweißen der vierten Staffel. So oder gar nicht. ABC ging auf den zweiten Vorschlag ein, zahlte viereinhalb Millionen Dollar für die Serie und strahlte sie *coast-to-coast* zur besten Sendezeit aus. Um die amerikanischen Zuschauer mit den für sie neuen Charakteren vertraut zu machen, ließen Albert Fennell und Brian Clemens eine zusätzliche, einführende Anfangssequenz einbauen, die speziell für den amerikanischen Markt gedreht wurde. In dieser Sequenz läuft ein Mann mit einer Kellnerjacke und einem Tablett über ein riesiges Schachbrett und stürzt plötzlich tot zu Boden – ein Messer steckt in seinem Rücken. Peel betritt das Brett von links, Steed von rechts, beide gehen auf den Toten

Emma Peel wurde als Kandidatin für den Emmy, den amerikanischen Fernseh-Oscar, in der Abteilung *Beste Krimiserie* vorgeschlagen, doch am Ende gewann Barbara Bain alias Cinnamon Carter von *Kobra, übernehmen Sie* die begehrte Trophäe. Ein Trostpflaster blieb Diana Rigg: Sie wurde in 16 verschiedenen Ländern gleichzeitig zur Schauspielerin des Jahres gewählt.

Unterdessen tauchten unerwartete Schwierigkeiten aus den eigenen Reihen auf. *Rediffusion*, die zweite Londoner ITV-Gesellschaft, verlangte die Kürzung einer Aufsehen erregenden Szene in *Die Nacht der Sünder*, in der Emma Peel als »Königin der Sünde« im Korsett auftritt und vom Anführer einer obskuren Vereinigung namens *Hellfire Club* mehrmals mit einer Peitsche geschlagen wird.

Nach den Erfahrungen mit Honor Blackmans Fanpost hätte den Produzenten die Wirkung dieser Szene klar gewesen sein müssen. Auch das Kostüm, das Diana Rigg bei dieser Gelegenheit trug, wurde heiß diskutiert. Diana hatte es sich selbst ausgedacht: Hochsteckfrisur, ein Halsband mit zehn Zentimeter langen Stacheln, knappes Korsett, hohe Stiefel, Strassperlen auf den Augenlidern und, zur Krönung, eine lebende Schlange um die Taille gewunden – das war sogar im Team manchen zu verrucht.

In Amerika gab es helle Aufregung nach der Ausstrahlung der umstrittenen Folge, und in Deutschland kam sie vor den 90er Jahren gar nicht erst auf den Bildschirm. Nur ein paar Kinos zeigten *Die Nacht der Sünder* unter dem Super-8-Titel *Zur Hölle, Sir!* schon davor, und da stand man dem ganzen Trubel bereits viel gelassener gegenüber. »Emma Peel war eigentlich gar nicht sexy – sie war, wenn schon: lüstern, aber sie hatte gediegenes Benehmen und John Steed an ihrer Seite, der war zwar schlüpfrig, aber das auf sehr gepflegte und stilvolle Art und Weise«, befand die *tageszeitung* anlässlich der Sondervorführung der Skandalfolge im Berliner *Sputnik*-Kino. Die Episode wurde am Ende »entschärft« und so umgeschnitten, dass Peel nur noch einmal von der Peitsche getroffen wurde.

Auch in Sachen Merchandising setzten die *Avengers* Maßstäbe: Alan Hughes' Modehit, der *Emmapeeler*

Die zweite Rigg-Staffel war der ersten im Prinzip sehr ähnlich, die größten Unterschiede waren die Einführung der Farbe und eine leichte Änderung im Stil der Geschichten. Die fünfte Staffel setzte verstärkt auf abgedrehte Science-Fiction-Stories, und Emma und John kämpften gegen mordende Venusianer (*Einmal Venus – Hin und zurück*), reisten durch die Zeit (*Fahrkarten in die Vergangenheit*) und mussten sich mit unsichtbaren russischen Agenten (*Die Durchsichtigen*) herumschlagen. Das Unmögliche entpuppte sich im Nachhinein oft als großer Schwindel. Und wenn es mal keine logischen Begründungen für Unlogisches gab, dann hatte der Zuschauer die Wahl, entweder fünf unmögliche Dinge vor dem Frühstück zu glauben oder sich etwas anderes anzusehen.

Die *Avengers*-Story

Ein letztes Glas im Stehen: 1967 nahm Diana Rigg ihren Abschied

Alan Hughes entwarf Peels neuen Kampfdress: eng anliegende *action suits* aus Jersey oder Strech, die jede Bewegung mitmachten und bald unter dem Namen *Emmapeeler* berühmt wurden. Sie waren mit Löchern und Schnallen verziert und wurden mit Schuhen aus dem gleichen Material getragen, sodass ein Kopf-bis-Fuß-Effekt entstand. Die neuen Modelle mussten zum ersten Mal auf einem farbigen Bildschirm wirken und stellten für die Stylisten eine echte Herausforderung dar, die sie dadurch lösten, dass sie ganze Bühnenbilder passend zu Hughes' Entwürfen einsprühten.

In Amerika kam Emma Peels neuer Stil anfangs überhaupt nicht an. Die Leute von ABC fanden ihn für amerikanische Verhältnisse zu gewagt. Der sexuelle Puritanismus der Amerikaner entzündete sich aber nicht nur an Fragen der Kleiderordnung, auch die so keuschen Andeutungen der erotischen Beziehung zwischen Steed und Peel verursachten Unbehagen. Doch die Engländer ließen sich in ihr Format nicht hineinreden, und alles blieb, wie es war. Ihr Selbstbewusstsein kam nicht von ungefähr: Mit der Farbstaffel erhöhte sich die Zahl der ausstrahlenden Länder auf über 70, und sie spielte etwa fünf Millionen Pfund ein.

Trotz des enormen Erfolges war eine nicht zufrieden: Diana Rigg litt zunehmend unter der harten, Tag für Tag gleichen Arbeit in den Studios. Als sie herausfand, dass sie als Star mit ihren 90 Pfund in der Woche 30 weniger verdiente als der Kameramann, war das der Tropfen, der das Fass zum Überlaufen brachte. Zwar hatte ihr Wutanfall eine Verdoppelung ihrer Gage zur Folge, doch die Arbeitsbedingungen blieben dieselben. So sehr Rigg von ihrem Publikum bewundert wurde, auf dem Set war das ganz anders. Dazu kam das frühe Aufstehen, wenn der Wagen sie um sechs Uhr zum Drehbeginn abholte, das ewige Diät-Halten, der lange Arbeitstag, der oft erst um sechs Uhr abends oder später zu Ende war – all das empfand sie zunehmend als Belastung. Die Interviews mit der Presse waren ihr unangenehm, der Umgang mit Fanpost ein Graus. Ihre Mutter tat ihr Bestes, sie vor Schaden, Stress und angegriffenen Nerven zu bewahren, und beantwortete körbeweise Fanpost – auf typische *down to earth*-Yorkshire-Art: »Das sind aber keine netten Gedanken, und außerdem ist meine Tochter viel zu alt für dich. Lauf lieber eine Runde um den Block«, schrieb sie freundlich, aber streng an hormongeplagte jugendliche Bewunderer (Tracy, 2004).

Die Produzenten konnten Diana Rigg langfristig nicht halten. Rigg sehnte sich nach dem Theater zurück und machte sich Sorgen, durch ihre Arbeit beim Fernsehen als klassische Schauspielerin nicht mehr glaubhaft zu sein. In diese Kerbe schlugen auch einige »gutgemeinte« Bemerkungen von Kollegen, Kritikern und nicht zuletzt von ihrem damaligen Freund, dem Regisseur Philip Saville, die sie in ihrem Entschluss bestärkten, aus der Serie auszusteigen. Schließlich kündigte sie an, am Ende der Dreharbeiten für die aktuelle Staffel aufzuhören.

Nachdem in Deutschland die endgültig letzte Folge der Peel-Staffeln ausgestrahlt worden war, kam es teilweise zu hysterischen Reaktionen. »Ich liebe Emma Peel«, schrieb ein Unbekannter an die Programmgestalter des ZDF. »Wenn Sie Emma Peel absetzen, gehe ich ins Wasser. Ich liebe Emma Peel, und die Abende mit ihr sind das Schönste für mich. Also richten Sie sich danach.«

Die Zeit ehrte die Serie mit einem Nachruf. »Nachdem in der vergangenen Woche Mit Schirm, Charme und Melone zum 36. und letzten Mal im Zweiten Deutschen Fernsehen gelaufen war, behauptete ein Sprecher der Anstalt zwar, das deutsche Fernsehpublikum habe jetzt genug von Emma, aber das klang ungefähr so, wie wenn jemand, dessen Gäste gerade fröhlich eine neue Flasche Wein entkorken wollen, die Mäntel hereinbringt mit der Versicherung, dieser Wein sei ganz miserabel. Die Fernsehzuschauer trauern Emma nach und die Zuschauerinnen nicht minder. [...] Emma gehörte zum ersten Abendwhisky, so um neun herum. Gehörte, 36 Mal. Farewell Emma, good luck, Diana.«

Tee entgegen dem Uhrzeigersinn: Linda Thorson / Patrick Macnee 1969

Diana Rigg verließ die Truppe nach einem stilechten Abschied, bei dem es Champagner für alle gab. Belustigt stellte sie kurz nach ihrem Ausstieg fest: »Fernsehen ist so kurzlebig. Ein paar Wochen nach meinem ersten Erscheinen auf dem Bildschirm wurde ich von 90 Prozent der Zuschauer wiedererkannt. Eine Woche nach meinem Weggang erkannten mich 90 Prozent der Leute nicht mehr.« (Rogers, 1989)

Trotz Riggs Entschluss waren sich alle einig, dass die Serie auch ohne sie weiterleben sollte. Die Programmverantwortlichen bei Thames (ABC war inzwischen zusammen mit der zweiten Londoner ABC-Tochter Rediffusion in der neu gegründeten Gesellschaft Thames Television aufgegangen) waren der Meinung, die Schirm, Charme und Melone-Abenteuer seien fast schon zu überspannt, und verlangten wieder realistischere Geschichten. Den Autoren wurde nahe gelegt, ihre Bücher auf die neue Linie abzustellen, und John Bryce, der Produzent der realistischeren ersten Blackman-Staffel, kam zurück, um das Team zu verstärken. Nach einem Streit über die neue Richtung der Serie kündigten Brian Clemens und Albert Fennell ihren Vertrag. Das neue Team erwies sich als wenig erfolgreich, und Fennell und Clemens wurden dringend gebeten, die Leitung mit fast unbegrenzten Befugnissen wieder zu übernehmen.

Die wichtige Entscheidung, wer die neue Hauptdarstellerin werden sollte, war allerdings während ihrer Abwesenheit getroffen worden – nicht sehr glücklich, wie viele fanden, aber Linda Thorson, wie Diana Rigg Star-Absolventin der Royal Academy of Dramatic Arts, hatte den Vertrag schon unterzeichnet. Es war ihre erste Rolle nach der Schauspielschule, und anfangs war sie völlig überfordert. Sie war rund zehn Jahre jünger als Diana Rigg, und nicht nur ihre Unerfahrenheit machte ihr zu schaffen; sie hatte auch, da sie keinen Fernseher besaß, noch keine einzige Folge der Serie gesehen und konnte weder einschätzen, was auf sie zukam, noch wie hoch ihre Vorgängerin die Latte gehängt hatte.

Nachdem die Wahl auf sie gefallen war, wurde Linda Thorson zum Abspecken auf eine Schönheitsfarm geschickt. Der Öffentlichkeit wurde sie auf einer Pressekonferenz als »Tara King« vorgestellt. Weder Fennell noch Clemens waren von ihr überzeugt, und Clemens stellte hinterher fest: »Sie hatte einfach nicht die notwendige Erfahrung, um eine Hauptrolle in einer so großen Serie in den Griff zu kriegen. Aber das Programm war schon vorab an den amerikanischen Markt verkauft worden, und wir hatten nicht die Zeit, die Rolle neu zu besetzen.« (Rogers, 1989)

Tara Kings Background sah folgendermaßen aus: Als Tochter eines wohlhabenden Farmers ist sie mit allen Vorzügen einer Erziehung an der frischen Luft gesegnet, ist eine erfahrene Pilotin, Segelfliegerin und Skiläuferin und versucht sich nun zur Abwechslung beim Geheimdienst. Während einer Un-

Die Avengers-Story

Trat ein schweres Erbe an: Linda Thorson als Tara King

terrichtsstunde legt »Agentin 69« versehentlich ihr großes Idol John Steed aufs Kreuz und stellt sich hinterher, ohne Kampfanzug und Tarnfarbe im Gesicht, richtig vor: »Sie sagen es ja gar nicht!« – »Was soll ich sagen?« – »Tsching Bum Tara! Das sagt so gut wie jeder, der meinen Namen hört«.

Tara ist warmherzig, lustig und ein bisschen naiv und macht sich schnell Freunde. Anders als ihre Vorgängerinnen ist sie ledig und hat ein eigenes, von Steed und dem Geheimdienst unabhängiges Privatleben. Sie geht auf Parties oder bricht sich beim Skifahren ein Bein und tritt eine Folge lang in Gips auf. Dass Tara King und John Steed ein Verhältnis hatten, stand für Thorson völlig außer Frage: »Niemand hätte mit Steed so eng zusammenarbeiten und nicht in ihn verliebt sein können«, sagte sie in einem Interview. »Wir nahmen das sexuelle Verhältnis als gegeben, und Tara, genauso wie Emma vor ihr, blieb manchmal über Nacht – aber es geschah alles sehr zivilisiert.« (Rogers, 1989)

Mit Linda Thorson war die Phase der harten Fights beendet, von nun an wurde wieder auf »weibliche« Art und Weise gekämpft. King nahm zur Hand, was ihr gerade unterkam, das Telefonbuch, eine Vase, und schlug damit auf ihre Angreifer ein, und gelegentlich rief sie sogar um Hilfe oder fiel in Ohnmacht. »Die neue Emma Peel wird beißen und kratzen«, schrieb der *Münchner Merkur* und bezeichnete die Neue als »in den Formen etwas üppiger« als ihre Vorgängerin. Arme Linda. Im Laufe der Zeit lernte Tara King auf couragierte Art zu kämpfen und warf sich die Schurken genauso lässig wie vor ihr Emma Peel über die Schulter. Schließlich verrichtete sie, anders als Rigg, sogar einige ihrer gefährlicheren Stunts selbst.

Aus lauter Angst, Emmas Nachfolgerin könne bloß eine schlechte Kopie des Originals werden, unternahmen die Produzenten unsinnige Anstrengungen, Tara deutlich von ihrer Vorgängerin zu unterscheiden. Eine Zeitlang färbten sie die natürliche Brünette wöchentlich blond, weil auch Diana Rigg braunes Haar hatte. Die Besorgnis war grundlos. Riggs Haare waren lang und glatt, Thorsons hingegen kurz und gelockt, und auch sonst hatten beide kaum Ähnlichkeit miteinander. In Folge der harten Behandlung fielen Thorsons Haare gleich büschelweise aus, und sie musste in der ersten Staffel eine Perücke tragen. Die Produzenten machten aus der Not eine Tugend und staffierten sie mit lauter verschiedenen Perücken aus, mal braun, mal blond. »Wie Harpo Marx« habe sie mit ihrer blonden Löckchenperücke ausgesehen, erinnert sich Brian Clemens später leicht schaudernd in der Video-Dokumentation *Avenging the Avengers*.

Kings Kleidung wurde im Laufe der Zeit immer mehr auf sexy angelegt, figurbetont und ausgesprochen farbenfroh. Genauso bunt, fröhlich und unkonventionell war ihr zweigeschossiges Apartment in Nummer 9, *Primrose Crescent*. An einer Feuerwehrstange konnte man von oben direkt ins Wohnzimmer hinunterrutschen, in dem ein gemütliches Chaos herrschte, das durch Kings Telefonsammlung und ihre Perücken, die sie auf einer Reihe von Pappköpfen mit ihren eigenen Gesichtszügen aufbewahrte, eine besondere Note bekam.

Noch ein zweiter Darsteller kam in der sechsten Staffel neu hinzu: Patrick Newell, alias »Mut-

The Avengers, vierte Ausgabe: Parick Macnee und Linda Thorson

Die Avengers-Story

Freiluftbüro: Patrick Newell als »Mutter«

ter«, der eigenwillige Chef des Geheimdienstes. Newell war in Emma Peels Abschiedsfolge bereits in einer Nebenrolle zu sehen gewesen und in den USA so gut angekommen, dass die amerikanische ABC Clemens am Tag nach der Ausstrahlung dieser Episode anrief und ihm befahl, Newell für die gesamte nächste Staffel unter Vertrag zu nehmen. So entstand »Mutter«, der bärbeißige, dicke und mit einem Hercule-Poirot-Schnurrbart ausgestattete Chef des britischen Geheimdienstes, der seit einem Unfall an den Rollstuhl gefesselt war. »Mutter«, stets umgeben von diversen Telefonen in verschiedenen Farben, war immer an den erstaunlichsten Orten anzutreffen: Mitten in einem Swimmingpool, im Oberdeck eines Londoner Busses und einmal sogar in einem unterirdischen Cricketground, der durch einen Gulli betreten wurde. Wenn »Mutter« Urlaub machte, kümmerte sich »Vater«, eine kleine, blinde Frau mittleren Alters, um die Sicherheit des Landes.

Peels letzte Episode *Auf Wiedersehen, Emma*, im Original *The Forget-Me-Knot* genannt, war gleichzeitig Kings erste. Peter Peel, Emmas tot geglaubter Ehemann, wurde aus dem amazonischen Dschungel gerettet, wo er mit seinem Flugzeug abgestürzt war, und wartet vor Steeds Wohnung auf seine Frau. Peel küsst Steed zum Abschied auf die Wange und ermahnt ihn zärtlich, gut auf sich aufzupassen: »Und nicht vergessen, in gefährlichen Situationen nicht die Melone absetzen. So mancher Gentleman hat sich dabei schon den Schnupfen geholt.« Als sie geht, nennt er sie zum ersten und letzten Mal bei ihrem Vornamen: »Emma!« Sie dreht sich um, und er sagt leise: »Danke.« Auf der Treppe begegnen sich Emma Peel und Tara King, und Peel übergibt den Job an ihre Nachfolgerin mit einem Ratschlag. Mit maliziösem Lächeln sagt sie: »Übrigens, seinen Tee lässt er sich am liebsten entgegen dem Uhrzeiger umrühren«, und beschreibt mit ihrem Zeigefinger einen langsamen Kreis in der Luft. Oben in der Wohnung steht Steed unterdessen am Fenster, beobachtet, wie seine Partnerin in das Auto ihres Mannes steigt, und runzelt erstaunt die Stirn: Peter Peel, mit Schirm und Melone, sieht genau aus wie er selbst.

Für alle *Mit Schirm, Charme und Melone*-Fans ist der Abschied von Emma ein tragischer Moment und gleichzeitig eine herausragende Szene, in der alles enthalten ist, was den Charme der Serie ausmacht, diese »Mischung aus Andeutung und Amüsement, Verzicht und Verführung, Scherz und Disziplin [...], die sonst nirgends so gelungen ist. [...] Die Art, wie Emma den imaginären Tee umrührt, ist etwa so eindeutig wie Lauren Huttons Zeigefinger in AMERICAN GIGOLO«, schrieb Michael Althen in *steadycam*.

Die sechste Staffel bestand aus 32 Episoden, nicht aus 26 wie die vorhergehenden, und war in einzelnen Ländern unterschiedlich erfolgreich. Die Briten mochten Tara King, das ZDF sendete 1970 nur zehn Folgen der gesamten Staffel, die Franzosen waren von ihr so begeistert, dass sie sie sogar Emma Peel vorzogen (dort bekamen Macnee und Thorson 1970 auch den *Prix Triomphe* verliehen), in den USA setzte sich die Staffel jedoch nicht durch. *Mit Schirm, Charme und Melone* erreichte auf der Skala der 100 beliebtesten Programme nur einen traurigen

Momentaufnahmen vom Set: Thorson und Macnee bei den Dreharbeiten

69. Platz, und ABC zeigte kein Interesse an weiteren Folgen. Obwohl die Serie eine der erfolgreichsten Fernsehproduktionen aller Zeiten war, konnte sich Thames Television die Dreharbeiten ohne die Dollar-Hilfe der Amerikaner nicht leisten. Die Produktion wurde eingestellt, das Team löste sich auf.

Zu viel Gewalt, zu wenig Lip-Gloss: *The New Avengers* 1976

Zwei Jahre lang passierte nichts, *Mit Schirm, Charme und Melone* galt als tot, und niemand dachte ernsthaft an eine Wiederbelebung. Anfang der 70er Jahre kam überraschend die Idee auf, eine Bühnenversion der Serie zu produzieren. Die Rechte für das Theaterstück hatte ein Mann namens John Mather gekauft, weil er hoffte, der Name *The Avengers* habe sich seine Zugkraft bewahrt. Sogar Brian Clemens, seit Jahren schon der kreative Geist des Produktionsteams und Herz und Hirn der Produktion, konnte für das Projekt gewonnen werden, aber Patrick Macnee wollte die Rolle des John Steed nicht mehr übernehmen. An seiner Stelle wurde Simon Oates verpflichtet, ein aufstrebender junger Schauspieler, der in der Originalserie mehrfach in Nebenrollen zu sehen gewesen war. Kate O'Mara spielte die gefährliche Madame Gerda, die mithilfe einer kleinen Armee schöner, junger Frauen die Regierung übernehmen will, und Sue Lloyd übernahm die Rolle von Steeds neuer Partnerin Hannah Wild.

Für die aufwändige Show wurden ein Helikopter und ein Bentley auf die Bühne gebracht, und alle Darsteller waren ultramodern, eben *trendy* gekleidet. Nicht ganz im Einklang mit dem ursprünglichen Geist der Serie wurde Steed im offiziellen Theaterprogramm als »moderner Robin Hood« bezeichnet, was sich mit dem bisherigen Konzept des Steed-Charakters ausnehmend schlecht verträgt. Zwei Wochen nach der Premiere am 20. Juli 1971 in Birmingham wurde das Stück an das Londoner *Prince of Wales Theatre* verlegt. Der enorme Aufwand lohnte sich aber nicht, die Produktion wurde nach wenigen Wochen bereits wieder abgesetzt. Angeblich waren die technischen Schwierigkeiten bei der Umsetzung der vorgesehenen Tricks zu groß, unter anderem bei den Szenen, in denen präparierte Möbel helfen sollten, Madame Gerda und ihre Mädchen unsichtbar erscheinen zu lassen.

1972 wurde *Mit Schirm, Charme und Melone* im Auftrag einer südafrikanischen Rundfunkgesellschaft zu einer Radioshow umgestaltet, diesmal mit Donald Monat als Geheimagent John Steed und Diane Appleby als Emma Peel. Die Episoden der Radioshow waren die schon bekannten Geschichten aus dem Fernsehen, fürs Radio umgeschrieben und auf 15 Minuten gekürzt. Mittels eines Erzählers

Die Avengers-Story

Patrick Macnee mit seiner letzten Serienpartnerin Joanna Lumley

wurde versucht, den leichten Ton des Originals auch in die Radioversion einfließen zu lassen. Tony Jay und Dennis Folbigge besorgten die Adaption berühmter Folgen wie *Einmal Venus – Hin und zurück*, *Weekend auf dem Lande*, *Wer ist wer?* oder *Honig für den Prinzen* und führten auch Regie.

Als überraschend angekündigt wurde, die Serie werde auf den Bildschirm zurückkehren, wurde diese Idee von allen Seiten begeistert begrüßt. Drei Jahre nach dem Bühnen-Flop fanden sich plötzlich Geldgeber, die bereit waren, eines der teuersten Projekte in der Geschichte des Fernsehens wieder aufzunehmen. Brian Clemens erhielt 1975 einen Anruf von Rudolph Roffi vom französischen Fernsehen, der einen Werbespot für Champagner (was sonst?) mit Linda Thorson und Patrick Macnee drehen wollte. Von Clemens erfuhr Roffi, dass die Produktion einer neuen Staffel etwa zwei Millionen Pfund kosten würde (am Ende kostete sie mehr als doppelt so viel) und keine britische Gesellschaft bereit sei, diese Summe aufzubringen. Roffi war interessiert, und es dauerte nur wenige Wochen, bis er das Geld zusammen hatte. Es entstand die *Avengers Film and TV Enterprise Ltd.*, und zusammen mit IDTV Paris wurden 26 neue Folgen unter dem Namen *The New Avengers* (in Deutschland weiterhin als *Mit Schirm, Charme und Melone*) vorbereitet.

Als erstes rief Clemens seinen Freund Patrick in dessen Haus in Kalifornien an; der zögerte mit seiner Antwort, aber nach einigen Wochen kam er zu der Ansicht, der Herausforderung mit seinen 54 Jahren noch gewachsen zu sein. Nachfolgerin von Tara King wurde nach der üblichen aufwändigen Suche nach der Idealbesetzung die 29jährige Joanna Lumley. Sie selbst schlug den Namen »Purdey« – ohne Nachnamen, einfach nur Purdey – für ihre Rolle vor, nach einer der teuersten Waffen der Welt. Kurz vor Drehbeginn löste Joanna große Aufregung im Team aus. Sie ließ sich die Haare zum berühmten, kurzen »Purdey-Bob« schneiden. In ihrer originellen Biografie *No Room for Secrets*, in der Lumley ihre Leser auf einen Spaziergang durch ihr Haus mitnimmt, dessen Räume und Einrichtungsgegenstände sie zu den vielfältigsten Betrachtungen und Erinnerungen anregen, erzählt sie auch die Geschichte dieses Haarschnittes. Sie habe ihn von ihrer Mitbewohnerin, dem Model Sandra Soames, abgeguckt und sich von ihr den Namen ihres Friseurs geben lassen.

Die Produzenten schrien Zeter und Mordio, doch nach anfänglichem Entsetzen fanden sie Gefallen an der ungewöhnlichen Frisur. Purdey ist eine ehemalige Ballerina, und elegante Bewegungen bestimmen auch ihren Kampfstil *Panache*: Sie kämpft ausschließlich mit den Beinen, die sie blitzschnell gegen Kopf und Brust ihres Gegners schnellen lässt. Mit ihrem Vater, einem Brigadier der britischen Armee, ist die herbe Blondine in der ganzen Welt herumgekommen und hat zudem in Paris und Peking studiert. Purdey ist ausgesprochen sexy – nicht einmal ihre reizlosen 70er Jahre Rüschen- und Flatterkleider konnten daran etwas ändern. Macnee bezeichnete die elegante Purdey in seiner Biografie als »Meißener Porzellanfigur einer Dresdener Schäferin«. In England wurde sie schnell und nachhaltig populär. Sogar Starkomiker John Cleese nahm an

The New Avengers 1976

einem von ITV veranstalteten *Joanna Lumley Lookalike Contest* teil – mit Kleid und blonder Perücke.

Ein weiteres neues Crewmitglied sprengte das alte Berufsspion-und- Hobbyagentin-Format endgültig: Mit Gareth Hunt alias Mike Gambit waren die *Avengers* erstmals ein Trio. Der Ex-Major, Söldner und Krokodilbezwinger Gambit wird von Steed, dem Kopf der drei, als »Mann fürs Grobe« eingesetzt, trotzdem bleibt er seltsam farblos. Steeds untadeliger Charakter hat sich auch mit zunehmendem Alter nicht geändert: Maßanzüge und Melone, Charme und Chuzpe sind noch immer seine hervorstechenden Erscheinungsmerkmale. Doch der beste Spion im Dienste Ihrer Majestät musste sich diesmal mit der Nebenrolle zufrieden geben. Der größte Teil der Action wurde Purdey und Gambit übertragen, ebenso wie das erotische Scharmützel – Steeds Mitarbeiter flirteten heftig, aber ohne Konsequenzen. Dabei sah Patrick Macnee nur unwesentlich älter aus als früher: »John Steed hat eine Zeitmaschine betreten und ist zehn Jahre später wieder aufgetaucht, nur ein kleines bisschen kräftiger«, fand auch ein Fernsehkritiker (Meyers, 1981).

Steed, Gambit und Purdey waren ein Team von Gleichberechtigten und dazu gute Freunde. Ihre Fälle hatten durchaus ein paar Highlights zu verzeichnen: Die neuen Rächer kämpften gegen einen Mann, dessen bloße Berührung tödlich ist; gegen aus dem Zweiten Weltkrieg übrig gebliebene, als Mönche verkleidete Nazis, die auf einer verlassenen schottischen Insel ihren tiefgefrorenen Anführer Adolf wieder zum Leben erwecken wollen; gegen eine Riesenratte und gegen den Feind aus alten Tagen, der schon zweimal bezwungen wurde und wie ein Stehaufmännchen immer wiederkehrt: der übermächtige Kybernaut aus *Die Roboter* und *Und noch einmal Roboter*.

Brian Clemens, das Sprachrohr der Crew, erklärte das neue Konzept. Die neuen Stories sollten nicht mehr ganz so fantastisch wie früher sein. Die Originalserie sei eine amüsante Parodie mit dramatischen Untertönen gewesen, bei der neuen sollte es genau umgekehrt sein. Clemens wusste, dass die 70er-Jahre-Version den »wahren *Avengers*-Fan« verärgern würde, aber er hoffte, auf diese Weise ein paar Millionen neue dazu zu gewinnen, vor allem aus dem konservativen amerikanischen Mittelwesten.

Der Mann fürs Grobe: Gareth Hunt als Mike Gambit

Im April 1976 begannen die Dreharbeiten in den Pinewood Studios. Als die ersten Folgen ausgestrahlt wurden, hätte jeder mit einem Straßenfeger gerechnet, doch der Erfolg war nur mäßig. Die Schuld an diesem Flop wurde zumeist ITV gegeben, weil sich die verschiedenen Anstalten des landesweiten Senders nicht auf einen gemeinsamen Ausstrahlungstermin hatten einigen können. Einige zeigten die neue Serie samstagabends, andere dienstags und wieder andere freitagnachts, während die Originalversion landesweit immer samstagabends zur besten Sendezeit gelaufen war.

Die ARD strahlte 1978 zum ersten Mal mehrere Folgen der neuen Staffel aus. Auch nach Südafrika, damals noch Apartheid-Regime, wurde die Serie verkauft, erinnert sich Lumley in ihrer Biografie, als eines von wenigen englischen Fernsehformaten. Nelson Mandela selbst (der zu dieser Zeit noch im Gefängnis saß) habe nach einer Folge, in der sich die Heldin aus einer besonders schwierigen Lage

Die *Avengers*-Story

Kurz vor Drehbeginn ließ sich Joanna Lumley den berühmten »Purdey-Bob« schneiden

befreit, gesagt: »If Purdey can get out of that, we can get out of it.«

Auch so kann man natürlich in die Geschichte eingehen.

Doch die Franzosen, die die Show zu einem großen Teil mitfinanzierten, verlangten, Purdey müsse mehr Sex zeigen, mehr Lip-gloss und am besten die neue Kollektion von Yves Saint Laurent tragen. Wie schon in der Thorson-Staffel versuchten auch hier die Geldgeber, Kurs und Stil des Produktes zu bestimmen, und hier wie dort war das Ergebnis wenig überzeugend. Roffi, der immer noch als Clemens Kontaktmann auf der französischen Seite agierte, wollte mehr Gewalt in den Stories, nach dem Vorbild vieler anderer 70er-Jahre-Serien. Dass sich der spezielle *Mit Schirm, Charme und Melone*-Stil, das ironische Spiel mit dem Intellekt und der Fantasie der Zuschauer, schlecht mit blutigen Prügelszenen vertrug, wurde dabei außer Acht gelassen. Alle gewünschten Änderungen wurden noch mitten in der laufenden Produktion durchgeführt – gegen den Willen derer, die es besser wissen mussten. Patrick Macnee zum Beispiel war alles andere als einverstanden, er nannte »seine« Serie ein »surrealistisches Grimm'sches Horrormärchen« und war der festen Überzeugung: »Wenn wir anfangen, Leute mit Blei vollzupumpen, sind wir erledigt.« (Rogers, 1989).

Mit dieser Einschätzung lag Macnee leider richtig: Als die amerikanische CBS die neue Staffel sah, schob sie die Folgen schnell ins Spätprogramm und zeigte sie nach 23:30 Uhr. Die *neuen Rächer* hatten ein neues Gesicht bekommen, aber das wollte niemand mehr sehen. Nach Ablauf der aktuellen Produktion wurde die Arbeit an der Serie endgültig eingestellt.

Obwohl – so *ganz* sicher sollte man sich bei *Mit Schirm, Charme und Melone* da nie sein ...

Im Geheimdienst Ihrer Majestät – Die Stars

Zwischen Shakespeare und Schottland – Diana Rigg

Diana Rigg wurde am 20. Juli 1938 als Tochter von Louis Rigg und Beryl Helliwell in Doncaster, Yorkshire geboren. Ihre Eltern lebten zu der Zeit eigentlich in Indien, wo Dianas Vater, ein Ingenieur, bei der staatlichen Eisenbahngesellschaft arbeitete. Nach den Erfahrungen, die Dianas Mutter bei der Geburt ihres ersten Kindes, Hugh, in einem indischen Militärkrankenhaus gemacht hatte, zog sie es vor, ihre Tochter in England zur Welt zu bringen. Nur zwei Monate nach der Geburt aber kehrte sie mit Diana nach Bikaner zurück, wo die Familie Rigg das hochherrschaftliche Leben reicher Kolonisten führte. Empfänge, Dienstboten und Kindermädchen bestimmten Dianas erste Jahre, und dazu ein Land, das aufregend und exotisch war, in dem sie und ihr zwei Jahre älterer Bruder ohne lästige elterliche Aufsicht Abenteuer erleben konnten. »Indien war ein großartiger Start ins Leben. Es hat mir geistige Unabhängigkeit gegeben. Unsere Eltern lebten ein sehr geselliges Leben und nahmen uns mit auf wundervolle Familienausflüge«, wird Diana Rigg in der Biografie von Kathleen Tracy zitiert.

Entsprechend schwer fiel es ihr, sich in ihrem so ganz anderen Heimatland England einzuleben, als ihre Eltern sie dort zur Schule schickten. Diana war acht. Sie litt an Heimweh und an Einsamkeit, und sich den Regeln unterzuordnen war nicht einfach. »So eine Erfahrung verändert dein Leben. Man fühlt sich zurückgewiesen und muss sich um sich selbst kümmern. Auf seine Eltern stützt man sich nie wieder«, sagte sie später sachlich, ohne große Bitterkeit.

Diana ging in Great Missenden in Buckinghamshire zur Schule, die Ferien verbrachte sie bei ihrer Großmutter. Als ihre Eltern aus Indien zurückkehrten, lebte sie eine Zeit lang wieder bei ihrer Familie, danach schickten ihre Eltern sie auf eine andere

»Frontfrau einer neuen Zeit«: Diana Rigg als Emma Peel

45

Die Stars

Über Nacht zum Weltstar: ...

Schule, die strenge und autoritäre *Fulneck Girl's School* in Yorkshire. Es war ein Wechselbad der Gefühle und der Lebensumstände. Diana entdeckte die Literatur als Zuflucht und begann begierig zu lesen. Eine ihrer Lehrerinnen hielt sie für die geborene Schauspielerin und bestärkte sie, es zu versuchen. Für Diana tat sich ein neues Universum auf. Plötzlich hatte sie ein Ziel und eine Zukunft.

Ihr Vorsprechen an der berühmten Londoner RADA, der *Royal Academy of Dramatic Art*, dauerte nur wenige Minuten. Diana trug etwas aus *Heinrich IV.* und *Der Widerspenstigen Zähmung* vor – und wurde akzeptiert. Mit 17 suchte sie sich ein billiges Zimmer in Kensington und begann eine zweijährige Bühnenausbildung. Die RADA war so etwas wie eine Brutstätte junger britischer Theaterstars. Peter O'Toole hatte seine Ausbildung dort gerade beendet, Albert Finney war in seinem letzten Jahr, und gleich zwei weitere spätere Berühmtheiten, Glenda Jackson und Susannah York, gingen mit Rigg in eine Klasse.

Die junge Diana war begeistert vom Unterricht – aber auch von den Möglichkeiten des Londoner Nachtlebens. »Während wir anderen all unsere Zeit damit verbrachten, unsere Dialoge zu pauken, ging Diana zu einer Party und lernte ihre am nächsten Morgen in 30 Sekunden im Umkleideraum, und bei der Probe konnte sie sie perfekt«, erinnert sich eine ihrer Freundinnen fast neidisch (Tracy, 2004).

Trotzdem hätte Dianas Bedürfnis, sich auszutoben, fast zu ihrem Ausschluss aus dem exklusiven Institut geführt. So weit aber ließ es das ehrgeizige Nachwuchstalent nicht kommen. Ihr Debüt als Schauspielerin hatte Rigg im Sommer 1957 beim York Festival im *Theatre Royal* als Natella Abashwili in Brechts *Der kaukasische Kreidekreis*. Nach Auftritten in Chesterfield und York wurde sie zwei Jahre später in die hochangesehene *Royal Shakespeare Company* in Stratford-upon-Avon aufgenommen, anfangs nur als *understudy*, also als Zweitbesetzung für Krankheits- und andere Notfälle. Im Laufe der Zeit arbeitete sie sich jedoch hoch und bekam immer größere Rollen. Ihr selbst war schnell klar, dass sie wegen ihrer für eine Frau überdurchschnittlichen Größe im Grunde nur für eine Rolle in Frage kam: die Hauptrolle.

Weitere zwei Jahre später stand sie zum ersten Mal auf einer Londoner Bühne, und zwar als Zweitbesetzung der *Ondine* in einer Aufführung des gleichnamigen Stückes im *Aldwych Theatre*. Es folgten weitere Auftritte im selben Theater: in John Whitings *Die Teufel*, in *Becket* und *Der Widerspenstigen Zähmung*.

1962 spielte Diana Rigg die Madame de Tourvel in *The Art of Seduction* in London und in Stratford-upon-Avon mehrere große Shakespeare-Rollen in einer Saison. Unter anderem war sie Helena in *Ein Sommernachtstraum*, Lady Macduff in *Macbeth* und Adriana in *Komödie der Irrungen*; langsam begann die junge Schauspielerin, sich einen Namen zu machen.

Ihre erste Tournee hatte Rigg im Jahr darauf mit *Ein Sommernachtstraum*, eine zweite, diesmal mit *König Lear*, führte sie im Auftrag des *British Council* durch ganz Europa und die UdSSR. Doch die Routine und der enorme Erfolg, vielleicht auch das ständige Reisen wurden der Senkrechtstarterin schon bald langweilig. Als die Tournee beendet war, trennte sie sich von der *Royal Shakespeare Company* und suchte nach neuen Herausforderungen.

Aus Neugier beschloss Rigg, es beim Fernsehen zu versuchen – und wurde fast über Nacht zum Weltstar. Nachdem sie ihre Feuertaufe in einer kleinen Nebenrolle in *The Hothouse* überstanden hatte, sprach sie unerschrocken für einen der begehrtesten Jobs des Jahres vor: die Rolle der Emma Peel in der zu diesem Zeitpunkt schon ausgesprochen berühmten Fernsehserie *Mit Schirm, Charme und Melone* – und sie bekam sie.

In den nächsten beiden Jahren verkörperte sie erfolgreich die emanzipierte Witwe in engen Catsuits, die mit Witz und Karatetechnik an der Seite des britischen Geheimagenten John Steed gegen die Feinde Großbritanniens kämpfte. Als Emma Peel wurde Diana Rigg zur Frontfrau einer neuen Zeit. »Emma Peel, die Größte, unser Glück«, jubelten die Medien, nannten John und Emma »mondäne Racheengel des *Swinging London*«, und die Straßen waren merklich leerer, wenn Steed und Peel sich geschliffene und unterschwellig erotische Wortgefechte und ihren Gegner genauso elegante Schlägereien lieferten.

... Beim Casting für den Emma-Peel-Part schlug Rigg 60 Mitbewerberinnen

1967 stieg Rigg zur allgemeinen Bestürzung aus der Serie aus, um zum Theater zurückzugehen, doch es vergingen ganze drei Jahre bis zu ihrem nächsten Bühnenauftritt. Schuld an dieser beruflichen Flaute war wohl die enorme Publicity, die ihr Abschied von der Serie ausgelöst hatte, vielleicht befürchteten die Impresarios auch, eine Bildschirmberühmtheit sei als ernsthafte Theatermimin nicht glaubhaft. Trotz ihrer Ankündigung, keine Filmarbeiten mehr zu übernehmen, drehte Rigg die Kriminalgroteske MÖRDER GMBH (1968, R: Basil Dearden), Inhalt: Junge Journalistin nimmt internationale Verbrecherbande auseinander. An der Seite des australischen Schokoladen-Werbemodells George Lazenby trat sie in dem James-Bond-Film IM GEHEIMDIENST IHRER MAJESTÄT (1969, R: Peter Hunt) auf. Diana Rigg kann sich rühmen, die erste und einzige Mrs. Bond gewesen zu sein, doch um des Mythos willen musste sie noch am Tag der Hochzeit sterben: Agenten töten Tracy Bond, geborene Contessa Teresa Vicenzo, auf dem Weg in die Flitterwochen und verurteilen 007 damit zu zahllosen amourösen Eskapaden. Rigg selbst hat sich nie als typisches Bond-Girl gesehen. »Diese Frau von James ist kein Anhängsel, sondern sie ist eine Per-

Die Stars

Kurzes Eheglück: Diana Rigg als einzige Mrs. Bond der Filmgeschichte

Regisseur des Bond-Streifens war überzeugt, das neue Traumpaar des Films entdeckt zu haben, und schwärmte, wie »hochexplosiv« und »großartig« die beiden auf der Leinwand wirkten, doch das Publikum urteilte anders. Der Film wurde ein Flop. Auch Peter Brook, Dianas Mentor aus den Tagen bei der *Royal Shakespeare Company*, sagte in einem Gespräch mit der Londoner *Times*: »Wenn sie sich nicht für alberne Filme verschwendet, kann aus ihr etwas ziemlich Großes werden.« Rigg selbst schien darüber ähnlich zu denken. Sie wurde Ensemblemitglied beim *National Theatre* und stand unter anderem in Tom Stoppards *Akrobaten* und als Lady Macbeth auf der Bühne.

Im Juli 1973 heiratete sie den israelischen Maler Menachem Gueffen, den sie erst vier Monate zuvor kennen gelernt hatte. Auf einem Flug von Israel nach London fragte Diana ihn, ob er sie heiraten wolle, und Gueffen sagte Ja, doch die Ehe hielt nicht lange. Bereits nach einem Jahr trennten sie sich, 1976 wurden sie geschieden. Gueffem soll es leid gewesen sein, nur der Mann an ihrer Seite zu sein, und Diana, heißt es, habe sein aufbrausendes und ins Gewalttätige spielende Temperament nicht mehr ausgehalten.

In THEATER DES GRAUENS (1973, R: Douglas Hickox), einer rabenschwarzen Komödie über einen unbegabten Shakespeare-Darsteller (famos: Vincent Price), der seine Kritiker einen nach dem anderen umbringt, spielte Rigg dessen Tochter und Komplizin. Ian Hendry, Steeds Partner in der ersten *Mit Schirm, Charme und Melone*-Staffel, war in einer Nebenrolle zu sehen. Anschließend trat Rigg als Célimène in Molières *Der Menschenfeind* auf und drehte in Amerika die 13-

sönlichkeit, die auf eigenen Füßen steht«, wurde sie in der *Stuttgarter Zeitung* vom Oktober 1968 zitiert. Dass sie wieder eine Karate-Lady mimte, obwohl sie dieser Rolle gerade erst abgeschworen hatte, erklärte sie so: »Diese krassen Extreme sind für mich ideal. In dieser Beziehung bin ich zweigleisig. Letzten Sonntag deklamierte ich Sappho vor einem winzigen Publikum, und nächsten Sonntag stehe ich als Mrs. Bond vor der Kamera.« Der

teilige Fernsehserie *Diana* (1973-1974), die jedoch weder in den USA noch in Großbritannien ankam. »Das ist so, als wenn ein Meisterkoch in einer billigen Imbissstube arbeitet«, zitierte die *Berliner Morgenpost* einen Hollywoodkritiker, und ein anderer beschrieb die Serie mit beißendem Spott als »so leicht und schäumend wie ein großes Glas Pflaumensaft« (Tracy, 2004). *Diana* ist die Geschichte der 30-jährigen geschiedenen Engländerin Diana Smythe, die als Modezeichnerin nach New York geht und dort fürs Erste in die Wohnung ihres verreisten Bruders zieht, der – das war der Running Gag der Serie – auch allen seinen Freunden einen Schlüssel für die Wohnung gegeben hat. Als die Sitcom eingestellt wurde, war Rigg ehrlich erleichtert. *Diana* war ihr erster richtiger Fehlschlag. Bemerkenswert an der Serie war indes, dass in einer Episode ein uns allen bekannter Gentleman mit den Worten »Mrs. Smythe, wir werden gebraucht« vorbeischaute – das einzige Mal, dass Rigg und Macnee noch einmal gemeinsam vor einer Kamera standen.

Im Januar desselben Jahres prophezeite der *Wiener Kurier* etwas verfrüht »das Ende einer Starfighterin«: »Am Theater feierte sie vor allem mit Shakespearestücken große Erfolge. Im Fernsehen wurde sie als Karatelady Emma Peel verheizt – und beim Film konnte Diana Rigg bislang überhaupt nur Misserfolge verbuchen. Jetzt sattelt sie wieder um. In dem Film HOSPITAL spielt sie eine zärtliche Geliebte.« THE HOSPITAL (1971; R: Arthur Hiller) ist eine windige Geschichte um ein Krankenhaus, in dem die Patienten auf mysteriöse Weise verschwinden. Dort verliebt sich Rigg bei der Suche nach der Lösung des Rätsels laut Drehbuch heftig in den Chefarzt. Der Auftritt in THE HOSPITAL gehörte wohl kaum zu ihren Lieblingsrollen; ihre nächste Rolle als Blumenfrau Eliza Doolittle in George Bernard Shaws *Pygmalion* lag schon eher auf ihrer Linie.

1975 wurde sie mit dem *Plays and Players Award* als beste Schauspielerin für ihre Rolle in *Phaedra Britannica* geehrt. Und sie lernte Archibald Hugh Stirling kennen, einen schottischen Adligen, Ex-Gardeoffizier und – Theaterproduzenten. Es wirkte wie die perfekte Verbindung. Zwei Jahre später, im Mai 1977, bekam die inzwischen 38-Jährige ihr erstes – und einziges – Kind, eine Tochter namens Rachael.

Diana Rigg in THEATER DES GRAUENS (1973) und THE HOSPITAL (1971)

Diana Rigg nahm sich viel Zeit für ihre Tochter und machte erstmal Pause. »Ich hatte 18 Jahre lang hart gearbeitet, und zu der Zeit wurde mir klar, dass Karriere einfach nicht alles ist. [...] Es ist furchtbar zu arbeiten, wenn Kind und Familie so weit weg sind.« (Tracy, 2004)

Doch schließlich fing Rigg wieder an zu spielen, und ihre berufliche Karriere ging unaufhaltsam weiter. Es folgten Film- und Fernsehproduktionen wie

Die Stars

Three Piece Suite (1977; R: Michael Mills), eine vierteilige BBC-Serie, bestehend aus jeweils drei Sketchen, und eine Spielfilmversion von EINE KLEINE NACHTMUSIK (1977; R: Harold Prince). Auch stand Rigg wieder häufiger auf der Bühne, unter anderem in *The Guardsman, Night and Day* und in *Phoenix*; in der dreiteiligen BBC-Serie *Orestie* nach Äschylos (1979) verkörperte sie die Klytemnästra.

Inzwischen war sie als Schauspielerin endgültig zu Ruhm und Ehren gekommen. Für ihre Rolle der Ruth Carson in *Night and Day* erhielt sie einen Kritikerpreis als beste Darstellerin, und im Mai 1979 wurde ihr die seltene Ehre einer Titelstory im US-Magazin *Time* zuteil, in der sie als »Großbritanniens beste Schauspielerin« gefeiert wurde: »Diana Rigg, halb Kobold, halb Nymphe, ein bisschen eigenartig und ganz wundervoll«, mit diesen Worten schrieb sich ein hingerissener Redakteur seine Liebe und Bewunderung von der Seele. Mit ihm sprach Diana auch über die Unterschiede in der Arbeit für Film und Theater. »Es fällt mir schwerer, einer Maschine alles preiszugeben. Die Kamera holt aus mir nie so viel raus, wie es ein Publikum kann.« Angeblich konnte sich Diana auf der Leinwand selbst nicht leiden, »körperlich richtig abstoßend« fand sie sich auf Zelluloid und meinte, es liege daran, »dass ich mich selbst immer unter intellektuellen und emotionalen Aspekten sehe, der physische Teil ist nur eine biologische Notwendigkeit. Ich fände meinen Fingerabdruck interessanter als ein Bild von mir.«

Trotz ihrer Erfolge war sie als vielseitige Schauspielerin vor allem innerhalb Großbritanniens bekannt, ihre internationale Fangemeinde kannte sie meist nur als die Frau, die Emma Peel gewesen war. Rigg empfand diese Art von Berühmtheit immer als Belastung, sie wollte sich nicht auf eine einzelne Rolle festlegen lassen, und so entwickelte sie ein eigenartig zwiespältiges Verhältnis zu ihrer Vergangenheit als Großbritanniens schönster Spionin. »Immer das gleiche Gesicht machen, immer mit demselben Trick Männer fertig machen, immer zum Schluss hübsch lächeln, das muss einem ja auf die Nerven gehen«, sagte sie dem *Wiener Kurier* im Januar 1973.

Zwei ungewöhnliche Partner hatte Rigg in DIE GROSSE MUPPET-SAUSE (1981; R: Jim Henson): Kermit der Frosch und Fozziebär als rasender Reporter sollten einen Juwelenraub aufklären und wurden dabei von einer ganzen Prominentenriege, darunter Diana Rigg, John Cleese und Peter Ustinov, tatkräftig unterstützt. Im Anschluss an das tierische Puppenabenteuer fuhr das Multitalent nach Amerika, stand dort in *Collette* auf der Bühne und heiratete am 27. März Archie Stirling, ihren langjährigen Lebensgefährten und Vater ihrer inzwischen vierjährigen Tochter Rachael, ganz unspektakulär im New Yorker Rathaus. Nur ihr Kind und als Trauzeuge ihr Agent Lionel Larner waren dabei – und ein paar Dutzend Reporter. »Die Braut trug ein kirschrotes Kleid und einen weißroten Strohhut«, informierte die *B.Z.* ihre Leser; die neue Mrs. Stirling habe gesagt, sie fühle sich großartig: »Uns war plötzlich eingefallen, dass wir eigentlich heiraten könnten. Und dann ging's los.« An ihren früheren Schwur erinnert, nie wieder heiraten zu wollen, habe sie gesagt: »Das war, bevor ich meinen Archie kennen gelernt habe.« Stirling war vorher ebenfalls schon einmal verheiratet gewesen und hatte zwei Kinder aus erster Ehe.

Zur braven Hausfrau mutierte sie dadurch noch lange nicht. Noch im selben Jahr erschien Riggs Buch *No Turn Unstoned*, eine Sammlung der schlimmsten Theaterkritiken aller Zeiten. Boshafte, vernichtende, oft brillante Sentenzen selbsternannter Kritikerpäpste machen diese Verrisssammlung auch für Nichtschauspieler lesenswert. Das Buch liest sich wie ein *Who is Who* der englischen Theaterszene. Niemand bleibt verschont. Julie Christie musste nach einer Aufführung in einem Theater in Birmingham am nächsten Morgen in einer lokalen Tageszeitung lesen, ihr solle »niemals, niemals wieder erlaubt werden, ohne Begleitung auf einer Bühne zu singen«; Annette Crosbie, einer weniger bekannten englischen Schauspielerin, bescheinigte ein besonders übel gelaunter Kritiker, sie habe die Viola in Shakespeares *Was ihr wollt* »wie ein Shetlandpony« gespielt, und Roger Moores erster öffentlicher Auftritt regte zu dem Vergleich an, Moore sei hinter Lana Turner wie ein »Stück englischen Roastbeefs« hergelaufen.

Angeregt wurde dieses Buch wohl durch eine der wenigen schlechten Kritiken, die Diana Rigg selbst erhalten hat. Denn auch sie kam nicht ungestraft davon und veröffentlichte (Respekt!) den folgenden, auf ihre Nacktszene in *Abelard und Heloise* bezogenen Satz aus dem *New York Magazin*: »Diana Rigg ist gebaut wie ein Ziegelsteinmausoleum mit zu wenig Strebebögen.« Es war das erste Mal, das eine namhafte Schauspielerin vollkommen nackt in einer erfolgreichen Theaterproduktion auftrat, und Rigg war sehr erleichtert, als das Stück auslief.

Über Mangel an Beschäftigung konnte der Star auch in den folgenden Jahren nicht klagen: Es folgte der in Deutschland nicht gelaufene Film LITTLE EYOLF (1982; R: Michael Darlow), Bühnenauftritte in *Anthony and Cleopatra* (1985) und *Wildfire* (1986). Für ihre Rolle in DAS BÖSE UNTER DER SONNE (1982; R: Guy Hamilton) nach dem gleichnamigen Agatha-Christie-Krimi wurde ihr der *Film Actress of the Year Award* verliehen. Ihre immensen Erfolge und ihre ständige Präsenz auf Bühne und Leinwand blieben in Deutschland derart unbemerkt, dass sie oft schon vorzeitig und völlig zu Unrecht abgeschrieben wurde. Die *Bild am Sonntag* schrieb im Mai 1984: »Nach zwei Jahrzehnten startet Diana Rigg jetzt ihr Bildschirm-Comeback – im weiten Krinolinenkleid statt in sexy ›Nahkampfuniform‹, mit braven Kringellöckchen unter strenger Haube statt mit wild flatternder Mähne.« Die Rede war von Dianas neuer Rolle als Lady Dedlock in einer Verfilmung des Dickens-Romans *Bleak House*, doch der größere Teil des Artikels widmete sich ganz boulevardgemäß dem Privat- und Liebesleben der Schauspielerin. Das Familienleben der Stirlings sei überaus harmonisch, »am liebsten zieht sich das Trio auf seinen schottischen Landsitz zurück, wo Diana und Archie mit Leidenschaft ihrem Hobby frönen können: Lachse angeln«.

1986 stand Diana Rigg an der Seite von Helena Bonham Carter und Stewart Granger für den melodramatischen Abenteuerfilm WAGNIS DER LIEBE vor der Kamera, der hierzulande auf Video erschienen ist und 1994 im ZDF zu begutachten war (eine

Film Actress of the Year: Diana Rigg in dem Agatha-Christie-Krimi DAS BÖSE UNTER DER SONNE (1982)

Nebenrolle spielte übrigens der *New Avengers*-Mime Gareth Hunt). Im Juli 1987 glänzte das Allroundtalent in seiner ersten Musicalrolle in *Follies* von Stephen Sondheim, das zum erstenmal in London aufgeführt wurde. Als Phyllis hatte Rigg zwei Solonummern und mehrere Duette zu bewältigen, die bei Publikum und Kritikern gut ankamen. *Follies* ist die Geschichte einer Gruppe betagter Showgirls, die sich in »ihrem« Broadway-Theater wieder treffen, um sich noch einmal der alten Zeiten zu erinnern, doch anstatt ein fröhliches Wiedersehen zu feiern, brechen zwischen den ehemaligen Freundinnen alte Rivalitäten auf und führen zu Konflikten. Ein interessantes Stück und für Diana Rigg, immer auf der Suche nach neuen Herausforderungen, geradezu ideal, aber die deutsche Kritik suchte bloß nach Spuren ihrer Serienvergangenheit. »Deutsche Besucher kamen aus dem Staunen nicht mehr heraus: Das soll Emma Peel sein? Sie ist es!«, schrieb ein *B.Z.*-Reporter im Juli 1987.

Genau ein Jahr später, am 28. Juli 1988, feierte die Schauspielerin ihren 50. Geburtstag. Inzwischen

Die Stars

Diana Rigg in den 90er Jahren

führte sie ein etwas ruhigeres Leben, immer zwischen dem schottischen Landsitz ihres Mannes und der gemeinsamen Wohnung in London hin- und herpendelnd. Beruflich wandte sie sich neuen Aufgaben zu, zum Beispiel präsentierte sie eine achtteilige Fernsehreihe über Baudenkmäler und historische Sehenswürdigkeiten Schottlands. Sie engagierte sich im Direktorium der Filmgesellschaft *United British Artists*, die sie zusammen mit anderen Film- und Theaterschauspielern gegründet hatte. Dass sie sich mit ihrer Vergangenheit als Emma Peel inzwischen ausgesöhnt hatte, konnte man erstmals in einem Artikel in der *Berliner Morgenpost* vom Juni 1988 erahnen. »Ich hätte nie gedacht, dass die Serie nach über 20 Jahren immer noch wiederholt wird. Ein Beweis für ihre Qualität. Ab und zu sehe ich mir eine Folge an – zusammen mit meiner Tochter Rachael, meiner besten Produktion.«

Die Beziehung zu Rachaels Vater ging dagegen in die Brüche. 1990 wurden die beiden geschieden. Stirling hatte eine stadtbekannte Affäre mit der Tochter von Vanessa Redgrave begonnen, und das nahm ihm Diana Rigg so übel, dass sie alle seine Sachen nach einem heftigen Streit zu *Oxfam* geschickt haben soll. Rigg zog sich auf ihren Stolz – und auf ihr Handwerk zurück. »Ich werde nicht die trauernde Geschiedene mit verheultem Gesicht spielen. Es ist keine besonders gute Rolle. Sie hat einen lausigen Text und keinerlei Lacher, und es ist eine sehr langweilige Rolle«, sagte sie in einem Zeitungsinterview (Tracy, 2004).

Anfang der 90er Jahre war Diana Rigg unter anderem in folgenden Theaterproduktionen zu sehen: *Love Lettres* (1990), *All for Love* (1991), *Berlin Bertie* und *Medea* (beide 1992). Um die Aufführung von Euripides' *Medea* im angesagten Londoner Experimentiertheater *Almeida* zu ermöglichen, verlangte sie nur die von der Gewerkschaft vorgeschriebene Mindestgage von 165 Pfund pro Woche. Kritiker lobten ihre Interpretation der Medea als grausame, aber beherrschte Furie mit strengem Zopf, kalkweißem Gesicht und scharlachrotem Gewand.

1993 verirrte sich Rigg in die gefühlige Filmversion des Paul-Gallico-Rührstückes *Ein Kleid von Dior*, Filmtitel: DAS SCHÖNSTE KLEID DER WELT. Darin spielt sie die gestrenge, im Inneren aber tief unglückliche Directrice des berühmten Pariser Modekaufhauses, die durch die Herzensgüte einer einfachen Londoner Putzfrau lernt, das Leben wieder mit neuen Augen zu betrachten. Im selben Jahr drehte Diana mit Sean Connery zusammen in Südafrika A GOOD MAN IN AFRICA (R: Bruce Beresford).

Diane Rigg hat nicht nur diverse wichtige Schauspielerpreise gewonnen, sie ist auch Ehrendoktor der *Stirling University* und der *Leeds University*. 1994 wurde ihr die größte britische Auszeichnung zuteil: Diana Rigg wurde in den Adelsstand erhoben. Der Ehrentitel *Dame* wurde ihr bei der offiziellen Geburtstagsfeier von Königin Elisabeth II. im Juni 1994 verliehen. Ganz in schwarzes Leder gekleidet, wurde die Darstellerin im Buckingham Palace in den Orden des britischen Empires aufgenommen. »Die Queen fragte mich, woran ich derzeit arbeite«, schilderte Rigg im *Tagesspiegel*, »ich habe

Diana Rigg mit John Lithgow in A GOOD MAN IN AFRICA (1993)

ihr halt erzählt, dass ich eine Dame ohne Arbeit bin.«

So ganz stimmte das wohl nicht, denn Diana Rigg war weiter fleißig. Im selben Jahr veröffentlichte sie ihr zweites Buch *So to the Land*, eine Sammlung englischer *country lyric*. 1996 durfte sie das Bühnendebüt ihrer Tochter Rachael erleben – und Rigg war stolz und glücklich, dass ihre Tochter in ihre Fußstapfen trat.

Auch sie spielte weiter Theater. Im August 2001 besprach die *Sunday Times* ihren Auftritt in *The Humble Boys* im *National Theatre*: »Rigg moves through the play panther-like, cold, but rapacious. This is a cutting edge performance of cool, controlled savagery« – so nachzulesen auf der Homepage ihres alten Freundes, Patrick Macnee. Immer wieder pilgerten Fans aus aller Welt in ihre Aufführungen und hofften auf eins der seltenen Autogramme. Und 2005 machte die Nachricht die Runde, Diana sei für die Rolle einer neuen britischen *Heidi*-Verfilmung gewonnen worden.

Dass sie nie den Bösewicht in einem Bond-Film spielen durfte, findet sie – leicht augenzwinkernd – schade. Und mit demselben Humor geht sie mit ihrem Alter ins Gericht: »Du kannst keinen Spinat mehr essen, sonst kriegst du dieses grüne Lächeln. Du kannst bei Tageslicht beim Sex nicht oben sein. Und manchmal wachst du auf und fühlst dich wie 104, dann musst du sehr, sehr nett zu dir sein.« (Tracy, 2004) In ihrer Freizeit hält sich *Dame* Diana noch immer gern in Schottland auf, wo sie liest und Lachse und Forellen angelt. Fast bewundernd schreiben englische Zeitungen, sie sei jetzt in die Männerdomäne Fliegenfischen eingedrungen! Auch eine adelige Rächerin kann eben nicht aus ihrer Haut.

Ein Leben wie im Film – Patrick Macnee

Patrick Daniel Macnee kam am 6. Februar 1922 in London zur Welt. Sein Vater, Daniel Macnee, Sohn des gleichnamigen Malers, war Pferdetrainer von Beruf. Patricks Mutter Thea war eine Nichte des Earl of Huntingdon (laut Familienlegende ein direkter Nachfahre von Robin Hood) und gehörte als Mitglied dieser verarmten aristokratischen Familie zur englischen Oberschicht. Dass der Schauspieler David Niven Patricks Cousin sei, ist hingegen ein oft kolportierter Irrtum. Macnee hat dieses Gerücht jahrelang selbst verbreitet, und Niven, den er bei Dreharbeiten kennen lernte, als seinen bis dahin unbekannten Cousin in die Arme geschlossen. Erst viel später stellte er fest, dass seine Mutter diese Geschichte erfunden hatte, um eine Affäre mit einem von Nivens Verwandten zu verbergen.

Die Ehe von Patricks Eltern war von dritter Seite arrangiert worden. Neues Geld und alter Adel schienen, trotz des Altersunterschiedes von 18 Jahren, eine erfolgversprechende Ehebasis abzugeben. Doch schon bald gingen beide ihre eigenen Wege. Patricks Vater verbrachte die meiste Zeit auf dem Land und trainierte Rennpferde, während seine Mutter, eine auffallend schöne Frau, sich am liebsten ins Londoner Gesellschaftsleben stürzte, wo die *roaring twenties* in vollem Gang waren.

Auf einer Party machte sie die Bekanntschaft von Evelyn, einer reichen Erbin, und bald darauf zog sie mit ihrem erst ein paar Jahre alten Sohn Patrick in deren Anwesen *Rooksnest* (Krähennest), eine elegante Tudorvilla in der Nähe von Lambourn. In *Blind in One Ear – Autobiography of an Avenger*, 1988 erschienen, stellte Macnee spöttisch fest: »Da mein peitscheschwingender Vater seine Pferde den Menschen vorzog und meine unkonventionelle Mutter Frauen lieber mochte als Männer, kann meine Geburt nur als Zufall bezeichnet werden.«

Obwohl sie weiterhin mit Evelyn zusammenlebte, brachte Thea noch ein zweites Kind zur Welt. James, Patricks jüngerer Bruder, wuchs bei einem Kindermädchen in Lambourn auf, und Evelyn ernannte sich selbst zu Patricks Vormund und erzog den Sohn ihrer Geliebten fortan nach ihren Vorstellungen, zu denen unter anderem gehörte, dass der Junge einen Kilt zu tragen und sie mit »Onkel« anzureden habe.

In der Schule entwickelte Patrick Interesse für Englisch und Geschichte und fasste eine frühe Liebe zum Theater. Seinen ersten Auftritt hatte er als Heinrich der Fünfte im gleichnamigen Shakespeare-Stück. Die Rolle des Dauphin übernahm ein Schulkamerad, sein Name war Christopher Lee.

Als Patrick zwölf Jahre alt wurde, schickte Evelyn den Sohn ihrer Lebensgefährtin nach Eton, da sich seine Eltern außerstande sahen, das teure Schulgeld zu bezahlen. Für den Jungen war Eton College ein Glückstreffer, endlich durfte er wieder Hosen tragen und Freundschaften mit Kindern seines Alters schließen. Zu seiner Beliebtheit trug entschieden bei, dass er seine neuen Freunde mit den Renntipps seines Vaters und mit erotischen Zeitschriften versorgte. In den Etoner Jahren festigte sich

Die Rolle seines Lebens: Patrick Macnee als John Steed

Patricks Entschluss, nach Schulende eine Theaterkarriere in Angriff zu nehmen. Gute Besprechungen im *Eton College Chronicle* machten ihm Mut: »Macnee spielte den Macduff bewunderungswürdig, und seine Stimme klingt sehr gut«, hieß es darin unter anderem. Doch Patricks Schulkarriere endete vorzeitig, als eines Tages eines der Zimmermädchen in seinem Raum einen Haufen der verbotenen Magazine entdeckte, mit denen er schwungvollen Handel trieb. Der junge Macnee wurde aufgefordert, die Schule schnellstmöglich zu verlassen.

Da er weder zu seiner Mutter noch zu seinem Vater zurückwollte, nahm er das Angebot eines Freundes an, eine Rolle in einer Aufführung von *Der Widerspenstigen Zähmung* auf dem Landsitz seiner Familie in Dorset zu übernehmen. Doch es kam nie zur Aufführung, und Patrick kehrte nach *Rooksnest* zurück, wo er sich auf Evelyns Wunsch sein Taschengeld mit Schweinehüten verdiente. Um ihm zu einer Zukunft im Theater zu verhelfen, gelang es seiner Mutter, einen Sponsoren zu finden, der Patricks Ausbildung an der *Drama School* finanzierte. Wer der anonyme Spender war, hielt seine Mutter geheim, und Macnee hat es auch später nicht erfahren. Mit 18 Jahren sprach er bei der kleinen, familiären *Webber Douglas School of Drama* in South Kensington vor – und wurde aufgenommen. Dort erhielt Patrick seine ersten Lektionen in Schauspielkunst und lernte Singen, Tanzen und Fechten. Das junge Talent war begeistert, dass sich der Traum von der Karriere auf der Bühne erfüllen sollte. Als Patrick wenige Monate später eine Anzeige im Fachblatt *The Stage* entdeckte, in der ein junger Mann für ein Repertoiretheater nahe London gesucht wurde, bewarb er sich kurzentschlossen und wurde angenommen. Bald da-

Der bestgekleidete Mann der Welt: Viele seiner *Avengers*-Outfits entwarf Macnee selbst

rauf suchte er sich seinen ersten Agenten. Nach Anlaufschwierigkeiten wurde ihm im Sommer 1941 seine erste größere Rolle angeboten, die des Laurie in *Little Women*, sein Londoner Debüt und gleichzeitig auch seine erste Tournee. Nach einer Reise durch ganz England war das Ensemble im Dezember wieder in London. Der Krieg beherrschte das Leben, und während die Luftwaffe die Stadt bombadierte, übernahm Patrick Macnee eine kleine Rolle nach der anderen und versuchte, sich im Londoner Westend durchzusetzen. Erste Angebote für Filmrollen kamen herein: Patricks Filmdebüt war

Die Stars

Der treueste Agent Ihrer Majestät: ...

THE LIFE AND DEATH OF COLONEL BLIMP (1943), die anspruchsvoll inszenierte Biografie eines fiktiven Soldaten. Gerade als er begann, seiner beruflichen Zukunft optimistisch entgegenzusehen, wurde er zum Militärdienst einberufen.

Macnee ging zur Marine. Nach einer kurzen Ausbildung im walisischen Pwllheh wurde der *Able Seeman* Macnee auf ein U-Boot versetzt, doch bevor er an Bord ging, heiratete er im November 1942 noch schnell seine Jugendliebe Barbara Douglas in der St. Peter's Church in Cranleigh Gardens. Nach kurzen Flitterwochen kehrte der 19-Jährige zur Marine zurück, ließ sich zum Offizier ausbilden und verbrachte den Rest des Krieges als Kommandant auf einem Torpedoboot im englischen Kanal, wo er nächtelang Wache schob und auf die deutsche Invasion wartete.

Nach Kriegsende reaktivierte Macnee seine alten Bühnenkontakte, doch die meisten seiner Versuche blieben erfolglos, und das wirkte sich auch auf sein Privatleben aus. »Während sich mein berufliches Leben weiterhin zwischen Misserfolg und Desaster dahinschlängelte, nahmen meine häuslichen Umstände leider einen ähnlichen Verlauf«, so beschrieb er diese Phase in seiner Autobiografie. Die lange Trennung hatte seiner Ehe schweren Schaden zugefügt, und der junge Ehemann wollte, im Bewusstsein, gerade noch mal mit heiler Haut den Krieg überstanden zu haben, sein weiteres Leben nach eigenen Vorstellungen leben, unbelastet von der Rücksichtnahme auf eine Ehefrau. Doch gerade, als er beschloss, sich scheiden zu lassen, wurde seine Frau schwanger. Ihr erstes Kind war ein Sohn, den sie Rupert nannten.

Macnee übernahm alle möglichen kleinen Rollen in den Londoner Westend-Theatern, war mal Speerträger und mal Soldat, und immer wieder war es Shakespeare, *Hamlet* oder *Julius Cäsar*, aber nie die Hauptrolle. Er spielte in einer Reihe von Filmen mit, von denen DAS DUNKELROTE SIEGEL (1950; R: Michael Powell / Emeric Pressburger) mit »Cousin« David Niven als Scarlet Pimpernel wohl der erfolgreichste war, und arbeitete als Sprecher beim Radio. 1950 kam Ruperts Schwester Jenny zur Welt. Noch immer hatte Macnee als Schauspieler keinen Erfolg, manchmal war er über Monate hinweg arbeitslos. Auf einer Party bot ihm ein Bekannter namens John Counsell ein festes Engagement beim renommierten *Theatre Royal* in Windsor an und enthob ihn für eine Weile seiner Geldsorgen. Es folgten einige gute Angebote in so unterschiedlichen Produktionen wie *The Holly and the Ivy*, einem christlichen Märtyrerdrama, und eine Bühnenversion von Jane Austens *Mansfield Park*. Dann kamen wieder schlechte Zeiten, und Macnee beschloss, sein Glück in Kanada zu suchen, wo er sich

... Während die Kolleginnen stets den Staffelstab weitergaben ...

gute Arbeitschancen versprach: Dort waren die goldenen Jahre des Fernsehens gerade angebrochen, denn Kanada war kulturelles Neuland, das neue Medium hatte keine Konkurrenz durch Film oder Theater zu fürchten, und so herrschte Pionierstimmung unter Schauspielern, Autoren und Regisseuren, die viele kreative Menschen dort hinzog.

In den folgenden Jahren reiste Macnee zwischen England, Amerika und Kanada hin und her, je nachdem, wo er Engagements erhalten konnte. Manchmal blieben die Angebote aus, und er musste andere Arbeiten annehmen, einmal jobbte er sogar als Barmann in einem Striptease-Club. In Kanada spielte Macnee ab 1952 in einer der ersten Serien des kanadischen Fernsehens mit, *The Moonstone*, und in den USA trat er als Sheriff in der populären Westernserie *Tausend Meilen Staub* auf. 1954 ging er mit einer *Sommernachtstraum*-Inszenierung des *Old Vic* Theaters auf US-Tournee, doch der große Durchbruch ließ immer noch auf sich warten.

Zwischendurch reiste er immer wieder zu seiner Familie nach England. Nach jahrelangen Diskussionen kamen Patrick und Barbara überein, sich scheiden zu lassen. Die offizielle Trennung klärte zwar die unhaltbare Situation einer Ehe zwischen zwei Kontinenten, hinterließ bei Macnee aber tiefe Schuldgefühle. Noch Jahre später machte er sich Vorwürfe, er habe seine Frau und seine Kinder im Stich gelassen. Gleichzeitig genoss er seine neue Freiheit, auch wenn er schon vor seiner Scheidung zahllose Affären gehabt hatte.

Als Rupert zwölf Jahre alt wurde, konnte es sich die Familie nicht leisten, ihn auf eine gute Schule zu schicken. In alter Familientradition übernahm Gussie, die neue Lebensgefährtin von Macnees »Ziehonkel« Evelyn, das Schulgeld für Rupert. Vor Schulbeginn besuchte der Junge seinen Vater zum ersten Mal in dessen Haus in Kalifornien. Die beiden hatten sich seit Jahren nicht gesehen, und Macnee war froh und stolz, Rupert das Land zeigen und ihn durch die Studios führen zu können.

Mit 38 Jahren musste Macnee sich eingestehen, dass er noch weit davon entfernt war, ein großer Star zu sein. Immer öfter spielte er mit dem Gedanken, die Schauspielerei aufzugeben und einen soliden Beruf zu ergreifen. Schließlich versuchte er sein Glück als Produzent und musste feststellen, dass auch dieser Beruf ein Glücksspiel war.

Ein Anruf von Leonard White, einem ihm bekannten Produzenten aus der Kanada-Clique, sollte der Wendepunkt in seinem Leben werden. Am 9. September 1960 gingen White, Macnee und einige andere Bekannte ins Theater, um eine Bühnenversion von *Die Reise nach Indien* zu sehen. Während des anschließenden Essens erzählte White

Die Stars

... blieb Macnee als John Steed *Avengers*-Institution

von seiner neuen Serie *The Avengers* und machte Macnee die Rolle des zweiten Hauptdarstellers schmackhaft: »Patrick, du sollst diesen Mann spielen, eine Art von George-Sanders-Typ. Du wärst einfach perfekt für die Rolle. Du solltest auch einen Schnurrbart tragen.« (Rogers, 1989) Den Schnurrbart lehnte Macnee kategorisch ab, doch die Rolle nahm er an. Nicht sofort allerdings: Entschlossen, das Schicksal entscheiden zu lassen, forderte er eine ziemlich hohe Gage und wartete ab, was passierte. Es liegt auf der Hand: Eine Woche später unterzeichnete er seinen Vertrag. Die Rolle des John Steed sollte die Rolle seines Lebens werden, sie brachte ihm Reichtum und internationalen Ruhm. Und er lernte bei den Dreharbeiten seine zweite Frau kennen: Katherine Woodville, Kate genannt, spielte die Verlobte von Dr. Keel (Ian Hendry), die in der ersten Folge der Serie ermordet wird.

Wie wir wissen, wurde die Serie ein Erfolg, und zur Überraschung aller Beteiligten stellte sich heraus, dass Macnee zwar die kleinere Rolle, dafür beim Publikum aber die größere Zugkraft besaß.

Neben den Dreharbeiten fand Macnee Zeit, zusammen mit seinem Koautor Peter Leslie zwei Bücher zu schreiben, die auf dem Serienformat aufgebaut waren: *Deadline* und *Dead Duck*, zwei *Mit Schirm, Charme und Melone*-Abenteuer im Printformat, erschienen 1965 und 1966, als Teil einer ganzen Reihe von Romanen mit Steed und Peel.

Als Rigg die Serie wie zuvor schon Hendry und Blackman verließ, um zum Theater zurückzugehen, war das ein Schock für die Produzenten, für das Publikum und vor allem für Patrick Macnee, der diese Jahre in seiner Autobiografie als die besten seines Lebens bezeichnete.

Nachdem die erste Staffel mit Riggs Nachfolgerin Linda Thorson abgedreht war, wurde die Serie 1969 eingestellt. Nach acht Jahren als John Steed war Patrick Macnee wieder arbeitslos und zutiefst traurig, dass die *Schirm, Charme und Melone*-Zeit vorüber war. Zwar hatte er erreicht, was er sich vorgenommen hatte, war wohlhabend und berühmt geworden, doch nun hatte er keine Arbeit mehr, und seine Frau Kate, 17 Jahre jünger als er, hatte ihn nach kurzer Zeit wieder verlassen.

Macnee wäre nicht Macnee, wenn er sich langem Trauern hingegeben hätte. Er flog nach Kalifornien, machte nach dem Stress der jahrelangen Serienroutine ein paar Monate Urlaub am Strand und versuchte, sich klarzuwerden, wie er sein weiteres Leben verbringen wollte. Schließlich entschied er sich, ein Haus in Palm Springs zu kaufen und in Amerika zu bleiben. Die Stadt und ihre Bewohner hatten es ihm angetan, und der amerikanische Markt bot mehr Arbeitsmöglichkeiten als der englische. Doch trotz seiner Bekanntheit (vielleicht auch gerade deswegen) waren es in aller Regel wieder schlechte Filme und kleine Rollen, genau wie vor seiner Zeit als John Steed. Obwohl er finanziell unabhängig war und es nicht nötig hatte, sich unter Wert zu verkaufen, akzeptierte Patrick so gut wie jede Rolle, die ihm angeboten wurde. Besonders schmeichelhaft für Macnee, der seine *Avengers*-Kostüme oft selbst entworfen hat, war seine Wahl zum *Bestgekleideten Mann der Welt*.

Etwa zu dieser Zeit versuchte der Schauspieler erstmals ernsthaft, sich das Trinken abzugewöhnen, ein Problem, mit dem er seit Jahren zu kämpfen hatte. 1975 wurde er mit dem *Strohhutpreis* geehrt, einer etwas fragwürdigen Auszeichnung, die an Schauspieler verliehen wird, die mit besonderer Ausdauer, aber nicht unbedingt mit viel Talent gesegnet sind. Patricks alte Kollegin und Freundin Diana Rigg begleitete ihn zur Preisverleihung nach New York, die von Cary Grant moderiert wurde. Macnee war ein würdiger Strohhutpreisträger und trat weiterhin mal hier, mal dort auf, darunter in dem Bühnenstück *Made in Heaven* oder in einer Aufführung von Alan Ayckburns *Absurd Person Singular*; und er war ein netter, besonders mittelmäßiger Watson in dem Fernsehstück *Sherlock Holmes in New York* (1976), über das alles gesagt ist, wenn man weiß, dass Roger Moore den Holmes gab.

Überraschenderweise ging der treueste Agent Ihrer Majestät 1976 dann doch noch einmal auf Verbrecherjagd, wie immer mit Schirm und Melone, aber diesmal mit zwei neuen Partnern: dem etwas farblosen Actionhelden Gambit und der kultivierten Ex-Ballerina Purdey – in *The New Avengers*.

Seither ist Macnee in unzähligen Filmen aufgetreten. Die Bandbreite seiner Engagements ist enorm und reicht von *The Return of the Man From U.N.C.L.E.*, einem 1983 entstandenen TV-Movie nach der berühmten Agenten-Serie, bis zum Kurzauftritt in der Satire THIS IS SPINAL TAP (1984; R: Rob Reiner), wo es um die Abenteuer einer englischen Heavy-Metal-Band auf der Tour durch die USA geht.

Zudem kann Patrick auf eine stolze Anzahl von Auftritten in berühmten Fernsehserien zurückblicken, unter anderem war er als Gaststar bei *Magnum, Hart aber herzlich, Love Boat, Columbo* und *Immer wenn sie Krimis schrieb* gebucht. Im Fernsehen hatte der Ex-Rächer eine Zeitlang sogar eine eigene Show: *Patrick Macnee Presents Sherlock Holmes*. Aber trotz vieler kleiner Engagements – an seinen großen Erfolg *Mit Schirm, Charme und Melone* konnte er nicht mehr anknüpfen.

Doch Macnee zeigte sich mit seiner Situation nicht unzufrieden. Als ihn ein deutscher Reporter der *Bild am Sonntag* im Mai 1983 in seinem Haus in Palm Springs besuchte, sagte er: »Nach dem Erfolg in England musste ich mir in Hollywood ganz von vorn eine neue Karriere aufbauen. Jetzt habe ich es geschafft.« Humor bewies Macnee in einem Interview mit *Stay Tuned*: »Ich habe eine Reihe von Filmen gemacht, die nie das Licht der Welt erblickt haben, und sie hatten die sonderbarsten Titel: THE CREATURE WASN'T NICE, HOT TOUCH, SWEET SIXTEEN und ein Remake von KING SOLOMON'S MINES, das glücklicherweise nie in die Kinos gekommen ist [hier irrt Macnee; der Film KING SOLOMON'S TREASURE lief in einigen Ländern im Kino; A.d.V.]. Wissen Sie, ich bin der größte Darsteller der schlechtesten Filme, die es jemals gegeben hat, [...] aber es hat Spaß gemacht und es hat mir geschmeichelt, dass ich gefragt wurde, ob ich die Rolle übernehme.«

Macnee kannte keine Berührungsängste. Horror, Trash und Grusel – schon die Titel wie LOBSTERMAN VOM MARS (1989; R: Stanley Sheff), BLOODSUCKER (1971; R: Robert Hartford-Davis) oder THE CREATURE WASN'T NICE / NAKED SPACE (dt. Titel: TROTTEL IM WELTALL); 1981; R: Bruce Kimmel sprechen Bände. Macnee war zu allem bereit. Für den Film DAS TIER (1980; R: Joe Dante), in dem sich Menschen in Werwölfe verwandelten, ließ er sich sogar überreden, den ganzen Film hindurch ein Leguan-Kostüm zu tragen. Mehr als berechtigt wurde ihm in späteren Jahren der *Golden Scrall Award* der *Academy of Science-Fiction, Fantasy and Horror* verliehen.

Der Trash-Schauspieler Macnee blieb, trotz zwei geschiedener Ehen, stets ein Familienmensch. Seinen Kindern gegenüber hatte er sein ganzes Leben lang ein schlechtes Gewissen und war deshalb umso glücklicher, als sich seine Tochter Jenny ein Haus in der Wüste bei Palm Springs kaufte, nicht weit von seinem eigenen. Jenny, eine bekannte Fernsehköchin, litt an starkem Asthma und hoffte nach mehreren lebensgefährlichen Anfällen, dass das trockene kalifornische Klima ihr gut tun würde. 1979 entdeckte ein Arzt bei ihr einen Gehirntumor, und erst nach mehreren Operationen und schlimmen Rückfällen wurde sie wieder gesund. In dieser Zeit kamen sie und ihr Vater sich sehr nahe, und das sollte auch so bleiben. Patricks Sohn Rupert wohnte inzwischen ebenfalls in Los Angeles, und auch seine erste Frau Barbara zog nach Kalifornien. Die Familie war sich auf einmal viel näher als in den Jahren ihrer Ehe, und das nicht nur geografisch.

Die Stars

Zwei Jahre später beantragte Macnee die amerikanische Staatsbürgerschaft. Eigentlich ein Witz: Der britischste aller Briten, der Mann mit Schirm und Melone, wurde Amerikaner. Doch Macnee sah es als Akt der Höflichkeit, da er sich schon seit den 50er Jahren regelmäßig an der Westküste aufhielt, und er versprach sich berufliche Vorteile. Seinen britischen Pass gab er natürlich nicht auf.

Auf einer Wohltätigkeitsveranstaltung lernte er seine dritte Frau, Barbara, kennen. Zu ihr, einer gebürtigen Ungarin und Witwe des Regisseurs Steve Sekely, hatte er zuerst eine rein freundschaftliche Beziehung, doch als Macnee vom vielen Alkohol immer mehr zunahm und Schwierigkeiten bei der Arbeit bekam, suchte er bei ihr Hilfe. Drei verschiedene Ärzte bescheinigten ihm extrem hohe Leberwerte und gaben ihm den dringenden Rat, mit dem Trinken aufzuhören. Macnee hörte auf – von einem Tag auf den anderen – und beschloss, sein weiteres Leben mit Barbara zu verbringen.

Um die Ursachen für seine Trinksucht aufzuarbeiten, ging er zu einem Therapeuten – jahrelang. »Mit all dem Geld, das ich bei Psychotherapeuten gelassen habe, hätte ich gut noch ein paar Zimmer an mein Haus anbauen können«, spottete Patrick in einem Interview mit dem französischen Sender *Télé 7 Jours* 1992, »ich habe denen alles erzählt ... was ich erlebt habe und was ich erlitten habe. Dabei empfand ich den ganzen Kummer aus vergangenen Zeiten wieder neu, und ich hatte den Eindruck, dass das zu nichts nütze ist, im Gegenteil! Aber schließlich hat es mir doch geholfen, mich davon zu befreien. Es war notwendig, sonst wäre ich wahrscheinlich verrückt geworden.«

Alkoholprobleme waren in Macnees Kreisen keine Seltenheit, und bei seinen Schauspielerkollegen war der notorische Säufer nie um Trinkkumpane verlegen: »Mit Richard Burton habe ich einmal 18 Gläser Wodka hintereinander gekippt, und mit David Niven trank ich während einer Produktion auf der Insel Goa im Indischen Ozean Whisky aus der Teekanne.« Dass Macnee sich vor dem Tod seiner Mutter, die im reifen Alter von 95 starb, mit ihr ausgesöhnt hat, half ihm, seine eigentümliche Kindheit zu verarbeiten.

Mitte der 80er kam es zu einem weiteren Höhepunkt in Macnees Karriere. Für das neueste Bond-Spektakel IM ANGESICHT DES TODES (1985; R: John Glen) bot ihm Roger Moore die Rolle des Sir Geoffrey Tibbett an: ein Mitglied des britischen Geheimdienstes, das sich zu Tarnungszwecken als Bonds Chauffeur ausgibt.

Im selben Jahr machte der Mann, der John Steed war, Schlagzeilen in der Klatschpresse, weil er eine Ertrinkende aus dem Pazifik rettete. Als Macnee die Schwimmerin bemerkte, die in der Brandung unterzugehen schien, schwamm er zu ihr und »schleppte die Frau mit einem Rettungsgriff an Land. Ohne Schirm, doch mit Charme gab er ihr dort den ›Lebenskuss‹«, wusste die *B.Z.* im September 1985 zu berichten.

Macnee, inzwischen ein rüstiger Mittsechziger, reiste weiter seiner Arbeit hinterher, von Produktion zu Produktion, egal ob in den USA, in Kanada oder in England, und dann und wann bekam er sogar eine gute Kritik. Über seinen Auftritt in dem Thriller *Killing Jessica* im Londoner *Savoy* Theater 1987 schrieb die *Daily Mail*: »Macnee ist auf geschmeidige Weise beeindruckend.« Übrigens: In Diana Riggs Sammlung der schlimmsten Theaterkritiken aller Zeiten ist einer nicht vertreten – ihr Freund Patrick.

Am 25. Februar 1988 gaben sich Patrick und Baba, zwei »jugendliche, glückliche, 66 Jahre alte Romantiker«, in einer Kapelle in Palm Springs ihr Jawort, und damit beendete Macnee seine Autobiografie, die im selben Jahr erschien. Ein Jahr später wurde Patrick Großvater. Seither ist es auch beruflich ruhiger geworden um den Schauspieler.

Eine seiner schönsten Rollen in den letzten Jahren hatte er 1991 in der amerikanischen Fernsehserie *Sherlock Holmes*, in der er zum zweiten Mal den Dr. Watson spielte, während sein ehemaliger Klassenkamerad Christoper Lee als Mann mit der Pfeife auftrat. Beide Hautdarsteller waren bereits um die 70, hielten sich aber noch sehr wacker. Gedreht wurde in Wien, Luxemburg und in Afrika.

1995 lief auf RTL die kurz zuvor in den USA gedrehte Serie *Thunder in Paradise* mit Hulk Hogan und Jack Lemmons Sohn Chris in den Hauptrollen. Patrick Macnee ist hier ein perfekter englischer Gentleman, der als Besitzer eines Hotels seinen Lebensabend verbringt. Man kann sich gut vorstellen, dass es auch John Steed sein könnte, der hier seine wohlverdiente Ruhe in wärmeren amerikanischen Gefilden gefunden hat.

In den 90ern schrieb Patrick eine zweite Autobiografie (*The Avengers and Me*, 1998, zusammen mit Dave Rogers) – und er wurde Popstar! Zumindest trat er als Statist in einem Video der Gruppe Oasis auf, für den Song *Don't Look Back in Anger*, in dem er als typisch britischer Chauffeur am Steuer eines Rolls-Royce die Band zu einem luxuriösen Anwesen fährt, wo lauter weiß gekleidete, attraktive junge Frauen warten. Macnee, mit seinen inzwischen 74 Jahren noch erstaunlich jugendlich, ist immer wieder kurz im Bild zu sehen, lachend und stolz in seiner Uniform.

In seinen über 60 Berufsjahren hat Macnee in weit mehr als 50 Spielfimen mitgespielt und ist in unzähligen Serienproduktionen und Theaterstücken aufgetreten. Seinen bislang letzten Fernsehauftritt hatte Patrick im Jahr 2001 in der EBS TV-Produktion *The Making of James Bond Movies*. Wenn das kein würdiger Schlussstrich ist.

Seither vertreibt er sich die Zeit mit dem Sprechen von Hörbüchern – darunter die *Jack Higgins*-Krimis, aber auch die Bibel –, mit seiner Frau Barbara, seinen zwei Hunden und seinem Hobby: Vögel beobachten.

Doch ganz friedlich, ohne Abenteuer, kann der Lebensabend eines ehemaligen Rächers nicht verlaufen. Vom *Bureau of Federal Aviation* wurde ihm der *Award for Preventing Terrorism on Aircraft* verliehen – *was* der Mann, der John Steed war, genau getan hat, um sich diesen Preis zu verdienen, darüber schweigt sich seine Homepage leider vornehm aus.

Patrick Macnee bleibt sicher eine der schillerndsten und liebenswürdigsten Figuren im Show- und Fernsehbusiness: ein Mann, der scheinbar nie ein böses Wort über seine Mitmenschen verloren hat, der offenbar in jedem nur das Beste sah und jeder Situation ihre positive Seite abzugewinnen wusste. Ein Lebenskünstler, trotz seiner vielen Probleme, den jeder, der ihn kennen lernte, ins Herz schloss. Kurzum: Mit niemandem hätte man lieber ein Fläschchen Champagner geleert.

Patrick Macnee in dem Bond-Film IM ANGESICHT DES TODES

Die Stars

»Die mondänen Racheengel des *Swinging London*«: Steed und Peel in typischer Alltagskleidung

Pop und Pep und Parodie – Die Erfolgsformeln

Fahrkarten in die Vergangenheit – Another time, another place

Zu keiner anderen Zeit und in keinem anderen Land der Welt hätte die Serie *Mit Schirm, Charme und Melone* das werden können, was wir heute unter diesem Titel kennen. Es ist ein kulturelles Phänomen: Keine andere Fernsehserie ist derart typisch für die 60er Jahre, keine hat es geschafft, Geist und Stil ihrer Zeit dermaßen intensiv in sich aufzunehmen, sich sowohl beeinflussen zu lassen als auch Einfluss zu nehmen auf Denken und Handeln der Menschen.

Swinging London, die glitzernde und wilde Fantasien entzündende britische Metropole, wurde in den Sixties, dem Zeitalter schneller Veränderungen, zu einem der Dreh- und Angelpunkte der westlichen Welt. Nie ging es den Engländern so gut: Das Land war auf dem Weg in die Konsumgesellschaft, die Löhne stiegen und dadurch auch der Lebensstandard. Neue Ideen setzten sich durch: England plante den Beitritt zum europäischen Markt, und Harold Wilson führte Labour an die Macht. Ein verändertes Demokratieverständnis schlug sich auch in konkreten Gesetzen nieder. Homosexuelle Beziehungen wurden legalisiert, das Scheidungsgesetz reformiert und die Todesstrafe abgeschafft.

Die Studenten demonstrierten gegen die Vietnam-Politik der USA, doch ansonsten blickte die Jugend voller Optimismus in die Zukunft. Erstmals entstand eine facettenreiche Jugendkultur. Die Beatles standen musikalisch Pate, Mary Quant entwarf das passende Outfit für die modehungrigen Teenies, und die Carnaby Street wurde zur Lebensader der neuen Bewegung. *Lifestyle*, das Gesetz der Stunde, zeigte sich im modischen Stil der neuen Generation: Pop-art, bunt und grell, oberflächlich und kommerziell wie Andy Warhols Marilyn Monroe – schnelle Effekte für eine schnelle Zeit.

Die Massenmedien verbreiteten die neue Botschaft und schufen nach und nach ein verändertes Kulturbewusstsein. Pop war Jugendkultur, »Coca-Cola-Kultur statt Wein-Kultur« (Whiteley, 1987), modisch statt praktisch, ironisch statt tiefgründig. Symbole der Pop-Kultur wie Musikboxen, Filmstars oder Comicstrips fand man überall, in der Kunst und im täglichen Leben, in der Architektur und auch im Fernsehen. Kookie, der jugendliche Held aus *77 Sunset Strip*, der ersten amerikanischen Privatdetektiv-Serie, wurde ab 1960 mit Gel-Tolle und Kamm in der Hosentasche zum Bildschirmidol einer ganzen Generation. Jung, forsch und gestylt saß er in seinem Ford Modell »T« und benutzte Ausdrücke wie »steiler Zahn« oder »Wuchtbrumme« – bei soviel Coolness strichen die Teens die Segel. Der logische Nachfolger von *77 Sunset Strip* war die Krimiserie *Twen Police*, in der drei jugendliche Edel-Hippies aus hehren moralischen Gründen *undercover* als Teeniepolizei auftraten. Mit *Twen Police* fand die Jugendrevolte Eingang in die Serienproduktion.

Die »Identifikations- und Idolsehnsucht einer von der Väter-Generation enttäuschten, gelangweilten und sinnsuchenden Jugend« (Hoffmann/Klotz, 1987) fand vor allem in der hysterischen Verehrung der Beatles ihren Ausdruck. Getreu dem Motto *All You Need Is Love* »erhob die neue Generation

Die Erfolgsformeln

TV goes modern: Die drei Hippie-Cops der *Twen Police*

Der Kalte Krieg wurde zum angenehmen Gruselbackground für zahlreiche Film- und Fernsehabenteuer. Etwa ein Jahr nach Ausstrahlung der ersten *Mit Schirm, Charme und Melone*-Episode *Hot Snow* erblickte der erste Bond-Film, JAMES BOND JAGT DR. NO (1962; R: Terence Young) das Licht der Welt. Auch weitere TV-Serien folgten, wie etwa *Geheimauftrag für John Drake* (1961; GB) mit Patrick McGoohan als Bond-Verschnitt Drake, der rund um den Globus im Einsatz ist, um dort, wie sein großer Bruder James, die Werte des Westens zu verbreiten.

Mit ähnlichem Auftrag ritten die Cartwrights für den Kapitalismus. Auch wenn sie von der *Ponderosa* kaum herunterkamen, was machte das schon? 14 Jahre lang verteidigten die Botschafter des *American Way of Life* ihr Eigentum mit dem Colt in der Hand vor Gangstern, Indianern und armen Schluckern. Die Message: »Du bist, was du dir erkämpfst«, notdürftig verbrämt durch humoristische Einlagen, für die meist der dicke Hoss zuständig war, rieselte via Bildschirm weltweit in die Köpfe der Zuschauer, ein »nicht zu unterschätzender Faktor im Kalten Krieg der Ideologien«, so ein Kritiker in der Filmzeitschrift *steadycam*.

Diese Stimmung, das Gefühl, die Welt ganz gut unter Kontrolle zu haben, hat sich in der britischen Serie *Nummer Sechs* gründlich verflüchtigt. Wie schon in *Geheimauftrag für John Drake* spielt Patrick McGoohan die Hauptrolle, aber diesmal ist er ein »namenloses, total fremdbestimmtes, wenn auch nicht willenloses Opfer seiner früheren Auftraggeber, der Herren dieser, unseren, unfreien Welt« (Ulrich von Berg in *steadycam*), eingeschlossen in der paranoiden Klaustrophobie eines Gefangenenlagers in den Bergen. Hier wird das System zum Feind, die Bedrohung der eigenen Persönlichkeit kommt nicht mehr aus dem politisch anderen Lager, sondern (wem der beeindruckende Schluss bekannt ist, wird es wissen) aus uns selbst heraus. Dem lässig vorgetragenen Markenzeichen-Satz »Mein Name ist Bond. James Bond« stellt Nummer Sechs seinen dramatischen Aufschrei »Ich bin keine Nummer. Ich bin ein freier Mann« gegenüber.

Serien im Spiegel ihrer Zeit. Auf die Abenteuer von Peel und Steed ist der Einfluss der 60er Jahre zwar ausgesprochen stark, bleibt aber insgesamt nur

den Nonkonformismus zum Programm« und begehrte »gegen Provinzialismus und Kleinbürgerlichkeit« auf. In Deutschland blödelte zur selben Zeit Werner Enke in ZUR SACHE, SCHÄTZCHEN (1967; R: May Spils) mit anarchistischem Witz gegen den Mief der Wirtschaftswunderzeit an.

Auffälligstes Symbol der Rebellion gegen alte Werte und bürgerliches Denken war zu Beginn der 60er vor allem pfiffige, sexy Kleidung. Der Minirock, von Mary Quant erfunden, war Popkultur in Reinformat. Yves Saint Laurent hielt dagegen und entwarf den ersten Hosenanzug für Frauen, Emanzipation fand nun auch in der Kleidung statt. Auch Emma Peel trug Mini und avancierte mit ihren Outfits zur Pop-Ikone.

oberflächlich. Dass Kapitalismus eine prima Sache ist, da würden Steed und Peel sicher zustimmen, denn wie sonst könnte man sich einen derart gehobenen Lebensstil leisten? Aber wirklicher Stil ist für die Agenten in erster Linie eine Frage der persönlichen Ausstrahlung. Zwar treten die beiden auf den Plan, um russische Unterwanderungsversuche zu stoppen, bewahren die Queen vor dem Verlust ihrer Kronjuwelen und retten dem Premierminister das Leben; allem Anschein nach schützen und bewahren sie also das System ganz gut, das ihnen ihr luxuriöses Leben ermöglicht.

Wenn aber der Premierminister kommt, um ihnen einen Orden zu verleihen, dann tun sie so, als wären sie nicht zu Hause, und machen nicht auf. Sich ein sichtbares Zeichen der Zugehörigkeit zu einem System, egal ob politischer oder religiöser Natur, an die Brust zu heften, ist den beiden eingefleischten Individualisten, die stets als *freelancer* arbeiten, viel zu primitiv. Ihr Motto lautet: Immer dabei sein, aber nie dazugehören.

Das Gefühl, die Welt unter Kontrolle zu haben, verschwand: Patrick McGoohan in *Nummer 6*

Mit Schirm, Charme und Melone ist eine Serie, in der das Fantastische und das Märchenhafte Wiederauferstehung feiern. In den späten 60er Jahren, als von Serien aufgrund der politischen Verantwortung des Fernsehens eine realitätsnähere Abbildung der gesellschaftlichen Wirklichkeit gefordert wurde, war es aus mit dem eskapistischen Vergnügen. Nun sollte Stellung bezogen und auf Missstände hingewiesen werden.

Wie das ging, zeigten eine Reihe deutscher Serien, die ein paar Jahre später im ZDF liefen: In *Unser Walther* diente ein Kind mit Down-Syndrom als Aufhänger für alle möglichen schlimmen Situationen, in die seine tapferen Eltern gerieten. Ähnlich gelagert war auch die Darstellung des tragischen Schicksals eines entlassenen Strafgefangenen in *Alles Gute, Köhler*. Vorurteile sind schlecht, lernten die Zuschauer daraus, und: Seid nett zu euren Minderheiten.

Der *Mit Schirm, Charme und Melone*-Stil, das Ignorieren der Realität zugunsten einer fantasievolleren, abenteuerlicheren Wirklichkeit, galt politisch als nicht korrekt und war nicht mehr gefragt. Die Welt der beiden Rächer war eine Welt der Reichen und Adligen, eine konservative Welt, in der soziale und gesellschaftliche Hierarchien bestätigt und nicht angefochten wurden, eine »Peter-Pan-Welt«, in der nur Langeweile und Mittelmaß unverzeihlich waren.

In diesem hermetisch abgeschlossenen Märchenland, einem Britannien aus dem Bilderbuch, war die Darstellung zeitgenössischer Realitäten ge-

Die Erfolgsformeln

Popkultur in Reinformat: ...

radezu verpönt. Menschen in Uniformen durften ebenso wenig gezeigt werden wie Schwarze; Blut, Schweiß und Tränen waren vollkommen undenkbar. Jeder Hauch von wirklichem Leben könnte das Ganze wie ein Kartenhaus zum Einstürzen bringen, glaubte Brian Clemens: »Neben einer Schlange ganz normaler Männer von der Straße, die auf den Bus warten, würde Steed wie eine Karikatur wirken.«

Von den obligatorischen russischen Spionen abgesehen, kamen nur zweimal Ausländer in *Schirm, Charme und Melone* vor: wilde Stammeskrieger in *Afrikanischer Sommer* und eine Bande verdächtiger Chinesen in *Geschlossene Räume*. Dahinter steckten allerdings keine rassistischen Motive, denn in beiden Fällen ist die Wirklichkeit weit komplizierter als der Augenschein. Die Chinesen sind vollkommen unschuldig, und die archaischen Krieger entpuppen sich als Mitglieder eines afrikanischen Geheimdienstes, unterstützt von einer alten Bekannten – Emma Peel, mit brauner Farbe bemalt. Am Ende ist der Bösewicht immer ein Mann und immer ein Engländer.

Politische Stellungnahmen darf man im Lichte der *Avengers*-Produktionspolitik nicht erwarten. Nirgendwo zeigen sich die Grenzen dieser Serie deutlicher als in der oberflächlichen Darstellung der spannungsreichen Konflikte der 60er Jahre, vor allem des Kalten Krieges oder der Studentenrevolten. Die einzigen politischen Aussagen, die je getroffen werden, sind erstens, dass Großbritannien gefälligst von seinem sturen insularen Denken abrücken und sich enger an seine europäischen Nachbarstaaten anschließen solle (»Die finanziellen Hilfsquellen Europas zusammenfassen, die Armut für immer verdammen, Europia – ein schöner Traum«, schwärmt

... Stücke aus der Peel-Kollektion

Emma Peel in *Robin Hood spielt mit*) und zweitens, dass Abrüstungsverhandlungen der einzige Weg zu weltweitem Frieden sind. Entsprechend häufig fungiert Steed als Sicherheitsbeauftragter bei Abrüstungskonferenzen.

Krieg taucht als reale Bedrohung aber nicht auf, und auch wirklich existente Kriege erzeugen kein Echo in der Serienwirklichkeit. Dass die Amerikaner 1965 die ersten Napalmbomben über Vietnam abwerfen und den kleinen Staat in einen verheerenden Krieg verwickeln, wird von Steed und Peel mit keiner Silbe erwähnt. Ihr Universum endet an den Grenzen ihres Landes; gelegentlich spielen ein paar Russen mit –, der Kalte Krieg ist schließlich eine spannende Kulisse – doch während sich »draußen« in der Welt die Situation verschärft und der Einmarsch der Truppen des Warschauer Paktes in die CSSR 1968 den Prager Frühling beendet, verlieren im *Schirm, Charme und Melone*-Kosmos die Spionageepisoden immer mehr an Gewicht und weichen zunehmend überdrehten Fantasiegeschichten ohne politischen Hintergrund.

Die späten 60er entwickeln sich zu einer außerordentlich gewalttätigen Zeit, und je rauer die Wirklichkeit wird, desto mehr scheint der eskapistische Zug der Serie zuzunehmen. Der Revolutionär Che Guevara kommt in einem Feuergefecht in Brasilien ums Leben, in Amerika wird Martin Luther King ermordet, und Rudi Dutschke, Kopf der außerparlamentarischen Opposition, wird in Berlin bei einem Attentat lebensgefährlich verletzt. Die Kämpfe toben mit aller Härte, und die Studentenrevolte erreicht 1968 ihren Höhepunkt. Vor allem in Frankreich kommt es zu bürgerkriegsähnlichen Auseinandersetzungen, aber auch in den USA, in der Bundesrepublik Deutschland und Großbritannien ist

Die Erfolgsformeln

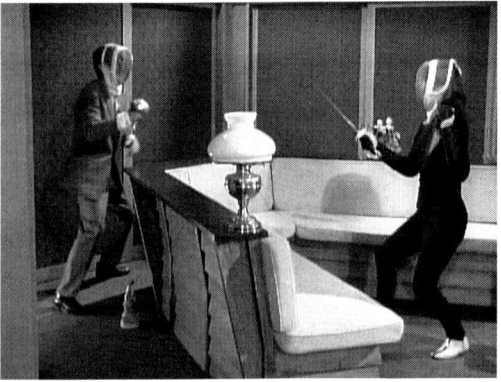

Impressionen aus Emma Peels Wohnung, kurz vor *teatime*

die Lage gespannt, denn niemand weiß, wie weit die Opposition auf der einen und die Regierungen auf der anderen Seite zu gehen bereit sind.

ITV strahlt unterdessen am 12.3.1966 die Episode *Robin Hood spielt mit* aus, in der eine Handvoll rebellischer, aufsässiger Studenten auch vor Mord nicht zurückschreckt, um ihrem Weltbild zum Durchbruch zu verhelfen. Parallelen? Schwer zu sagen. Inhaltlich gibt es so gut wie keine. Nicht kritisches Denken, sondern, ganz im Gegenteil, überkommene Träume von der Weltherrschaft einiger auserwählter Übermenschen treiben die jungen Leute an, und was dabei herauskommt, hat keinerlei revolutionäres Potenzial, sondern bleibt im Sumpf des Verschwörerischen stecken. Das Robin-Hood-Motiv dominiert in dieser Folge bei weitem über das des studentischen Protestes.

Die Idee, die Handlung in einen Campus zu verlegen und eine Gruppe von Studenten als Robin-Hood-Erben vorzuführen, kann hingegen ohne weiteres dem Einfluss des Zeitgeistes geschuldet sein, doch auf typische *Avengers*-Art wird das Motiv jeden Realitätsgehaltes beraubt und in eine poppige Märchenversion verwandelt.

Dies ist und bleibt das Hauptprinzip: Man sehe sich um, was es so Neues gibt, und nutze es auf seine ganz besondere Weise. Sei es Mode, Politik oder Wissenschaft, alles spielt bei diesem Prozess die gleiche Rolle, die eines Zuträgers. Dass T.H. Maiman 1960 in den USA den Laserstrahl entwickelt hat, schlägt sich gleich in einer ganzen Reihe von *Schirm, Charme und Melone*-Geschichten nieder, die sich mit dem Phänomen »Strahlen« befassen. Und zwei Jahre, bevor die amerikanischen Astronauten Neil Armstrong und Edwin Aldrin als erste Menschen den Mond betraten, lief die Episode *Einmal Venus – Hin und zurück*, in der es um eine Landung auf der Venus geht. In einer späteren Folge steht sogar die *Invasion der Erdenmenschen* auf andere Planeten bevor. Ein verrückter Brigadier bildet Astronauten-Soldaten aus, die er bis zum Tag der großen Weltraumeroberung in Kälteschlaf versetzt.

Raumfahrt war das wissenschaftliche Thema Nummer eins der 60er Jahre. Die von Nationalstolz gezeichnete Hysterie beim Wettlauf um die Landung auf dem Mond war in vollem Gange. Präsident Kennedy tobte, er sei es leid, im Weltraum-Wettlauf mit der Sowjetunion an zweiter Stelle zu stehen, und versprach die erste amerikanische Mondlandung noch vor Ablauf des Jahrzehnts. In *Einmal*

Venus – Hin und zurück ist es ein simpler Augenarzt, der, getrieben von dem ehrgeizigen Wunsch, die Venus zu kolonialisieren, zum wahnsinnigen Mörder wird. Immer wieder floss die Wirklichkeit in die Serie ein, seltsam abgeschwächt und so lange umgebogen, bis sie ins *Schirm, Charme und Melone*-Konzept passte.

Wahrscheinlich ist es genau dieser Eskapismus, diese verdrehte Art, die Welt zu sehen, was die Fans an ihrer Serie lieben. John Steed und Emma Peel leisten sich den Luxus, der Fantasie den Vorzug vor der Realität zu geben, und wer kann das schon? Dieser abgehobene, wirklichkeitsferne Stil ist nicht eigentlich manipulativ, sondern funktioniert eher wie ein Filter, der nur ausgesuchte Einflüsse des Zeitgeistes widerspiegelt: Alles Hässliche, Problematische oder auch nur Normale kommt nicht hindurch. Die Handlung spielt nicht im Londoner Dockarbeitermilieu, sondern in den Clubs der konservativen britischen Upperclass, und dabei wird ein längst vergangenes (im Grunde niemals existentes) Bild der englischen Gesellschaft gezeichnet. In diesem künstlichen Großbritannien, mit seinem starken Bezug auf alte Traditionen und dem gelegentlichen, kontrapunktischen Hervorblitzen fortschrittlichen Denkens, bewegen sich die beiden Spione mit dem Selbstbewusstsein der moralisch Überlegenen. Ihr elegantes Beherrschen gesellschaftlicher Rituale ermöglicht es ihnen, ihre Außenseiterrolle zu genießen und nichts und niemanden ernst zu nehmen.

Dramaturgisch unterliegen die Faktoren Zeit und Ort einem festen Schema: Einen oder auch mehrere Tage dauert die Aufklärung eines Falles, konkrete Hinweise auf Tages- oder Uhrzeiten werden allerdings selten gegeben. Als Zuschauer verliert man bald aus den Augen, wie viel Zeit vergangen ist, seit Steed und Peel die Ermittlungen aufgenommen haben. Liegen Stunden dazwischen? Oder Tage? Uhren, die die Zeit anzeigen, Menschen, die frühstücken, die morgens zur Arbeit oder abends ins Theater gehen, sieht man so gut wie nie. John Steed und Emma Peel existieren in einer Art Zeitvakuum: Draußen ist es hell, also ist Tag. Nach dem Aussehen der Landschaft und der Kleidung der Agenten ist es weder Sommer noch Winter, sondern irgendwie »neutrales« Wetter, und es ist immer genau die richtige Tageszeit für eine Tasse englischen Tee, oder besser noch, ein Gläschen Champagner.

Autos spielen im Gesamtdesign der Serie eine wichtige Rolle

Die Erfolgsformeln

Ausnahmen von dieser Regel gibt es nur, wenn inhaltliche Aussagen mit bestimmten Tageszeiten in Beziehung gebracht werden, wie zum Beispiel in der ersten Emma-Peel-Episode *Stadt ohne Rückkehr*. Peel und Steed halten sich zwei Tage lang im Küstenort Little-Bazeley-by-the-Sea auf, wo vier britische Agenten spurlos verschwunden sind. Sie übernachten in einem Gasthaus, essen dort zu Abend und gehen am anderen Morgen zum Strand. Beim Zubettgehen stellen sie fest, dass die Fenster vermauert sind, und beim Essen hören sie von Ferne die Hunde, die mit lautem Gebell einen Mann zu Tode hetzen.

Die Zeit der *Avengers* ist knapp bemessen, deshalb beeilt sich die Erzählung, zum Wesentlichen zu kommen. *Mit Schirm, Charme und Melone* hat *drive*, Szenenwechsel gehen zügig vor sich, ein Schnitt – und schon ist man mitten in der nächsten Kulisse. Keine langen Anwege, keine langwierigen Begrüßungen oder lahmes Vorgeplänkel, die Handlung wird in dem Moment aufgegriffen, in dem etwas Interessantes passiert. Die Zeit zwischen den einzelnen Episoden ist vollkommen beliebig, im Grunde existiert sie überhaupt nicht. Es könnten Tage, Stunden oder Monate seit dem letzten Abenteuer vergangen sein, es spielt keine Rolle, denn wir dürfen sicher sein, nichts verpasst zu haben und die Erzählung an dem Punkt wieder aufzunehmen, an dem der nächste Fall auf Steed und Peel wartet. Auf Ereignisse außerhalb der Serienzeit, auf etwas, was während unserer Abwesenheit oder gar früher einmal geschehen ist, wird kein Bezug genommen. Anspielungen, die Hintergrundwissen erfordern, hat sich Brian Clemens ausdrücklich verbeten, und auch *running gags* gibt es nicht.

Dem Fehlen genauerer Zeitbezüge steht die ungefähre Orientierung »Gegenwart – Großbritannien« gegenüber. Dass die Geschichten in der (damaligen) Gegenwart der 60er Jahre spielen, ist unverkennbar. Wenn es um Kleider, Autos, Wohnungseinrichtungen oder technische Geräte geht, zeigen sich die 60er von ihrer besten Seite: fortschrittlich, fantasievoll und demokratisch. Da eilt die Gegenwart mit Riesenschritten Richtung Zukunft.

Dies ist Emma Peels Part. Sie, die junge, moderne Frau, steht für die Zukunft des Landes – Hand in Hand mit einer ruhmreichen Vergangenheit und den alten Traditionen des einstigen Empires, verkörpert von John Steed, dem Bentleyfahrer, Privatschulabsolventen, Pferdeliebhaber und Gentleman. Gegenwart, Vergangenheit und Zukunft gehen eine harmonische Bindung ein und werden zu einer Zeitebene mit Märchencharakter, einer »mythischen Gegenwart« (Kreuzer/Prümm, 1990), die jederzeit und überall spielen könnte. Und ganz wie im Märchen bleiben die Charaktere alterslos und unverändert und machen keinerlei persönliche Entwicklung durch.

Die Handlung konzentriert sich auf einige wenige Schauplätze. Auf die Wohnungen von Steed und Peel, und dazu kommt meistens noch ein exotischer und ungewöhnlicher Ort, an dem der größte Teil der Geschichte spielt und der oft das Hauptquartier der Verbrecher ist. Der Rest der Handlung findet an zwei oder drei Nebenschauplätzen statt, eher selten gibt es Straßen- oder Landschaftsaufnahmen.

Die wechselnden Szenerien geben den beiden Agenten nicht nur Gelegenheit, neue Talente zu entfalten, das neue Setting liefert auch das Material für ihre Witze und für den großen Schlusskampf. »Wenn du in Rom bist, benimm dich wie die Römer«, lautet ein englisches Sprichwort, und daran haben sich die Produzenten der Serie gehalten. Wenn die Handlung in der arabischen Botschaft spielt, muss es dort Eunuchen, Haremsdamen und einen Prinzen geben, und wenn möglich, Ali Baba und die 40 Räuber noch dazu. Prügelt man sich in einem Kaufhaus, dann bringt man seine Gegner am besten um, indem man sie den Fahrstuhlschacht hinunterwirft; auf dem Golfplatz überrolle man sie dagegen mit seinem Caddywagen.

Die Hauptsache ist die richtige Tarnung für den richtigen Ort. Typische *Mit Schirm, Charme und Melone*-Schauplätze sind unter anderem: ein schottisches Schloss samt Folterkeller und Burggraben, in dem sich Steed als schottischer Historiker Jock McSteed ausgibt und bei einem Fechtkampf im Schottenrock den verbrecherischen Schlossherrn überführt; das ganz in weiß gehaltene Büro eines Heiratsvermittlers, in dem automatische Schneeberieselung und leise Hochzeitsmusik die Atmosphäre prägen und jeder Kunde mit Champagner und Hochzeitstorte empfangen wird, wo aber keine

Ehen, sondern Morde in die Wege geleitet werden (hier sucht Peel nach einem Mann fürs Leben); eine hochvornehme Schule für angehende Butler, in der Steed lernt, mit Eleganz Hosen zu bügeln und Wanzen in die Uniformen von Geheimnisträgern einzunähen; oder das *Chessman*, ein Hotel für Schachfreaks, in dem sogar im Fahrstuhl Schachbretter hängen und – in einem nachgebauten mandschurischen Gefangenenlager im siebten Stock – berühmte Physiker festgehalten und vom wahnsinnigen Hotelbesitzer im Austausch gegen Hotelbaugenehmigungen am Schwarzen Meer an die Russen verkauft werden. »Napoleon ist es nicht gelungen, aber mir gelingt es«, triumphiert Mr. Chessman über seinen Vorstoß nach Osten.

Obwohl die beiden Agenten in der Londoner City wohnen, spielen viele Szenen außerhalb der Stadt, dort, wo Lords und Ladys in noblen Landsitzen mit großer Parkanlage, Kiesauffahrt und marmornen Statuen auf dem gepflegten englischen Rasen in Wohlstand und Traditionsbewusstsein residieren. Mit Steeds Rolls Royce oder Bentley oder auch Peels schickem Lotus Elan ist die Anreise das reine Vergnügen, eine fröhliche Fahrt durch den sonnigen Süden Großbritanniens. Autos spielen im Gesamtdesign der Serie, ähnlich wie Kleider, eine große Rolle, sie sind stilbildende, kostbare Repräsentanten einer Traumwelt, für den Normalmenschen und VW-Fahrer auf ewig unerreichbar. Brian Clemens erhob den Wohlstand zum Programm: »Für uns gibt es nur eine Klasse – und das ist die Oberschicht.« (Rogers, 1989)

Upperclass hero: Sekt statt Selters

Wer ist wer? – Agenten und andere Exzentriker

John Steed benimmt sich meist, als wäre das Leben ein großer Golfplatz. Nur wenn es nötig wird, vergisst er seine gute Erziehung und setzt jeden schmutzigen Trick ein, aber das mit unverminderter Höflichkeit, die über seine mitunter skrupellose Art hinwegtäuscht. »Ich habe es mir zum Prinzip gemacht, immer aufs Ganze zu gehen«, stellt Steed in einer Folge fröhlich fest. Sein Schirm kann zur tödlichen Waffe werden, seine Melone ist mit Stahl gefüttert und schützt ihn vor Schlägen, ist aber auch als Wurfgeschoss gut zu verwenden. Seine Partnerin Emma Peel steht für die Zukunft Großbritanniens, Steed für das Beste der Vergangenheit. »Ich war ein Mann aus dem 18. Jahrhundert, sie war die Frau des 21.«, sagte Macnee in einem Interview mit *Stay Tuned*.

Steed ist ein Musterbrite, wenn auch mit Macken, er ist intelligent, umtriebig und voller Ideen, dabei stets gelassen und würdevoll. Freundlichkeit und gute Manieren gehen ihm über alles. Entsetzt zeigt sich Steed, der alles gesehen und viel erlebt hat, nie, es sei denn, jemand beißt die Spitze seiner guten Zigarren mit den Zähnen ab. »Sie belieben zu scherzen, mein Bester«, ist wohl der äußerste Ausdruck des Missfallens, dessen Steed fähig ist. Gleich danach schlägt er zu.

In seiner Jugend war Steed ein schwarzes Schaf, der typische Sohn aus reicher Familie, der seine

Die Erfolgsformeln

Die Welt als Spielfeld: John Steed bei Cricket-Übungen

Etoner Jahre mehr auf Theaterbühnen als in Hörsälen verbracht hat – Macnees eigener Biografie nicht unähnlich. Als der Krieg ausbrach, tat sich Steed als Lieutenant bei der *Royal Navy* hervor, war dann eine Zeit lang in Osteuropa und tauchte schließlich wieder in London auf. Kurze Zeit später wurde er persönlicher Berater eines arabischen Ölmultis und erwarb sich hohe Würden und ein ansehnliches Vermögen. Finanziell unabhängig geworden, begann er, für den Geheimdienst zu arbeiten.

Natürlich ist Steed der beste Agent im Dienste Ihrer Majestät und das heimliche Idol des Agentennachwuchses. »Sie sind der Meister, der liebe Gott des Geheimdienstes«, stellt Tara King bei ihrem ersten Zusammentreffen bewundernd fest. Steed weiß alles über Gifte, Explosivstoffe und Geheimcodes, er ist trainiert, Folter und Gehirnwäsche zu überstehen, und setzt im Kampf alle seine Kenntnisse und Fähigkeiten auf originelle Art und Weise ein. In der Episode *Das dreizehnte Loch* löst er eine Explosion aus, indem er einen Golfball mit seinem Golfschläger wie mit einem Billardqueue einputtet; die flüchtenden Verbrecher bringt er mit gut gezielten Golfschlägen über lange Distanz zu Fall.

Als Ausgleich zur harten Welt des Geheimdienstes hat sich Steed den Rest seines Lebens so behaglich wie möglich eingerichtet. Er besucht die besten Schneider, Schuh- und Hutmacher, trinkt ausschließlich teure Weine und Champagner, er ist Mitglied in den exklusivsten Londoner Clubs, liest die *Times*, spielt Bridge, Polo und Cricket – und tanzt mit Inbrunst schottische Volkstänze. In seiner Wohnung dominieren Luxus und Tradition, und ein Porträt seines Großvaters hängt neben dem Kamin.

Vor allem Jugendliche liebten den eigenwilligen Agenten und bekennenden Alkoholiker, der immer einen guten Witz auf Lager hatte und trotz mancher konventioneller Züge stets cool und respektlos blieb. »Mit John Steed hatte man einen Konservativen auf seiner Seite«, schrieb die *tageszeitung* im Oktober 1991, und das war etwas Neues in einem Jahrzehnt, in dem (»trau keinem über 30!«) die Generationen sich voller Misstrauen beäugten.

Steed selbst ist über Alters- oder Klassenfragen absolut erhaben. Für ihn ist die Welt ein Spielfeld, auf dem er seine gesellschaftliche und berufliche Überlegenheit ausleben kann.

Abgesehen von der Arbeit für den Geheimdienst ist ihm nichts heilig, sogar zu seiner patriotischen Ader bekennt er sich nur im Scherz. Als er durch eine Droge das Gedächtnis verloren hat und verwirrt in einem Krankenhaus aufwacht, ohne zu wissen, wo und wer er ist, horcht er tief in sich hinein und stellt fest: »Eins weiß ich gewiss: Ich bin Engländer, ich spüre, es ist Teezeit.«

Wenn es um Frauen geht, läuft er zu großer Form auf. Steed flirtet für sein Leben gerne, wirft attraktiven Vertreterinnen des weiblichen Geschlechtes anzügliche Blicke zu und macht schlüpfrige Bemerkungen. Aber keine Frau hat es je geschafft, tiefere Gefühle in ihm zu wecken. Wird eine seiner Verehrerinnen allzu gefühlvoll, setzt Steed ein verlegenes Lächeln auf und sagt: »Tut mir leid, ich bin mit meinem Beruf verheiratet.«

Er ist nicht nur ein Mann, der die Frauen liebt, sondern auch ein Mann, der von Frauen geliebt wird. Noch heute schwärmen weibliche Fans, die sich selbst als »Steedophiles« bezeichnen, im Internet von »Studly« und bewundern jedes, und zwar *wirklich* jedes Körperteil in Großaufnahme (»Keep having those Studly thoughts!«). Wer weiß – Steed hätte das vielleicht ganz gut gefallen.

In einem Drahtseilakt zwischen Karikatur und Klischee spielt Patrick Macnee zu einem guten Teil auch sich selbst. Die Rolle des John Steed hat er weitgehend selbst entwickelt, denn die Produzenten der ersten Staffel haben ihm freie Hand gelassen und waren mit seiner Auslegung zufrieden. Macnee spielt Steed auf zurückhaltende Art, mit wenig körperlichem Einsatz, und auch mimisch hält er sich zurück. Ob Macnee ein guter Schauspieler ist, steht auf einem anderen Blatt – ein großartiger John Steed ist er in jedem Fall gewesen.

Als Vorbild für seine Auslegung der Rolle dienten ihm die Figur des geheimnisvollen Dandy-Abenteurers *Scarlet Pimpernel*, der im 18. Jahrhundert verfolgte Adlige vor der Guillotine rettete, der Schauspieler Ralph Richardson in *Q Planes* und ein Offizier bei der Navy, den Macnee für seinen Mut und seine elegante Art bewunderte. Steed kleidet sich wie ein »moderner Beau Brummel« (Rogers, 1989), seine Markenzeichen sind Schirm und Melone, die als eine Art Identifikationsangebot für den Zuschauer funktionieren, indem sie uns »einen vertrauten Freund wiedererkennen« lassen und dadurch ein »Schlüssel zum Eintritt in die Handlung« werden (Eco, 1984).

Emma Peel, die eigenwillige Frau an seiner Seite, ist die progressivere von beiden, intelligent, char-

Verhaltene Erotik: Diana Rigg in der Episode *The Girl From Auntie*, die dem deutschen Publikum bis 1999 vorenthalten wurde

mant und humorvoll. Sie ist die Tochter des reichen Geschäftsmanns Sir John Knight (Knight = Ritter, aber interessanterweise hieß auch einer der Kameramänner der ersten Staffel John Knight). Nach dem Tod ihres Vaters übernimmt sie mit 21 die Leitung seines Unternehmens und führt es höchst erfolgreich weiter. Dadurch ist sie sowohl geistig als auch finanziell ausgesprochen unabhängig. Ihre Persönlichkeit faszinierte Generationen von Zuschauern beiderlei Geschlechts. »Emma ist hübsch, aber eisern, lieblich, doch überlegen, im-

Die Erfolgsformeln

Starke Wirkung auf Männer: Die schlagkräftige Witwe Emma Peel

mer auf dem Sprung, den nächsten Gegner abzufertigen. Emma ist kein anschmiegsames Ding von gestern oder heute, sie ist eine Frau von morgen, die Frontkameradin von Witz und Kultur«, schrieb die *Frankfurter Allgemeine Zeitung* im Juli 1967.

Emma Peel überzeugt in jeder Rolle und in jeder Verkleidung. Ihre Wirkung auf Männer ist groß. Sie gibt sich kühl, flirtet nicht (oder nur, wenn der Job es erfordert) und verliebt sich auch nie, nicht einmal in John Steed. Seit ihr Mann, der Testflieger Peter Peel, über dem Amazonas abgestürzt ist, arbeitet die junge Witwe mit Steed zusammen für den Geheimdienst. Er ist der Profi, sie die talentierte Amateurin (»Mitarbeiterin würde ich sie kaum nennen, sie ist mehr eine gute Freundin«). Die in jeder Beziehung so schlagkräftige Witwe lebt allein – wer könnte ihr auch schon das Wasser reichen? »Die großen, starken, selbstbewussten, die bewunderungswürdigen Frauen haben [...] nur selten nennenswerte Ehemänner. Ihre Männer – falls von Männern überhaupt gesprochen werden kann – sind Leichen oder Flaschen«, resümierte eine Journalistin treffend (*Frankfurter Allgemeine Zeitung*, Juli 1967).

Steed nennt sie Mrs. Peel, sie nennt ihn Steed – in einer Zeit, in der Frauen im Fernsehen meist nur Vornamen besaßen, ein ziemlich ungewöhnlicher Einfall. Doch bei Publikum und Kritik wurde Mrs. Peel schnell und nachhaltig wieder zu »Emma«, genau wie eine lange Reihe weiblicher Heldinnen vor ihr, während Steed natürlich nicht »John«, sondern »Steed« genannt wurde. Dass die beiden sich siezen, bedeutet nicht, dass sie ein distanziertes Verhältnis zueinander haben, vielmehr wird immer wieder eine sexuelle Beziehung zwischen den beiden angedeutet; eine lockere Affäre zweier unabhängiger, erwachsener Menschen ohne jede Heiratsabsicht.

In *Auf Wiedersehen, Emma* will Peel prüfen, ob Steed sein Gedächtnis wiedererlangt hat, und fragt ihn zu diesem Zweck etwas, was nur er wissen kann: »Sind Sie der Mann, der ...«, an dieser Stelle beugt sie sich vor und flüstert ihm etwas ins Ohr, und Steed lächelt anzüglich und sagt: »Pfui ... ich fürchte, ja.«

Das gemischtgeschlechtliche Detektivduo, dessen berufliche Zusammenarbeit von erotischem Knistern begleitet wird – heute längst ein alter Hut –, war in den 60ern etwas aufregend Neues. Sieben Folgen lang fieberte die Nation mit Commander McLane und Leutnant Tamara Jagellovsk von der *Raumpatrouille Orion* (1966): Kriegen sie sich, oder kriegen sie sich nicht? Dass sich Emma Peel und John Steed eben *nicht* eindeutig kriegten, war ja gerade der Trick, der das Ganze zum Laufen brachte.

In den 60ern wurde das Fernsehen zum nicht zu unterschätzenden Leitbild für ein neues, von der sexuellen Revolution geprägtes Rollendenken. Neue Helden und Heldinnen lebten in Filmen und Fernsehserien wie *Mit Schirm, Charme und Melone* vor, wie lustvoll der Kampf der Geschlechter sein konnte. Aber richtig ernst machten die beiden Agenten trotz aller Anspielungen nie, denn schließlich galt es, das breite Fernsehpublikum nicht zu verschrecken, und das hatte den Ruf, ausgesprochen prüde zu sein – vor allem im Heimatland. *No Sex please, we are British!* wurde zum geflügelten Wort.

In der Bundesrepublik Deutschland war seinerzeit sogar noch der *Kuppeleiparagraph* in Kraft (bis

1975): Vermietern, Bekannten und Familienangehörigen, also auch den Eltern, wurde durch diesen Paragrafen verboten, »unverheirateten Paaren Räumlichkeiten zur Verfügung zu stellen, in denen diese ›Unzucht‹ treiben können« (Hoffmann/Klotz, 1987). Sexuelle Aktivitäten zwischen Unverheirateten galten manchen also generell als unzüchtig. Mrs. Peel und Mr. Steed nahmen auf die Gefühle ihrer konservativen Zuschauer Rücksicht und blieben keusch in Wort und Tat, doch war jeder frei, aus ihrem Verhalten herauszulesen, was er wollte.

Auch Emma Peels Verkleidungen waren Ausdruck der verhaltenen, aber provozierenden *Schirm, Charme und Melone*-Erotik. Neben den ganz offensichtlich sexuell gemeinten Auftritten wie Peels orientalischem Schleiertanz oder der Peitschenszene im Korsett belebten sicher auch ihre Rollenspiele als Krankenschwester oder Verkäuferin und ihr Spaß an der Kostümierung die Fantasie ihrer männlichen Zuschauer.

Emma Peel ist wie John Steed ein *larger than life*-Charakter, zu perfekt, um wahr zu sein. Dass eine Frau so selbstständig war und noch dazu Karate konnte, hat die Zuschauer der 60er Jahre am meisten verblüfft, und bald hatte sie den Spitznamen »Karate-Emma« weg. Von der hierzulande weitgehend unbekannten Cathy Gale einmal abgesehen, war Emma Peel die erste emanzipierte Serienheldin des Fernsehens. Für viele Frauen wurde sie ein persönliches Vorbild, und dass die größte Zeitschrift der Frauenbewegung ausgerechnet *Emma* heißt, mag Zufall sein, aber es passt jedenfalls ganz gut. Diana Rigg, eine ungewöhnlich zielstrebig und unabhängig denkende Frau, sagte damals in *Stay Tuned* über ihre Rolle: »Ich identi-

Kein Verstoß gegen den Kuppeleiparagraphen: Dass sich Peel und Steed nie eindeutig kriegten, war der Trick, der das Ganze am Laufen hielt

fiziere mich sehr mit dem neuen Frauentyp, der dabei ist, sich in unserer Gesellschaft zu entwickeln. Emma ist Steed vollkommen gleichberechtigt. Das wird bei den Kämpfen am deutlichsten. Ich gewinne meine immer, und ehrlich gesagt, persönlich genieße ich die Vorstellung, es mit sechs Männern aufzunehmen, wenn man weiß, man wird gewinnen.«

Jahre später, nach einer längeren Phase, in der sie sich demonstrativ von ihrer Rolle als *Avengers*-

Die Erfolgsformeln

Emma Peel als sinnlich-tödliche Lady in Lack und Leder in der »Skandalfolge« *A Touch of Brimstone*: ...

Lady abgrenzte, sah sie ihre Serienvergangenheit auch wieder positiv – vor allem wegen der gesellschaftspolitischen Bedeutung dieser von ihr geschaffenen Figur: »Eskapistisches Zeug, natürlich, aber wirklich zukunftsgewandt, weil Frauen heute realistischer und unabhängiger werden. Sie

Agenten und andere Exzentriker

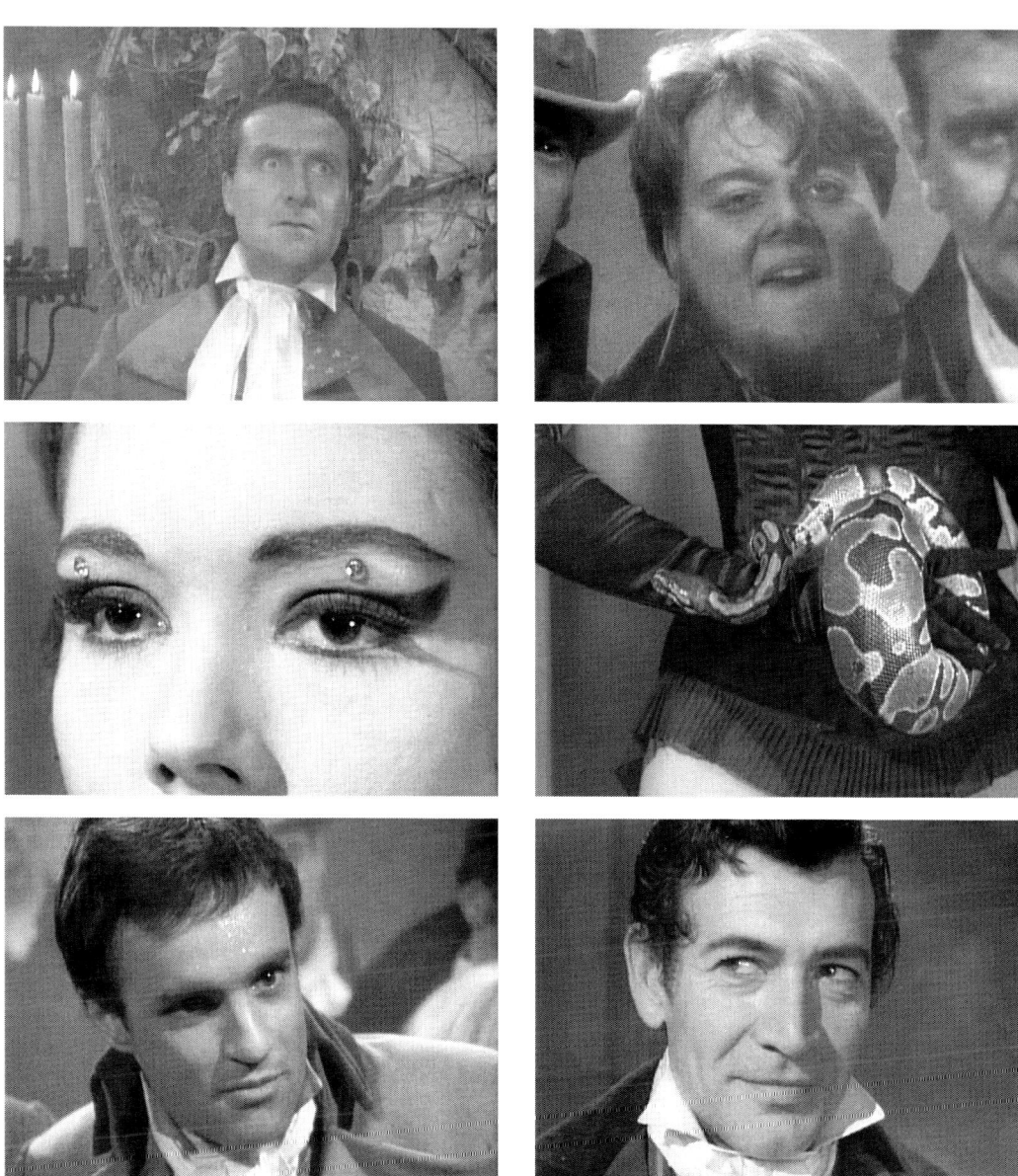

... Es brauchte nicht viel Fantasie, ...

werden immer mehr wie Emma Peel.« (Rogers, 1989) Es scheint wirklich etwas dran zu sein – sogar einer von Peels Gegenspielern gibt in der Episode *Mit 160 aus dem Stand* mit widerwilligem Respekt zu: »Diese Emma ist mehr als emanzipiert.«

Die Erfolgsformeln

... um die Szene als offenherzige Anspielung auf orgienhafte Zustände zu lesen

In der Film- und Seriengeschichte gibt es nur wenige Beispiele für ein gemeinsam ermittelndes Ehe- oder Liebespaar: das fröhliche Detektivduo Nick und Nora Charles alias Myrna Loy und William Powell in der amerikanischen *Thin Man*-Reihe aus den 40ern, ein seltenes filmisches Beispiel dafür, dass man auch nach der Hochzeit noch Spaß haben und Abenteuer erleben kann; oder Jonathan und Jennifer Hart aus der 70er-Jahre-Serie *Hart aber herzlich*, zwei ebenfalls miteinander verheiratete Detektive, deren gutes emotionales und vor allem erotisches Verhältnis immer wieder offen thematisiert wurde. Loy und Powell sind mit Sicherheit ein Vorbild für die Beziehung zwischen Peel und Steed gewesen; genauso witzig, genauso cool und genauso unsentimental ist das Miteinander hier wie dort – und vor allem genauso alkoholgeträntk.

Aber bis heute ist Emma Peel eine Fernsehheldin von besonderem Kaliber, und in den 60ern war sie ihrer Zeit weit voraus. Andere TV-Heroinnen dieser Dekade wirken im Vergleich zu ihr angepasst und seltsam künstlich, zum Beispiel *Batgirl* oder *April Dancer* alias Stephanie Powers in *The Girl from U.N.C.L.E.* oder auch *Honey West*. Letztere erbt überraschend eine Detektivagentur, beschließt, den Laden zu behalten, und trägt von Stund an einen perlenbesetzten Derringer in ihrer Kroko-Tasche, eine Wanze in Form einer Olive auf einem Zahnstocher für das Spionieren in Restaurants und einen Lippenstift mit eingebautem Funkgerät mit sich herum. Auch *Batgirl* ist ein ganz anderer Typ als Emma Peel, und das ganz im Sinne der Produzenten der Serie. *Batmans* Freundin sollte auch in Kampfszenen »ihre Feminität behalten« und aus diesem Grund »Muskelkraft im Stile Emma Peels vermeiden«(Gerani/Schulman, 1977).

Ungeachtet des drohenden Verlustes ihrer »Weiblichkeit« kämpfte Peel weiter auf die harte Tour, und das sie anbetende männliche Publikum strafte die Kritiker Lügen. In allen Büchern und Aufsätzen über Fernsehserien und ihre Stars spielt Diana Rigg in der Rangliste der aufregendsten und attraktivsten Fernsehheldinnen aller Zeiten ganz vorne mit.

Dass Frauen – nicht nur in den 60er Jahren – in erster Linie als »Typen« und nicht als Menschen dargestellt wurden, hat die Medienwissenschaftlerin Diana M. Meehan 1983 festgestellt und einen »Typenkatalog« der gängigsten Fernsehklischees aufgelistet. Frauen im Fernsehen waren »das Opfer«, »die Kurtisane«, »die Hure« und so weiter – und darüber hinaus mit wenigen oder keinen individuellen Zügen ausgestattet. Auf dem Bildschirm existierten Frauen meist nur in ihrer Beziehung zu Männern, die für die eigentliche Handlung zuständig waren, entweder als deren Mutter oder Schwester, Geliebte oder Sekretärin.

Der emanzipierteste Frauentyp in der Darstellung der 60er-Jahre-Serien ist laut Meehan »die Raffinierte« (*the decoy*), die sich auf »klassisch weibliche Weise« mithilfe erotischer Mittel durchsetzt. Nicht besondere Kenntnisse, Begabung oder Persönlichkeit sind ihr auffälligstes Merkmal, sondern ihr gutes Aussehen. Typische *decoys* sind zum Beispiel Cinnamon Carter aus *Kobra, übernehmen Sie* oder die *Drei Engel für Charlie*, die vor allem dadurch von sich reden machten, dass sie als erste Fernsehstars keine BHs trugen.

Emma Peel ist völlig anders, auf sie trifft keines der Klischees aus diesem Typenkatalog zu. Sie ist witzig und wagemutig, sie ist Steeds Vertraute, ohne kumpelhaft zu sein, sie ist sexy, ohne ihre Reize direkt einzusetzen. Jahre nach Meehans Auflistung schrieb eine Berliner Zeitung: »Emma Peel hat den weiblichen Typenkatalog im populären Film um den Typus der Domina bereichert.« (*Neues Deutschland*, Oktober 1991)

Der Anlass für diese Einschätzung war die Aufführung der skandalträchtigen Folge *A Touch of Brimstone* im Berliner *Sputnik*-Kino: Emma Peel als sinnlich-tödliche Lady in Lack-Korsage und hohen Stiefeln, mit Stachelhalsband und lebender Schlange. In diesem Aufzug wird sie von einer Reihe angetrunkener und erregter Männer hoch über ihren Köpfen in eine Ecke getragen, wo sich alle über sie beugen, während das Bild ausgeblendet wird. Man braucht nicht sehr viel Fantasie, um diese Szene als offenherzige Anspielung auf orgienhafte Zustände zu lesen. Oder aber doch nicht? Denn in der nächsten Szene sehen wir Mrs. Peel mit unbewegtem Gesicht und nach wie vor tadellosem Styling am Tisch sitzen. Viel mehr noch hat eine spätere Szene, in der sie von einem Mann mit einer Peitsche geschlagen wird, die Gemüter erhitzt. In keiner anderen Folge ist Peel derart kühl, derart provozierend unnahbar, und die Männer um sie herum reagieren wie an Bindfäden gezogen.

Die Zuschauer, beziehungsweise die Medien, hatten mit dieser Frauenrolle einige Probleme. Eine österreichische Zeitung titelte nach der Ausstrah-

Die Erfolgsformeln

Pietätlos? Auch an der letzten Ruhestätte ist Emma Peel weltlichen Genüssen zugetan

lung der ersten *Mit Schirm, Charme und Melone*-Folge in Österreich: »Emma Peel – für uns gezähmt«. Bei genauerem Hinsehen bezog sich die »Zähmung« auf die deutsche Vorzensur der Serie: »Die deutschen Fernsehprüfer hatten es den Österreichern abgenommen, eine Auswahl unter den *Schirm-Charme*-Folgen zu treffen [...], denn die telegene Heldin Emma Peel alias Diana Rigg weist im Laufe der Serie ganz besondere ›Eigenheiten‹ auf: Sie wird als ›Königin der Sünde‹ mit Spitzenhöschen serviert, trinkt Sekt im Sarg, wird von einer Weinpresse fast zerquetscht und betätigt sich als verführerische Bauchtänzerin. Österreich wird dies nicht sehen«, schrieb der *Wiener Kurier* im Juli 1967. Gott sei Dank.

Es stellt sich die Frage, was genau da unbedingt gezähmt werden musste: Emma Peels angedeutetes Vergnügen am Sex? Oder doch ihre emanzipierte Art? Vielen Männern muss Peel geradezu als Bedrohung erschienen sein, denn schließlich konnten Frauen auf die Idee kommen, sich ein Beispiel an ihr zu nehmen und ihren eigenen Wert zu entdecken.

Als die Darstellung eines »Versuchs der Konterrevolution« (Baumgart, 2002) interpretiert ein deutscher Autor mehrere Folgen der Serie, in denen von verschiedenen Gegenspielern der Mord an Emma Peel geplant wird. Unter dem Deckmantel alter Rechnungen und diverser Schein-Kämpfe gehe es in Wirklichkeit um nichts anderes als den Versuch »der (noch) Herrschenden, ihre Machtposition zu verteidigen und zu stabilisieren«, also darum, die als bedrohlich empfundene Frau zu vernichten.

Nicht nur Peels geistige Unabhängigkeit stellte den gesellschaftlichen Status quo infrage, auch Steeds und Peels pietätlose Haltung in religiösen

Fragen war für viele ein rotes Tuch. In *Das Mörderinstitut* stellt Peel sich aus Gründen der Tarnung tot und versteckt sich in einem Sarg, wohin ihr Steed, um sie bei Laune zu halten, eine Flasche Champagner bringt. Sekt im Sarg! Und dazu singt und tanzt sie auch noch, und das in ihrem Leichenhemd! Höchstwahrscheinlich hat diese Szene die Gefühle von vielen Gläubigen aufs Äußerste verletzt. Seltsamerweise steht sie auch in krassem Widerspruch zu Clemens' Produktionsanweisung, Blasphemie in keiner Weise zu tolerieren.

Diana Rigg selbst nahm den oft hitzigen Diskurs um die gesellschaftlichen Auswirkungen ihrer Kunstfigur mit der Gelassenheit einer Frau, die Emanzipation für selbstverständlich hält.

In jeder Folge treten neben Emma Peel und John Steed natürlich auch eine Reihe von Nebendarstellern auf, doch ihre Zahl ist stark begrenzt. Gelegentlich wirkt diese sparsame Besetzungspolitik etwas sonderbar, zum Beispiel, wenn Peel einen Job in einem Kaufhaus annimmt und außer Steed kein einziger Kunde zu sehen ist. Die fehlende Masse wird durch Klasse wieder wettgemacht – selten wurde in einer Serie so viel Wert auf gute Nebenfiguren gelegt. Größenwahnsinnige Schurken machen sich ohne moralische Skrupel daran, die Welt zu erobern, wahnsinnige Wissenschaftler und exzentrische Millionäre planen geniale Verbrechen, kurz gesagt: Es ist entweder die Nation oder ihr Kapital in Gefahr, und beides ruft unverzüglich die Superspione John Steed und Emma Peel, überzeugte Vertreter des moralisch-hedonistischen Kapitalismus, auf den Plan – lang lebe die Königin!

Der abgefeimteste aller Gegenspieler musste gleich zweimal gegen die beiden Agenten antreten: Peter Jeffrey spielt in *Weekend auf dem Lande* auf wunderbar debile Art und Weise den rachsüchtigen Prendergast, der Peel in ein Haus auf dem Lande lockt, um sie zu töten. Für eine vergleichbare Figur wurde er in einer der Tara-King-Geschichten wiederverpflichtet: In *Puzzlespiel* veranstaltet er als Bristow ein ähnliches Katz-und-Maus-Spiel, dessen Opfer nunmehr Steed sein soll, und wieder beeindruckt er mit infantilem Wahnsinn.

Zwei weitere Schauspieler traten ebenfalls doppelt auf: Warren Mitchell als Botschafter Brodny in *2:1=1* und *Die Durchsichtigen* und Frederick Jae-

Karrierestart bei *The Avengers*: Donald Sutherland, Charlotte Rampling

ger als Benson, Dr. Armstrongs farbloser Assistent, in *Die Roboter* und *Und noch einmal Roboter*.

Die Nebenrollen wurden, anders als bei anderen Serien, nur selten für Gastauftritte bekannter Stars benutzt, aber die eine oder andere spätere Berühmtheit hatte bei *Schirm, Charme und Melone* einen ihrer ersten Auftritte: Donald Sutherland und Charlotte Rampling waren darunter, Lewis Collins und Martin Shaw, die als *Die Profis* später ihre eigene Serie bekamen, oder auch *Monty Python*-Star John Cleese. Donald Sutherland und Charlotte Rampling traten sogar in derselben Folge auf, in *Fliegen Sie mal ohne*, was bei den heutigen Gagen der beiden wohl unbezahlbar wäre. Zu den wenigen etablierten Stars, die einen Gastauftritt in der Serie hatten, gehörten die damals schon legendären britischen Horrormimen Peter Cushing und Christopher Lee.

Die Erfolgsformeln

Exzentriker, mehr oder weniger liebenswert: Der Eisenbahnnarr Sir Horace Winslip in *Die Totengräber*, ...

Einen Spaß erlaubte sich der Drehbuchautor Philip Levene, der neben Brian Clemens die meisten Skripts für die zweite Rigg-Staffel geschrieben hat: Er übernahm selbst eine kleine Nebenrolle und spielte in *Wer ist wer?* einen Agenten, der von ausländischen Spionen ermordet wird.

Zu den amüsantesten Elementen der Serie gehörte die Darstellung des britischen Spleens. Man bekennt sich zu ihm, lebt ihn aus und kann trotz aller Verrücktheit auf die Sympathie und das Verständnis seiner Mitmenschen rechnen. Die liebenswerten Exzentriker sind einer der Grundpfeiler des *Schirm, Charme und Melone*-Humors; ein paar typische Sonderlinge sollen hier kurz vorgestellt werden.

Der Eisenbahnnarr: Sir Horace Winslip wird in *Die Totengräber* von üblen Verbrechern ausgenutzt, die mit seiner Hilfe die nationale Verteidigung untergraben wollen. In seinem Garten fährt ein Mini-Zug, an seiner Haustür muss man beim Butler-Schaffner Bahnsteigfahrkarten lösen, und er selbst wohnt in einem Waggon auf Bahnsteig zwei. Ein wahnwitzig komplizierter Mechanismus, bestehend aus Rückprojektionen, Dampfmaschinen, Geräuschschallplatten, einer Tunnelattrappe und einem schwer arbeitenden Schaffner, der das alles bedienen muss, simuliert eine Eisenbahnfahrt des Abteilwagens, in dem Sir Winslip sich mit Steed unterhält – und der staunt nicht schlecht.

Der Bienenfreund: Der Imker B. Bumble (*bumblebee* heißt Hummel) in *Honig für den Prinzen* ist eine der skurrilsten Nebenfiguren. In seinem hummelfarbenen Ringelpullover mit dem Imkerhut auf dem Kopf kann auch Emma Peel seinem Charme nicht widerstehen, wenn er von seinen kleinen Freunden

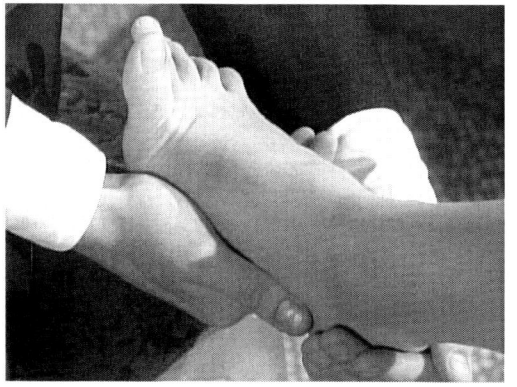

... der Fußfetischist Piedi in *Gefährliche Tanzstunde*

und ihren leckeren Produkten erzählt, seinen »Summsetierchen«, mit denen er gemeinsam »um die Körbe schwirrt«. Dass er kurze Zeit später ermordet wird, spricht für die besondere Kaltblütigkeit der Mörder.

Der Erfinder: Ebenfalls in *Honig für den Prinzen* treffen wir auf Ponsonby-Quopkirk von der QQF, einer von ihm gegründeten Gesellschaft zum Zwecke der Wunscherfüllung. QQF steht im Original für »Quite, quite fantastic« und wurde im Deutschen zu »Quops Quelle der Fantasie«. Diese Gesellschaft lässt mithilfe von Theaterrequisiten jeden Traum wahr werden. Es gibt eine Wunderlampe, die, wenn sie gerieben wird, einen großen Knall und eine Rauchwolke von sich gibt, aus der Dschinnie, eine arabisch gekleidete Schönheit, entsteigt, die auffallend an Barbara Eden in *Bezaubernde Jeannie* erinnert. Wen wundert es, dass diese Lampe in der Schlussszene dazu benutzt wird, Steed und Peel direkt auf einen Teppich zu zaubern, auf dem sie nach Hause fliegen ...

Der Tätowierer, der Maßschneider und der Fußfetischist tauchen alle drei in *Gefährliche Tanzstunde* auf, einer Folge, die in einer von feindlichen Agenten unterwanderten Tanzschule spielt. Der Tätowierer übt sein Können an Knoblauchsalamis; beim Maßschneider (»ohne uns wäre die Rennwoche in Ascot eine Nudistenveranstaltung«) stellt sich Steed als Vertreter der »Ausgebeulte Hosen GmbH« vor; und der Fußfetischist Piedi nimmt einen Gipsabdruck von Peels Füßen und windet sich in Gedanken an Schaftstiefel aus schwarzem Leder aufgeregt zu ihren Füßen.

Ungezählte Exzentriker ähnlichen Kalibers tauchen in vielen Episoden auf: der Autonarr, der sein

Die Erfolgsformeln

Wo Emma Peel auch ist ...

mithilfe einer Kunstschneeanlage und Pappmascheefelsen in seinem Wohnzimmer das Klettern übt. Der *Avengers*-Kosmos ist dicht bevölkert von solchen Sonderlingen.

»Wo ist denn die Leiche?« – Erzählen in Serie

Die wechselnden Nebenfiguren stellen meist schon den größten Unterschied zu den jeweils anderen Folgen dar, die ansonsten mit standardisierten Situationen arbeiten. Die Geschichten ändern sich im Grunde nur unwesentlich – ein Phänomen, das als »allegorische Abstraktheit eines Spielbrettes, auf dem immer nur gewisse Züge, die ständig variiert werden, möglich sind« (Kreuzer/Prümm, 1990), beschrieben wurde. Um die ursprüngliche Ordnung wiederherzustellen, steigt der Serienheld »immer wieder, alterslos und unverändert, ohne von einer persönlichen Geschichte geprägt zu sein, in diese allegorisch-abstrakte Arena der Wirklichkeit und vollbringt Heldentaten, die sich prinzipiell alle gleichen, so wie sich auch seine Gegner, die Kriminellen und Gauner, trotz neuer Namen und neuer Verbrechen, im Grunde gleich bleiben.«

Jede einzelne *Mit Schirm, Charme und Melone*-Folge ist in sich abgeschlossen und für sich allein auch dem Zuschauer verständlich, der mit den Personen und dem Aufbau der Serie nicht vertraut ist. Jede Episode folgt einem feststehenden, immer wiederkehrenden Erzählschema, das bei dem Zuschauer, der bereits mehrere Folgen gesehen hat, einen Effekt des Wiedererkennens, der Vertrautheit, bewirkt.

Der Ablauf ist immer derselbe: Nach dem Vorspann schildert eine kurze, bis zu drei Minuten dauernde Eröffnungsszene die dramatische Voraussetzung der neuen Folge – das, warum es diesmal gehen soll. Oft wird der Zuschauer Zeuge des Verbrechens, das es im Folgenden zu untersuchen gilt; dann endet die Szene mit einem besonders einprägsamen Bild, zum Beispiel der Großaufnahme eines Toten, auf die der Titel der Folge eingeblendet wird.

Bier mit Benzinzusatz trinkt; der Wissenschaftler, der an der Decke hängend, den Ruf des indonesischen Sumpfsängers nachahmt; der Bergsteiger, der

Direkt im Anschluss daran setzt ein fröhliches, jazziges Musikthema ein, und die eigentliche Geschichte beginnt. In der fünften Staffel – zum ersten Mal zu sehen in *Einmal Venus – Hin und zurück* – folgt dann eine kurze Sequenz, die im Laufe der Zeit zum Markenzeichen der Serie wurde: Emma Peel, allein in ihrer Wohnung, erhält die Nachricht von John Steed, dass ein neuer Auftrag auf sie wartet. »Mrs. Peel, wir werden gebraucht!« Die Worte sind immer dieselben, doch die Art der Übermittlung ist jedesmal eine andere. Mit Fantasie und Witz geht Steed zur Sache. In *Einmal Venus – Hin und zurück* sieht man Emma Peel, die in ihrer Wohnung mithilfe einer an ihrer Wohnungstür aufgehängten Attrappe fechten übt. Sie zielt gerade auf das rote Stoffherz der Puppe, als überraschend Steed hereinkommt und ihr ein rotes Papierherz auf die Florettspitze steckt, auf dem steht: »Mrs. Peel, wir werden gebraucht«.

Das Ganze ist ein Anreißer, ein *teaser*, der den Zuschauer schon in der ersten Szene überraschen und ihn für das Kommende gefangen nehmen soll.

In allen Episoden gilt es, die Botschaft möglichst raffiniert zu überbringen, und Emma Peel entkommt ihrem Partner nie, wenn er sie braucht. Wo sie auch ist, was sie auch tut, John Steed findet sie immer und erinnert sie an ihre patriotischen Pflichten. Als Peel sich gerade für einen Ball umzieht, entdeckt sie auf der Rückseite ihrer Einladungskarte Steeds Botschaft. Ein anderes Mal schiebt sie einen neuen Objektträger unter ihr Mikroskop, guckt durch die Linse und liest, in winzig kleiner Schrift: »Mrs. Peel, wir werden gebraucht!« Die mahnenden Worte erscheinen auf den Lichtern einer Ampel, vor der sie mit ihrem Auto wartet, als Schlagzeile in einer Tageszeitung, die sie gerade an einem Kiosk gekauft hat, und schließlich sogar auf ihrer kahlen Wohnzimmerwand unter einem Stück Tapete, das sie beim Renovieren abreißt.

Wer die beiden da angeblich braucht, wird nie erwähnt. Zwar ist bekannt, dass Steed mit dem Geheimdienst zu tun hat, aber man sieht ihn nie in einem Ministerium oder im Gespräch mit seinen Vorgesetzten. Steed arbeitet allein, ist niemandem Rechenschaft schuldig und muss sich auch nach erfolgreichem Abschluss seiner Fälle nicht die Hände mit der Gefangennahme überführter Verbrecher

... was sie auch tut ...

schmutzig machen. Dafür hat er scheinbar seine Leute, doch dieses geheimdienstliche Fußvolk bekommt der Zuschauer nie zu sehen. Das ändert sich später

Die Erfolgsformeln

... Steed findet sie immer ...

In gelungener Variation des Grundmotives trifft Steed Peel in *Filmstar Emma Peel* auf der Treppe vor ihrer Wohnung, als er sie gerade besuchen will. Sie lächelt ihm zu und geht schnell an ihm vorbei die Treppe runter. »Hallo Steed, ich werde gebraucht. Von jemand anderem.«

Und in *Fliegen Sie mal ohne* überrascht sie ihn bei der Jagd. Er schießt auf einen Schwarm von Enten, doch im Gras findet er nur ein kleines Gummientchen, auf dem sein Name steht: »Steed.« Und Emma Peel lugt aus einem Gebüsch hervor und sagt »Quak! Sie werden gebraucht ...«

Brian Clemens, der Erfinder dieser Szenen, wurde zwischenzeitlich von ABC gebeten, die *teaser* aus den Skripts zu streichen. Begründung: Der Sender empfand sie als unpassend. Clemens wehrte sich mit der Begründung, *teaser* und *tag scene* (von der nachher noch die Rede sein wird) seien fast eine eigene kleine Einheit, »eine Art Warenzeichen, das ultimative Siegel des *Schirm, Charme und Melone*-Stils« (Rogers, 1989). Die weitere Entwicklung zeigt, dass Clemens seinen Streit gewonnen hat.

Nachdem Peel also auf möglichst originelle Art und Weise verständigt worden ist, schreiten die Agenten unverzüglich zur Besichtigung des Tatortes und leiten damit den Hauptteil jeder Episode ein. Am Tatort – einer Lagerhalle, in der ein Agent (»Er war einer unserer besten Männer«) getötet wurde, einem Dorf, in dem Menschen auf mysteriöse Weise verschwinden, oder einem geheimen militärischen Forschungszentrum, wo hochwichtige Staatsgeheimnisse gestohlen wurden – finden die beiden meist genau zwei Spuren: eine für Peel und eine für Steed. Das passt natürlich gut, da beide immer getrennt ermitteln und gleich viel zur Aufklärung des Falles beitragen.

Der Aufhänger der Geschichte darf nicht unter logischen Gesichtspunkten betrachtet werden. Meist ist er nichts als ein »MacGuffin«, ein Vorwand, an dem sich die Handlung entzündet, ohne dass das jeweilige Objekt oder die jeweilige Idee irgendeine Bedeutung haben. Bei einer Autorallye in *Mit 160 aus dem Stand*, bei der Steed und Peel, zwei Gauner und ein Agent der Gegenseite teilnehmen (natürlich auch einige neutrale Fahrer), sind alle hinter einer roten Schmuckschatulle her, in

in der Tara-King-Staffel mit der Einführung von »Mutter«, dem dicken Chef des Geheimdienstes; von da an rückt die Welt der Agenten mehr in den Mittelpunkt.

... und erinnert sie an ihre patriotischen Pflichten

der, wie anfangs gezeigt wurde, ein britischer Agent etwas versteckt hat, von dem wir aber nicht sehen konnten, was es ist. Der Inhalt scheint für das Land so wichtig zu sein, dass er die anschließenden Turbulenzen und drei Tote rechtfertigt, und am Schluss sehen wir Peel und Steed nach gewonnener Rallye

Die Erfolgsformeln

Variation des Grundmotivs: Peel lauert Steed bei der Entenjagd auf

mit der Schatulle in der Hand, Champagner trinkend. Doch was in dem Kästchen ist, bekommen wir nicht einmal zu sehen.

John Steed und Emma Peel sind einander ebenbürtig, wenn es um ihre Fähigkeit geht, Schlüsse zu ziehen, oder darum, mit brutalen Gegnern fertig zu werden. Sehr harte Kämpfe und besonders witzige Szenen werden aber oft von Emma Peel bestritten, die laut Regieanweisung immer ein bisschen im Vordergrund stehen sollte. Dafür muss sich Peel zum Ausgleich in fast jeder Episode einmal – ganz gentlemanlike – von Steed retten lassen. Aber das funktioniert auch umgekehrt: Peel hat Steed ebenfalls schon mehrfach vor dem sicheren Tod bewahrt.

Macnee mit seiner selbstironischen Bescheidenheit hat seine eigene Rolle in der Serie immer wieder heruntergespielt. Für ihn stand immer seine jeweilige Partnerin im Vordergrund, die Serie war für ihn eine »Frauenshow«, er selbst war »einfach da und lieferte die Stichworte« (*Stay Tuned*). Diesen Zustand hat Frauenliebhaber Macnee durchaus genossen: »Man muss dadurch nicht so sehr einen auf Macho machen, was ich überhaupt nicht bin.«

Die kriminalistischen Ermittlungen sind der notwendige Hintergrund für eine Reihe spannender, für die damalige Zeit recht gewalttätiger Szenen, für ein paar kleine humoristische Einlagen und für das In-Szene-Setzen der aufwändigen Dekorationen, der schicken Kleider und noblen Autos. Um die Darstellung besonders brillanter Detektivarbeit oder um realistische Schilderungen des Verbrechermilieus geht es nie – ganz im Gegenteil! Es braucht beileibe keinen Sherlock Holmes, um die Fälle der *Avengers* zu lösen, denn meistens ist die erste Schlussfolgerung die richtige (und nahe liegende), und kaum eine Spur verläuft jemals im Sand.

Die Ermittlungsmethoden der beiden Agenten sind simpel: Steed plaudert charmant mit allen Beteiligten, bis ihm die hinter seiner unverbindlichen Art verborgene Intelligenz sagt, was diese vor ihm verstecken wollen. Peel bricht nachts in die Wohnung der Verdächtigen ein oder spioniert, verkleidet als Verkäuferin, Lehrerin oder Krankenschwester, obskure Organisationen aus.

Die Aufklärung des Verbrechens ist der tragende Handlungsstrang jeder Episode. Besonders wichtig ist dieser rote Faden allerdings nicht. Ein Tatmotiv wird selten genannt, es sei denn, der Schurke erklärt seinem hilflosen Opfer, bevor er es tötet, stolz seinen Plan zur Eroberung der Welt – was ihm natürlich gerade zum Verhängnis wird, weil unterdessen schon die Rettung naht.

Die Ermittlungen werden von netten, kleinen Szenen unterbrochen, in denen der Stand der Dinge resümiert wird. In Peels oder Steeds Wohnung wird der Fall durchgesprochen, und jeder berichtet dem anderen von den eigenen Ermittlungsergebnissen, wobei aber nur das Notwendigste zur Sprache kommt, damit man schnell zu etwas ganz anderem übergehen kann. So spielt Steed Golf, während Peel Tuba bläst, bis sein Golfball in ihr Instrument fällt; oder er bastelt seinem Neffen zum Geburtstag eine mit Bällen geladene Pistole, die um die Ecke schießen kann; oder Emma Peel sitzt barfuß auf einem ihrer Zementblöcke und meißelt daran herum.

Wenn die kriminalistische Arbeit erledigt ist, kommt es in jeder Episode zum großen Schlusskampf – *fighting* spielt eine ganz zentrale Rolle in der Serie. Nicht umsonst war Diana Rigg jahrelang unter dem wenig schönen Namen *Karate-Emma* bekannt. Die Kampfszene sorgt für Dramatik, bringt die Geschichte zum Abschluss und zeigt Emma Peel noch einmal ausführlich in ihren engen Catsuits aus Stretch und Leder, in denen nicht ihr die Luft wegbleibt, sondern ihren männlichen Zuschauern. Meist findet der große Kampf im gegnerischen Lager statt, fast immer sind Peel und Steed unbewaffnet und zahlenmäßig völlig unterlegen, manchmal ist der Gegner aber auch besonders hinterhältig oder besitzt grausame Waffen wie glühende Hufei-

Zwischenresümee beim Bildhauern in *Schock frei Haus*

sen oder vergiftete Messer. Oft muss das geplante Verbrechen durch den gewonnenen Kampf erst noch verhindert werden, wobei es auf Minuten oder gar Sekunden ankommt – ein beliebtes Motiv aus James-Bond-Filmen.

Am Ende rücken die gelassen lächelnden Agenten ihre Kleider wieder zurecht, Emma Peel streicht sich vielleicht noch eine verirrte Haarsträhne aus dem Gesicht, und beide sehen so smart und adrett aus, als seien sie auf dem Weg zu einer Modenschau. Die notwendigen Aufräumarbeiten, das Eintreffen der Polizei, das Verhaften der Gangster, eine Reaktion des Geheimdienstes, ein Kommentar oder eine Anerkennung, das alles bekommt der Zuschauer nicht mehr zu sehen.

Den Abschluss der Geschichte bildet, ähnlich wie der *teaser* am Anfang, wiederum eine lustige Szene, die *tag scene*. Anfangs geht es in diesem »Rausschmeißer« meist darum, den Rückweg vom Ort des Verbrechens mit möglichst obskuren Ver-

Die Erfolgsformeln

Rückwege (1)

kehrsmitteln zu bestreiten, die einen Bezug zur Geschichte haben. Mal ist es ein Leichenwagen, mal ein Fesselballon, mal eine Miniatureisenbahn oder auch schon mal ein fliegender Teppich. In der Episode *Geschlossene Räume* läuft der Abgang der beiden in leichtem Zeitraffer. Emma sitzt in einer Rik-

Rückwege (2)

scha, lässt sich von John ziehen und ruft warnend: »Nicht so schnell, Steed! Hier ist Höchstgeschwindigkeit 30 Meilen!«

Später findet die Schlussszene in einer der beiden Wohnungen statt, wo bei Champagner der glückliche Ausgang des Abenteuers gefeiert und die Ge-

Die Erfolgsformeln

Rückwege (3)

schichte mit einer Schlusspointe gekrönt wird. In *Und noch einmal Roboter* geht es um technischen Fortschritt, deshalb versucht Steed in einer sehr typischen *tag scene*, einen Toaster zu reparieren. Zum Beweis seiner technischen Begabung steckt er zwei Scheiben Toast hinein und stimmt einen euphorischen Lobgesang auf das 20. Jahrhundert an, das Zeitalter der technischen Revolution. Mit lautem Knall explodiert der Toaster. In der Decke ist ein großes Loch. Steed, stolz: »Das ist das erste Mal, das England etwas in eine Umlaufbahn gebracht hat.« Peel zeigt wortlos auf die beiden verkohlten Scheiben: Sie stehen ordentlich vor ihnen auf dem Tisch. Beide schweigen. Peel: »Soll ich sie mit Butter bestreichen, oder bewahren wir sie für die Nachwelt auf?«

Die Dramaturgie der Serie verläuft stets nach dem beschriebenen Muster. Die Unveränderlichkeit des Ablaufs garantiert dem Zuschauer, das Gute wird siegen, und zwar nach einem ganz bestimmten, von vornherein feststehenden Verlauf. Das serielle Prinzip nimmt dem Zuschauer die »intellektuelle Last« (Esslin, 1975) von den Schultern, sich damit auseinander zu setzen, wer die Menschen auf dem Bildschirm sind, in welcher Beziehung sie zueinander stehen, in welcher Zeit sie leben oder welche Strategien sie anwenden, um an ihr Ziel zu kommen. Alles ist genauso wie in der letzten Folge. »Harmonie / Störung der Harmonie / Wiederherstellung der Harmonie« hat Knut Hickethier 1992 das den meisten Serien zugrunde liegende Paradigma genannt, das auf einem Weltverständnis beruht, das sich (auch vor dem Hintergrund des Kalten Krieges) als »serielle Versöhnungssucht« auslebt. Die Störung der Harmonie ist bei *Mit Schirm, Charme und Melone* immer ein Verbrechen gegen die Krone, und deshalb ist ein Ende ohne Sühne, ohne die Wiederherstellung der Harmonie, undenkbar.

Schematisiert werden in der Serie auch einzelne Motive und grundlegende Erzählmuster. Vor allem folgende Standardsituationen bestimmen den Ablauf: Tod eines britischen Agenten/Wissenschaftlers/ Politikers; Emma Peel und John Steed besichtigen den Tatort und nehmen die Ermittlungen auf; beide führen Gespräche mit Verdächtigen; Unschuldige werden ermordet, bevor sie etwas Wichtiges mitteilen können; einer von beiden infiltriert die gegnerische Organisation, meist verkleidet oder unter Vorspiegelung falscher Tatsachen, oder bricht nachts in die Wohnung des Hauptverdächtigen ein;

das Täuschungsmanöver fliegt auf, die Agenten geraten in Lebensgefahr; der Fall wird gerade rechtzeitig aufgeklärt; es kommt zum Kampf, derselbe wird gewonnen; beide fahren nach Hause und/oder trinken Champagner.

Andere Situationen, die man aus jedem zweiten Krimi kennt, tauchen so gut wie gar nicht auf: die ausweglose Sackgasse, die Falle, die Schießerei, der anonyme Anruf.

Die Verwendung der immer gleichen erzählerischen Grundmotive wird aufs schönste in der Episode *Herz ist Trumpf*, einer Folge aus der Tara-King-Staffel, parodiert. Steed kommt hinter das Geheimnis der Erfolgsautorin Rosemarie Z. Glade und ihrer 473 Romane: *Liebe auf der Farm, Liebe auf dem Mond, Liebe im Iglu* und so weiter. Rosemarie ist ein Schreibcomputer, der wie ein Klavier aussieht. Jede Taste ist beschriftet und steht für eine romantische Standardsituation: »Frau hört Gerüchte«, »Küsse im Mondschein«, »Junge schickt Mädchen Blumen«, »Ehemann verlässt Ehefrau«, und durch das Drücken der Tasten beim Klavierspielen entsteht der Roman. Natürlich findet der Schlusskampf genau in diesem Zimmer statt. In der Hitze des Gefechts wirft Steed seinen Gegenspieler auf das Klavier, und Rosemarie tritt in Aktion. Nach bestandenem Kampf sieht Steed sich das bereits fertig ausgedruckte Manuskript an. Sein Kommentar: »Dies dürfte Stoff für eine abendfüllende Kinoschnulze sein!«

Der Fan hat natürlich gerade an den »Strategien der Variation« (Eco, 1987a) seinen Spaß und weiß es zu würdigen, wenn Steed sein »Mrs. Peel, wir werden gebraucht!« besonders elegant anbringt. »In der Serie gibt es Innovation nur als Variation«, stellte Faulstich 1982 fest, aber das wussten die Macher der Serie schon 20 Jahre früher.

Auch Emma Peel und John Steed machen sich gerne über die Serien-Schablonen lustig, und darüber, mit welcher Zwangsläufigkeit sich gewisse Ereignisse einstellen. In *Einmal Venus – Hin und zurück* fragt Peel nach einem Leichenfund: »Ist er der Erste?« Und Steed antwortet: »Bis jetzt ...« Beide wissen natürlich genau, ein Toter bleibt bei *Schirm, Charme und Melone* nicht lange allein. In *Duplikate gefällig?* befinden sich die beiden ebenfalls an einem Tatort, Emma sucht mit verwirrtem

Rückwege (4)

Gesicht den ganzen Raum ab, richtet sich auf, und fragt: »Wo ist denn die Leiche?« John antwortet, es gebe keine Leiche. Emma, ungläubig: »Keine Lei-

Die Erfolgsformeln

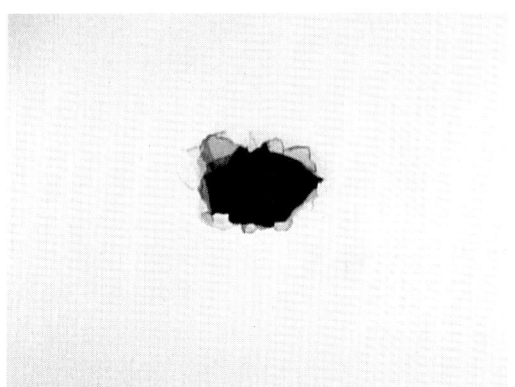

Lobgesang auf den technischen Fortschritt: Die *tag scene* in *Und noch einmal Roboter*

che? Wir hatten doch sonst immer eine Leiche!« John: »Wir hatten auch eine Leiche, aber die ist aufgestanden und weggegangen.«

Ein fester Bestandteil der englischen Originalfassung sind die Untertitel, auf die in der deutschen Version leider ganz verzichtet wurde. Ähnlich wie

 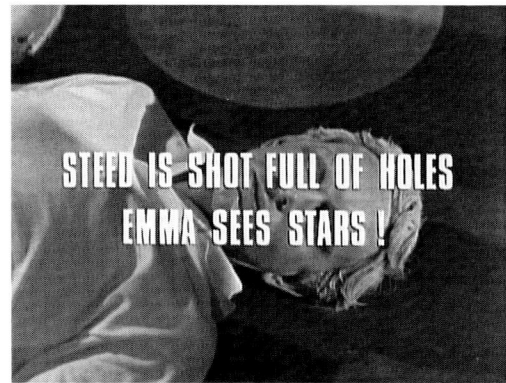

Nichts ist so, wie es scheint: Schon die Zwischentitel sorgen für ironische Distanz zum Geschehen

die *teaser* sollen sie das Publikum neugierig machen und auf das weitere Geschehen vorbereiten, indem sie, direkt nach dem Titel der jeweiligen Folge eingeblendet und geschickt formuliert, etwas ankündigen, was im *Schirm, Charme und Melone*-Kosmos eigentlich vollkommen unmöglich ist. Zum Beispiel wird in der Episode *Kennen Sie »Snob«?* nach dem Titel der Satz eingeblendet: *Worin Steed den Partner wechselt – und Emma zum Feind überläuft*. Die Auflösung dieser erstaunlichen Ankündigung ist simpel. Um eine dritte Partei zu überführen, tun sich Steed und Peel, sozusagen als gemischtes Doppel, mit einem russischen Agentenduo zusammen – Steed hat eine neue, russische Partnerin, und Peel arbeitet ebenfalls mit einem Russen zusammen.

Das Schema bleibt bei allen Untertiteln bis in den Wortlaut dasselbe. Auf den Titel *Willkommen im Dorf des Todes* folgt der Untertitel *Worin Emma und Steed heiraten – und Steed Vater wird*. Es vergehen ganze 40 Minuten, bis der Zuschauer begreift, was es mit dieser Behauptung auf sich hat: Peel, die von der Dorfbevölkerung gefangen gehalten wird, bittet darum, ihren Mann, »den lieben John« anrufen zu dürfen, der nach anfänglicher Verwunderung, warum sich seine Partnerin so besorgt nach dem Wohlergehen der gemeinsamen Kinder erkundigt, schließlich erkennt, was vor sich geht, und ihr zur Hilfe eilt.

Dass sich die Untertitel so eng wie möglich am tatsächlichen Inhalt der jeweiligen Episode orientieren, aber etwas viel Spektakuläreres ankündigen, macht sie zu einem einfachen Trick, die Aufmerksamkeit des Zuschauers auf möglichst spielerische Art zu wecken und ihn wieder auf ironische Distanz zum Geschehen zu bringen: Nichts ist so, wie es scheint, nur der Schein ist Wirklichkeit.

Mit 160 aus dem Stand – Tricks und Techniken

Bei *Mit Schirm, Charme und Melone* ist der Zuschauer immer ein bisschen schlauer als die handelnden Personen. Dieser Informationsvorsprung ist beabsichtigt, eine Methode, um uns noch stärker in die Handlung einzubinden.

Ein Beispiel aus einem der absoluten Highlights der Serie: In *Mit 160 aus dem Stand* beobachten wir zwei Gauner, die Steeds Wohnung abhören und dabei erfahren, dass eine gewisse rote Schmuckschatulle, hinter der alle her sind, auf dem Landsitz eines Mannes versteckt ist, der anderntags eine Autorallye veranstaltet. *Wir* wissen, dass die beiden Verbrecher bei dieser Rallye aufkreuzen werden, Peel und Steed hingegen sind völlig ahnungslos. Dadurch können wir als Zuschauer die amüsante Verfolgungsjagd durch die englische Landschaft umso mehr genießen: Weil wir genau wissen, dass der erste Zwischenfall nicht lange auf sich warten lassen wird.

Die Erfolgsformeln

Standard-Motive, ins Absurde gezogen: Der Showdown in *Die Totengräber*

In der Episode *Wer ist wer?* erläutert der Wissenschaftler Dr. Krelmar seinen Bundesgenossen Basil und Lola einen von ihm erfundenen Apparat, mit dem er Verstand und Bewusstsein eines Menschen in einen anderen Körper verpflanzen kann. Er erläutert die Wundermaschine natürlich nur für die Zuschauer, denn Basil und Lola wissen an diesem Punkt der Geschichte ja längst, was er da gebaut hat. Im Gegensatz zu uns ahnen Steed und Peel, die beiden auserwählten Opfer, nichts davon, dass sie bald Platz für zwei kriminelle Spione machen sollen, die in ihren Körpern den Geheimdienst unterwandern wollen. Während die feindlichen Spione richtige Kretins sind, die ständig Kaugummi kauen und Steeds teure Weine ungekühlt trinken, erkennen sich Steed und Peel – *Noblesse oblige* – an ihrem üblichen untadeligen Verhalten schließlich auch in den neuen Körpern wieder.

Der Wissensvorsprung lässt uns die Geschichte intensiver miterleben – wer kennt nicht den dringenden Wunsch, eine Filmfigur vor einer drohenden Gefahr zu retten, von der sie noch nichts ahnt? Dass so *suspense*, also Spannungssteigerung, funktioniert, weiß man spätestens seit Alfred Hitchcock. Aber ist das wirklich spannend, was da vor unseren Augen geschieht, oder haben sich unsere Sehgewohnheiten und Ansprüche in den über 40 Jahren zu sehr geändert? Vielleicht führt auch der ironische, intellektuelle Stil der Serie dazu, dass man sie – damals wie heute – mit einem gewissen Abstand betrachtet. Der Einsatz von Klischees, teils ironisch, teils ernst gemeint, die Anspielungen, Wortspiele und Parodien sind nicht dazu angetan, die Distanz des Zuschauers zum Gesehenen aufzuheben.

Im Gegensatz zum *whodunit* à la Agatha Christie, einem Krimiprinzip mit eindimensional verlaufender Spannungskurve, setzt sich die Spannungsstruktur hier aus verschiedenen Elementen zusammen. Oft gibt es ein *Rätsel*, zum Beispiel, wer der heimliche Chef der gegnerischen Organisation ist, wer die Morde begangen hat oder warum mehrere hohe Regierungsbeamte plötzlich geheime Informationen verraten. Diese *Tat-* oder *Täterspannung* wird mit einer *Aufklärungsspannung* (Lange, 1977) kombiniert, die im Zuge der Ermittlungen entsteht, sowie mit mehreren kurzen Spannungsbögen, die in einer Szene abgehandelt werden, zum Beispiel bei Kämpfen oder Verfolgungsjagden. Spannung entsteht durch den Aufbau von Erwartungen an die weitere Handlung, die sich in Form von unbewussten Fragen äußern: Wird der Held überleben? Werden die Verbrecher gefasst?

Das Spiel mit dem Zuschauer ist ein Spiel mit seinen Hypothesen über den weiteren Verlauf der Geschehnisse. Dabei sind nicht nur seine Kenntnisse über die Konstruktion von Krimiserien im Allgemeinen gefragt, sondern auch sein Wissen um die dramaturgischen Standards dieser ganz speziellen Serie. In der Episode *Die Totengräber* liegt Peel gefesselt auf einem Bahngleis – ein aus unzähligen Filmen bekanntes Motiv –, doch hier wird die Situation in lustvoller Abwandlung ins Absurde gezogen.

Die ganze Szene wird mit Stummfilmmusik unterlegt und läuft im leichten Zeitraffer ab, und der Zug ist eine Miniaturnachbildung im Park eines verrückten Eisenbahnfetischisten. Die daraus entstehende komische Spannung hat surrealistische Momente. Gerade noch rechtzeitig eilt Steed, der auf der Minilok mit seinem Widersacher kämpft, herbei und legt die Weiche um – der Zug fährt in letzter Sekunde an Emma Peel vorbei.

Der gleiche Mechanismus, anders eingesetzt: In derselben Episode sehen wir, wie ein Patient in einen Operationssaal getragen wird, der operierende Arzt sich in bekannter Oberarzt-Manier über ihn beugt und das sagt, was er traditionsgemäß an dieser Stelle zu sagen hat: »Schwester, Zange bitte ... Skalpell ...« und dann, überraschend: »Schweißbrenner!«.

Die Totengräber: Pressetermin am Set

Der »Patient« auf dem OP-Tisch ist eine Puppe samt Sendevorrichtung, die an Stelle eines kürzlich Verstorbenen beerdigt werden soll, um aus dem Grab die nahe gelegene Raketenabwehrstation per Funk zu stören.

Ein besonders beliebtes Spannungselement ist die Parallelmontage, klassisch für die »Rettung in letzter Minute« eingesetzt. Ist auf der einen Ebene Peel oder Steed in Lebensgefahr und unmittelbar bedroht, eilt, alternierend geschnitten, der jeweils andere zur Rettung herbei, wobei natürlich immer erst einige Hindernisse aus dem Weg zu räumen sind.

Bestimmte Aufnahmetechniken und Montageprinzipien sind besonders typisch für *Mit Schirm, Charme und Melone*. Die Inszenierung der Abenteuer Emma Peels und John Steeds folgt festen Prinzipien bei Schnitt, Kameraführung und Bildkomposition, um den Rhythmus der Bilder zu beschleunigen, mehr Tempo in die Erzählung zu bringen und verblüffende visuelle Effekte zu erzielen. Avantgardistische Experimente, wie sie das Kino der 60er Jahre nutzte, wollte man dem Fernsehpublikum zwar nicht zumuten, jedoch verglichen mit der heutigen Fernsehästhetik ist die Inszenierung von ausgefallenen Bildern und extremen Kameraperspektiven geprägt.

Eine gekippte oder gerollte Kamera wird ebenso eingesetzt wie Reißschwenks, Trickblenden oder schnelle Zooms, und oft wird die Kamera an außergewöhnlichen Stellen aufgebaut, um die Perspektive zu verfremden.

Ungewöhnliche Geschichten erfordern ungewöhnliche Techniken. Die visuell extremste Episode, *Schock frei Haus*, behandelt auch inhaltlich extreme Gefühle: Phobien, Wahnsinn, Albträume. Drei humorlose Psychologen mit schwarzen Sonnenbrillen bieten Geschäftsleuten die Dienste ihres Rationalisierungsbüros an und schalten auf Wunsch jeden störenden Konkurrenten aus. Was die drei ihren Kunden allerdings verschweigen, ist, dass sie mithilfe psychologischer Gutachten die schwache Stelle des missliebigen Geschäftspartners herausfinden und ihn dann gezielt in den Wahnsinn treiben. So wird ein Mann mit Höhenangst im Schlafanzug auf einem Berggipfel ausgesetzt, ein anderer, der sich vor Wasser fürchtet, in einem kleinen Boot auf einen reißenden Fluss verfrachtet, ein dritter findet beim Anziehen eine Maus in seinem Pullover. Die Geschichte beginnt mit einer Großaufnahme des panischen Gesichtes eines Mannes, der nachts ganz allein mitten im *Wembley Stadion* erwacht. Ringsum ist niemand, die Tribünen sind leer, er aber

Die Erfolgsformeln

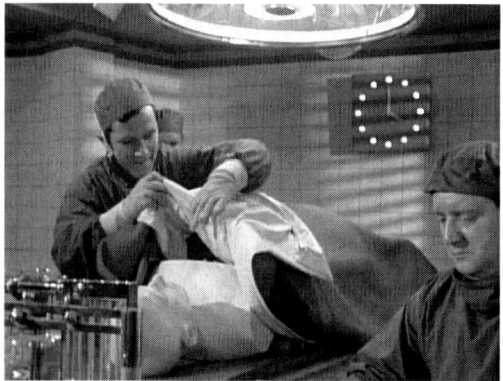

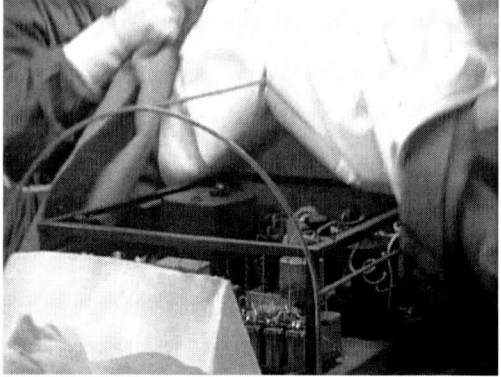

»Den Schweißbrenner, bitte«: Die OP-Szene in *Die Totengräber*

spielereien als Selbstzweck, etwa eine Aufnahme durch eine Nähmaschine hindurch in *Die Nacht der Sünder* oder durch den Henkel einer Teetasse in *Das Glaspflegeinstitut*.

Speziell für Steed ließ man sich einfallen, wenn er neu ins Bild kommt, zuerst eines seiner Accessoires zu zeigen, eine Schirmspitze, seine Melone, seinen unverkennbaren Schattenriss an einer Wand, und dann erst ihn selbst – ein *running gag* für aufmerksame Zuschauer, aber manchmal auch ein Scherz des Regisseurs, denn hin und wieder kommt ein anderer Kopf unter der Melone zum Vorschein.

Für damalige Zeiten hat *Mit Schirm, Charme und Melone*, vor allem in den Kampfszenen, eine ungewöhnlich hohe Schnittfrequenz. Wenn Mrs. Peel es mit drei Männern auf einmal aufnimmt, wird mit mehreren Kameras gedreht, Totalen in schnellem Wechsel von Naheinstellungen unterbrochen, sodass der Zuschauer sich wie unmittelbar dabei fühlt. Auch die etwas aus der Mode geratene subjektive Kamera wird eingesetzt. In subjektiver Perspektive mordet es sich brutaler.

In *Der geflügelte Rächer* sehen wir mit den Augen des Killers das Opfer uns genau gegenüber, es schaut uns direkt ins Gesicht und schreit um Hilfe, während es von langen Krallen aus Stahl zerfetzt wird. Dabei wird die Kamera immer wieder von den Körpern der Kämpfenden verdeckt, sodass man nicht mehr sehen kann, was vor sich geht, bis das Opfer schließlich tot zu Boden sinkt.

Schnelle Schnitte sorgen für Spannung, werden aber auch eingesetzt, um die Geschichte möglichst ökonomisch zu erzählen und verbindende Szenen und lahme Übergänge wegzulassen. Ohne lange Einleitung ist man am Schauplatz der nächsten Szene, die *how do you dos* sind vorbei, die Handlung geht sofort los. Der erklärte Feind heißt Langatmigkeit.

Besonders typisch für temporeiche Szenenübergänge ist die Folge *Butler sind gefährlich*, in jeder Hinsicht eine der Sternstunden der *Mit Schirm, Charme und Melone*-Geschichte. John Steed belauscht, hinter einer Topfpflanze verborgen, wie in der Wohnung des verdächtigen Commander Miles dessen Diener zu seinem Butler sagt: »Es ist doch bekannt, dass er für jede hübsche Larve empfänglich ist« – Umschnitt auf Emma Peels Gesicht in Großaufnahme, Steeds Stimme aus dem

hört – und wir mit ihm – das Geschrei von Tausenden von Menschen. In höchster Panik läuft und taumelt er über den Rasen, wirft sich zu Boden und krallt sich mit den Händen im Gras fest, während die Kamera seinen zunehmenden Wahnsinn mit Reißschwenks, 360-Grad-Drehungen, gerollten und gekippten Bildern einfängt, um auch beim Zuschauer das Gefühl von Schwindel hervorzurufen. Am Ende erwischt Steed die drei Verbrecher bei ihrem eigenen wunden Punkt: Als er das Licht ausschaltet, brechen die Psychiater aus lauter Angst vor der Dunkelheit in Panik aus.

Ganz ähnlich erzeugen in *Ein Vogel, der zuviel wusste* extreme Über-, Untersicht- und Weitwinkelaufnahmen in einer Verfolgungsszene ein Gefühl von Unruhe, von der Unausweichlichkeit des folgenden Mordes. Mitunter gibt es auch Kamera-

Tricks und Techniken

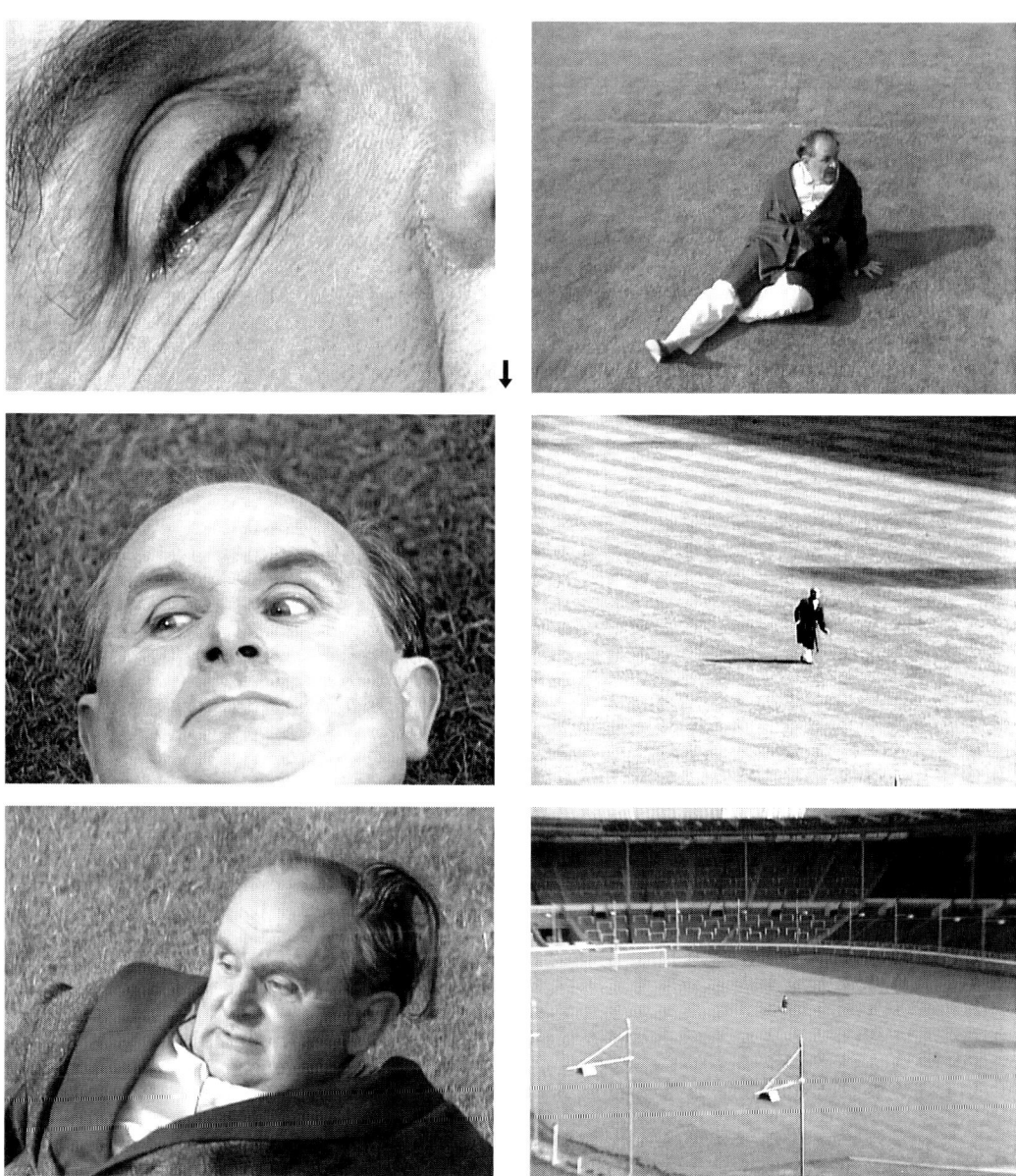

Böses Erwachen: Die Anfangssequenz der visuell extremsten Episode *Schock frei Haus*

Off: »Die Frage ist jetzt nur, *wie* empfänglich er ist.« Peel: »Erwarten Sie von mir, das herauszufinden?« Es folgt ein Schnitt auf Steed, der ihr in einem Restaurant gegenübersitzt. – Nach dem gleichen Prinzip bittet John Steed Emma Peel in *Stadt ohne Rückkehr*, mit ihm nach Little-Bazeley fahren. Wäh-

Die Erfolgsformeln

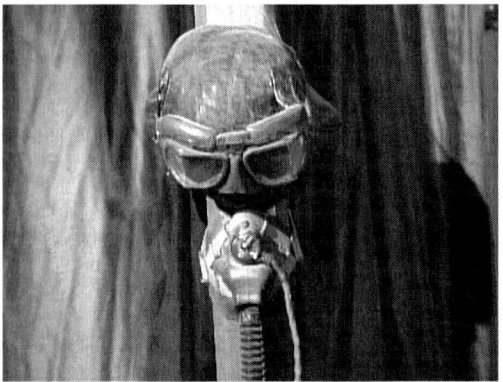

Match cut in *Stadt ohne Rückkehr*

wagen, in dem Steed ihr aus einem pfeifenden Wasserkessel Tee in silbernen Tassen zubereitet und höflich Marzipanschnittchen anbietet. Das Gespräch wird an derselben Stelle fortgesetzt, als sei nichts geschehen, und das Abenteuer kann ohne weiteres Vorspiel beginnen.

In der gleichen Folge, es ist die besonders durchdacht und liebevoll produzierte erste Emma-Peel-Geschichte, wird als Verbindungsglied zwischen Szenen auch der *match cut* benutzt, eine bedeutungsstiftende Montage. Von einer an der Wand hängenden Gasmaske wird auf einen in einen Grabstein eingemeißelten Totenkopf umgeschnitten, was die Ähnlichkeit der Konturen betont und das Thema »Tod« unterstreicht, das die ganze Folge wie ein roter Faden durchzieht. Vom Feuer der Schmiede wird auf das Kaminfeuer in Steeds Zimmer umgeschnitten und kurze Zeit später wieder zurück von einer Kerzenflamme – in die Steed den prächtigen Schnurrbart eines Verdächtigen hält, um ihn zum Reden zu bringen – auf das Schmiedefeuer.

Manchmal erfordert die Handlung ein paar Tricks und Spezialeffekte. Wenn Emma Peel in *Willkommen im Dorf des Todes* in Ohnmacht fällt, sieht das so aus: Die Szene wird subjektiv aus Peels Sicht gefilmt, während gleichzeitig ein Stück Gaze vor die Kamera gehalten und langsam hochgezogen wird. Mit den Möglichkeiten des modernen Kinos kann diese Tricktechnik nicht recht mithalten. Der untere Rand der Gaze ist deutlich zu erkennen, und unterhalb ist alles hell und klar, während der obere Bildteil noch ganz verschwommen ist.

Etwas überzeugender sehen die Tricks in *Haben Sie es nicht ein bisschen kleiner?* aus, einer Episode, in der Steed und Peel abwechselnd in den Strahl einer Verkleinerungsmaschine geraten, sodass jeder von ihnen die Welt für eine Weile als Tom Däumling betrachten darf. Die Agenten schrumpfen per Stoptrickverfahren und mithilfe riesiger Requisiten und Rückprojektionen. Weitwinkel verzerren die Welt der Großen aus Sicht der miniaturisierten Agenten. Kleine und große Menschen gleichzeitig ins Bild zu bringen war mit diesen bescheidenen Tricks nicht möglich, deshalb muss Peel ihren geschrumpften Kollegen in einem Sack transportieren, aus dem nur die Schirmspitze ragt.

rend er Peel in ihrem Wohnzimmer erklärt, wo der kleine Ort genau liegt, wird von Steed auf Peel umgeschnitten – sie sitzt schon in einem Abteil-

Britischer Humor – *Avengers*-like

Eines der Markenzeichen der Serie ist ihre unterkühlte Komik – englischer Humor kombiniert mit lässiger Nonchalance. Nichts kann die beiden Agenten aus der Ruhe bringen, und wenn es um sie herum hoch her geht, wird das Lächeln auf ihren Lippen nur noch eine Spur maliziöser und die Bemerkungen noch einen Hauch trockener: »Sie haben geläutet?«, fragt Steed höflich, als er Emma Peel aus einer Gefängniszelle befreit, und sie versetzt mit hochgezogenen Augenbrauen: »Ja, ich möchte gerne das Zimmer wechseln. Nebenan sind Flitterwöchner.« Und wenn Steed die unkenntliche Leiche eines in einem Betonblock steckenden Kollegen identifizieren soll, klingt das etwa so: »Wir hatten den gleichen Schneider. Ohne Zweifel, er ist es.«

Schräge Situationskomik: Als ein Mörder in *Willkommen im Dorf des Todes* einen Mann in einer öffentlichen Bibliothek erschießen will, weist ihn die Bibliothekarin auf das »Ruhe bitte«-Schild an der Wand hin. Der Killer nickt entschuldigend, schraubt einen Schalldämpfer auf seine Waffe, und – drückt ab. Der Chef des Geheimdienstes ist aufgrund einer Kehlkopfentzündung stumm und verständigt sich durch Pfeifen des Morsealphabetes, und ein seltsamer Vogelfreund komponiert ein Konzert für Vogelstimmen und Trillerpfeife.

Äußerst typisch für den Witz dieser Serie ist auch folgender Dialog aus *Robin Hood spielt mit*, in dem ein Mann sich über eine alte Wunde beklagt. Steed nickt verständnisvoll: »Ich tippe auf Kugel, Zweiter Weltkrieg.« Der Mann schüttelt den Kopf: »Irrtum. Schirm, Winterschlussverkauf ... blödes Frauenzimmer.«

Das Klischee wird auf den Kopf gestellt: »Mutter« ist ein Mann, »Vater« eine Frau, und der Sherlock-Holmes-Verschnitt namens Sir Arthur Doyle, mit Meerschaumpfeife und allem, was dazugehört, zieht immer die falschen Schlüsse aus den Indizien. Der *Avengers*-Humor arbeitet vorwiegend mit Mitteln der Parodie, selten mit denen der Satire. Steeds und Peels Witze haben keine politische oder gesellschaftskritische Dimension, aber *Rule Britannia*, die Parole der Serie, entbehrt nicht einer gewissen Selbstironie.

Höflich und korrekt: Der Killer in *Willkommen im Dorf des Todes*

Die Erfolgsformeln

Gelegenheitspatriot: Steed zeigt Flagge in *Schock frei Haus*

In der Episode *Club des Gaslichtmörders* empfängt John Steed die Vertreter der russischen Abrüstungskommission am Hafen und kommentiert als guter Engländer erst einmal das Wetter: »Das ist Nebel, meine Herren, auf *dem* Sektor sind wir in der Welt immer noch führend.« In *Die Indizienmörder* kommt Steeds Melone im Kampfgetümmel zu Schaden und Tara King operiert. »Nadel ... Schere ... Pinzette ...« Steed reicht die gewünschten Gegenstände zu. Bald geht es dem Patienten wieder besser, und der stolze Besitzer bemerkt: »Gratuliere! Sie haben es geschafft. Großbritannien ist wieder mal führend. Erste Transplantation mit Zwirn, Charme und Melone.«

Dass Großbritannien zumindest auf einem Gebiet noch immer international führend war, hat das Land unter anderem mit solchen Produktionen wie *Mit Schirm, Charme und Melone* bewiesen. Zum »Europameister in der Kunst des Leichten und der echten Unterhaltung« ernannte die Zeitung *Christ und Welt* im Juni 1967 die Briten nach der Ausstrahlung der ersten Episoden.

Wenn bei *Mit Schirm, Charme und Melone* auch manchmal der Eindruck entsteht, es herrsche leichte Wehmut über den Niedergang des einst so mächtigen Landes, werden die Anhänger des alten Empires doch als reaktionär und dumm, manchmal sogar als gefährlich dargestellt. Soldaten und andere Militärs sind gelegentlich ganz sympathisch und liebenswert vertrottelt, meist macht ihre Senilität sie jedoch zu einem willigen Werkzeug in den Händen charakterstarker Schurken, die sie, angeblich im Interesse Englands, für ihre eigenen finsteren Zwecke einspannen.

In *Afrikanischer Sommer* hat der Schock der politischen Umwälzung bei dem altersschwachen Colonel Rawlings Gedächtnisschwund verursacht. Unfähig zu akzeptieren, dass die ehemaligen Kolonien nicht mehr britisches Eigentum sind, hat er sich in eine Fantasiewelt zurückgezogen und glaubt, in einem Land namens Kalaya zu leben. Seine ehemaligen Untergebenen halten die Illusion mithilfe tropischer Pflanzen, einer riesigen Fußbodenheizung und ein paar bezahlter afrikanischer Schauspieler aufrecht, während sie selbst eine Art Schlafgift züchten, das ihnen helfen soll, das Land unter ihre Kontrolle zu bringen.

Ähnlich schlecht kommt das Militär in *Club der schwarzen Rose* weg. Dort versammelt ein kluger Psychiater eine Reihe alter Soldaten um sich, die sich, vom Krieg geprägt und süchtig nach Gefahren, bereitwillig seinem Gesetz des absoluten Gehorsams bis hin zur Selbstaufgabe unterwerfen. In Wirklichkeit will der Arzt die verwirrten Militärs nur benutzen, damit sie für ihn einen besonders riskanten Raubüberfall auf den Londoner Tower begehen.

Auch wenn kein gutes Haar am Militär gelassen wird, ist gelegentlich auch gemäßigter Patriotismus angezeigt: John Steed und Emma Peel sind treue Untertanen Ihrer Majestät und haben schon mal patriotische Anwandlungen, zum Beispiel wenn Steed in *Schock frei Haus* die britische Flagge an seinem Rolls Royce befestigt oder Peel in nichts als in dieselbe eingewickelt mit einer Mistgabel in der Hand für landwirtschaftliche Produkte Modell steht.

Die steife Korrektheit der Briten wird immer wieder Gegenstand spöttischer Witze, ebenso wie das ur-britische Prinzip des Fairplay, die Anständigkeit des Gentleman auch und besonders in Nebensachen wie Sport oder Gesellschaftsspielen. Der Brite aus dem Bilderbuch ist gut zu Tieren, spielt Golf oder Kricket und hat ein ausgeprägtes Gefühl für gesellschaftliche Hierarchien – und was könnte britischer sein als der gute alte Butler oder der snobistische Lord. Doch nicht immer verhalten sich diese Klischeecharaktere so, wie man es von ihnen erwarten würde.

Das beste Beispiel für nicht eingelöste Erwartungen in Bezug auf typengerechtes Verhalten sind die mordenden Butler in – der Titel ist Programm – *Butler sind gefährlich*. Der Butler, ehemals der Grundstein jedes adligen oder wohlhabenden englischen Haushalts, der mit gedämpfter Stimme und perfekten Manieren diensteifrig auf leisen Sohlen durch das Haus schleicht und über alle Vorgänge im Haushalt bestens Bescheid weiß, ist unverzichtbarer Bestandteil tausender Romane und Filme. Dass in einem Krimi der Butler der Täter ist, ist natürlich schon vorgekommen, in dieser *Mit Schirm, Charme und Melone*-Folge aber sind *alle* Butler suspekt. Sie haben sich zur *Butler's & Gentlemen's Gentleman Association* zusammengeschlossen, um sich dort in der Kunst des Dienens zu vervollkommnen und nebenbei bei ihren Dienstherren militärische Geheimnisse auszuspionieren.

Mit gefälschten Referenzen verschafft sich Steed, der perfekte Gentleman, Eintritt bei den perfekten Butlern und wird dort ausgebildet. Von Anfang an ist Hemming, der Chef der Vereinigung, von ihm begeistert: »Er hat so einen eleganten Stil«, kommentiert er hingerissen während einer Bügelübung. Auch in den fortgeschritteneren Lektionen ist Steed ein Musterschüler, etwa wenn es um das korrekte Anmelden einer unbekannten Dame geht.

STEED. *mit hochmutigem Gesichtsausdruck und nasalem Tonfall:* Ich bitte um Verzeihung, aber da ist eine Dame ...
HEMMING: Nein, nein, nehmen Sie die Karte zu Hilfe.
STEED: *nimmt die Visitenkarte von seinem Silbertablett:* Hmhmm ... Draußen wartet eine Lady Micklebiddy, die Sie sprechen möchte.

»Mutter«: Bilderbuchbriten spielen Cricket

HEMMING: Kenne ich die Dame?
STEED: *Sieht ihn fragend an, Hemming deutet ihm an, er kenne die Dame nicht:* Ich glaube nicht, Sir.
HEMMING: Und wie sieht sie aus? *Steed sieht ihn wieder fragend an, Hemming steht auf und flüstert ihm ins Ohr:* Jung und hübsch, Sir.
STEED: Die Dame ist jung und hübsch, Sir ...
HEMMING: *unterbricht ihn*: Nein, nein, nein, so nicht ... Ein leichtes Räuspern oder ein Hüsteln nach den Worten »die Dame ist«, das besagt, es ist ein delikater Fall, und man weiß es. Hmhmm ... das macht sich immer gut. Versuchen Sie es.

Die Erfolgsformeln

STEED: *zieht eine Augenbraue in die Höhe*: Die Dame ist ... hmhmm ... jung und ziemlich hübsch, Sir.
HEMMING: Prächtig, prächtig, Ziemlich hübsch ... finde ich sehr schön. Gute Zensur für Originalität.

Anschließend darf Steed »in Stellung beim Miles'schen Haushalt« gehen, wo er dem Hausherren ein Mikrofon in die Uniformjacke nähen soll, um die geheimen Daten zu erfahren. Denn Miles und seine Kollegen treffen sich immer in einem abhörsicheren Raum und wickeln sich zusätzlich in einen großen Plastiksack ein. Am selben Abend muss Steed ein Rendezvous Peels mit Commander Miles miterleben, das sich dank Steeds eifersüchtigen Bemühungen, die beiden bei ihrem Techtelmechtel zu stören, ohne aus seiner Rolle als devoter Butler zu fallen, zu einer Tour de Force entwickelt. Aber Peel, die die Verabredung rein dienstlich betrachtet, widersteht Kaviar, Champagner und gedämpftem Licht und spielt mit dem Commander eine Runde *Mensch ärgere dich nicht*.

Das Gegenstück zur Butler-Vereinigung ist S.N.O.B., die Schule junger Gentlemen, in *Kennen Sie »Snob«?* Die angehenden Herren lernen fechten, ein Taxi stilvoll heranzuwinken und ähnliche Probleme des Überlebenskampfes in der Großstadt vornehm zu bewältigen. Alle S.N.O.B.-Absolventen tragen wie Steed Schirm und Melone, aber er bleibt der Eleganteste von allen und wird für seine vollendeten Umgangsformen bewundert. In Wirklichkeit wird die Schule junger Gentleman von einem Agenten der falschen Erdhälfte für seine eigenen Interessen eingespannt. Die fertigen Absolventen, die mit großer Wahrscheinlichkeit eines Tages hohe Posten in Politik, Wirtschaft und Militär bekleiden, werden mit Schirmen ausgestattet, in die vorher Wanzen eingebaut wurden.

Ein Taxi korrekt anzuhalten muss Steed natürlich keiner beibringen. Der perfekteste aller Gentlemen ist aber auch in Stil- und Modefragen eine unübertroffene Autorität. In *Einmal Venus – Hin und zurück* muss er sich einem Augentest unterziehen, bei dem eine Reihe von Hüten auf einem Regal an der gegenüberliegenden Wand liegen. Ohne Zögern zählt Steed Homburg, Bowler, Cap usw. auf. In derselben Folge kommt auch der Kaminkehrer Bert Smith vor, der eigentlich Bertram Fortescue Wintrop-Smythe heißt und von altem Adel ist. Weil ihm Kamine kehren aber mehr Spaß macht als Pferdezüchten oder Gemäldesammeln, verschweigt er seinen richtigen Namen. Denn der geschäftstüchtige Bertram weiß genau, dass der typische Engländer es nicht ertragen könnte, den eigenen proletarischen Kamin von einem Blaublüter gefegt zu bekommen. Das würde die soziale Hierarchie doch zu sehr auf den Kopf stellen. Der einzige Tribut an seine Abstammung ist die Tatsache, dass er seinen Dienst in Frack und Zylinder und mit einer Nelke im Knopfloch verrichtet.

Die Engländer und das Fairplay – immer wieder ein Thema, etwa in der Episode *Puzzlespiel*. Ein Abriss: Der wahnsinnige Spielefabrikant Monty Bristow, dessen Name nicht zufällig an den Grafen von Monte Christo erinnert, kehrt wie dieser nach langjähriger Gefängnisstrafe zurück, um seine alten Feinde zu töten. Jeder von ihnen ist ein Spezialist auf seinem Gebiet, und für jeden hat sich Bristow ein Spiel ausgedacht, das den Qualifikationen des Opfers gerecht wird: ein Autorennen für den Rennfahrer, ein Brettspiel namens *Schlangen und Leitern* für den Zoologen, ein Börsenspiel für einen Makler und ein Agentenspiel für John Steed, der ebenfalls auf Bristows Liste steht. Jedes der Spiele findet ganz real statt, mit lebensgroßen Requisiten und lebendigen Widersachern. Obwohl es um Leben und Tod geht, werden die Regeln des Fairplay von allen Beteiligten eingehalten, auch von Bristow. Nur Steed hält sich nicht an die Spielregeln und ist deshalb der Einzige, der sein Spiel überlebt und damit auch Tara King das Leben rettet.

Auch in *Club der schwarzen Rose* nutzt John Steed jeden Trick zum Überleben. Einen Mann, der den Auftrag hat, ihn zu töten, überredet er zu einem Spiel: Auf »drei« versuchen beide, als Erster die Pistole auf dem Tisch in die Hand zu bekommen und den anderen zu erschießen. Natürlich ist bloß Steeds ehrpusseliger Gegner, ein ehemaliger Soldat, so dämlich, bis »drei« zu warten.

Weekend auf dem Lande, die zweite Episode, in der Peter Jeffrey den Bösewicht spielt, ist der ersten im Prinzip sehr ähnlich, diesmal geht es allerdings nicht um Gesellschaftsspiele, sondern um Bridge. Am Anfang der Geschichte erfährt der Zu-

Britischer Humor

Ingredienzen des klassischen Schauerromans: Eindrücke aus Sir Rousicanas Anwesen in *Weekend auf dem Lande*

schauer, dass Emma Peel ein Buch über Brigde geschrieben hat: *Besser Bridge spielen mit angewandter Mathematik*. Schauplatz der Geschichte ist das einsam gelegene Landhaus von Sir Cavalier Rousicana, in dem die schaurig-schöne Atmosphäre aus Edgar Allan Poes Romanen herrscht.

Die Erfolgsformeln

Eine der besten Tara-King-Episoden: *Puzzlespiel*

Das Haus ist fantastisch eingerichtet, die riesigen Hallen hängen voller Gemälde, neben der großen Speisetafel stehen Ritterrüstungen, und die einzelnen Räume sind durch Schwingtüren miteinander verbunden, die wie große Spielkarten aussehen. Peels unbekannter Gastgeber, ein fanatischer Bridge-Spieler, der sie eingeladen hat, um mit ihr über ihr Buch zu fachsimpeln, verspätet sich, und sie diniert bei Kerzenlicht allein im alten Rittersaal. Bald geschehen mysteriöse Dinge. Geräusche und Musik ertönen, obwohl das Haus leer ist, Peel findet ihr eigenes Foto in Fetzen gerissen, das Telefon ist tot, ein geheimnisvoller Mann taucht auf und wird kurz danach ermordet; kurzum, alle Ingredienzen des klassischen Schauerromans kommen zusammen. Schließlich stellt sich heraus, dass hinter alldem ein Mann steckt, der noch eine alte Rechnung mit Peel zu begleichen hat. Völlig unerwartet – für den Mörder, nicht für den Zuschauer – taucht Steed auf und hat am Ende das bessere Blatt. Er benutzt eine der großen Spielkarten als Deckung, und dem geistig leicht verwirrten Mann kommt es so vor, als ob ein riesiger, plötzlich lebendig gewordener Joker zu den Klängen eines Walzers auf ihn zutanze. Dieser Anblick treibt ihn vollends in den Wahnsinn.

Auch in *Puzzlespiel* ist es eine Karte, die am Schluss das ganze Spiel entscheidet. In seinem letzten Angriff auf Steed und King zieht Bristow eine stählerne Spielkarte, das Pik-As, aus dem Ärmel (getreu der Redensart »ein As im Ärmel haben«) und schleudert sie auf die beiden, doch Steed ergreift einen Kaminkehrer und benutzt ihn wie einen Tennisschläger. Die Karte bleibt Bristow direkt im Herz stecken.

Ein ganz besonders englisches Spiel ist natürlich Golf, und auch auf dem *green* machen Emma Peel und John Steed eine gute Figur. In *Das dreizehnte Loch* muss Steed ein Match gegen einen Mann namens Reed bestreiten. Was Steed nicht weiß, ist, dass er, falls er gewinnt, getötet werden soll. Er will das Spiel aber um jeden Preis gewinnen, um gegen den Hauptverdächtigen im Endspiel antreten zu können.

Emma Peel gibt ihr Bestes, um ihm zum Sieg zu verhelfen. Sie befördert die gegnerischen Bälle in tiefes Gras oder sumpfige Stellen, tritt sie mit dem Absatz in den Boden hinein und sorgt dafür, dass Steeds Bälle wie durch Zauberhand direkt ins Loch oder gleich daneben rollen, sodass das Spiel bald gewonnen ist. Fairplay, eines der obersten Gesetze des britischen Lebens, muss eben zurückstehen, wo es um die nationale Sicherheit geht.

Die Gegner warten den Ausgang des Spiels ab, beschießen Steed mit einem mit Golfbällen geladenen Spezialgewehr, und nur seine mit Stahl gefütterte Melone rettet ihm das Leben. Die kreativen Möglichkeiten bei der Verwendung von Golfbällen als Waffe entzücken Steed derart, dass er seinen nächsten Ball wie eine Billardkugel einputtet und mit langen Schlägen über den Rasen die Flüchtigen zu Fall bringt.

Auch dieses heilige Spiel wurde zweckentfremdet: Die Spieler benutzen den Court nur, um dort ihrer Spionage-Gegenspionage-Tätigkeit nachzugehen – allein dafür gehörten sie ins Gefängnis. Die Einzige, die in dieser Folge rein zum Vergnügen spielt, ist Emma Peel.

Die wichtigste Grundlage für den kühlen, leichten Witz der Serie ist das Spiel mit Worten und Namen, oft voll eigenartiger Logik und Spaß an der Demontage fester Formen – typische Pop-Witze, albern, formalistisch und ohne Hintersinn. Die Namen von Steeds Partnerinnen zum Beispiel: Emma Peel, Tara King, Cathy Gale – drei Frauen, drei Namen, aber jeder hat dieselbe Silbenzahl: ein zweisilbiger Vorname und ein einsilbiger Nachname. Nur Purdey, Agentin Nummer vier, ehemalige Ballerina und ohne Nachnamen auf die Welt gekommen, tanzt aus der Reihe. Ist dieses Zusammentreffen ein Zufall? Wohl kaum, denn mit Namen wird bei *Mit Schirm, Charme und Melone* ein regelrechter Kult getrieben.

Wie der Name Cathy Gale entstand, ist nicht bekannt, aber *gale* heißt »Sturm«, ein Name, mit dem man Kraft und Ungestüm assoziiert und der sicher nicht rein zufällig ausgewählt wurde. Die Geschichte des Wortspiels M. Appeal alias Emma

Sprechende Namen: Der Honigverkäufer B. Bumble

Peel wurde an anderer Stelle schon erzählt, und der Name Tara King war Linda Thorsons eigene Idee. Tara hieß Vivian Leighs Plantage in VOM WINDE VERWEHT (1939; R: Victor Fleming), Thorsons Lieblingsfilm, und der Nachname King kam von der Redensart »für König und Vaterland« und gab dem Ganzen eine patriotische Note.

Außer Namen mit einer bestimmten Anzahl von Silben liebten die Autoren auch gleichlautende Namen, vor allem für die Gegenspieler ihrer Agenten. So spielt *Steed* gegen einen Mann namens *Reed* Golf, und Emma *Peel* versucht, hinter die Geheimnisse von Professor *Poole* zu kommen:
STEED: Professor Poole, mein Name ist Steed. Das ist Mrs. Peel.
PEEL: *begrüßt ihn*: Professor ...
POOLE: Peel, hmm, Peel ... Poole ... Peel-Poole ... *lächelt* – Der indonesische Sumpfsänger. *Formt seine Hände zu einem Trichter, um den Ruf des Sängers nachzuahmen.* Peel ... Poole ... Kennen Sie den kleinen Sumpfsänger? Eine erfreuliche Kreatur ... erfreuliche Kreatur   Was wollen Sie?

Wollte man das Spiel weitertreiben, könnte man darauf hinweisen, dass beide Agenten zusammen hart wie Stahl sind: Steed + Peel = Steel. »Unter der Oberfläche war er hart wie Stahl«, sagt auch Patrick Macnee über John Steed (Rogers, 1989). Und auch für Anagramme werden die Namen benutzt, wie in *Der geflügelte Rächer*, wo der wahnsinnig gewordene Comictexter ein Porträt von Emma Peel zeichnet, das er »Elma Peem« nennt.

Die Erfolgsformeln

Faible für Sprichwörter: *Ghost in the machine*

Viele der Nebenfiguren tragen Namen, die eine Bedeutung haben, darunter der Honigverkäufer B. Bumble oder der Erbauer der Duplikate, Dr. Frank N. Stone. Diese Namen setzen einen Assoziationsprozess in Gang, der den Zuschauer an eine bereits bekannte Geschichte oder Figur erinnern soll, ein Hinweis auf einen gemeinsamen Wissenshorizont, der dem Zuschauer schmeichelt. Wer die Anspielungen versteht, kann sich angenehm bestätigt fühlen. »Narzisstischer Selbstbezug«, schrieb abfällig ein Kritiker über derartige Kunstgriffe, so etwas sei nur gedacht, um »Komplizenschaft mit dem Zuschauer« zu produzieren (Horwarth, 1987).

In diesem Sinne kann man auch die Verdrehungen der Namen berühmter Maler in *Die Indizienmörder* verstehen. Aus Velazquez wird Valezquo, und Gainsborough wird zu Horseborough, trotzdem weiß fast jeder, wer gemeint ist.

Weniger intellektuell ist der spielerische Gebrauch von Blumennamen für eine Reihe von Agenten in *Wer ist wer?*: Major B. (*bee* = Biene) vom britischen Geheimdienst, an dessen Bürotür das Bild eines solchen Insektes klebt, hat sich, einer poetischen Eingebung folgend, einen »Strauß« von Agenten zugelegt. Agent Rose, Agent Tulpe, Agent Ringelblume und alle anderen tragen immer jene Blume im Knopfloch, die für ihren Namen Pate stand. Das Verbrecherduo Lola und Basil weiß den Witz zu würdigen; sie »pflücken« die Agenten, einen nach dem anderen. Die toten Männer werden in die Abstellkammer getragen, ihre Blumen arrangiert Lola liebevoll in einer Vase.

Eine besondere Leidenschaft für die Abwandlung und visuelle Umsetzung bekannter Sprichwörter lässt sich bei *Mit Schirm, Charme und Melone* nicht verleugnen. In *Der Geist des Duke von Benedikt* geht es um Geister, und folglich wird in der Schlussszene der Ausdruck *ghost in the machine* verballhornt, der so viel wie »die Tücke des Objektes« bedeutet. Mechanikerin Emma Peel findet Geister in Steeds Maschine, seinem Bentley. Mit sorgenvoller Miene rutscht sie unter dem Auto hin und her, und bald hat sie die Ursache gefunden: Es sind Weingeister! Mit zwei Gläsern in der Hand taucht sie wieder auf.

Ein Witz ähnlicher Art ist der Name eines größenwahnsinnigen Erpressers und sein Aufenthaltsort in *Sie wurden soeben ermordet*. Der Mann heißt Nadel, und in der Schlussszene muss Steed sein Versteck finden, um Peel, die eine Zeitbombe in einem Koffer mit sich trägt, das Leben zu retten. Nadels Spur verliert sich auf einer Wiese, auf der sich nur ein alter Zirkuswagen und – genau! – ein Heuhaufen befinden. Steed rät beim ersten Mal falsch, aber Peel gratuliert Nadel zu seinem Sinn für Ironie. Der Heuhaufen ist innen zu einer Art Schuppen ausgebaut und besitzt eine Schiebetür.

Manchmal hat die Synchronisation es schwer, ein gelungenes Wortspiel ins Deutsche zu übersetzen, und in einigen Fällen haben sich die deutschen Texter glatt geschlagen gegeben. In *Mit 160 aus dem Stand* lautet bei einer Autorallye der letzte Hinweis auf den Aufenthaltsort des gesuchten Schatzes: »Back to my place – what a shocking place to hide the treasure.« Mit »shocking« meint der Veranstalter der Rallye nicht nur die Tatsache, dass die Teilnehmer sich die ganze Jagd hätten schenken können, sondern auch seinen Elektroschocks versetzenden Rennwagensimulator, in dessen Motorhaube sich der Schatz befindet. In der deutschen Übersetzung wird dieser Satz zu »Zurück zu meinem Haus. Sie finden den Schatz in ...« An dieser Stelle hört Peel einfach auf, vorzulesen.

Ein ähnliches Problem taucht auf, als Steed und Peel in der Episode *Vorsicht Raubkatzen* das Land vor dem Angriff einer wild gewordenen Horde von Katzen bewahren und in der Abschlussszene auf ihr Abenteuer anspielen. Steed tritt beim Bemalen von Peels Wänden fast in einen Farbeimer, und sie sagt mit einem Augenzwinkern, es sei beinahe eine Katastrophe eingetreten – ein belangloser Satz auf Deutsch, im Englischen und mit der richtigen Betonung – *cat*-astrophe – wird er zum hübschen Gag – unmöglich zu übersetzen.

Einige Episoden haben durch die Synchronisation aber auch gewonnen. Der deutsche Serientitel dient mehrfach als Grundlage für ein nettes Wortspiel. Der Schirmemacher, der seine Modelle gerade unter der Dusche testet, als Steed ihn aufsucht, zeigt ihm seine neueste Kreation, den Schirm *Charme und Melone*: »Das Schickste, was wir auf dem Markt haben. Liegt auf der Schulter wie eine Feder«, begeistert sich der Fachmann. Von ihm verabschiedet sich Steed mit den Worten: »Ich wünsche Ihnen einen verregneten Sommer« – höflich wie immer.

Mit Sinn für Humor gibt sich der britische Agent in *Der Club der schwarzen Rose*, dessen Mitglieder alle Namen griechischer Götter tragen, selbst den Decknamen Bacchus. Und das Schloss in Schottland, in dem Steed und Peel die britische Fischfangkrise beheben, heißt *Castle De'ath* (*death* = Tod), ein Wortspiel, das einem Zuschauer, der ja notwendigerweise Hörer und nicht Leser ist, durch die andere Aussprache des Namens leicht entgeht. In diesem Schloss ist John Steed der schottische Historiker Jock McSteed und trägt Kilt. Ein schönes Wortspiel unter einem noch schöneren, alles enthüllenden Foto Macnees, das ein für alle Mal klärt, dass der Schotte unter seinem Schottenrock sackartige weiße Unterhosen trägt – ist dem Fanzine *Stay Tuned* eingefallen, als Steed der Rock im Kampf bis über beide Knie fliegt: »Mr. McSteed shows his McKnees«, kommentierte die Zeitschrift dies bemerkenswerte Foto.

Wortspiele werden in der Serie oftmals wertend oder kommentierend eingesetzt, zum Beispiel, wenn es darum geht, einen neuen Charakter von vornherein festzulegen. Mandy MacKay von der Vereinigung *Friends of Ghosts*, kurz FOG (Nebel) genannt, ist gleich als jemand enttarnt, die mit ihrer Gruselromantik anderen Menschen das Gehirn »vernebelt«. Fairerweise kommt ihr Gegenspieler von der geisterkritischen Konkurrenzgesellschaft *Scientific Measurement of Ghosts* (Wissenschaftliche Messung von Geistern) auch nicht viel besser weg – sein Club heißt abgekürzt SMOG.

Verbrechen lohnt sich nicht – Die Fälle der Agenten

In der ersten Diana-Rigg-Staffel dominieren im Großen und Ganzen, trotz einiger Ausflüge ins Fantastische, noch die Spionagegeschichten. Nationale Interessen sind in Gefahr, wenn feindliche Agenten – in den 60er Jahren geografisch noch im Osten beheimatet – die Invasion proben. Russische Spione versuchen in *Die Totengräber* das britische Raketenwarnsystem lahmzulegen; in *2:1=1* sind ebenfalls russische Agenten hinter den Plänen der Polaris-U-Boote her; und in *Geschlossene Räume*

Die Erfolgsformeln

werden englische Wissenschaftler entführt und an die Sowjetunion verkauft.

In der zweiten Staffel stehen eher verbrecherische Einzelpersonen im Vordergrund. Böse Schurken, die sich zu ihrem privaten Nutzen bereichern wollen, herrschsüchtige Welteroberer oder wahnsinnige Wissenschaftler machten den beiden Agenten schwer zu schaffen.

Auch immer mehr Science-Fiction-Elemente fließen in die Abenteuer von Steed und Peel hinein. In eine Epoche seiner Wahl kann man mit *Fahrkarten in die Vergangenheit* reisen; Verkleinerungsstrahlen lassen Steed in *Haben Sie es nicht ein bisschen kleiner?* zum Miniaturspion schrumpfen; und Außerirdische bedrohen die Welt in *Einmal Venus – Hin und zurück* – oder auch doch nicht.

Fast läuft die Serie Gefahr, zur reinen Parodie zu werden. Immer leichter wird der Tonfall, immer unbekümmerter wird mit der Realität umgesprungen, immer irrealer werden Motive und Begründungen. Logik – ade!

Was die einen als den Höhepunkt des Kults betrachten, finden andere an den Haaren herbeigezogen.

»Die Science-fiction-Sachen waren nicht beabsichtigt«, erklärte Brian Clemens (Rogers, 1989), »sie ließen sich leicht ausdenken. Es war schwieriger, Autoren mit einem ›Avengers-Geist‹ zu finden«. Dieser Geist, eine Mischung aus Fantasie und schrulligem Witz, bestimmt so berühmte Folgen wie *Weekend auf dem Land, Puzzlespiel, Mit 160 aus dem Stand* oder *Fliegen Sie mal ohne.* Gemeinsames Kennzeichen dieser Höhepunkte der Serie ist die perfekte Ausnutzung ihres Schauplatzes, egal ob es sich um eine unheimliche Nacht in einem einsamen Landhaus handelt oder um eine südenglische Grafschaft bei strahlendem Sonnenschein.

Doch die Abenteuer von Peel und ihrem Partner Steed wurden nicht nur in diesem Geist geschrieben. Jede nur mögliche Form, jeder Inhalt konnte zum *Schirm, Charme und Melone*-Skript werden, vom geradlinigen Detektivkrimi bis zum surrealen Horrormärchen. Jedes Drehbuch umfasste zwischen 50 und 56 Seiten und enthielt etwa 130 Szenen oder 8.000 bis 9.000 Wörter, und alle zehn bis zwölf Tage musste wieder ein neues fertig sein.

Die Spionagegeschichten sind die am häufigsten vertretenen Typen im Storykatalog der Serie. Meist gilt es zu verhindern, dass geheime Dokumente – vorzugsweise auf Mikrofilm – aus dem Land geschmuggelt werden. Englische und russische Agenten gehen bei *Mit Schirm, Charme und Melone* eine gut funktionierende Symbiose ein, jeder ist des anderen Arbeitsplatzgarantie. »Ich werde Sie töten«, droht ein russischer Agent mit vorgehaltener Pistole, und Steed sieht ihn erstaunt an: »Warum denn? Ich dachte, wir wären die besten Feinde!«

Im Kampf gegen die feindlichen Mächte aus dem Osten gibt es immer wieder Tote zu beklagen, aber das trübt den gegenseitigen Respekt nur unwesentlich. »Er war keiner von uns?« – »Nein, er war einer von denen«, bekennt Steed bei der Besichtigung einer Leiche. Mit der Objektivität des wahren Profis kann der britische Spion die Fähigkeiten und Kenntnisse seines Gegenspielers bewundern, auch wenn sie gegen ihn selbst gerichtet sind. Die Agenten »hinter dem Vorhang« kommen trotzdem schlecht weg: lächerliche, dem Kommunismus kritiklos ergebene und ewig Wodka trinkende Gestalten. Das Ganze ist allerdings weniger politisches Feindbild als parodistisches Klischee, denn die Briten machen auch keine bessere Figur.

In *Kennen Sie »Snob«?* trifft ein Russe nachts in einer einsamen Gasse auf zwei Briten, beide mit Schirm und Melone. Der Russe richtet eine Frage an den einen, doch der mehrmals Angesprochene antwortet nicht. Ratlos wendet sich der russische Agent an dessen Begleiter, der ihm erklärt, sein Freund würde als echter Engländer nicht mit ihm sprechen, solange er nicht vorgestellt sei. Der Russe empört sich, die Engländer würden ihn noch mal ins Grab bringen, woraufhin beide höflich nicken – und ihn erschießen.

In derselben Folge macht die russische Agentin Major Olga Volowska Steed, der mit ihr zusammenarbeiten muss, schwer zu schaffen, weil sie fortwährend mit den großartigen Errungenschaften ihres »glorreichen Mutterlandes« prahlt und seine bourgeoise Lebensweise aufs Schärfste verurteilt. »Üppig, luxuriös, teuer, pomphaft und durch und durch dekadent«, zischt Olga aus zusammengebissenen Zähnen beim Anblick von Steeds Wohnung. »Nicht schlecht für einen dekadenten Kapitalisten,

Spione unter sich: Britisch-russische Verständigung in *Kennen Sie »Snob«?*

nicht?« gibt Steed zurück, nachdem er einen Gegner kampfunfähig gemacht hat. Am Ende sind die Russen genauso unschuldig wie die Briten. Eine dritte Partei hatte die Morde begangen, und John, Emma und Olga fechten Seite an Seite gegen den gemeinsamen Feind. Dennoch: Reichtum, Unab-

Die Erfolgsformeln

hängigkeit und Raffinesse machen Steed und Peel zu idealisierten Repräsentanten des westlichen Systems, und als solche sind sie weltgewandt, nonchalant und gut gestylt.

Der tiefere Grund, warum die *Avengers* gegen die Agenten aus dem Ostblock vorgehen, liegt auf der Hand: Die Russen bieten sich als ideale Feinde geradezu an – nicht, weil sie alle ihren Marx im Regal stehen haben oder eine Reihe von Langstreckenraketen die Grenzen ihres Landes säumt, sondern weil sie einfach keinen Stil haben: Sie tragen hässliche Pelzmützen und sind auch sonst nichts als ungehobelte Kerle, die nicht mal ihre Getränke richtig herum rühren können.

Nach einem Abend mit Olga berichtet Steed, sie habe »nicht nur ihre Prüfung als Traktoristin bestanden, sie kann auch sämtliche Parteimanifeste seit 1922 aufsagen«, und er zieht das Resümee: »Der Abend war ungemein instruktiv, aber mir fehlte ein ...« Peel fällt ihm ins Wort: »... gewisser Hauch bourgeoiser, kapitalistischer Dekadenz, die wir so lieben.«

Es gibt aber auch eine Reihe von Spionagegeschichten, in denen keine russischen Agenten auftauchen, sondern nur von ihnen bezahlte »abtrünnige« Engländer. In *Gefährliche Tanzstunde* geht es um den Austausch britischer Tanzschüler durch feindliche Agenten. Die Leiter der Schule schmuggeln die Spione ins Land, indem sie einsame Schüler, die während der Stunden erzählen, sie stünden allein und niemand würde sie vermissen, töten und durch ihre Agenten ersetzen. Der Austausch geht bei einem großen Ball vonstatten, auf dem alle Tänzer Masken tragen.

Ein ähnliches Motiv kommt in *Stadt ohne Rückkehr* vor. In Little-Bazeley-by-the-Sea gehen sonderbare Dinge vor sich. Das Dorf ist wie ausgestorben, der Schmied ist eindeutig ein anderer, als er sein sollte, und der Wirt, die Lehrerin und der Pfarrer haben alle etwas zu verbergen. In den Schränken der Schule stehen hunderte von Konservendosen, Stiefelabdrücke einer kleinen Armee führen ins Meer hinein und wieder heraus, und auf einem verlassenen Flugzeugfeld hört Steed die Schritte marschierender Truppen. Die Lösung liegt nahe: Eine fremde Macht ersetzt die Dorfbevölkerung nach und nach mit ihren eigenen Leuten, um für den Tag der großen Übernahme ihre Truppen heranzuziehen. Nach der Übernahme von Little-Bazeley wollen sie das nächste Dorf austauschen, und wieder das nächste und irgendwann die benachbarte Stadt, bis das ganze Land nur noch aus ihren Leuten besteht.

Die Totengräber ist eine Variation dieser Geschichte, die Invasoren kommen diesmal aber nicht von innen, sondern wollen das Land ganz klassisch von außen überrollen. Bei der Planung des Einmarsches helfen ihnen eine Reihe von Schurken unter dem Kommando von Dr. Johnson. Sie bauen Radar-Störgeräte in Särge ein, um das nationale Frühwarnsystem lahmzulegen. Doch auch dieser Anschlag auf die Sicherheit des Landes scheitert, genauso wie in *Das dreizehnte Loch* – ähnliche Grundvoraussetzung, anderer Schauplatz: Diesmal benutzen die Überläufer eine auf einem Golfplatz, im Sandhügel des Loches Nr. 13, versteckte Fernsehübertragungsanlage, um dem russischen Nachrichtensatelliten WOSTIK 2 britische Verteidigungsgeheimnisse zu übermitteln. Steed und Peel fällt bald auf, dass alle Spieler immer nur bis zum dreizehnten Loch kommen ...

Eine witzige Variante des Spionagegeschäftes ist die Militärgeheimnisse ausspionierende Nanny in *Eins, zwei, drei – wer hat den Ball?* Hochrangige Politiker werden im Traum in ihre Kindheit zurückversetzt, wo sie ihre alte Kinderschwester treffen, die sie über den Standort der britischen Abwehrraketen aushorcht. Natürlich ist es nicht die echte Nanny, sondern ein verkleideter Agent, der ihre Kleidung trägt und ihr Parfum benutzt und seine ahnungslosen Opfer mithilfe eines mit Drogen präparierten Babyballs ins Traumland schickt. Kaum sind sie betäubt, gibt er ihnen eine Landkarte und ein paar Miniaturraketen und fordert sie auf, ihm zu zeigen, wo sie »ihre kleinen feinen Raketen« verstecken.

Die zweite große Gruppe sind die Verbrecherbanden, die sich mit einem friedlichen Interesse tarnen. So ist PURRR, die *Philantrophische Organisation zur Rettung, Rekreation und Rekonvaleszenz von Katzen* in der Episode *Vorsicht, Raubkatzen*, ein scheinbar harmloser Club liebenswerter Exzentriker, die nur für ihr pelziges Haustier leben. Die Mitglieder tragen Katzennamen wie Angora oder Dr.

Manx, und der Direktor trinkt seine Milch gleich aus der Schale. Doch zwei der Angestellten haben einen Mechanismus entwickelt, um Katzen in mordlüsterne Bestien zu verwandeln. Mit ganzen Horden dieser Mini-Tiger wollen die beiden die Regierung erpressen, andernfalls drohen sie damit, die Tiere auf die Menschen loszulassen.

Im Gegensatz dazu ist *Ransack* in *Schule des Tötens* eine wirklich friedliche Organisation, in die nur Menschen mit einem Intelligenzquotienten von über 145 aufgenommen werden, die sich gemeinsam dem Training ihrer grauen Zellen widmen wollen. Eine kluge Sportlehrerin erkennt die darin liegenden Möglichkeiten und hypnotisiert die Clubmitglieder Nacht für Nacht mithilfe ihrer Radioapparate. Zusammen mit diesen Superhirnen plant sie spektakuläre Coups, und die Mitglieder des Clubs stellen, ohne es zu wissen, all ihre Fantasie und Intelligenz zur Verfügung.

Aber auch ganz andere Fälle verlangen nach den beiden Geheimagenten. In *Das schottische Schloss* enttarnen sie einen verbrecherischen schottischen Lord, der von einer Kommandozentrale im Burggraben seines Schlosses aus U-Boote in internationale Fischfanggewässer entsendet, die die Fische so weit ins Meer hinaustreiben, dass die englischen Fangflotten ihnen nicht mehr folgen dürfen.

In *Diesmal mit Knalleffekt* vereiteln Steed und Peel einen Anschlag auf den Premierminister. Die Bande, die das Attentat ausgeheckt hat, hat ihr Hauptquartier in einem Zug, der zwischen London und Norborough verkehrt. Der Zugschaffner ist der Kopf der Bande, und seine beiden Helfer verkleiden sich als Brautpaar. In diesem Zug wollen sie den Premierminister mit einer Bombe, die unter seinem

Ein drogenpräparierter Ball, der seine Opfer redselig macht: Was läge näher?

Die Erfolgsformeln

Fantastisch und abstrus: Die Anfangssequenz von *Einmal Venus – Hin und zurück*, Folge eins der zweiten Peel-Staffel

Sitz befestigt ist, in die Luft sprengen. Die *Avengers* retten ihm das Leben, auch wenn sie ihn, wie sich herausstellt, beide nicht gewählt haben.

Besonders abstrus und spektakulär sind die Science-Fiction-Geschichten. *Einmal Venus – Hin und zurück*, die erste Folge der fünften Staffel, beginnt mit einer Reihe unerklärlicher Todesfälle. Bei den Opfern handelt es sich um Astronomen, die gerade dabei sind, den Planeten Venus zu beobachten. Plötzlich und ohne erkennbaren Grund fangen die Himmelsbeobachter an, stark zu schwitzen, neben ihnen abgestellte Getränke werfen Blasen, ein plötzlicher Blitz wirft sie tot zu Boden. Die Haare der Toten sind schneeweiß. Um diesen mysteriösen Fall aufzuklären, wird Steed Mitglied der *British Venusian Society*, einer Gemeinschaft visionärer Menschen, die Geld sammeln, um eine Rakete zur Venus schicken.

Am Ende stellt sich heraus, dass der Augenarzt der Gruppe der Täter ist, weil seine Vorstellungen darüber, wie die Venus am besten zu kolonialisieren sei, von denen der Gruppe abweichen. Für seine Morde benutzte er einen Laserstrahl, der aus einem silbernen Sportwagen heraus gelenkt wurde.

In einigen Science-Fiction-Folgen wird der Mythos Technologie bedient, doch die bahnbrechenden Erfindungen entpuppen sich oft genug als rückschrittlich und sogar bedrohlich für die Menschheit. Peel und Steed sind weder fortschrittsfeindlich noch technologiegläubig. Ein gesundes Misstrauen begleitet sie bei ihren Recherchen. Aus heutiger Sicht mutet einiges, was damals als Zukunftsvision dargeboten wurde, doch ein bisschen seltsam an. »Strahlen« heißt das Zauberwort – das MacGuffin-Prinzip zeigt sich hier oft in Reinform, und Strahlen machen einfach alles möglich, auch das Unmögliche.

In *Haben Sie es nicht ein bisschen kleiner?* wird mittels Strahlen sogar ein Panzer so verkleinert, dass der korrupte Gehilfe des genialen Erfinders des Apparates den Panzer in seiner Jackentasche aus

Fahrkarten in die Vergangenheit: Emma Peel 1790

dem streng bewachten Testgelände schmuggeln kann, um ihn an die Russen zu verkaufen.

Strahlung in anderer Form ist »Radiopower« (eine Mischung aus Laser und kontrollierbarer Atomenergie) in *Der todbringende Anzug*. Diese tödliche Energie wird über eine Art Zielfernrohr auf dem Armaturenbrett eines kleinen Lkws gesteuert – auch hier geht es darum, die Regierung zu erpressen.

Dass technologische Wunderwaffen zur Falle für die Gutgläubigen werden können, zeigt *Die Durchsichtigen*. Ein komplizierter Mechanismus soll uns und alle anderen glauben machen, Major Vazin

Die Erfolgsformeln

Serie in der Serie: *Die Roboter* sind nicht kleinzukriegen

von der russischen Botschaft sei durch ein neu erfundenes Mittel in der Lage, sich unsichtbar zu machen. Sinn und Zweck seiner aufwändigen Maskerade ist es, die Briten in jahrelange Forschungstätigkeiten über die Möglichkeit der Unsichtbarkeit zu verwickeln und all ihre Energie von der Rüstungsforschung abzulenken.

Nach demselben Strickmuster funktionieren die vorgetäuschten Zeitreisen, die der exzentrische Waldo Thyssen in *Fahrkarten in die Vergangenheit* seinen zahlungskräftigen, auf der Flucht vor der Polizei befindlichen Kunden verspricht. Seine Zeitmaschine hat vier Jahrhunderte zur Auswahl und sieht einer Registrierkasse auffallend ähnlich. Nach dem Einschalten tritt ein Mechanismus in Kraft, der diejenigen, die eine kurze Probefahrt vereinbart haben, betäubt, woraufhin Thyssen sie in einen originalgetreu eingerichteten Raum des Hauses trägt, wo kostümierte Schauspieler die Illusion der Zeitreise vervollständigen.

Vor die Wahl gestellt, entscheiden sich Steed und Peel beide für das Jahr 1790, das Zeitalter von König George, eine »anmutige Zeit, und die Frauen hatten etwas zu sagen«, so Emma Peel, und John Steed meint: »Ich hatte schon immer eine Schwäche für das 18. Jahrhundert. Eine grandiose Zeit, in der die halbe Welt England zu Füßen lag.«

Auch in dieser Folge zeigt sich wieder: Bei *Schirm, Charme und Melone* ist alles nur Design, reine Oberfläche, und das gibt Steed Gelegenheit zu ein paar typischen Sentenzen, während er von Raum zu Raum geht und in Sekunden von der Elisabethanischen in die Viktorianische Ära wechselt: »Folgen Sie mir, von den 1690ern in die 1790er Jahre ... Die geliebten 1960er haben uns wieder. Die nächste Station wird der Mond sein!« Krönung der sadistischen Pop-Kulisse: Im »Jahrhundert« seiner Wahl angekommen, wird der Zeitreisende von Thyssen, in ein Originalkostüm gekleidet, mit einer zeitgenössischen Waffe ermordet, mit einem Jagdgewehr oder einem alten Messer.

Eine ganz spezielle Unterform der Science-Fiction-Stories sind Geschichten über Roboter und andere künstliche Lebewesen. Maschinenmenschen, steuerbar und willenlos, ein jahrhundertealter Mythos, heute hingegen ein ziemlich alter Hut. In den 60er Jahren galten die Roboter-

Die Fälle der Agenten

Schlechte Kopie? Steed und Peel begutachten ihre Duplikate

geschichten bei den Machern der Serie als besonders spektakulär und innovativ, und *Die Roboter* wurde sogar ausgewählt, als erste Episode in den Vereinigten Staaten zu laufen, um Emma Peel und John Steed dem amerikanischen Publikum vorzustellen. Doch die simplen Fantasien und unzulänglichen technischen Möglichkeiten können heutige, an Filme wie MATRIX oder andere technische Wunderwerke gewöhnte Zuschauer kaum beeindrucken. *Die Roboter* hatten auch eine Fortsetzung, zwei sogar, um genau zu sein. Noch zu Zeiten Diana Riggs entstand *Und noch einmal Roboter*, und später mussten Purdey, Steed und Gambit in *The New Avengers* wiederum gegen den Feind aus alten Tagen antreten: *Das stählerne Monster*, im Original *The Last of the Cybernauts ... ?* Diesmal wirklich.

In der ursprünglichen Geschichte erfindet der Automationsexperte Dr. Clement Armstrong einen Roboter. Um ihn und sein Nachfolgeexemplar zu verbessern, benötigt er dringend ein von einer japanischen Firma entwickeltes Schaltelement. Anstatt seine Konkurrenten zu überbieten, lässt er sie von seinen Robotern töten und zieht so Steeds Aufmerksamkeit auf sich – das ist natürlich das Ende seiner Karriere.

Im Schlusskampf müssen Peel und Steed gegen die beiden übermächtigen Roboter antreten, und nur mit einem geschickten Trick schafft es Steed, dass die beiden Maschinen aufeinander losgehen und nicht auf ihn und seine Partnerin. Der Sieger wendet sich, wie es der Mythos will, gegen seinen eigenen Schöpfer und tötet den hilflosen Mann, der seit einem früheren Unfall im Rollstuhl sitzt.

Die Erfolgsformeln

Auch wenn man weiß, dass andere in ihren Körpern stecken, ...

War die erste Roboter-Geschichte noch schwarz-weiß, liegt die Fortsetzung in Farbe vor. Diesmal ist schnell klar, dass wieder Roboter im Spiel sind, unklar ist nur die Verbindung zum toten Armstrong. Der neue Kopf hinter den ausführenden Maschinenwesen entpuppt sich schließlich als Armstrongs Bruder Paul Beresford (Peter Cushing), ein reicher Kunstsammler, mit dem sich Emma Peel auf einer Auktion angefreundet hatte. Unter dem Deckmantel der Freundschaft verbirgt er seine Pläne, den Tod seines Bruders grausam zu rächen. Er lässt seine Roboter drei berühmte Wissenschaftler entführen und zwingt sie, sich einen besonders qualvollen Tod für Steed und Peel auszudenken. Der fertige Plan sieht vor, die beiden durch ein in ihre Armbanduhren eingebautes Gerät vollkommen Beresfords Willen zu unterstellen: zwei lebende Roboter, die jedem Befehl ihres Herren gehorchen müssen. Während Peel dem fiesen Beresford tatsächlich in die Falle geht, entkommt Steed durch einen glücklichen Zufall und rettet die Situation genauso wie beim ersten Mal. Damals war es ein Kugelschreiber, diesmal legt er dem Roboter Emma Peels Uhr ums Handgelenk, der daraufhin eine Art geistigen Kurzschluss erleidet und, wie schon sein Vorgänger, seinen eigenen Erbauer umbringt.

In einem kurzen Stückchen »Film im Film« in *Und noch einmal Roboter* zeigt Paul Beresford den gefangenen Wissenschaftlern die Szene aus der ersten Roboter-Geschichte, in der sein Bruder stirbt. Etwas Ähnliches gibt es zu Beginn der Folge *Duplikate gefällig?*, wo sich Emma Peel im Fernsehen ebenfalls eine Szene aus *Die Roboter* ansieht. Ein nettes Selbstzitat und eine falsche Fährte, denn diesmal geht es nicht um Roboter. Es geht um Duplikate, die durch die »Absorption elektrischer Impulse«, eine Art Gehirntransfusion also, hergestellt werden. Sie sind zwar auch keine Menschen, aber von diesen äußerlich kaum zu unterschieden. Ihr einziger Fehler: Weil sie äußerst anfällig für Störungen durch Radiowellen sind, zerstören sie jedes Radio und Funkgerät, wodurch man sie von ihren menschlichen Doppelgängern unterscheiden kann. Der Wissenschaftler Dr. Frank N. Stone (Macnees alter Klassenkamerad Christopher Lee als 60er-Jahre-Frankenstein) hat die Mutanten in seinem Laboratorium konstruiert, aber ausgerechnet das Duplikat, das er nach seinem Ebenbild erschaffen hat, zeigt die fatale Neigung, immer wieder auszubrechen. Mehrfach wird es Opfer von Verkehrsunfällen und als Leiche ins Krankenhaus gebracht. Doch obwohl die Ärzte seinen Tod bescheinigen, steht das Duplikat kurz darauf auf und geht zum allgemeinen Entsetzen auf und davon. Als Steed und Peel eingreifen, müssen sie feststellen, dass die Duplikate die echten Menschen eingesperrt und die Leitung im Labor übernommen haben. Nachdem sie diesen Zustand behoben haben, finden sie hinter einem Vorhang zwei neue Duplikate, die nur noch auf ihr Gehirn warten – sich selbst! Doch auf Steeds Stirn sagt ein Stempelabdruck: *untauglich*!

Ein buntes Sammelsurium diverser Geschichten mit psychologischem Einschlag beschäftigt sich mit dem Thema Identität und Bewusstsein, natürlich im *Avengers*-Stil. Vom Doppelgängermotiv bis zur Hypnose, von Urängsten bis zur Persönlichkeitsstörung, von der Seelenwanderung bis zum Gedächtnisverlust ist alles vertreten, was unterhaltsam und ungewöhnlich ist.

Das Vergnügen, Steed gleich zweimal zu erleben, beschert die Folge *2:1=1*. Zum einen sieht man ihn hier als Steed, wie wir ihn kennen, zum anderen als seinen Doppelgänger Gordon Webster, einen dialektsprechenden Hawaiihemd-Träger, dessen forsches Betragen Steeds gediegene Art auf nette Weise konterkariert. Russische Agenten entdecken Webster bei einer Modenschau und bringen ihm den nötigen Schliff bei, damit er in Steeds Namen an einer Konferenz teilnehmen kann, bei der er Zugriff zu wichtigen Militärgeheimnissen erhält. In Wirklichkeit spielt Steed beide Rollen selbst und das so gut, dass er am Ende Mühe hat, die nicht in den Betrug eingeweihte Emma Peel zu überzeugen, dem glatten Gordon Webster zu vertrauen. Gerade als sie ihn erschießen will, versuchen auch die Russen, die hinter den Trick mit dem Doppelgänger gekommen sind, ihn zu töten und bestätigen damit ungewollt seine Geschichte. Die Doppelrolle gibt Macnee Gelegenheit, komödiantisches Können zu beweisen.

Das Motiv vom falschen Geist im richtigen Körper kommt auch in *Wer ist wer* vor, der Geschichte, in der Steed und Peel ihre Körper unfreiwillig dem feindlichen Agentenpärchen Lola und Basil zur Verfügung stellen. Dadurch hat man nicht nur die Möglichkeit, Emma Peel Twist tanzen zu sehen, man erlebt sie und ihren Partner

... Steed und Peel als Liebespaar zu erleben bleibt irritierend

auch zum ersten und letzten Mal als Liebespaar. Zu sehen, wie Steed und Peel innige Küsse tauschen, bleibt irritierend, auch wenn man weiß,

Die Erfolgsformeln

dass sie es gar nicht sind – so sehr hat man sich an die spannungsgeladene Ambivalenz ihres Verhältnisses gewöhnt. Noch irrwitziger wird das Geschehen, als nur noch Steed vertauscht ist, Peel hingegen nicht. Die wirkliche Peel greift den falschen Steed – der aber wie Steed aussieht – an, und ein Kampf auf Leben und Tod beginnt.

Eine andere Spielart der Psycho-Story ist die Episode *Der wahrgewordene Albtraum*. Der Leiter einer Tagung zu europäischen Fragen wird von einer Gruppe konservativer Anti-Europäer mehrmals auf raffinierte Weise daran gehindert, an diesem Kongress teilzunehmen. Die Europa-Gegner betäuben Sir Andrew Boyd Nacht für Nacht mit Drogen und bringen ihn in eine verlassene Lagerhalle, wo sie für ihn mithilfe übergroßer Requisiten einen schrecklichen »Traum« in Szene setzen. Der endet damit, dass gleich nach seinem Eintritt in den Konferenzsaal der Kronleuchter auf ihn herabstürzt. Am nächsten Morgen wacht Sir Andrew auf, überzeugt, einen Albtraum gehabt zu haben. Doch auf dem Weg zur Konferenz haben seine Gegner alles so präpariert, dass genau dieselben Dinge wie in seinem »Traum« passieren: Der Lift ist kaputt, der Inhalt seines Badezimmerschrankes fällt ihm entgegen, sein Koffergriff reißt ab, und um ein Haar wird er auf der Straße überfahren. Je näher Sir Andrew dem Verantsaltungsort kommt, desto mehr gerät er in Panik. In Anwesenheit von Politikern und Journalisten weigert er sich, den Raum zu betreten, und rennt davon. Nachdem die beiden Agenten das Rätsel gelöst haben, spielen sie in einer freudianischen Szene den Albtraum mithilfe der Requisiten noch einmal nach und befreien Sir Andrew von seinen Ängsten.

Um die verborgenen Ängste unserer beiden Helden geht es nebenbei in *Schock frei Haus*. Im Laufe der Geschichte stellt sich allerdings heraus, dass Emma Peels »Angstindex« so niedrig ist, dass er gar nicht messbar ist, und Steeds größte Angst

Echte Emma, falscher Steed: Showdown in *Wer ist wer?*

wird am Schluss deutlich, als Peel behauptet, ihr sei der Champagner ausgegangen. Ein prima Witz mit leider wahrem Hintergrund.

Dickens, Bond und Robin Hood – Mythen, Stoffe, Motive

Ist *Mit Schirm, Charme und Melone* also eine Krimiserie oder eine Spionageserie? Mehr Thriller oder mehr Science-Fiction? Oder eine romantische Komödie um zwei Menschen, die sich wollen, aber nicht kriegen? Vielleicht lässt sich die Serie nicht mehr einem einzelnen Genre zuordnen, vielleicht hat man es hier eher mit einer Auflösung des Genre-Begriffes zu tun. Die Autoren des Lexikons der britischen und amerikanischen Serien, Fernsehfilme und Mehrteiler (Schneider/Thomson/Novak, 1991) haben sich geschickt aus der Affäre gezogen. Zur Klassifizierung von Serien haben sie einen umfassenden Typenkatalog aufgestellt. *Mit Schirm, Charme und Melone* wird von ihnen abwechselnd als Kriminalserie, als Fantasy, Spionageserie oder Komödie bezeichnet und trägt noch dazu die Unterbezeichnung »Popfilm«.

Diese vielen Etiketten haben einen Grund. Die Auflösung des Genres hängt vor allem mit der fehlenden Ursprünglichkeit der Serie zusammen. *Mit Schirm, Charme und Melone* schöpft, wie viele andere Serien, aus bereits vorhandenen Texten der Weltkultur, aus Büchern, Filmen, was immer sich anbietet, und bezieht Elemente dieser Vorlagen in ihr eigenes Serienuniversum mit ein. Indem Zitate und Motive, Figuren und Situationen aus Geschichten anderer Genres aufgenommen werden, beeinflussen diese, in unterschiedlichem Ausmaß, wiederum die Serie. Doch nicht nur die Autoren, auch die Zuschauer stehen ja in ständigem Dialog mit der sie prägenden Kultur. Das Anknüpfen an andere Texte und Mythen löst bei ihnen ein Gefühl des Wiedererkennens aus und lässt das fertige Produkt vielschichtiger erscheinen, denn es ist nun nicht länger das Ergebnis der Fantasie einiger weniger, sondern quasi von universellem Denken geprägt, das sich aus Einflüssen verschiedener Zeiten und vieler Kulturkreise zusammensetzt.

Aber *Mit Schirm, Charme und Melone* ist nicht die einzige Erfolgsserie, die die Grenzen des Genres sprengt. Ähnliches, wenn auch in geringerem Maße, findet man unter anderem auch bei *Bonanza*, jener berühmten Westernserie, die die »mythischen Verheißungen des Westerns mit denen der Familienserie und dem Bedürfnis des Zuschauers nach Heiterkeit verschmilzt – ohne dass diese scheinbar heterogenen Elemente sich gegenseitig aufheben oder stören« (Delling, 1967).

Auch für die großen Erfolgsfilme von Steven Spielberg, so wurde festgestellt, trifft der Begriff des Genre-Kinos nicht mehr. Bei E.T. oder der INDIANA-JONES-Reihe werden Elemente des fantastischen Kinos, des Familienmelodrams, des Western und des Abenteuerfilms zu »Zuträgern bestimmter Motive oder emotionaler Situationen und bilden so eine Art Übergenre, das nicht mehr vom Realen zehrt, sondern allein vom Kino« (Horwarth, 1987). Ökonomische Interessen spielen in diesem Prozess eine große Rolle: Die Kombination verschiedener Genres versammelt fast zwangsläufig unterschiedliche Zuschauergruppen und Altersklassen vor dem Fernseher beziehungsweise der Leinwand und erreicht so ein größeres Publikum.

Das Spiel mit den Motiven ist natürlich auch ein Spiel mit dem Zuschauer, dessen Erwartungen an den weiteren Verlauf der Handlung mal bestätigt werden, um seinem Wissen zu schmeicheln, oder, wenn es der Spannungskurve dienlich ist, auch mal enttäuscht werden.

Auch *Mit Schirm, Charme und Melone* ist jedes Genre recht, wenn es eine brauchbare Geschichte zu erzählen weiß. Der Fluss der Erzählung muss weiter fließen, der Programmplatz ausgefüllt werden, deshalb ist die »Erzählmaschine Fernsehen [...] pausenlos in Stoffnot« (Hickethier, 1992) und auf der Suche nach neuen und alten Stoffen nicht wählerisch: »Für das Forterzählen einer Serie wird fortdauernd die Welt auf das von ihr Erzählbare hin überprüft, wird der Fundus der Weltliteratur, der Unterhaltungsliteraturen auf Adaptierbares hin gesichtet und ausgewertet.«

Das Spiel mit den Quellen und Vorlagen hat einen stark ausgeprägten nationalen Bezug; geplündert wurde das gesamte britische kulturelle Erbe der Populärkultur, von James Bond über Dorothy Sayers bis zu Charles Dickens. Die Welt der Rächer endet außerhalb der Landesgrenzen. Typisches Insulanerdenken? Europäische Arroganz? Perfekte Verkaufsstrategie? »Wir wurden unglaublich britisch«, sagte Produzent Brian Clemens. ›Ein *car* ist ein *car* ist ein *car*, und kein *automobile*. Ein *lift* ist ein *lift* ist ein *lift*, zu keiner Zeit ein *elevator*‹« (Rogers, 1989). Genau diese (über)britische Art kitzelte die Fantasie der übrigen Welt und machte *Mit Schirm, Charme und Melone* zum internationalen Verkaufsschlager.

In diesem Kapitel werden einige Episoden vorgestellt, in denen mächtig »geklaut« wurde. In welchem Ausmaß die hier betroffenen Romane, Fernsehserien, Filme oder Comichefte als Vorbild dienten, ist von Fall zu Fall verschieden. Die Spannbreite reicht von der Parodie bestimmter Charaktere, dem verbalen Zitat oder dem einfachen Verweis bis zur Adaption ganzer Geschichten.

Einen ganz besonderen Stellenwert hat dabei der angelsächsische Kriminalroman, er repräsentiert wie nichts anderes die geistige Heimat des Spleens. In englischen Krimis herrschen Ordnung, Gesetz

Die Erfolgsformeln

und geregelte Teezeiten. Verschrobene Exzentriker und intelligente, logisch denkende Kriminalisten lösen ihre Fälle in der Manier britischer Gentlemen, die ihre kleinen grauen Zellen und ihre Exzentrizität gleichzeitig pflegen.

Ausgerechnet der Amerikaner Edgar Allen Poe begründete 1841 mit der Figur des Detektivs Dupin die Tradition des klassisch englischen Detektivromans. Der wohl berühmteste Romandetektiv aller Zeiten erblickte erst 50 Jahre später das Licht der Welt: Sherlock Holmes, die brillante, Shagpfeife rauchende, morphiumsüchtige Figur des Sir Arthur Conan Doyle.

Dupin und Holmes, den beiden Pionieren, folgten eine ganze Reihe in ihrer Tradition stehender Deduktoren: der liebenswerte Pater Brown des G.K. Chesterton, Agatha Christies ein bisschen lächerlich anmutender Hercule Poirot mit dem übertriebenen Ordnungssinn, der elegante und eloquente Lord Peter Wimsey, nicht zu vergessen die altjüngferliche Miss Marple sowie eine ganze Reihe anderer Detektive. Die Skala reicht dabei von Hercule Poirot (reiner Intellekt, löst seine Fälle im Sessel sitzend) bis zu James Bond (reine Aktion, mit der Lizenz zum Töten). Diese Romanfiguren mit ihren ausgeprägten Marotten, wie Holmes' Pfeife oder Lord Peters literarischer Zitierlust, eignen sich perfekt für Parodien, deshalb tauchen einige von ihnen auch in den diversen *Mit Schirm, Charme und Melone*-Episoden auf.

Wie man altbekannte Klischees auf nette Art neu verpackt, zeigt am besten die Sherlock-Holmes-Figur in *Die Indizienmörder*. In dieser Episode setzen zwei Erpresser ihre Opfer mit einem raffinierten Trick unter Druck. Sie töten einen Unschuldigen, der in Beziehung zum Erpressten steht, mit dessen Waffe, verteilen belastende Indizien am Tatort und versorgen den Betreffenden mit einem unglaubwürdigen Alibi. Die Mordwaffe mit seinen Fingerabdrücken darauf bieten sie dem Opfer gegen eine stattliche Summe »zum Kauf« an, andernfalls übergeben sie sie der Polizei. Gemeinsam mit Sir Arthur Doyle, der Holmes-Karikatur mit Meerschaumpfeife und kariertem Umhang, versucht Steed den Fall aufzuklären, aber wo der kluge Steed misstrauisch bleibt, zieht ausgerechnet Doyle immer die falschen Schlüsse aus den Indizien.

Die »Deduktion« der Ereignisse übernehmen an seiner Stelle die beiden Mörder selbst. Während sie den Tatort präparieren, erklärt der eine dem anderen, wie das Verbrechen zustande kam, und verteilt dabei die belastenden Hinweise. So auch in der Anfangsszene, wo der Mann, der ermordet werden wird, nach Hause kommt, während die beiden noch an der Arbeit sind.

1. MÖRDER: Also. Fest steht, dass der Mörder von hier gekommen ist, durch dieses Fenster. Anhand der Fußabdrücke lässt sich die Zeit bestimmen zwischen zehn und zwölf. Schuhgröße 42, deutet auf einen Mann mittlerer Größe. Gewicht 150 Pfund, meinen Sie nicht auch.
2. MÖRDER: Da besteht kein Zweifel.
1. MÖRDER: Unser Opfer war Nichtraucher. Dies weist darauf hin, dass der Mörder ein bemittelter Mann ist. Havanna Nr. 7.
2. MÖRDER: Sie sind zu bewundern.
1. MÖRDER: Hier hat ein schwerer Kampf stattgefunden, in dessen Verlauf der Mörder einen Knopf verloren hat. Der Schuss drang durch die Brust, der Tod trat sofort ein.
2. MÖRDER: Genau wie Sie sagen, Sir.
1. MÖRDER: Hmmm, ein brutaler Mord.
2. MÖRDER: Heimtückisch, Sir.
DAWSON *betritt die Wohnung*: Was zum...
1. MÖRDER: Sind Sie Reginald Hubert Dawson? Inhaber dieses Apartments?
DAWSON: Ja. Und wer sind Sie? Ist ein Unfall passiert?
1. MÖRDER: Nein, Sir. Ein Mord.
DAWSON: Ein Mord? Aber ... aber ... wer ist denn ermordet worden?
1. MÖRDER: *nimmt die Pistole und schießt*: Sie, Sir.

Als Steed und Doyle den Tatort besichtigen, wiederholt sich der Dialog mit umgekehrten Vorzeichen. Diesmal resümiert Doyle den Tathergang, mit fast denselben Worten wie der Mörder, und Steed beschränkt sich auf den spöttischen Kommentar, dass der Mörder anscheinend sehr dumm und unvorsichtig gewesen sein müsse.

Edgar Allen Poe erfährt seine Würdigung in der Episode *Club des Gaslichtmörders*, einer Ansammlung sämtlicher britischer Gruselmotive und -klischees vom unheimlichen und unberechenbaren Londoner Nebel bis zum Frauen- und Massenmörder vom Schlag Jack the Rippers. Hier ist es allerdings das »Gaslicht-Phantom«, das nachts erneut sein Unwesen treibt, nachdem es schon einmal 1888 umgegangen war. Im Gegensatz zu früher tötet das Phantom, oder vielmehr sein Nachahmer, diesmal allerdings keine Frauen, sondern russische Agenten, die nach London gekommen sind, um unter Steeds Schutz an einer Abrüstungskonferenz teilzunehmen.

Außer dichtem Nebel und dem Phantom sorgen noch ein Leierkastenmann, eine Heideblumenverkäuferin, ein blinder Bettler und ein Scherenschleifer für die richtige Atmosphäre.

Edgar-Allen-Poe-Atmosphäre: *Club des Gaslichtmörders*

Der Mörder entpuppt sich schließlich als bekannter Waffenfabrikant, der aus Sorge um die Zukunft seines Berufszweiges in das Cape und den Zylinder des Phantoms schlüpfte und sich mit dessen Stockdegen seiner Gegner, der Abrüstungsbefürworter, entledigte. Der Fabrikant ist Mitglied im Gaslicht-Phantom-Club, in dem eine Reihe von Männern versucht, das Geheimnis um dieses Wesen zu ergründen. Sie alle besitzen auch ein entsprechendes Kostüm. Außerdem gehört er dem »Verein gegen den Zerfall des britischen Empires« an – was wieder mal beweist, dass die Anhänger des alten Regimes Reaktionäre, wenn nicht gar Kriminelle sind.

Die ganze Atmosphäre könnte einem Roman von Edgar Allen Poe entstammen, und entsprechend wird beim Schlusskampf, wo sich Steed mit Schirm und der Mörder mit Stockdegen gegenüberstehen, aus seinem Werk zitiert. Der Mörder hatte sich durch die Bemerkung »Ich werde Sie vom Fieber befreien« verraten, die er gegenüber einem der Opfer gemacht hatte. Steed zieht daraus den – richtigen – Schluss, es könne sich nur um folgende Zeile Poes gehandelt haben: »Das dauernde Siechtum ist endlich vorüber, und das Fieber, Leben genannt, ist besiegt.« Da er wusste, dass der Waffenfabrikant ein Liebhaber der Werke Poes ist, ist der Mörder überführt.

Auch Agatha Christie wird ihren Verdiensten entsprechend gewürdigt, und zwar durch die Adaption eines ihrer erfolgreichsten Bücher: *Zehn kleine Negerlein*, ihr wohl spannendster Kriminalroman, in dem zehn Menschen auf eine Insel gelockt und der Reihe nach getötet werden, um dem sonderbaren Rechtsverständnis eines größenwahnsinnigen Richters genüge zu tun. Von Anfang an wissen die zehn, dass der Mörder einer von ihnen ist. Aus dieser Grundkonstellation erwächst die mit Verfolgungswahn geladene Spannung des Romans. Fast die gleiche Situation schildert *Fliegen Sie mal ohne*, wenn auch mit leichten Variationen. Hier sind es sieben Opfer statt zehn, und jedes von ihnen ist ein Spezialist in einer besonderen Kampftechnik: eine Kunstschützin, ein Stierkämpfer, ein Kraftmensch, ein Überlebenskünstler und so weiter. Nur John Steed kann nicht sagen, warum er ausgewählt wurde: »Vielleicht durch die Art, wie ich meinen Schirm halte«, grinst er überheblich.

Alle sieben wurden von einem exzentrischen Millionär zu einer Party über den Wolken eingeladen, aber ihr Gastgeber erscheint nicht, und die automatische Steuerung des Flugzeuges nimmt Kurs auf eine einsame Insel. In einem leeren Gebäude finden sie eine gedeckte Tafel und neben jedem Teller eine Pistole, eine Drahtschlinge und ein Messer. Eine unsichtbare Stimme erklärt ihnen den Plan:

Die Erfolgsformeln

Remineszenz an Dorothy Sayers: Anfangssequenz von *Tödlicher Staub*

Unter ihnen befinde sich ein »Superkämpfer«, der nach einem ganz neuen Programm ausgebildet wurde und seine totale Überlegenheit dadurch bewei-

sen werde, dass er alle sechs »Experten« mit der von ihnen favorisierten Kampfmethode töten wird. Was die Anwesenden nicht erfahren, ist, dass der »Ausbilder« diese Situation nur geschaffen hat, um einen potenziellen Kunden zu überzeugen, Geld in die Ausbildung einer ganzen Armee von Superkämpfern zu investieren.

Der Ernst der Lage wird ein bisschen gemildert durch die Tatsache, dass die geplante Party als Kostümfest angekündigt war und alle Gäste sich als das verkleidet haben, was sie gerne sein würden: die Kunstschützin als Cowboy, der Kraftmensch als Tarzan – Steed hingegen hat sich als Wellington kostümiert.

Der Mörder trägt ein Harlekinkostüm und eine Maske mit zwei Gesichtern, eines fröhlich, das andere ernst, ein typischer Pop-Witz, ein optisch orientiertes Wortspiel, das von Anfang an klar macht, dass der Mann mit den zwei Gesichtern der Täter sein muss. Doch verschiedene Vorkommnisse lassen diese Lösung unmöglich erscheinen. In strikter Befolgung des Schemas aus *Zehn kleine Negerlein* täuscht der Mann mit den zwei Gesichtern seinen Tod vor und mordet im Verborgenen weiter. Das wird von den anderen durchschaut, und bald darauf ist er wirklich tot. Wider alle Logik ist er kurz danach wieder da und bedroht die beiden letzten Überlebenden, Steed und die einzige Frau unter den Gästen. Erst Peel, die Steed nachgeflogen kommt, löst den Fall und überwältigt den Mörder: Der Harlekin hatte einen Zwillingsbruder, der nach seinem Tod zum Einsatz kam.

Alle Zutaten des klassischen Detektivromans sind hier versammelt: der isolierte Schauplatz (ein einsames Landhaus oder ein geschlossener Raum, hier die verlassene Insel), eine begrenzte Personen- und damit Verdächtigenzahl (eine Reisegesellschaft, die Familie, die Anwesenden auf einer Party) und der Prozess der allmählichen Wahrheitsfindung bis hin zur Auflösung. Serialität entsteht durch die Figur des Aufklärers mit seinen besonderen Merkmalen und Qualitäten und durch die immer wiederkehrenden Elemente des Krimis: Mord, Vernehmungen, Alibis und Indizien. Einiges davon findet sich auch in den »Krimi-Episoden« der *Avengers* wieder, anderes, wie das ausführliche Verhör oder das kompliziert zu knackende Alibi, wird durch aktionsreichere Szenen ersetzt. Das Wiederholungsschema des Kriminalromans und das Schema des Seriellen wirken zusammen und ergeben neue Geschichten, die im Grunde alte Geschichten sind.

Als letztes Beispiel der Kriminalstories bleibt die ansonsten nicht weiter erwähnenswerte Episode *Tödlicher Staub*. Die Anspielungen auf die Romane von Dorothy Sayers sind viel unauffälliger und lassen sich nur an wenigen Stellen festmachen. In der Anfangsszene staken Steed und Peel in einem alten Holzkahn einen Fluß entlang, beide in sommerlich-eleganter Kleidung der 30er Jahre, der Entstehungszeit der Sayers-Romane, gehüllt. Die Szene erinnert an die Beschreibung eines Bootsausfluges in *Aufruhr in Oxford*, eine der Schlüsselszenen des Romans, der mit der Verlobung von Lord Peter Wimsey und Harriet Vane endet. Und ganz entgegen ihrer sonstigen Gewohnheit zitieren John und Emma aus angelsächsischen Klassikern, während sie den Fluß entlangschippern – eine Leidenschaft, die Harriet und Peter in besonders ausgeprägtem Maße teilen.

Im weiteren Verlauf der Geschichte trifft Emma Peel auf einen Rosenzüchter, der ihr von einer neuen Züchtung erzählt, der er den Namen *whimsical folly* (übersetzt etwa: launige Torheit) gegeben hat. Offenbar ist die Episode auch eine Hommage an die nach Agatha Christie wohl berühmteste Kriminalschriftstellerin Großbritanniens und ihren charmanten, aristokratischen Helden.

Von Kriminalromanen einmal abgesehen, wird die populäre englische Mythologie noch von der einen oder anderen Figur oder Geschichte geprägt. Eine nationale Legende erster Güte ist natürlich Robin Hood, der Rächer der Armen aus dem Sherwood Forest. Edel, hilfreich und gut im Original

Vorwand für die Kostümierung: Emma Peel im Robin-Hood-Outfit

und in Hunderten von Adaptionen, wird er in der bereits erwähnten *Avengers*-Episode zum Anführer einer rebellischen Studentengruppe. In *Robin Hood spielt mit* terrorisieren die aufmüpfigen Studenten den demokratisch gesinnten Professor Henge und verehren den intelligenten, größenwahnsinnigen Archivar der Uni so sehr, dass sie bereit sind, für seine Ideen zu töten. Steed und Peel greifen ein, als ein zweiter fortschrittlicher Wirtschaftswissenschaftler, der wie Henge für ein vereintes Europa eintrat, im Wald von mehreren Pfeilen durchbohrt aufgefunden wird.

Die Erfolgsformeln

Eine der berühmtesten Szenen der *Avengers*-Geschichte: ...

Der mythische Hintergrund dient hier als Vorwand für die Kostümierung, denn ein Großteil der Episode spielt während eines Kostümfestes, bei dem Peel als Robin Hood auftritt und Steed als Sheriff von Nottingham. Auch der Anführer der Bande hat sich als Robin Hood

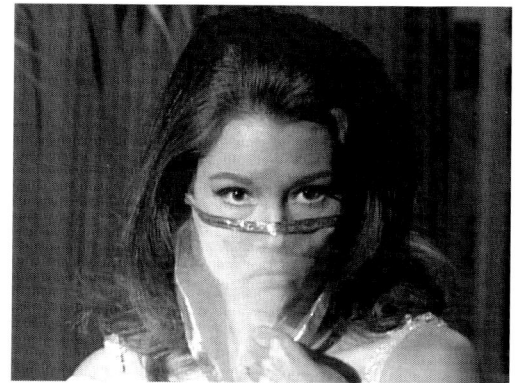 

... Emma Peels Schleiertanz in *Honig für den Prinzen*

verkleidet und verübelt Emma ihr Outfit. Auf diesem Fest soll ein weiterer Wissenschaftler getötet werden, den Steed und Peel sorgsam bewachen. Kompliziert wird der Fall durch die Kostümwahl ihres Gegners. Sie wissen, dass ein großer Unbekannter hinter den Studenten steht

Die Erfolgsformeln

und dass er die Mönchskutte von Bruder Tuck tragen wird. Aber Brüder gibt es an diesem Abend reichlich.

Das Robin-Hood-Motiv wird auch als Basis für Wortspiele und Namensabwandlungen der betreffenden Figuren benutzt. Die Bande setzt sich aus Mary-Anne (Maid Marian), John Pettit (petit = französisch »klein« = Little John) und dem Anführer Duboys (Duboys = du bois = aus dem Wald = Robin Hood / Sherwood Forest; ein Wortspiel, das vom Zuschauer einiges an Gedankenarbeit verlangt) und einigen anderen zusammen. Der Wissenschaftler, den die Studenten töten wollen, ist natürlich der alte König Lionheart, der hier Car-*lyon* heißt und als Kostüm eine Ritterrüstung mit aufgeklebtem, großem rotem Herzen (*heart*) trägt. Die mittelalterlichen Gänge des Universitätsgebäudes, dazu die »Lumpenwoche«, die gerade gefeiert wird, der schwülstige Blutschwur der Studenten, Pfeil und Bogen und Lagerfeuerromantik, das alles trägt zur Stimmung dieser Geschichte bei und lässt die 60er Jahre vergessen. Diese Episode hat wahrlich, wie der Originaltitel *A Sense of History* schon sagt, Sinn für Geschichte.

Verheißungen des Orients im Stil von Tausendundeiner Nacht sind kein besonders britisches Ambiente. Dennoch: *Honig für den Prinzen* besticht durch eine der berühmtesten Szenen in der Geschichte der Serie – Emma Peel tanzt als Haremsdame den Tanz der sieben Schleier. Bis es soweit ist, vergehen vergnügliche Minuten, die die Quintessenz all dessen bilden, was *Mit Schirm, Charme und Melone* ausmacht.

Der liebenswerte Honigverkäufer B. Bumble und der »Wunscherfüller« Quopkirk von der QQF sind nur zwei der Highlights dieses furiosen Märchens, in dem alle Orient-Klischees der Reihe nach zitiert und dann persifliert werden.

Von der Wunderlampe, die durch Reiben eine orientalische Schönheit (namens *Dschinnie*) herbeizaubert, bis zum fliegenden Teppich fehlt in dieser Geschichte kein einziges Tausendundeine-Nacht-Klischee – auch wenn der Teppich nur fliegt, weil er auf dem Dach von Steeds Auto liegt. Emma Peel raucht die Wasserpfeife, Eunuchen schlagen große, kupferne Gongs, arabische Frauen warten in ihren nur mit dünnem Stoff abgetrennten Kammern auf den Prinzen. Die Dekorationen und Interieurs sind mit viel Mühe ausgesucht und wirken orientalischer als der Orient selbst. Schon die ersten Bilder legen den neuen Schauplatz fest und wecken unterschwellige Erwartungen an die Handlung, die bis zum Schluss auch alle eingelöst werden.

Die Geschichte: Prinz Ali von Barabien schwebt in Lebensgefahr. Sein Mörder hat sich, ähnlich wie bei *Ali Baba und die 40 Räuber*, in einem von 40 riesigen Honigtöpfen – die 320 Haremsdamen scheinen versessen auf die klebrige Süßigkeit zu sein – in den Harem Seiner Majestät einschmuggelt.

Unter des Prinzen orientalischer Weste schlägt allerdings das Herz eines Briten und verhinderten Cricketspielers. Seine Lieblingsfrauen werden in Sekundenschnelle zu Schlagmännern, die königliche Suite zum Spielfeld, und Steed darf den ersten Ball werfen, während Ali den Schlagmann macht. Als Ali die erste kostbare Vase trifft, ist das Spiel zu Ende, und man widmet sich wieder den Geschäften – militärischer Schutz durch die Briten gegen arabisches Öl. Die dem Orient allgemein nachgesagte Dekadenz und Prunksucht darf natürlich auch nicht fehlen. Steed und Ali tafeln ausgesuchte Köstlichkeiten wie das linke Auge einer barabischen Bergratte. Ein devoter Vorkoster muss bei jedem Bissen sein Leben für den Sohn des Sultans riskieren. Steed ahnt, dass der Mörder bereits im Topf lauert, darf aber trotz aller Freundschaft den Harem um keinen Preis betreten, obwohl er es gar zu gerne täte. Nur eine neue Haremsfrau dürfte hinein, und so lässt eine Frage auch nicht lange auf sich warten: »Mrs. Peel, welche Größe haben Sie in türkischen Hosen?«

Um den armen Prinzen zu retten, lässt sich »Emma, der Stern des Orients« gegen zwölf Ziegen eintauschen und tanzt für Ali von Barabien den Schleiertanz. Dieser ist entzückt und merkt sie für den Abend auf seinem speziellen »Dienstplan« vor. Steed versucht umsonst, den liebeshungrigen Prinzen zurückzuhalten. Als Ali seinen Harem betritt und lockend ruft »Emma, kleiner Stern des Orients, heute ist Sonnabend!«, erhebt sich der Mörder aus dem Honigtopf und wird von Peel in einem kurzen, aber heftigen Kampf schachmatt gesetzt. Dem drohenden Verlust ihrer Ehre entkommt sie durch schnelles Weglaufen und stürzt dabei dem immer

James Bond lässt grüßen: Steeds Mehrzweckwagen in der Folge *Das schottische Schloss*

nervöser werdenden Steed in die Arme. Als der dankbare Prinz Ali Steed alle Schätze der Welt inklusive seiner Lieblingsfrauen anbietet, weil er sein Leben gerettet habe, zögert sogar Steed, bevor er sich dann doch für Emma entscheidet.

Spione und Spionagegeschichten hatten in den 60er Jahren in England Hochkonjunktur. Mondäner und romantischer als die mit der inneren Sicherheit des Landes beauftragten Polizisten, konnten Geheimagenten im Dienste der guten Sache gefährliche Abenteuer erleben, bezaubernden Frauen nachstellen und sich beruflich an den schönsten Orten der Welt herumtreiben. Das Spionagegeschäft war nicht nur Spielwiese bloßer Sex- und Crime-Fantasien, im Hintergrund schwang immer auch ein Stück politischer Wirklichkeit mit. Eiserner Vorhang, Kampf um die Weltherrschaft, Gefahr des Dritten Weltkrieges, das machte Agentenstories so fesselnd. Der Kalte Krieg gab paranoiden Fantasien Futter, latente Ängste vor Ausländern und Andersdenkenden wurden bedient.

In dieser Nische siedelten die Produzenten Albert Broccoli und Harry Saltzman ihren Superhelden an. Sie steckten ihn in schicke Klamotten, ließen ihn in der schnell wechselnden Gesellschaft schöner Frauen seine geschüttelten Martinis genießen und schickten ihn an exotischste Schauplätze. Promiskuität, Luxus und ausgesuchte Feindbilder kennzeichnen die lange Reihe von Verfilmungen der Romane Ian Flemings. Die frühen Bond-Filme bemühten sich um einen leichteren, heiteren Ton, der sich jedoch im Laufe der Zeit und vor allem nach Sean Connerys Ausstieg immer mehr verlor.

James Bond und *Mit Schirm, Charme und Melone* haben sich vermutlich gegenseitig beeinflusst, man findet wechselseitige Tribute und Referenzen. Eine wie bei John Steed stahlverstärkte Melone ist die tödliche Waffe des kleinwüchsigen, koreanischen Killers Oddjob in GOLDFINGER (1964; R: Guy Hamilton). In DER MANN MIT DEM GOLDENEN COLT (1974; R: Guy Hamilton) muss Bond am Ende ein Spiel mit tödlichem Ausgang gegen Scaramanga (wieder Christopher Lee, der auch schon Steeds und Peels Gegenspieler war) gewinnen, das in Struktur und Optik aus der Episode *Puzzlespiel* von 1969 stammen könnte. Das Duell findet in einem verwirrenden Labyrinth mit verspiegelten Wänden und menschlichen Wachsfiguren statt, in dem Bond auf der Suche nach seinem Gegner eine Patrone nach der anderen sinnlos verschießt, bis die letzte schließlich Scaramanga trifft. Mit einem Trick macht Bond sich den Schauplatz und seine Dekorationen zunutze, er schlüpft in die Rolle einer der Wachsfiguren und zwingt so Scaramanga, seinerseits die Deckung aufzugeben. In *Puzzlespiel* ist Tara King in Inneren eines ähnlichen Labyrinths in einer großen Sanduhr gefangen, die auf diese Weise zum optischen Countdown wird – kommt Steed rechtzeitig, bevor King am Sand erstickt? Auf dem Weg zu ihr muss er gegen einen Wrestler antreten, einen Tresor öffnen, eine Bombe entschärfen, gegen Puppen

Die Erfolgsformeln

mit Maschinengewehren und Karate-Killer kämpfen und Fallbeilen entkommen – und das alles in nur sechs Minuten.

Im Gegenzug kommen in einigen *Mit Schirm, Charme und Melone*-Episoden typische 007-Accessoires vor. In *Das schottische Schloss* benutzt Steed ein Auto, das sich, als er damit in einen See hineinfährt, in ein Boot mit Außenbordmotor verwandelt. Auch Spezialwaffen à la Bond tauchen in den späteren Jahren, als »Mutter« Chef des Geheimdienstes wird, verstärkt auf. Zum Beispiel das Überlebensetui, Ausgabe U, in Form einer Brieftasche, in dem sich eine als Zigarettenetui getarnte kleinkalibrige, automatische Pistole und ein Füller, der sich als Dokumententasche für Mikrofilme nutzen lässt, mitsamt einem Mikrofon in der Krawattennadel, befinden.

Auch personell herrscht reger Austausch zwischen den Bond-Filmen und den *Avengers*. Sowohl Honor Blackman als auch Patrick Macnee und Diana Rigg hatten Gastauftritte in Bond-Filmen, womit wahrscheinlich die ungeheure Zugkraft der Serienstars und ihre geistige Verwandtschaft zu 007 gleichermaßen gewürdigt wurde. Blackman spielte Pussy Galore in GOLDFINGER, die Anführerin einer weiblichen Fliegerstaffel, die im Laufe der Geschichte eine Affäre mit James hat. Dass sie sich ihm im Gegensatz zu anderen Bond-Frauen nicht gleich an den Hals wirft, sondern sich anfangs sogar ausgesprochen feindselig verhält, trug Honor Blackman wieder mal den »Vorwurf« sexueller Andersartigkeit ein. Ein Bond-Fan verstieg sich in seinem Buch über die Filme des Meisterspions in Bezug auf Honors Rolle zu der Bemerkung, sie sei eine »harte Karateschlägerin, deren lesbische Veranlagung durch den wundervollen James Bond gründlich verscheucht wird« (Kocian, 1982). Dass Bond kein Frauenfeind ist, wie so oft behauptet, weiß der Autor ganz genau: »Die lesenden und Filme besuchenden Frauen schienen mit diesem *Macho-Man*-Image auch recht zufrieden. Natürlich nicht die Frauenrechtlerinnen und hauptberuflichen Emanzen, aber denen ist ja schon der Mann an sich ein Gräuel, selbst wenn er von Bond so weit entfernt ist wie die Maus vom Elefanten.« Dem bleibt nichts hinzuzufügen.

Diana Rigg kommt die zweifelhafte Ehre zu, die einzige Frau zu sein, die der Frauenliebling Bond je geheiratet hat, wenn es auch nur George Lazenby war, der »Ersatz-Bond« zwischen Sean Connery und Roger Moore in IM GEHEIMDIENST IHRER MAJESTÄT. Telly Savalas spielt den Oberschurken Blofeld, und Diana Rigg, zwei Jahre nach ihrem Ausstieg aus der Serie, die Contessa Theresa – Tracy genannt. Weil Bond auf Dauer nicht verheiratet sein darf, muss Tracy bereits wenige Minuten nach der Trauung sterben. Irma Bunt, Blofelds Gehilfin, erschießt Mrs. Bond in ihrem Auto auf dem Weg zur Hochzeitsreise. Ansonsten beeindruckt dieses 007-Abenteuer nur durch die rasanten Ski-Choreografien von Willy Bogner und durch eine weitere Nebenrolle: Joanna Lumley, die spätere Purdey, wird für kurze Zeit eine der vielen Frauen in James' Leben.

Die Rolle von Patrick Macnee in IM ANGESICHT DES TODES ist sehr viel größer, aber heldenhafte Taten werden in Bond-Filmen nur einem ins Drehbuch geschrieben. Und so nimmt es mit Sir Geoffrey Tibbett alias Macnee, einem Pferdezüchter, der gleichzeitig Mitglied des Secret Service ist und Bond bei seinen Nachforschungen unterstützt, ein unrühmliches Ende: Grace Jones bricht ihm in einer Autowaschanlage das Genick.

Andere Erfolgsserien der 60er Jahre wie *Geheimauftrag für John Drake*, *Raumschiff Enterprise* oder *Nummer Sechs* finden in *Mit Schirm, Charme und Melone* kein großes Echo. Der eine oder andere Verweis lässt sich aber doch in den Abenteuern von Peel und ihrem Partner entdecken.

Dr. Kimble, jahrelang *Auf der Flucht* vor den Behörden, wird von den beiden Agenten in *Fahrkarten in die Vergangenheit* erwähnt. Als auch Steed sich als fluchtwilliger Krimineller ausgibt, kündigt er Peel seinen Plan mit den Worten an: »Sie wissen Bescheid, ich begebe mich auf die Flucht, wie Dr. Kimble«, und sie antwortet: »Und ich folge Ihnen, Dr. Kimble.«

Die Episode *Haben Sie es nicht ein bisschen kleiner?* lässt schon im englischen Titel *Mission Highly Improbable* klar erkennen, auf welches Serienvorbild sie sich bezieht. In *Mission Impossible*, so der Originaltitel von *Kobra, übernehmen Sie*, bekommen Chef Jim Phelps und sein *Impossible Mission Force Team* mithilfe eines sich hinterher selbst zerstörenden Tonbandes nahezu unlösbare Aufgaben zugeteilt, die sie nur durch den Einsatz aller-

Reger personeller Austausch: Diana Rigg in IM GEHEIMDIENST IHRER MAJESTÄT

Die Erfolgsformeln

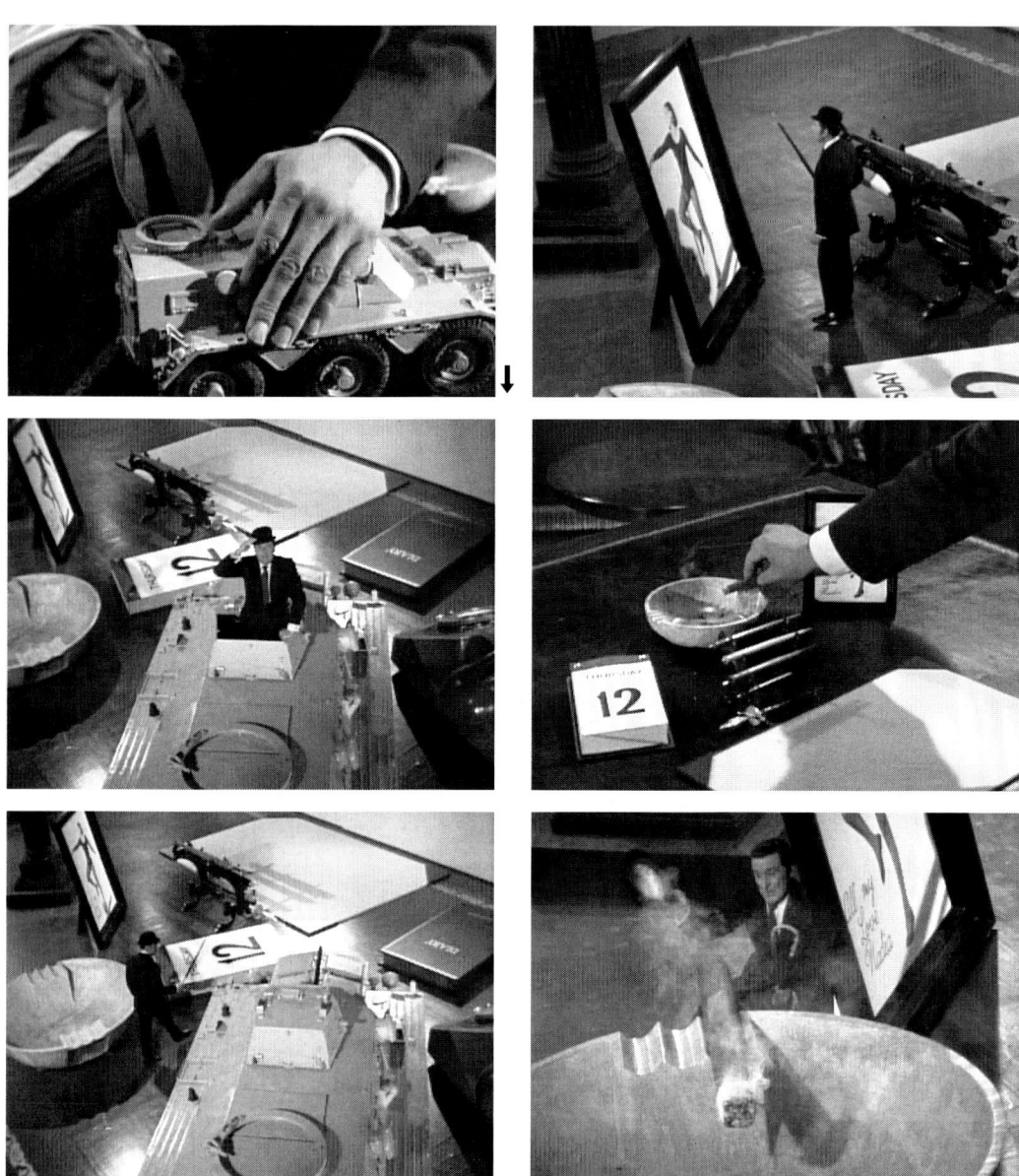

Tom Däumling, *Gullivers Reisen*, DIE UNGLAUBLICHE GESCHICHTE DES MR. C. ...

neuester Technologien bewältigen. Auch in der *Schirm, Charme und Melone*-Geschichte mit dem ähnlich klingenden Namen geht es um einen technologischen Wunderapparat, und weil den Autoren die Geschichte um die Miniaturisierungsmaschine wohl selbst ein bisschen dick aufgetragen schien,

... für den verkleinerten Steed standen viele Vorbilder Pate

trägt die Episode diesen selbstironischen Namen, denn *improbable* heißt soviel wie »unwahrscheinlich«.

Doch es standen auch andere Vorbilder Pate für die Story mit den Mini-Menschen. Wer denkt beim Anblick des winzig kleinen Steed zwischen

Die Erfolgsformeln

Die Episode *Der geflügelte Rächer* zeigt ...

den überdimensionalen Gegenständen auf der Schreibtischplatte nicht sofort an Tom Däumling, *Gullivers Reisen* oder an Jack Arnolds Horrorklassiker DIE UNGLAUBLICHE GESCHICHTE DES MR. C. (1957), in dem der winzige Grant Williams gegen eine riesige Spinne kämpfen muss.

Die Folge *Der geflügelte Rächer* ist eine Hommage an den Comic-strip und die von ihm inspirierten Pop-Art-Serien wie beispielsweise *Batman*. Ein Comictexter träumt sich in die von ihm erschaffene Figur eines Vogelwesens, des geflügelten Rächers, hinein, und bestraft in seinem Kostüm grausame und mitleidslose Geschäftsleute mit dem Tod. Mit Spezialschuhen, mit denen er an Hauswänden hochlaufen kann, dringt er nachts in die Häuser seiner Opfer ein und zerfetzt sie mit den Stahlkrallen des Vogelwesens. Steed und Peel sind ratlos, bis sie den ersten Geflügelten-Rächer-Comic zu Gesicht bekommen.

In der furiosen Schlussszene ist Peel mit dem Mörder allein, und beide tragen Spezialschuhe. Von der Decke herabhängend, schlagen sie aufeinander ein. Steed hat auf ungewöhnliche Weise von Peels prekärer Situation erfahren. Im Büro des wahnsinnigen Texters findet er zusammen mit dem unschuldigen Zeichner der Comics einen Stapel mit Originalzeichnungen, auf denen der Kampf des Texters mit Emma festgehalten ist – bevor er überhaupt angefangen hat! Steed fährt zum Tatort und sieht sich dabei die Bilder der Reihe nach an. Von jeder Zeichnung wird auf die reale Szene übergeblendet, in der gerade exakt dasselbe passiert wie auf dem Bild, sodass Steed den Stand des Kampfes zwischen Peel und dem geflügelten Rächer mitverfolgen kann. Als er selbst am Tatort eintrifft, schlägt er dem von der Decke herabhängenden Mörder die letzten übrig gebliebenen Zeichnungen mit entsprechender musikalischer Untermalung um die Ohren. Dazu ein paar kurze Großaufnahmen von Sprechblasen in den Zeichnungen – POW! – SPLAT!! – BAM!!! –, und der Gegner ist erledigt.

Batman ist die einzige Fantasy-Serie, in der auf ähnliche Weise mit Mitteln des Comics gearbeitet wird und animierte Sprechblasen eingeblendet werden, und es gibt viel ZOFF ... BAM ... SQUATSCH ... und ähnliches, bis die sorgsam choreografierten Kampfszenen beendet sind. Das Erfolgsrezept von *Batman* ist *camp* – eine englische Version von *camp* findet man in dieser *Avengers*-Folge, wenn sich die beiden Erfinder des geflügelten Rächers über die Qualität der Texte streiten. Zur besseren Veranschaulichung lassen sie die Szenen vor dem Zeichnen immer von Schauspielern proben.

Mythen, Stoffe, Motive

... wie genau Comics die Wirklichkeit abbilden können

ZEICHNER: Halt Julian, Moment mal. Du stürzt dich auf diese wunderschöne Frau, trägst sie hinauf in dein Nest, und was sagst du?
JULIAN: Oh ... Ich sage ... Aaahhhh!
ZEICHNER: *verzweifelt*: Du sagst Aaahhh! Na dann um Himmels willen *fühl* es auch!
JULIAN: ... ahh! ... Oh, ich kann es nicht, verdammt!
ZEICHNER: *mit eisiger Verachtung*: Stanton, er kann Ihren Text nicht sprechen.
TEXTER: *gibt Julian ein Blatt Papier; vollkommen genervt*: Da, versuchen Sie's damit...
JULIAN: iiiurrppp?? ... IIURRRPPPP!!! *begeistert*: Das ist viel besser, Mr. Stanton, viel besser!
TEXTER: Sie sehen, kein Problem.
ZEICHNER: Warum haben Sie es dann nicht gleich so hingeschrieben?
TEXTER: Weil es nicht zu Ihren Bildern passt.

ZEICHNER: Was passt Ihnen daran nicht?
TEXTER: Sie sind unter dem Niveau meiner Texte.

Es gibt Genres, die so gut wie nie bei *Mit Schirm, Charme und Melone* zitiert werden. Ausnahmen bestätigen jedoch die Regel. Das gilt zum Beispiel für die Gruselkomödie, den Western und den Horrorfilm – jeweils ein berühmter Klassiker des Genres wurde im *Avengers*-Stil adaptiert.

So stand die Komödie ARSEN UND SPITZENHÄUBCHEN Pate für ein Abenteuer von John Steed und Tara King. Frank Capras 1941 entstandener Film erzählt von Mortimer Brewsters verzweifelten Versuchen, seine beiden entzückenden, mordenden Tanten vor dem Gefängnis zu bewahren, während sein wie Frankensteins Monster aussehender Bruder das Haus in Aufregung versetzt und Mortimers frisch Angetraute auf den Aufbruch zu den

Die Erfolgsformeln

Warten auf den Killer: *Wenn es zwölf Uhr schlägt*

Niagarafällen drängt. Besonders reizend sind die beiden Miss Brewsters mit ihrem altjüngferlichen Charme und ihrer Herzensgüte, die ja eigentlich erst dazu geführt haben, dass sie arme und einsame Menschen »näher zu Gott« befördern wollten. Die beiden Tanten benutzen altmodische Ausdrücke, tragen Samtkleider mit Spitzenbesatz und brauen munter ihren tödlichen Holunderbeerwein.

Die *Avengers* nahmen sich des berühmten Stoffes auf eine Art und Weise an, die ihrer wirklich unwürdig ist. Das Beste an der Episode *Mutters Erzählungen* ist noch der Originaltitel *Homicide and Old Lace* (übersetzt etwa »Totschlag und Spitzenhäubchen«). Die Story lässt sich in einem Satz erzählen: »Mutter« besucht an seinem Geburtstag seine beiden Tanten und erzählt ihnen eine angeblich wahre Geheimdienstgeschichte, die nur dazu dient, alte Szenen aus bereits gesendeten Folgen zweitzuverwerten. »Mutters« Tanten, die den beiden Miss Brewsters im Aussehen ähneln und genauso altjüngferlich sind, haben sich ihre Vorstellungen vom Geheimdienst und die Sprache der Ganoven aus einschlägigen Revolverblättern abgeguckt und erkundigen sich begierig, wie es ist, »ein Ding zu drehen«, einen »guten, alten Kugelspucker« zu tragen und immer »fünf Finger breit Feuerwasser« zu trinken. Auch sonst sind sie nicht sehr liebenswert, kommandieren ihren armen Neffen herum, wissen immer alles besser und unterbrechen ständig seine Erzählung.

Die mühsam zusammengestückelten Bilder werden durch einen neuen Text zusammengehalten, bei dem »Mutters« Stimme als Off-Erzähler fungiert. Das Ergebnis ist banal und ärgerlich. Die Szenen stammen aus *Schock frei Haus, Ein Vogel, der zuviel wusste, Willkommen im Dorf des Todes, Die Roboter* und *Das Glaspflegeinstitut* und wurden in die neue Geschichte eingefügt, in der eine Organisation namens »Intercrime« das Verbrechen des Jahrhunderts begehen will. Immerhin ist der Name Intercrime schön doppelsinnig gewählt, er steht nicht nur für die vereinten Verbrecher aller Länder, sondern auch für die vereinten Verbrechen aller Episoden.

Weitaus gelungener ist die Verballhornung eines Western-Motivs aus ZWÖLF UHR MITTAGS (1952; R: Fred Zinneman), des wohl berühmtesten und unaufhaltsamsten Countdowns der Filmgeschichte.

In *Wenn es zwölf Uhr schlägt* ist es John Steed, der mit dem Tode bedroht wird. Ein Mann namens Kaska, den er vor Jahren ins Gefängnis gebracht hat, ist inzwischen wieder in Freiheit und will sich an ihm rächen. Steed liegt ausgerechnet jetzt nach einem Unfall im Dienst in einem Sanatorium, das ausschließlich für kranke Agenten eingerichtet wurde. Nach dem Motto »Was ist verletzlicher als ein verletzter Agent?« (John Steed) – »Mehrere verletzte Agenten?« (Tara King) wird dieses hochbrisante, einsam gelegene Gebäude streng bewacht, mit Wachmännern, elektrischen Zäunen und einem großen Minenfeld rund um das Haus. Kurze Szenen, die einem Western entstammen könnten, zeigen die beiden gedungenen Mörder, die sich auf einem nahe gelegenen, öden Bahnhof die Zeit mit Schweigen, Schießen und Schwitzen vertreiben. Tatsächlich entstand im gleichen Jahr der Italo-Western SPIEL MIR DAS LIED VOM TOD (1968; R: Sergio Leone), dessen fulminante Anfangssequenz eine Reihe von Parallelen zu diesen Szenen aufweist. Leones Werk war den Autoren dieser Episode vermutlich bekannt, denn zum Zeitpunkt der Produktion lief SPIEL MIR DAS LIED VOM TOD bereits einige Monate in den Kinos.

Während die beiden Cowboys in *Wenn es zwölf Uhr schlägt* durch die Landschaft reiten, beschließen sie, Steed um Punkt zwölf Uhr mittags zu töten. Die Geschichte endet mit einer großen Schießerei zwischen den Scheunen und Ställen des Geländes, bei der die Schurken ganz genregemäß in den Staub der Straße beißen.

Split, die Episode, die mit Motiven des Horrorfilms arbeitet, ist ebenfalls eine der Folgen mit Linda Thorson. Sie beruht auf dem klassischen Mythos von *Dr. Jekyll und Mr. Hyde*. Wie in Stevensons oftmals verfilmten Roman, wo sich der ruhige, freundliche Arzt nachts gegen seinen Willen unter Einwirkung von Drogen in eine böse, animalische Figur verwandelt, geht es in *Split* um geteilte Persönlichkeiten. Boris Kartovski, ein besonders grausamer Agent der Gegenseite, ist 1963 in Berlin von Steed getötet worden – denkt der zumindest. Aber ein Arzt namens Dr. Constantine hat Kartovski in einer Art gläsernem Sarg die ganze Zeit mit Steeds Kugel im Herzen künstlich am Leben erhalten. Nur sein Geist lebt noch, und den überträgt der verrück-

Dickens-Hommage: *Weihnachten – Ein Albtraum*

te Arzt auf britische Agenten, die auf diese Weise zu Doppelspionen wider Willen werden. Da Steeds Kugel in der linken Herzkammer steckt, haben alle

Die Erfolgsformeln

Opfer Probleme mit ihrer linken Hand (Logik? Langweilig!), und daran erkennt auch der Zuschauer die Verwandlung der gutmütigen und vertrauenswürdigen Agenten in den grausamen, verschlagenen Kartovski: Sie beginnen, sich wie unter starken Schmerzen zu winden, die Augen verzerren sich, und die linke Hand verkrampft sich zu einer Art »Teufelskralle«. Das Verwandlungsopfer ist nur noch von mörderischen Trieben besessen. Hinterher erinnert es sich an nichts mehr. Steed und Tara kommen dem Arzt und seinem »Patienten« durch Handschriftproben der missbrauchten Männer auf die Spur. Ein Grafologe bescheinigt ihnen die unerklärliche Tatsache, dass die Notizen zwar von einer Hand, aber von zwei verschiedenen Charakteren geschrieben wurden.

Der Epilog nutzt das Verwandlungsmotiv für einen Gruselgag. Tara King sitzt Champagner trinkend in Steeds Wohnung. Als Steed das Zimmer betritt und noch sein Jackett anzieht, hinkt er stark, plötzlich verzerrt sich sein Gesicht. »*Sorry to keep you waiting. I was changing.*« Das Musikthema wird unheimlich, Tara sieht ihn angsterfüllt an. Dann klärt sich die Situation: Steeds Hinken und die angeschlagene linke Seite stammen noch vom letzten Kampf. Der Autor hat sich die Doppeldeutigkeit des Wortes *to change* zunutze gemacht, was sowohl »sich verändern« als auch, wie hier, »sich umziehen« bedeuten kann.

H2O – Tödliches Nass, hierzulande wie *Die Nacht der Sünder* erst spät zu sehen, bezieht sich auf das biblische Thema der Sintflut. Ein »Dr. Sturm« hat eine Regenmaschine erfunden, mit der er feindliche Agenten in ansonsten völlig trockener Umgebung, zum Beispiel auf freiem Feld, ertrinken lassen kann. Diesen Apparat will er der Armee als Wunderwaffe verkaufen. Einer der Dorfbewohner heißt Jonah (eine Mischung aus den biblischen Namen Noah und Jonas) und beginnt, als es immer häufiger regnet, mit dem Bau einer Arche.

Weihnachten – ein Albtraum ist eine Hommage an Charles Dickens, in der Steeds Geist von zwei gefährlichen Männern vollkommen beherrscht wird. Mithilfe von Telepathie bescheren sie ihm einen immer wiederkehrenden Albtraum und treiben den sonst so souveränen Agenten fast in den Wahnsinn. In seinem Traum wird er zur Dickens-Figur Sydney Carton und liegt unter der Guillotine. Auf einem großen Fest, auf dem alle als Figuren aus Dickens-Romanen kostümiert erscheinen (Emma Peel geht als Oliver Twist), klärt sich der Fall auf.

In *Mörderischer Löwenzahn* geht es um eine riesige fleischfressende Pflanze (Roger Cormans KLEINER LADEN VOLLER SCHRECKEN lässt grüßen), die unvorsichtige Wissenschaftler aus Versehen auf die Menschheit losgelassen haben. Die Horrorpflanze verschlingt fast die gesamte Dorfbevölkerung und hat eine besonders perfide Eigenschaft: Sie gibt hypnotisierende Geräusche von sich, durch die ihr die Menschen mit Haut und Haaren verfallen. So auch Peel, die versucht, sie mit Pestiziden zu ermorden.

Die beiden letztgenannten Episoden gehören übrigens zu jenen, die das ZDF seinen Zuschauern seinerzeit nicht zumuten wollte – erst 1999 waren sie in der Bundesrepublik zu sehen. Doch auch fast 35 Jahre Verspätung können dem Charme der *Avengers* nichts anhaben.

Die Rückkehr der Rächer –
The Avengers als Kinofilm

Etwas gilt es nachzutragen, was auch im ersten Teil, der Seriengeschichte, hätte stehen können, dort aber nicht wirklich hingehört: 1998 wurde *Mit Schirm, Charme und Melone* zum Kinofilm. Lange schon war das Projekt angekündigt, und immer wieder gab es neue Pläne, neue Gerüchte. Bereits 1985 hatte die *Taft Entertainment Group* eine zweite Neuauflage der Serie in Erwägung gezogen, diesmal mit Patrick Macnee, einer neuen Partnerin namens Samantha Peel und einem für internationalen Flair sorgenden Amerikaner. Fast kamen die Verhandlungen zum Abschluss, realisiert wurde das Projekt jedoch nie, genauso wenig wie eine Idee der Universal Studios: *The Avenging Angel*, eine 80er-Jahre-Spielfilm-Version mit Patrick Macnee, Honor Blackman und Linda Thorson. Geplanter Inhalt: Auf Steeds Beerdigung lernen Tara King und Cathy Gale sich kennen und geraten in ein Abenteuer, in dessen Verlauf John Steed (ganz überraschend!) wieder lebendig wird. Bald darauf, Ende der 80er Jahre, wurde eine Spielfilmversion mit dem Australier Mel Gibson als *Englishman* John Steed angekündigt, doch auch daraus wurde, wie man weiß, nichts.

Die Fans reagierten stets mit sehr gemischten Gefühlen auf Gerüchte über anstehende Remakes. In *Stay Tuned* kommentierte Michael Richardson diese für Anhänger der Serie überaus wichtige Frage: Ein Australier als Steed, der Musterbrite mit Schirm und Melone? Auch Brian Clemens soll davon nicht gerade begeistert gewesen sein. »*Avengers*-Frauen können kommen und gehen, aber wenn Patrick Macnee aus der Serie aussteigt, würde es das Ende von *Mit Schirm, Charme und Melone* bedeuten.« (Rogers, 1989)

Die Fans spalteten sich in zwei Lager: Die einen wollten eine Fortsetzung der *Schirm, Charme und Melone*-Abenteuer, egal um welchen Preis. Für andere gab es nur das Original. Schon Purdey und Gambit hatten bei dieser Fraktion keine Chance. »Der Gedanke an eine neue Version lässt mich schaudern. *Mit Schirm, Charme und Melone*, wie alle Legenden und Mythen, gehört in eine spezifische Zeitperiode: in diesem Fall die 60er, als die *Avengers* innovativ und dynamisch waren und ihrem verzaubertem Publikum den Feminismus, Kampfsportarten und den Minirock näher brachten, lange bevor andere Programmproduzenten Zeit hatten, Luft zu holen und auf den Zug aufzuspringen«, schrieb *Avengers*-Fan James Harris anlässlich der 70er-Jahre-Version in *Stay Tuned*.

Was also sollte geschehen – leben oder sterben lassen? Die Welt brauchte Mrs. Peel, unverkennbar, aber wer wäre eine würdige Nachfolgerin? Und wofür würden die Agenten überhaupt gebraucht, in einer Zeit, in der der Ost-West-Konflikt sehr viel weniger romantischen und fernsehtauglichen Krisenherden gewichen ist, einer Zeit, in der ein grundlegendes Misstrauen gegenüber Wissenschaft und Technologie herrscht und niemand mehr verrückte Erfinder und geheimnisvolle Strahlen sehen will?

John Steed und Emma Peel haben dem neuen Jahrtausend nicht viel zu bieten. Ihr sorgloser Snobismus und ihre sinnenfrohe, konsumorientierte Lebensweise passen nicht recht in eine Zeit voll wirtschaftlicher Probleme und gesellschaftlicher Umorientierung, in der die Welt nicht länger zwischen Amerikanern und Sowjets aufgeteilt ist, sondern andere Spieler nach anderen Regeln den globalen Markt bestimmen. In eine Zeit, in der die freche Wiederverwertung kultureller Mythen nicht mehr innovativ ist, sondern postmoderner Alltag im Main-

The Avengers als Kinofilm

streamkino. Was also hat das neue Jahrtausend John Steed und Emma Peel zu bieten?

Jedoch sie selbst sind längst schon Teil der Mythenmaschine – Fernsehikonen, die ins kollektive kulturelle Bewusstsein eingegangen sind. An so einem Stoff, an solchen Charakteren, kommt die Traumfabrik Hollywood auf Dauer nicht vorbei. Fast kleinlaut, ohne den sonst üblichen Presserummel, schickte Warner Brothers 1998 seine Filmversion von *Mit Schirm, Charme und Melone* in die Kinos, kurz vor dem Start auf knappe 90 Minuten heruntergekürzt – von Stolz auf das rund 60 Millionen Dollar teure Werk keine Spur. Dabei las sich das Projekt auf dem Papier ganz vielversprechend. Produzent Jerry Weintraub und Regisseur Jeremiah Chechik hatten den charmanten Briten Ralph Fiennes (bekannt aus DER ENGLISCHE PATIENT; 1996; R: Anthony Minghella) als John Steed und die coole Amerikanerin Uma Thurman (PULP FICTION; 1994; R: Quentin Tarantino) als Emma Peel verpflichtet – nachdem unter anderem auch Nicole Kidman und Gwyneth Paltrow für die Rolle im Gespräch gewesen waren. Für die Rolle des Bösewichtes Sir August de Wynter hatte man die wohl beste denkbare Besetzung gewinnen können: Ex-Bond-Darsteller Sean Connery – da war sie wieder, die alte 007-Connection. Doch das Ergebnis überzeugte weder Zuschauer noch Kritiker. Als »fehlinszenierter Film, dem es für eine Satire an Leichtigkeit und für einen Actionfilm an Einfällen mangelt« (*film-dienst* 18/98) wurde der Film abgeschrieben, als pure »Oberfläche« und »ambitionierter Versuch eines überdimensionalen, millionenschweren Trailers« (*epd Film* 10/98), der noch nicht einmal zum Spielfilm tauge.

Die Handlung: Der machtversessene und schwerreiche Schotte Sir August de Wynter hat Kontrolle über das Wetter erlangt und erpresst Regierungen mit künstlich erzeugten Stürmen und Schneekatastrophen. Geheimagent John Steed und Dr. Emma Peel, die ehemalige Leiterin des Prospero-Projektes (eine Gruppe, die an einem Wetterschutzschild arbeitet), sollen den Fall gemeinsam lösen.

Beide kennen sich noch nicht. Um Peel zu testen, bittet Steed sie ausgerechnet in seinen Londoner Herrenclub, wo auch der arroganteste Butler – »Keine Frauen. Nicht im Boodles. Das ist schon seit 1762 so« – »Ach, wirklich?« – ihr den Zutritt nicht verwehren kann. Er erwartet sie im Dampfbad, lediglich mit einer Zeitung bekleidet: »Das ist alles furchtbar formell. Bestehen Sie darauf, dass ich Sie Dr. Peel nenne?« Sie lächelt kaum merklich: »Nein, unter diesen Umständen reicht mir ausnahmsweise ein ... Mrs. Peel.«

So sind für den Zuschauer die Fronten geklärt, John Steed (Fiennes) als raffiniert und Emma Peel (Thurman) als eigenwillig eingeführt, die übliche erotische Spannung zwischen beiden deutlicher betont als je zuvor.

Die beiden brechen in Steeds Wagen auf – aus dessen Armaturenbrett auch edler Tee fließen kann –, um Sir August de Wynter einen Besuch abzustatten, und bekommen es im weiteren Verlauf mit einem mordlüsternden Klon Emma Peels zu tun, einer Verschwörergruppe, die in bonbonbunten Teddybärkostümen tagt, sowie prächtigen Schneeverwehungen, die die Londoner Innenstadt komplett lahmlegen. Natürlich dürfen die üblichen Skurrilitäten und Witze nicht fehlen. »Mutter« und »Vater«, die beiden Chefs des Geheimdienstes, tauchen auch hier auf, und am Ende entpuppt sich einer der beiden als Maulwurf. Die beiden Agenten müssen sich in Fesselballons bewähren und ihren Weg durch Irrgärten und ein Treppenhaus finden, das an die Bilder M.C. Eschers erinnert. Das Beste aber für alle Fans der Serie ist der Gastauftritt von Patrick Macnee. Von einem Wiedersehen kann man in diesem Fall allerdings nicht sprechen, es bleibt bei einem Wiederhören. Denn Colonel Jones, der Archivar des Geheimdienstes (Macnee), den der neue Steed bei seinen Recherchen trifft, ist unsichtbar und nur beim Rauchen zu erkennen. »Reden Sie mit der Pfeife, das hilft Ihnen vielleicht. [...] Ich hab den Trick bei den Tarnübungen in der Armee gelernt. Bis dieser Unfall die Sache etwas verkompliziert hat. Jetzt bin ich hier im Keller gelandet und freue mich schon, wenn der Teewagen mal vorbei kommt.«

Doch ob sichtbar oder nicht, Macnee bleibt stets der gutgelaunte Gentleman, den keine noch so ungünstige Lage ernsthaft aus der Fassung bringen kann. Ein hübscher Einfall, aber leider auch ein bisschen verschenkt. Man muss sich schon gut auskennen im *Avengers*-Kosmos und außerdem den Film im Original sehen, damit diese kleine Szene

Trotz Starbesetzung ein Flop: Uma Thurman und Ralph Fiennes in THE AVENGERS (1998)

nicht verloren geht. Denn in der deutschen Fassung wird Macnee nicht mehr von dem 1997 verstorbenen Gert Günther Hoffmann synchronisiert. Und auch der Dialog gibt leider keinen Hinweis darauf, dass wir es mit einem lieben alten Bekannten zu tun haben.

Die große Frage aber bleibt, warum der Film, der alle Ingredienzen einer guten *Mit Schirm, Charme und Melone*-Geschichte aufweist, der werkgetreu und ideenreich zugleich daherkommt, tolle Kulissen, beste Spezialeffekte und großartige Schauspieler aufzuweisen hat, warum dieser Film als Ganzes schlicht langweilig ist – und damit die größte Sünde überhaupt begeht.

Wie gebremst wirken Thurman und Fiennes, von denen man weiß, dass sie es besser können, wenn sie dürfen. Zwar trägt Thurman ihren Kampfdress mit einer gewissen Grazie. Fiennes jedoch ist die Melone seines Vorgängers schlicht zu groß. In jeder Beziehung: Schmal wirkt er unter der altmodisch-eleganten Kopfbedeckung, fast wie erdrückt, und jeder Versuch, vornehme Klasse zu beweisen, lässt ihn nur noch blasser werden. Charme und Esprit vermisst man schmerzlich, kein Funke springt über, keine Spannung kommt zwischen Steed und Peel auf, auch wenn sie sich – undenkbar im Original – am Ende küssen. »Unverzeihlich!«, konstatiert ein Kritiker (Suchsland, artechoc.de), »nichts steht mehr im Raum, alles wird ausgesprochen«.

Das augenzwinkernde Spiel mit der artifiziellen *Avengers*-Welt, es bleibt banales Zitat, in der öden Realität der 90er Jahre stecken – künstlich, aber keine Kunst. Der kanadische Regisseur Jeremiah Chechik »besitzt einfach nicht das richtige Gespür für diesen Stoff« (*film-dienst* 18/98), so die Meinung vieler Filmjournalisten, und das muss nicht notwendigerweise nur daran liegen, dass er selbst

The Avengers als Kinofilm

Kanadier und seine Mrs. Peel US-Amerikanerin ist.

Was fehlt, sind Tempo, Witz – und vor allem gute Dialoge. Und das ist durchaus nicht der Übersetzung geschuldet, es ist vom Original so vorgegeben. Stattdessen gibt es peinliche Schlüpfrigkeiten à la »Man sollte nie davor zurückschrecken, feucht zu werden« (de Wynter zu Peel) und überspannte Wortwechsel.

STEED: Ihrer Akte zufolge sind Sie eine psychopathische Persönlichkeit mit schizophrenen Wahnideen und wiederkehrenden Bewusstseinsstörungen, verursacht durch ein traumatisches Erlebnis und leicht erkennbar an Ihrer asozialen Haltung und Schüben von Gewaltbereitschaft.
PEEL: Haben Sie wirklich dieses Bild von mir?
STEED: Ich würde sagen, Sie sind genau mein Typ, Mrs. Peel.

Besonders einfallslos gestaltet sich das Ende des Films. Wie in alten Zeiten gönnen Peel und Steed sich auf den guten Ausgang ihres Abenteuers ein Glas Champagner. »Mutter« leistet ihnen Gesellschaft. Doch zu sagen haben sich die drei nichts, was mit dem Charme der alten *tag scenes* mithalten könnte.
STEED: Einen Toast auf den erfolgreichen Einsatz.
PEEL: Auf unser knappes Entkommen.
MUTTER: Eine Makrone?
PEEL (lehnt ab): Danke schön, Steed.
STEED: Nein, nein. Ich danke Ihnen, Mrs. Peel.
Rückfahrt Kamera, Ende, Credits.

Die 007-Connection hat Bestand: Sean Connery als Bösewicht Sir August de Wynter

Die Autoren der alten *Avengers*-Staffeln würden sich mit Grausen abwenden. Wem die deutsche Kritik schon hart vorkommt, der möge einen kurzen Blick in die traditionell gnadenlose angelsächsische Presse tun: »Latest incarnations are dead on arrival«, schreibt der *Independent* anlässlich der Premiere, und *USA today* resümiert in seiner Rezension knallhart: »This film's viewers must be avenged« (theavengers.tv).

Und was sagten die, die zusehen mussten, wie eine neue Generation ihr Lebenswerk behandelt? »Es war ein furchtbarer Flop. Gott sei Dank«, soll Patrick Macnee laut derselben Website in einem Interview gesagt haben. Gentleman Macnee, nicht *gentle* ausnahmsweise, aber wie immer auf den Punkt.

Mrs. Peel, Sie werden immer noch gebraucht!

»Ich kam zurück, um das zu drehen, was sie The New Avengers *nannten. Ich stieg in einen Fahrstuhl, und da stand der große Schauspieler Peter O'Toole vor mir. Er sagt: Was machst du denn hier, Patrick? Ich antworte: Ich mache die* Avengers. *Und er sagt: Du machst* immer *die* Avengers! *Und ich wusste genau, was er meinte.«*
Patrick Macnee

Über 40 Jahre sind vergangen, seit das deutsche Publikum einen ersten Blick auf Emma Peel und John Steed werfen konnte, und doch, die beiden bleiben unvergessen. Legenden sterben nicht. Noch immer fliegen die zahlreichen Abkömmlinge der *Enterprise* zu Orten, die nie ein Mensch zuvor gesehen hat, und wer weiß, vielleicht wird auch Mrs. Peel früher oder später wieder mal gebraucht.

So lange halten die Fans den Kult lebendig. Bei einer Versteigerung von Fernsehmemorabilien im Londoner Auktionshaus *Christies* kam 1992 eine von Steeds Melonen für 1.440 Pfund unter den Hammer. Einige Abenteuer von Steed und Peel gibt es inzwischen auf Video zu kaufen, doch die gesamte Kollektion aller Emma-Peel-Folgen auf DVD (vertrieben von Canal +) war nur für kurze Zeit auf dem Markt und in Windeseile vergriffen.

Das Geschäft mit dem Kult war schon immer Bestandteil der Vermarktungsstrategie der Produzenten. Typische *Avengers*-Spin-offs wie Emma-Peel-Comics, Miniaturmodelle von Steeds Bentley oder Peels Lotus, diverse Puzzle, Puppen, Kalender, Uhren, Spielkarten oder Platten waren nach dem Verkauf der Serie ins Ausland die zweitgrößte Einnahmequelle. Heute tauschen Fans die Kultobjekte auf Sammlerbörsen. Als eine der ersten Fernsehserien hat *Mit Schirm, Charme und Melone* konsequentes Merchandising betrieben, und auch die Mitwirkenden haben am Kult nicht schlecht verdient: Macnee mit seinen von Ghostwritern geschriebenen Romanen und seiner ebenfalls mithilfe von Koautoren ent-

Es lebe der Eskapismus: Die Faszination für die *Avengers* ist ungebrochen

Mrs. Peel, Sie werden immer noch gebraucht!

standenen Biografien; Blackman mit *Honor Blackmans Buch der Selbstverteidigung*; und Linda Thorson soll angeblich ein *Avengers*-Café in Australien eröffnet haben.

Mehrere neue Bücher wurden in den letzten Jahren über *Mit Schirm, Charme und Melone* geschrieben, von denen manche einen ganz eigenen, speziellen Ansatz verfolgen. Andere Fans haben im Internet *Avengers*-Websites geschaltet, die sich oftmals mit großer Hingabe, Liebe und vor allem (Sammel-)Leidenschaft dem Objekt ihrer Verehrung widmen.

So kann man auf der wundervollen Website http://theavengers.tv, die nicht weniger als 1000 einzelne Seiten umfasst (!), nicht nur Miniaturmodelle der Autos der Agenten im E-Shop kaufen, sondern im *Guide to Avengerland* einen virtuellen Rundgang durch diverse Originalschauplätze der Serie unternehmen: von Allington Castle in Kent – Steed- und Peel-Fans besser bekannt als *Castle De'ath* – bis zu den Londoner Wohnsitzen der beiden Agenten.

Die zweisprachige südamerikanische Seite *losvengadores. theavengers.tv* umfasst dagegen »nur« 400 Seiten und erfreut den Besucher dafür mit einem *Avengers*-Quiz und der sehr unterhaltsamen Kolumne *Translator = Traitor*, einer Auflistung der schlimmsten Übersetzungsfehler aus dem englischen Original.

Eine niederländische Popband hat sich nach Emma Peel benannt – und ebenso eine deutsche Prostituierte, die ihre Kunden im entsprechenden Outfit besucht. Sogar die CIA, Amerikas gefürchtete Agentenagentur, freut sich, auf ihrer Homepage unter der Rubrik *spy fiction* eine der Original-Lederhosen von Mrs. Peel abzubilden, samt den dazu passenden lobenden Worten über die berühmte britische TV-Kollegin!

Es lebe der Eskapismus. Es leben John Steed und Emma Peel. Und liebe Fans in aller Welt, wir werden noch gebraucht.

Die 187 Folgen – Ein Episodenführer

Vorbemerkung: Credits und Ausstrahlungsdaten in diesem Episodenführer sind den Büchern von Dave Rogers, den Archiven der ausstrahlenden Sender, dem *Avengers Dossier* (Cornell, Day, Topping) der *Enzyklopädie des Phantastischen Films* (Corian Verlag) sowie den Websites *http://www.theavengers.tv* und *http://www.SK96.de* entnommen.
Die meisten *Avengers*-Staffeln wurden in den verschiedenen Regionen Großbritanniens zeitversetzt gezeigt. Wenn möglich, richtet sich dieser Episodenführer nach dem frühesten Ausstrahlungstermin. Das war zumeist im Großraum London, wo die einzelnen Folgen oft ein, zwei Tage früher liefen als in anderen Teilen des Landes.

ERSTE STAFFEL 1961

Produktion: Leonard White.
Hauptdarsteller: Patrick Macnee (John Steed), Ian Hendry (Dr. David Keel).
Länge: 50 Min. (OF).
Ausstrahlung: ABC.

1. Hot Snow
Regie: Don Leaver.
Drehbuch: Ray Rigby.
Inhalt: Durch ein irrtümlich in seiner Praxis abgegebenes Päckchen Heroin kommt Dr. David Keels Verlobte, seine Sekretärin Peggy, ums Leben. Die Dealer erschießen Peggy, die sie beim Versuch, das Päckchen zurückzubekommen, gesehen hat und sie identifizieren könnte. Dr. Keel beschließt, ihren Tod zu rächen. Bei seinen Recherchen lernt er den mysteriösen Geheimagenten John Steed kennen und tut sich mit ihm zusammen. Eine erste Kontaktaufnahme mit der Bande scheitert, Steed rettet Keel das Leben, Vance – der Chef der Bande – kann entkommen.
Darsteller/innen: Philip Stone (Dr. Tredding), Catherine Woodville (Peggy), Godfrey Quigley (Spicer), Murray Melvin (Charlie), Charles Wade (Johnson), Alister Williamson (Detective-Supt. Wilson), Moira Redmond (Stella), Astor Sklair (Sgt. Rogers), June Monkhouse (Mrs. Simpson).
Erstausstrahlung: 7.1.1961.

2. Brought to Book
Regie: Peter Hammond.
Drehbuch: Brian Clemens.
Inhalt: Steed bittet Keel um Mitarbeit bei einem seiner Fälle. Er will zwei Banden auffliegen lassen, die Schutzzölle kassieren. Keel willigt ein, als er hört, dass Spicer, der Mörder seiner Verlobten, zu einer der Banden gehört. Beide nehmen Kontakt mit den Gangstern auf, doch Steed gerät in Verdacht, ein Spitzel zu sein. Keel kann Spicer daran hindern, Steed zu töten, und bringt ihn mit einem Trick dazu, den Mord an seiner Verlobten zu gestehen. Die Polizei nimmt ihn fest. Steed macht Keel daraufhin zu seinem festen Undercover-Partner im Kampf gegen das organisierte Verbrechen.
Darsteller/innen: Ingrid Hafner (Keels Assistentin Carol Wilson), Lionel Burns (Prentice), Redmond Bailey (Lale), Clifford Elkin (Pretty Boy), Neil McCarthy (Bart), Charles Morgan (Nick Mason), Godfrey Quigley (Spicer), Philip Stone (Dr. Tredding), Joyce Wong Chong (Lila), Robert James (Ronnie Vance), Alister Williamson (Detective-Supt. Wilson), Michael Collins (Detective-Sgt.), Carol White (Jackie).
Erstausstrahlung: 14.1.1961.

3. Square Root of Evil
Regie: Don Leaver.
Drehbuch: Richard Harris.
Inhalt: »5«, ein Kollege von Steeds Chef One-Ten, bringt Steed in einer Fälscherorganisation unter. Deren Chef Hooper vertraut Steed, doch der zweitrangige »Kardinal« hält ihn für eine Gefahr. Eines Abends wird Steed von Lisa, der Frau des »Kardinals«, ertappt, als er Hoopers Safe durchsucht. Als er ihr erzählt, dass ihr Mann ein Mörder ist, gewinnt er eine Verbündete. In derselben Nacht sollen die gefälschten Banknoten abtransportiert werden. Als Steed zusammen mit den anderen die Ware in Lastwägen verlädt, stellt er sich krank und kann so Dr. Keel über die Pläne der Bande informieren. Keel erscheint, um nach seinem »Patienten« zu sehen; es kommt zur Schlägerei. Mit Lisas Hilfe können sie die Bande verhaften.
Darsteller/innen: Ingrid Hafner (Keels Assistentin Carol Wilson), Heron Carvic (»5«), Cynthia Bizeray (Sekretä-

Episodenführer

Ian Hendry

rin), Michael Robbins (Bloom), George Murcell (Hooper), Vic Wise (Warren), Alex Scott (»Kardinal«), Delphi Lawrence (Lisa).
Erstausstrahlung: 21.1.1961.

4. Nightmare
Regie: Peter Hammond.
Drehbuch: Terence Feely.
Inhalt: Seine Patientin Faith Braintree bittet Keel um Hilfe bei der Suche nach ihrem verschwundenen Mann, einem Wissenschaftler, der an einem geheimen Projekt arbeitet. Während der Unterhaltung erscheint ein Geheimagent, der Keel für den Professor hält und versucht, ihn zu entführen. Dabei wird Keel angeschossen und muss ins Krankenhaus. Auf Steeds Rat hin spielt er die Rolle des Professors weiter, um die Aufmerksamkeit von Steed abzulenken. Wegen der Schusswunde muss Keel operiert werden, dabei versucht ihn einer von der Gegenseite, als Anästhesist verkleidet, zu töten, doch Steed kann ihn retten. Kurz darauf taucht der Professor wieder auf – er hatte durch Überarbeitung sein Gedächtnis verloren.
Darsteller/innen: Ingrid Hafner (Keels Assistentin Carol Wilson), Gordon Boyd (Williams), Helen Lindsay (Faith Braintree), Michael Logan (Commander Reece), Robert Bruce (Dr. Brown), Redmond Bailey (Dr. Jones), Robert Sansom (Dr. Miller).
Erstausstrahlung: 28.1.1961.

5. Crescent Moon
Regie: John Knight.
Drehbuch: Geoffrey Bellman, John Whitney.
Inhalt: Steed untersucht ein politisches Verbrechen auf einer Karibikinsel. General Mendoza ist bei einem Autounfall ums Leben gekommen, eine Woche später wird seine Tochter Carmelite entführt. Steeds Untersuchungen zeigen, dass der Autounfall nur fingiert war, um den General vor den Mordplänen seiner Frau und ihres Liebhabers zu schützen. Sie waren auf sein Vermögen aus, um damit eine gegnerische politische Gruppe zu unterstützen. Carmelite wurde entführt, um zu ihrem Vater in sein Versteck in England gebracht zu werden. Zurück zu Hause erfährt Steed, dass Mendoza unterdessen ausgerechnet bei Keel in Behandlung war.
Darsteller/innen: Patience Collier (Senora Mendoza), Harold Kasket (Bartello), Bandana Das Gupta (Carmelite Mendoza), Nicholas Amer (Luis Alvarez), Eric Thompson (Paul), Jack Rodney (Fernandez), Roger Delgado (Vasco), George Roderick (Carlos).
Erstausstrahlung: 4.2.1961.

6. Girl on the Trapeze
Regie: Don Leaver.
Drehbuch: Dennis Spooner.
Inhalt: Eine Frau springt in die Themse. Keel, der vergeblich versucht, sie wiederzubeleben, entdeckt, dass die Tote eine Trapezkünstlerin des Radecker Staatszirkus ist. Zusammen mit seiner Assistentin Carol besucht er eine der Zirkusvorstellungen, wobei ihm einiges sonderbar vorkommt. In einem Telefongespräch mit der Polizei erfährt er, dass ein Wissenschaftler aus Radeck mit seiner Tochter in den Westen geflohen ist. Keel und seine Assistentin werden entdeckt und gefangen genommen. Dabei stellt sich heraus, dass die Tochter des Wissenschaftlers sich im Zirkus befindet, um nach Radeck zurückgebracht zu werden und so ihren Vater zur Rückkehr zu bewegen. Sie sollte die Rolle der toten Trapezkünstlerin einnehmen. Die Polizei, durch Keels Anruf misstrauisch geworden, rettet Keel und Carol.
Anmerkung: Die einzige Folge ohne John Steed in der *Avengers*-Geschichte!
Darsteller/innen: Ingrid Hafner (Keels Assistentin Carol Wilson), Delena Kidd (Vera), Nadja Regin (Anna Danilov), Ian Gardiner (Polizist), Kenneth J. Warren (Zibbo), Howard Goorney (Supt. Lewis), Edwin Richfield (Stefan).
Erstausstrahlung: 11.2.1961.

7. Diamond Cut Diamond
Regie: Peter Hammond.
Drehbuch: Max Marquis.
Inhalt: Steed nimmt die Identität eines wegen Schmuggels angeklagten, aber aus Mangel an Beweisen freigesprochenen Stewards einer Fluggesellschaft an und bezieht einen Bungalow in der Nähe von Heathrow. Auf diese Weise will er die Aufmerksamkeit einer gefährlichen Diamantenschmugglerbande auf sich ziehen, die

ihr Diebesgut mit Flugzeugen nach New York transportiert. Der Plan gelingt. Die Krankenschwester Fiona und der medizinische Berater einer Fluggesellschaft, Dr. Collard, nehmen Kontakt zu ihm auf, und bald soll er auf einem ersten Flug nach New York als Kurier eingesetzt werden. Bei einer Party zur Feier des neuen Mitglieds betäuben ihn die beiden und benutzen seinen Wagen, um damit einen Mord zu begehen. Dadurch wollen sie sich Steed gefügig machen. Nach seiner Rückkehr will Dr. Collard, der einen Kurier immer nur einmal einsetzt, ihn erst Fiona töten lassen, die zuviel von seinen Machenschaften weiß, anschließend soll er »Selbstmord« begehen. In letzter Minute kann Keel seinen Partner retten.
Darsteller/innen: Ingrid Hafner (Keels Assistentin Carol Wilson), Douglas Muir (One-Ten), Sandra Dorne (Fiona Charles), Hamlyn Benson (Dr. Collard), Joy Webster (Stella Creighton).
Erstausstrahlung: 18.2.1961.

8. The Radioactive Man
Regie: Robert Tronson.
Drehbuch: Fred Edge.
Inhalt: Der Immigrant Marko arbeitet als Reinigungsmann in einem top-geheimen medizinischen Forschungscenter und nimmt von dort – ohne zu ahnen, was er tut – eine Kapsel mit radioaktiven Isotopen mit. Dr. Graham, der Leiter der Abteilung, informiert One-Ten. Da Steed gerade an einem anderen Fall arbeitet, macht sich Keel auf die Suche nach Marko, dessen Berührung durch den Besitz der Kapsel todbringend ist. Marko erfährt, dass er gesucht wird, aber er und seine Freundin Mary sind der Meinung, es gehe um seinen gefälschten Pass. Heimlich dringt er in Marys von der Polizei bewachtes Haus ein und »infiziert« sie mit den radioaktiven Strahlen. Keel trifft Mary und überzeugt sie von der Gefahr, die von ihrem Freund ausgeht, und mit ihrer Hilfe und einem Geigerzähler gelingt es, Marko zu finden und zu bewegen, die Kapsel auszuhändigen. Alle, die mit ihr in Berührung gekommen sind, werden ins Krankenhaus gebracht.
Darsteller/innen: Ingrid Hafner (Keels Assistentin Carol Wilson), George Pravda (Marko Ogrin), Christine Pollon (Mary Somers), Gerald Sim (Dr. Graham).
Erstausstrahlung: 25.2.1961.

9. Ashes of Roses
Regie: Don Leaver.
Drehbuch: Peter Ling, Sheilagh Ward.
Inhalt: Bei der Aufklärung einer Serie von Bränden, hinter denen er Brandstiftung vermutet, führt ein Hinweis Steed zum Friseursalon von Olive und Jacques Beronne. Steed lässt Keels Assistentin Carol dort eine Stelle annehmen. Kurz nachdem sie zu arbeiten begonnen hat, explodiert die Trockenhaube, unter der sie gerade saß. Carol bleibt glücklicherweise unverletzt und erfährt, dass ursprünglich Jean, eine andere Mitarbeiterin, als Nächste unter den Haartrockner sollte. Steed erfährt bei einem Besuch im Salon von der Friseurin Denise, dass die Firma kurz vor dem Bankrott steht. Er beobachtet die Besitzer im Gespräch mit dem bekannten Ganoven Mendelssohn. Kurz danach wird Jean ermordet. Die Beronnes wollen nach Paris fliehen, aber Steed kann sie aufhalten. Sie gestehen, dass Mendelssohn an diesem Abend den Salon anzünden wird, damit sie die Versicherungsprämie kassieren können. Steed kann Mendelssohn an seinem Tun hindern und so Carol und Denise vor dem Flammentod retten.
Darsteller/innen: Ingrid Hafner (Keels Assistentin Carol Wilson), Olga Lowe (Olive Beronne), Mark Eden (Jacques Beronne), Peter Zander (Johnny Mendelssohn), Hedi Erich (Denise).
Erstausstrahlung: 4.3.1961.

10. Please Don't Feed the Animals
Regie: Dennis Vance.
Drehbuch: Dennis Spooner.
Inhalt: Felgate, ein Regierungsbeamter mit Zugang zu Geheimpapieren, wird vom Besitzer eines Clubs in Soho erpresst. Das Geld wirft er in die Reptiliengrube im Zoo, aber Steed und Keel können nicht feststellen, wie das Geld von dort verschwindet. Als Felgate kein Geld mehr hat, soll er für den Clubbesitzer eine geheime Akte kopieren. Er weigert sich und wird zusammengeschlagen. Steed, der in derselben Abteilung arbeitet, bringt sich selbst im Club in eine verfängliche Situation mit einer der Hostessen. Bald wird auch er erpresst, er soll jetzt die Akte stehlen. Als Steed das Päckchen in die Reptiliengrube wirft, beobachtet Keel einen dressierten Affen, der es wieder raushohlt. Nachforschungen ergeben, dass die Besitzerin eines Getränkestands in der Nähe der Grube die Affen Kunststückchen für die Besucher vorführen lässt. Sie ist auch die Anführerin der Erpresser.
Darsteller/innen: Ingrid Hafner (Keels Assistentin Carol Wilson), Tenniel Evans (Felgate), Carole Boyer (Christine), Harry Ross (Kollakis), Alastair Hunter (Renton-Stephens), Catherine Ellison (Yvonne), Genevieve Lyons (Sarah), Mark Baker (Barmann).
Erstausstrahlung: 1.4.1961.

11. Hunt the Man Down
Regie: Peter Hammond.
Drehbuch: Richard Harris.
Inhalt: Frank Preston wird aus dem Gefängnis entlassen und macht sich auf den Weg zu dem Ort, wo er die Beute seines Raubüberfalls versteckt hat. Dabei wird er nicht nur von Steed verfolgt, sondern auch von seinen

beiden Ex-Kumpanen Stacey und Rocky, die das Versteck erfahren wollen. Es kommt zum Kampf, und Steed kann den verletzten Preston retten und in Keels Praxis bringen. Prestons Frau Stella erscheint in der Klinik und glaubt durch ein Missverständnis, Keel wisse, wo die Beute ist. Stacey und Rocky, die mit Stella zusammenarbeiten, entführen Carol, seine Assistentin, um ihn zum Reden zu bringen. Als Preston merkt, dass seine Frau ihn betrogen hat, zwingt er Keel mit Waffengewalt, mit ihm das Geld zu holen. Sie steigen in das Kanalsystem hinunter und werden dabei von den beiden Gaunern mit der gefangenen Carol verfolgt. Sie finden das Geld, werden aber von den Gangstern bedroht. Zum Glück erscheint rechtzeitig Steed mit mehreren Polizisten.
Darsteller/innen: Ingrid Hafner (Keels Assistentin Carol Wilson), Maurice Good (Paul Stacey), Melissa Stribling (Stella Preston), Susan Castle (Schwester Wyatt).
Erstausstrahlung: 8.4.1961.

12. Dance with Death
Regie: Don Leaver.
Drehbuch: Peter Ling, Sheilagh Ward.
Inhalt: Elaine Bateman, Besitzerin einer Tanzschule, erzählt Keel, es habe bereits mehrere Anschläge auf ihr Leben gegeben. Keel glaubt ihr und besucht ihre Tanzschule, wo er ihren Partner Major Caswell und den Pianisten Anthony kennen lernt. Dabei verliert er seinen Schal. Als er ihn am nächsten Tag holen will, entdeckt er, dass Elaine damit ermordet wurde. Steed will Keels Unschuld beweisen und schreibt sich als Schüler ein. Er lernt die reiche Mrs. Marne und ihre Tochter Valerie kennen. Steed findet heraus, dass Anthony vor Jahren verdächtigt wurde, seine Frau ermordet zu haben. Bevor er mit ihm reden kann, ist Anthony mit Valerie und den Diamanten ihrer Mutter verschwunden. Über das von ihm benutzte Taxi findet Steed seinen Aufenthaltsort heraus und rettet Valerie noch rechtzeitig.
Darsteller/innen: Ingrid Hafner (Keels Assistentin Carol Wilson), Caroline Blakiston (Elaine Bateman), David Sutton (Trevor Price), Angela Douglas (Beth Wilkinson), Ewan Roberts (Major Caswell), Pauline Shepherd (Valerie Marne), Diana King (Mrs. Marne), Geoffrey Palmer (Philip Anthony).
Erstausstrahlung: 15.4.1961.

13. One for the Mortuary
Regie: Peter Hammond.
Drehbuch: Brian Clemens.
Inhalt: Steed soll dafür sorgen, dass eine wichtige neue Formel unauffällig zu einer Ärztekonferenz gelangt. Ohne Keels Wissen bringt er die Formel als Mikropunkt auf dessen Einladungskarte für den Kongress an. Unglücklicherweise gibt Keel seine Karte an eine kranke Frau weiter, die er auf dem Flug nach Genf trifft und der er empfiehlt, zu dem Kongress zu kommen. Als Steed in Genf ankommt, findet er Keel im Gefängnis. Er ist angeklagt, einen Mann getötet zu haben, der in Wirklichkeit von einer Bande ermordet wurde, die hinter der Formel her ist. Steed sorgt dafür, dass Keel freigelassen wird. Sie finden die Frau, die die Einladungskarte besitzt, und übergeben die Formel dem Arzt, für den sie bestimmt war. Doch der entpuppt sich als Verräter, der die Formel ohne Umweg über den Kongress heimlich an den Meistbietenden verkaufen wollte.
Darsteller/innen: Ingrid Hafner (Keels Assistentin Carol Wilson), Peter Madden (Benson), Ronald Wilson (Scott), Dennis Edwards (Pallaine), Malou Pantera (Yvette Declair), Frank Gatliff (Dubois), Irene Bradshaw (Mädchen), Toke Townley (Bernhard Bourg).
Erstausstrahlung: 29.4.1961.

14. The Springers
Regie: Don Leaver.
Drehbuch: John Whitney, Geoffrey Bellman.
Inhalt: Hinweise deuten daraufhin, dass ein Gefangener von einer Fluchthilfeorganisation befreit werden soll. Keel übernimmt die Rolle dieses Gefangenen und geht ins Gefängnis. Steed glaubt, dass die Flucht auf dem Wasserweg vor sich gehen wird, und hält sich in der nahe gelegenen Stadt auf, die einen Kanal besitzt. Eine Spur führt in ein Mädchenpensionat. Er und eine junge Agentin geben sich als Vater und Tochter aus und besuchen die Schule, entdecken aber nichts Ungewöhnliches. Nachts bricht Steed in die Schule ein, wird dabei entdeckt und von Neame, dem Anführer der Fluchthelfer, gefangen genommen. Keel wurde inzwischen befreit und ebenfalls zur Schule gebracht. Die beiden Agenten planen ihre Flucht. Als Keels Rolle plötzlich durchschaut wird, gelingt es Steed, die Gangster auszutricksen und gefangen zu nehmen.
Darsteller/innen: Douglas Muir (One-Ten), David Webb (Pheeney), Charles Farrell (Straker), Brian Murphy (Haslam), Arthur Howard (Mr. Groves), Margo Andrew (Caroline Evans), Donald Morley (Neame).
Erstausstrahlung: 13.5.1961.

15. The Frighteners
Regie: Peter Hammond.
Drehbuch: Berkely Mather.
Inhalt: Als John Steed und David Keel eine Bande verfolgen, die für Geld Menschen zusammenschlägt, können sie den jungen Jeremy de Willoughby vor den Schlägern retten. Keel folgt einem der Gangster heimlich zum Versteck der Organisation. Dort erfährt er, dass Deacon, der Chef der Gangster, von dem reichen Geschäftsmann Sir Thomas Waller angeheuert wurde,

der verhindern will, dass Willoughby seine Tochter Marilyn heiratet. Steeds Recherchen ergeben, dass Willoughby ein Heiratsschwindler ist. Keel wendet einen Trick an und schlägt so Willoughby in die Flucht. Die Polizei verhaftet Deacon, der bei Waller sein Geld eintreiben will.
Darsteller/innen: Ingrid Hafner (Keels Assistentin Carol Wilson), Philip Locke (Moxon), Willoughby Goddard (Deacon), Philip Gilbert (Jeremy de Willoughby), David Andrews (Nigel), Stratford Johns (Sir Thomas Waller), Dawn Beret (Marilyn Waller), Doris Hare (Mrs. Briggs).
Erstausstrahlung: 27.5.1961.

16. The Yellow Needle
Regie: Don Leaver.
Drehbuch: Patrick Campbell.
Inhalt: Sir Wilberforce Lungi, Staatschef des afrikanischen Landes Tenebra, ist für politische Gespräche in London. Ein Anschlag auf sein Leben schlägt nur knapp fehl. Steed vermutet, dass die Sekretärin Lungis, Jacquetta Brown, dahintersteckt, und lässt sie von Keel beobachten. Er selbst fliegt nach Tenebra, wo er, als Reporter getarnt, Chief Bai Shebro, Lungis politischen Widersacher, trifft. Shebro glaubt ihm nicht und lässt ihn verhaften. Eine seiner Frauen, eine alte Bekannte Keels namens Judith, befreit ihn und informiert ihn über Jacquettas Pläne. Diese will Lungi mittels einer seiner Insulinspritzen mit Gelbfieber infizieren. Keel wird von ihr unter Drogen gesetzt und ist hilflos, doch Steed kommt rechtzeitig zurück und kann den Mord verhindern.
Darsteller/innen: Ingrid Hafner (Keels Assistentin Carol Wilson), Andre Dakar (Sir Wilberforce Lungi), Eric Dodson (Inspektor Anthony), Margaret Whiting (Jacquetta Brown), Bari Johnson (Chief Bai Shebro), Wolfe Morris (Ali).
Erstausstrahlung: 10.6.1961.

17. Death on the Slipway
Regie: Peter Hammond.
Drehbuch: James Mitchell.
Inhalt: Auf einer Werft, auf der ein neues Atom-U-Boot gebaut wird, ist ein Spion ums Leben gekommen. Steed ermittelt, getarnt als Metallurge. Der feindliche Spion Kolchek arbeitet mit Fleming, dem Personalchef der Werft, zusammen. Er durchschaut Steeds Verkleidung. Als es ihnen nicht gelingt, Steed zu töten, soll Fleming eine Bombe auf dem U-Boot deponieren. Von Flemings Sekretärin Liz erfährt Steed, dass Fleming unter Alkoholeinfluss ein Kind totgefahren hat; er vermutet, dass dieser deshalb von Kolchek erpresst wird. Steed findet die Bombe und stellt Fleming, der gerade von Kolchek angegriffen wurde. Steed

Dance with Death

Episodenführer

kann Kolchek überwältigen und die Bombe ins Meer werfen, wo sie – ohne Schaden anzurichten – explodiert.
Darsteller/innen: Peter Arne (Kolchek), Frank Thornton (Sir William Bonner), Nyree Dawn Porter (Liz Wells), Paul Dawkins (Sam Pearson), Sean Sullivan (Fleming), Redmond Bailey (Geordie Wilson), Robert G. Bahey (Jack), Barry Keegan (Insp. Georgeson), Tom Adams (PC Butterworth), Douglas Muir (One-Ten), Gary Watson (Pardoe), Patrick Conner (PC Geary), Hamilton Dyce (Sgt. Brodie), Billy Milton (Chandler).
Erstausstrahlung: 24.6.1961.

18. Double Danger
Regie: Roger Jenkins.
Drehbuch: Gerald Verner.
Inhalt: Keel wird zu einem schwer verletzten Patienten gerufen. Der Mann ist nicht Opfer eines Verkehrsunfalls, wie Keel gesagt wurde, sondern hat Schussverletzungen. Seine Begleiter bedrohen Keel mit einer Waffe und zwingen ihn, zu operieren. Keel erinnert sich, dass Steed gerade an einem Juwelenraub arbeitet, bei dem einer der Täter angeschossen wurde. Unter dem Vorwand, andere Instrumente zu benötigen, schickt Keel einen der Gangster zu seiner Assistentin Carol. Doch der Zettel enthält eine verschlüsselte Nachricht. Carol informiert Steed, dass Keel in Schwierigkeiten ist. Der Patient ist inzwischen gestorben. Keel will den Gangstern seine letzten Worte nicht verraten, und so kommt es zu einer Schlägerei, bei der Keel fliehen kann. Doch die Diamantendiebe entführen Carol, um ihn zu zwingen, sein Wissen preiszugeben. Keel gibt nach und verrät ihnen die letzten Worte des Toten, die einen Ort bezeichnen. Dort warten er und Steed, der Carol unterdessen befreit hat, zusammen mit der Polizei auf die Diebe.
Darsteller/innen: Ingrid Hafner (Keels Assistentin Carol Wilson), Charles Hodgson (Mark Crawford), Robert Mill (Harry Dew), Peter Reynolds (Al Brady), Ronald Pember (Bert Mills), Vanda Hudson (Lola Carrington), Kevin Brennan (Bruton), Gordon Phillott (Bartholomew).
Erstausstrahlung: 8.7.1961.

19. Toy Trap
Regie: Don Leaver.
Drehbuch: Bill Strutton.
Inhalt: Bunty, eine Bekannte, bittet Keel um Hilfe, ihre Freundin May ist verschwunden. Beide arbeiten in einem Kaufhaus. Keel glaubt, dass May etwas mit einem Callgirl-Ring zu tun hat. Kurz darauf wird Chrissie ermordet, die erst vor kurzem ihre Stelle im Kaufhaus gekündigt hatte. Als Keel sich im Wohnheim der Verkäuferinnen umsehen will, weist ihn die Haushälterin Mrs. McCabe ab. Steed stellt bei seinen Recherchen fest, dass Lennie, einer der Mitarbeiter des Kaufhauses, eine kriminelle Vergangenheit hat. Die beiden Agenten fahren zu Lennies Wohnung und finden dort die verschwundene May. Lennie wollte sie vor dem Chef der Organisation in Sicherheit bringen. Mit Buntys Hilfe als Lockvogel gelingt es, den Chef zu fangen – es ist Mrs. McCabe. Steed lässt sie verhaften.
Darsteller/innen: Hazel Graeme (May Murton), Tony van Bridge (Henry Burge), Nina Marriott (Alice), Sally Smith (Bunty Seton), Ann Tirard (Mrs. McCabe), Brandon Brady (Freddie), Brian Jackson (Johnnie), Lionel Burns (Fotograf), Tex Fuller (Lennie Taylor), Mitzi Rogers (Ann).
Erstausstrahlung: 22.7.1961.

20. The Tunnel of Fear
Regie: Guy Verney.
Drehbuch: John Kruse.
Inhalt: Harry Black, ein entflohener Sträfling, taucht bei Keel auf und behauptet, unschuldig eingesperrt worden zu sein. Steed fängt an zu ermitteln und entdeckt Zusammenhänge zwischen Blacks letztem Arbeitsplatz, einem Jahrmarkt in Southend, und geheimen Informationen, die anscheinend über Southend ins Ausland gebracht wurden. Er nimmt einen Job auf dem Jahrmarkt an. Als Black dort auftaucht, ruft sein alter Kollege Maxie die Polizei. Maxie misstraut auch Steed und warnt seinen Chef Wickram. Steed wird gefangen genommen und von einem Jahrmarktsmagier in Hypnose versetzt, doch er verrät nichts. Auch Blacks Freundin Claire wird gefangen genommen. Black und Keel finden Claire und Steed gefesselt in der Geisterbahn. Als Wickram mit seinen Männern auftaucht, kann Steed sie mit einem Trick überwältigen.
Darsteller/innen: Ingrid Hafner (Keels Assistentin Carol Wilson), Stanley Platts (Maxie Lardner), John Salew (Jack Wickram), Murray Hayne (Harry Black), Douglas Muir (One-Ten), Doris Rogers (Mrs. Black), Nancy Roberts (Madame Zenobia), Miranda Connell (Claire), Douglas Rye (Bill), Morris Perry (Sergeant).
Erstausstrahlung: 5.8.1961.

21. The Far Distant Dead
Regie: Peter Hammond.
Drehbuch: John Lucarotti.
Inhalt: Bei einer Zwischenlandung in Mexico City erfährt Keel, dass ein kleiner mexikanischer Hafen von einem Wirbelsturm zerstört wurde, und beschließt, den Opfern zu helfen. Auf dem Weg zum Dorf trifft er eine mexikanische Ärztin mit dem gleichen Ziel. In das Krankenhaus des Ortes wird ein Patient mit schwe-

rer Lebensmittelvergiftung eingeliefert. Keel entdeckt, dass das mit den Notvorräten eingeflogene Speiseöl in Wirklichkeit hydraulische Flüssigkeit ist. In seinem Hotel findet er einen anonymen Brief, aus dem hervorgeht, dass das erste Opfer dieses Öls vor zwei Jahren in Vera Cruz starb. Keel und die Ärztin verfolgen die Spur des Öls zurück nach Marseille. Dort sagt ihnen ein Mann, das Öl sei von Zeebrugge gekommen. Keels Kollegin merkt, dass es der Name eines Mannes, nicht der einer Stadt ist, und verabschiedet sich unter einem Vorwand. Keel bemerkt seinen Fehler bald und fährt zu Zeebrugges Haus. Er kommt gerade noch rechtzeitig, um die Ärztin daran zu hindern, den Mann zu töten.
Darsteller/innen: Reed de Rouen (Zun Garcia), Katharine Blake (Dr. Ampara Alverez Sandoval), Francis de Wolff (Hercule Zeebrugge), Tom Adams (Rayner), Andreas Malandrinos (Godoy), Michael Mellinger (Mateos), Guy Deghby (Inspektor Gauvreau).
Erstausstrahlung: 19.8.1961.

22. Kill the King
Regie: Roger Jenkins.
Drehbuch: James Mitchell.
Inhalt: Auf dem Weg nach London, wo er einen Vertrag über Öllieferungen unterschreiben soll, wird ein Anschlag auf König Tenuphon verübt. Der König überlebt, und John Steed bekommt den Auftrag, für seine Sicherheit zu sorgen. Gegenüber der Hotelsuite des Regenten wartet schon der Attentäter Major Harrington darauf, den König zu erschießen, sobald dieser seinen Balkon betritt. Die Besitzerin des Hauses weiß von dem geplanten Attentat, kann Steed aber nicht warnen, weil sie selbst in die Gewalt des Gangsters gerät. Am selben Tag betritt der König den Balkon erstmals, angelockt durch den Lärm eines tief fliegenden Hubschraubers. Steed ahnt etwas und wirft den König zu Boden, gerade als der Attentäter abdrückt. Der Leibwächter des Königs erschießt Harrington.
Darsteller/innen: Ingrid Hafner (Keels Assistentin Carol Wilson), Burt Kwouk (König Tenuphon), James Goei (Prinz Serrakit), Patrick Allen (General Tuke), Lisa Peake (Mei Li), Peter Barkworth (Crichton-Bull), Moira Redmond (Zoe Carter), Ian Colin (Major Harrington), Carole Shelley (Ingrid Storm), Andy Ho (U Meng), Eric Young (Suchong).
Erstausstrahlung: 2.9.1961.

23. Dead of Winter (The Case of the Happy Camper)
Regie: Don Leaver.
Drehbuch: Eric Paice.
Inhalt: In den Londoner Docks wird mitten in einer Fleischlieferung der tiefgefrorene Körper von Gerhardt

Ian Hendry

Schneider, einem Nazi-Kriegsverbrecher, gefunden. Steed findet heraus, dass Schneider eine Nazi-Organisation namens Phoenix gegründet hatte. Als Dr. Brennan, ein Freund von Dr. Keel, die Autopsie vornehmen will, wird er ermordet. Der Tote ist verschwunden. Keel schlüpft in die Rolle eines Arztes, der von der Nazi-Organisation erwartet wird. Dabei erfährt er, dass der tote Nazi Schneider gesund und munter ist. Ein Arzt, der für Phoenix arbeitet, hat eine Möglichkeit gefunden, Menschen einzufrieren und wieder zum Leben zu erwecken. Keel wird enttarnt und soll zum Wissenschafter für Versuchszwecke dienen. Die Freundin eines der Verbrecher alarmiert Steed. Nach einem Kampf bei den Docks kann er Keel rechtzeitig aus dem Gefrierraum retten. Phoenix ist zerstört, Keel kommt mit einem Schnupfen davon.
Darsteller/innen: Ingrid Hafner (Keels Assistentin Carol Wilson), John Woodvine (Harry), Blaise Wyndham (Syd), Carl Duering (Schneider), David Hart (Dr. Brennan), Sheila Robins (Inez), Michael Sarne (Willi), Zorenah Osborne (Margarita), Neil Hallett (Weber), Norman Chappell (Ted), Arnold Marle (Kreuzer).
Erstausstrahlung: 9.12.1961.

Episodenführer

24. The Deadly Air
Regie: John Knight.
Drehbuch: Lester Powell.
Inhalt: Während der Wissenschaftler Heneger an einem Impfstoff gegen eine tödliche Krankheit arbeitet, wird er überfallen. Dabei geht eine große Menge des Stoffes verloren. Steed und Keel beginnen mit ihren Ermittlungen. Als Chalk und Craxton, zwei andere Wissenschaftler, den Impfstoff in einem isolierten Raum testen, kommt Chalk ums Leben. Steed entdeckt Glassplitter in der Luftversorgung des Raumes und schließt daraus, dass Chalk ermordet wurde. Die beiden Agenten stellen sich für einen Test zur Verfügung. Plötzlich sind sie eingeschlossen, und Heneger will sie töten. Einer der Mitarbeiter des Labors kann das verhindern, er selbst aber wird von Heneger erschossen. Heneger flieht, doch Keel ahnt, wer das nächste Opfer sein wird. Heneger geht in die Falle und gesteht, hinter allem stecke Craxton, der das Medikament für wertlos erklären will, um es unter der Hand teuer verkaufen zu können.
Darsteller/innen: Ingrid Hafner (Keels Assistentin Carol Wilson), Ann Bell (Barbara Anthony), Michael Hawkins (Dr. Philip Karswood), Keith Anderson (Heneger), Richard Butler (Herbert Truscott), Allan Cuthbertson (Dr. Hugh Chalk), John Stratton (Dr. Owen Craxton), Douglas Muir (One-Ten), Cyril Renison (Dr. Harvey), Anthony Cundell (Keo Armstrong), Geoffrey Bayldon (Professor Kilbride).
Erstausstrahlung: 16.12.1961.

25. A Change of Bait
Regie: Don Leaver.
Drehbuch: Lewis Davidson.
Inhalt: Einer von Keels Patienten, der herzkranke Händler Archie, steckt in Schwierigkeiten. Mithilfe des Unterhändlers Potts hat er eine Schiffsladung Bananen an Barstow verkauft. Aber der skrupellose Potts macht mit Barstow krumme Geschäfte. Er organisiert einen Streik auf den Docks, damit die Bananen verrotten und Barstow von der Versicherungsgesellschaft eine Abfindung bekommt. Steed sorgt dafür, dass der Streik beendet wird und Barstow die Lieferung erhält. Potts weigert sich daraufhin, Archie zu bezahlen, in der Hoffnung, er könne an seiner Herzschwäche sterben. Erst als Keel und Steed Potts bei einem weiteren Versicherungsbetrug auf frischer Tat ertappen, als er eine Firma anzünden will, können sie dem Gauner das Handwerk legen.
Darsteller/innen: Ingrid Hafner (Keels Assistentin Carol Wilson), Victor Platt (Archie Duncan), John Bailey (Lemuel Potts), Henry Soskin (Peter Sampson), Robert Desmond (Herb Thompson), Graham Rigby (Nat Fletcher), Gary Hope (Barker), Arthur Barrett (André), Norman Pitt (Bryan Stubbs), Gillian McCutcheon (Ivy), Harry Shacklock (Charlie), Michael Hunt (Steeds Gehilfe).
Erstausstrahlung: 23.12.1961.

26. Dragonsfield
Regie: Peter Hammond.
Drehbuch: Terence Feely.
Inhalt: Steed ermittelt in einem Forschungszentrum, in dem nach einem Material geforscht wird, das Astronauten vor radioaktiver Strahlung schützen kann. Dort war es zu Sabotageakten gekommen, einer der Wissenschaftler hatte einen Arbeitsunfall mit radioaktiver Strahlung. Steed trifft auf den unbeliebten Sicherheitsbeamten Saunders, auf Dr. Alford und seine hübsche Assistentin Summers, die Wissenschaftlerin Lisa Strauss und den Chef des Projektes, Dr. Reddington. Kurz danach wird Dr. Alford bei einem Attentat schwer verletzt. Saunders hat unterdessen den geheimen Code der Saboteure entschlüsselt und ein Treffen mit ihnen vereinbart. Dabei wird er gefangen genommen. Steed setzt sich auf seine Spur und kann ihn befreien. Einer der Verbrecher verrät ihm, dass Susan Summers die Sabotageaktionen leitet. Er kehrt rechtzeitig zurück, um Summers an einem weiteren Mord an ihrer Kollegin Strauss zu hindern.
Darsteller/innen: Sylvia Langova (Lisa Strauss), Alfred Burke (Saunders), Ronald Leigh-Hunt (Reddington), Barbara Shelley (Susan Summers), Thomas Kyffin (Jack Alford), Keith Barron (Techniker), Amanda Reeves (Sekretärin), Eric Dodson (One Fifteen), Steven Scott (Boris), Michael Robbins (Gastwirt), Herbert Nelson (Peters), Morris Perry (zweiter Techniker).
Erstausstrahlung: 30.12.1961.

ZWEITE STAFFEL 1962-63

Produktion: Leonard White (27-40), John Bryce (41-52).
Hauptdarsteller/innen: Patrick Macnee (John Steed), Honor Blackman (Catherine Gale).
Länge: 50 Min. (OF).
Ausstrahlung: ABC.

27. Mr. Teddy Bear
Regie: Richmond Harding.
Drehbuch: Martin Woodhouse.
Inhalt: Colonel Wayne-Gilley wird während eines Fernsehinterviews öffentlich ermordet. Für One-Ten weist der diabolische Mord auf den Auftragsmörder Mr. Teddy Bear hin. Cathy Gale soll ihm eine Falle stellen und ihn beauftragen, Steed umzubringen. Sie verabredet sich mit dem Killer in einem Landhaus. Dort findet sie nur einen Spielzeugbären, aus dem die Stimme des Mörders kommt. Er stimmt zu, Steed für 200.000 Pfund

Patrick Macnee, Honor Blackman

zu töten. Steed sucht unterdessen die Wohnung eines Informanten auf, findet aber nur noch eine Leiche vor. Mr. Teddy Bear ruft Steed dort an und teilt ihm mit, der Hörer, den er in der Hand halte, sei mit einem Gift eingerieben, das bei Berührung tödlich wirke. Steed versucht, ein Gegengift zu finden. Der Killer hat unterdessen den Plan durchschaut und Gale in ein Lagerhaus gelockt. Er gibt ihr eine angebliche Betäubungspille. Steed, inzwischen wieder gesund, erreicht das Lagerhaus. Zusammen zwingen sie Mr. Teddy Bear, die Pille selbst zu nehmen. Er bricht tot zusammen.
Darsteller/innen: Tim Brinton (Interviewer), Kenneth Keeling (Col. Wayne-Gilley), John Horsley (Dr. Gilmore), Douglas Muir (One-Ten), Michael Robbins (Henry), Bernard Goldman (Mr. Teddy Bear), Sarah Maxwell (Frau im Café), John Ruddock (Dr. James Howell).
Erstausstrahlung: 29.9.1962.

28. Propellant 23
Regie: Jonathan Alwyn.
Drehbuch: Jon Manchip White.
Inhalt: John Steed und Cathy Gale sollen auf dem Marseiller Flughafen einen Kurier treffen, der ihnen eine Probe des neuen Raketentreibstoffes Propellant 23 übergeben will. Aber als der Mann den Flughafen betritt, bricht er tot zusammen. Die Flasche mit der Probe fällt

Episodenführer

unbemerkt in ein paar Blumen. Seine Brieftasche wird von der Polizei beschlagnahmt. Als Steed sie bei einem Einbruch an sich bringen will, wird er von Siebel, einem ausländischen Agenten, angegriffen. Steed kann ihn überwältigen, aber die Brieftasche erweist sich als wertlos. Ein Mann namens Manning erfährt inzwischen von der Stewardess, dass der Kurier getötet wurde. Steed und Gale machen sich auf die Suche nach einem Augenzeugen, der die Treibstoffprobe an sich genommen hat, und entdecken in dessen Wohnung die Stewardess, tot. Es kommt zum Kampf mit zwei feindlichen Agenten. Schließlich kommt der Augenzeuge nach Hause, die beiden Agenten können die Probe in Sicherheit bringen.
Darsteller/innen: Frederick Schiller (Jules Meyer), Justine Lord (Jeanette), Nicholas Courtney (Captain Legros), Michael Beint (Kopilot), Geoffrey Palmer (Paul Manning), Catherine Woodville (Laura), Trader Faulkner (Jacques Tissot), John Crocker (Lieutenant »Curly« Leclerc), John Dearth (Siebel), Ralph Nossek (Roland), Barry Wilsher (Pierre), Graham Ashley (Polizist), Deanna Shendery (Verkäuferin), John Gill (Bäcker).
Erstausstrahlung: 6.10.1962.

29. The Decapod
Regie: Don Leaver.
Drehbuch: Eric Paice.
Inhalt: Steed soll Yakob Borb, den Präsidenten der Balkan-Republik, während eines Aufenthalts in London beschützen. Als Borbs Sekretärin ermordet wird, übernimmt die mit Steed befreundete Nachtclubsängerin Venus Smith ihre Stelle. Einer von Borbs Leibwächtern kämpft bei einem öffentlichen Ringkampf gegen den Profi Harry Ramsden, der maskiert unter dem Namen Decapod auftritt. Borbs Leibwächter stirbt, der Decapod flieht. Steed erfährt später von Ramsden, dass er gar nicht an dem Kampf teilgenommen hat und für sein Wegbleiben bezahlt wurde. Kurze Zeit später wird ein zweiter Leibwächter getötet. Zurück bleibt nur die Maske des Decapod. Steed verdächtigt den balkanischen Botschafter Stepan. Der gesteht, er habe die Leibwächter Borbs bezahlt – dafür, den Präsidenten davon abzuhalten, sein Amt niederzulegen. Borb träumt davon, das Leben eines Playboy zu führen. Steed fährt zum Nachtclub und trifft dort auf den Decapod. Mit Ramsdens Hilfe kann er ihn besiegen und demaskieren. Es ist Borb. Stepan erschießt den Verräter.
Darsteller/innen: Julie Stevens (Venus Smith), Pamela Conway (Frau in der Dusche), Paul Stassino (Yakob Borb), Philip Madoc (Stepan), Douglas Robinson, Valentine Musetti (Leibwächter); Valerie Stanton (Zigarettenverkäuferin), Lynne Furlong (Edna Ramsden), Wolfe Morris (Ito), Raymond Adamson (Harry Ramsden), Harvey Ashby (Wachoffizier), The Dave Lee Trio.
Erstausstrahlung: 13.10.1962.

30. Bullseye
Regie: Peter Hammond.
Drehbuch: Eric Paice.
Inhalt: Steed verschafft Gale 20 Prozent der Anteile an einer Waffenfirma, deren Vorstand vor kurzem ermordet wurde. Der Industriemagnat Calder will die Firma aufkaufen. Cathy Gale trifft weitere Mitglieder des Aufsichtsrates, darunter einen Brigadier, Young und Miss Ellis. Ein weiterer Mord geschieht, und Gale gerät unter Tatverdacht. Sowohl Calder als auch Young versuchen, Anteile der Firma aufzukaufen. Als Calder sich deswegen an den Brigadier wendet, wird dieser kurze Zeit später ermordet aufgefunden. Cathy hält daraufhin Calder für den Mörder und stellt ihn zur Rede. Er erzählt ihr, dass jemand versuche, ihn an der Übernahme der Firma zu hindern, und deswegen jeden umbringe, mit dem er ins Geschäft zu kommen versuche. Cathy verkauft ihm ihre Anteile. Bei der nächsten Aufsichtsratssitzung fordert Calder eine Prüfung aller Anteilsverhältnisse. In der aufkommenden Panik versuchen Young, seine Frau und ein Komplize zu fliehen. Miss Ellis entpuppt sich als die Drahtzieherin. Steed verhaftet die ganze Bande.
Darsteller/innen: Mitzi Rogers (Jean), Judy Parfitt (Miss Ellis), Charles Carson (Brigadier), Robin Wentworth (Vorarbeiter), Felix Deebank (Young), John Frawley (Reynolds), Graham Bruce (Teilhaber), Bernard Kay (Karl), Laurie Leigh (Dorothy Young), Fred Ferris (Inspektor).
Erstausstrahlung: 20.10.1962.

31. Mission to Montreal
Regie: Don Leaver.
Drehbuch: Lester Powell.
Inhalt: Die Schauspielerin Carla Berotti sollte ermordet werden, doch der Mörder tötete versehentlich ihr Double. Steed und sein Freund Dr. King fürchten einen weiteren Anschlag und gehen mit an Bord des Luxusliners, der die Schauspielerin nach Montreal bringen soll. King verliebt sich in sie. Steed glaubt, dass Berotti einen gestohlenen Mikrofilm mit geheimen Daten über das amerikanische Raketen-Frühwarnsystem in das Land schmuggeln will. Sie erfährt, dass der Mann, der sie töten wollte, ebenfalls an Bord des Schiffes ist, und versteckt den Film in Kings Medizintasche. In dieser Nacht schläft ein Betrunkener seinen Rausch in Kings Kabine aus und wird am nächsten Morgen tot aufgefunden. Steed findet den Film, aber Berotti streitet erst alles ab. Es stellt sich heraus, dass ihre Sekretärin und Brand, der Mörder, zu den gegnerischen Agenten gehören. Die Schauspielerin erklärt sich bereit, Steed zu helfen, doch wird sie um ein Haar von den feindlichen Agenten getötet. Steed und King retten ihr das Leben, doch sie wird mit allen anderen zusammen verhaftet.

Darsteller/innen: Jon Rollason (Dr. Martin King), Patricia English (Carla Berotti), Harold Berens (Regisseur), Pamela Ann Davy (Peggy), Alan Curtis (Brand), Angela Thorne (Empfangsdame), Eric McCaine (Pearson), Mark Eden (Nicholson), Peter Mackriel, William Swan (Stewards), Gerald Sim (Budge), John Bennett (Marson), Malcolm Taylor, Terence Woodfield, Leslie Pitt (Reporter), William Buck (Fotograf), Iris Russell (Sheila Dowson), Gillian Muir (Judy), John Frawley (Passagier), Allan Casley (Barmann).
Erstausstrahlung: 27.10.1962.

32. The Removal Man
Regie: Don Leaver.
Drehbuch: Roger Marshall, Jeremy Scott.
Inhalt: Ein wichtiger britischer Politiker wird ermordet. Steed sucht an der Riviera nach einer Bande von Auftragsmördern. Mit einer falschen Identität und einem geschickten Trick verschafft er sich Aufnahme in die Bande. In dem Nachtclub, in dem Venus Smith auftritt, erhält Steed seinen ersten Auftrag. Er soll eine französische Schauspielerin töten. Er versteckt die Frau, fährt ihr Auto über die Klippen und meldet den Auftrag als ausgeführt. Venus Smith erzählt Siegal, einem der Killer, ahnungslos, sie habe Steed mit der Schauspielerin gesehen. Der Bandenchef Dragna ordnet an, dass Steed die unliebsame Zeugin töten soll. Siegal wird misstrauisch und findet heraus, dass die Schauspielerin noch am Leben ist. Dragna sieht die Beweisfotos und gibt den Befehl, Steed und Venus zu töten. Im Nachtclub kommt es zum Schlusskampf, bei dem beide Mörder getötet werden.
Darsteller/innen: Julie Stevens (Venus Smith), Reed de Rouen (Jack Dragna), Edwin Richfield (Bud Siegal), Donald Tandy (Godard), Patricia Denys (Cecile Dragna), George Goderick (Binaggio), Douglas Muir (One-Ten), George Little (Kellner), Hugo de Vernier (Gefangenenaufseher), Edina Ronay (Nicole Cauvin), Hira Talfrey (Charlie), Ivor Dean (Hafenoffizier), The Dave Lee Trio.
Erstausstrahlung: 3.11.1962.

33. The Mauritius Penny
Regie: Richmond Harding.
Drehbuch: Malcolm Hulke, Terence Dicks.
Inhalt: Von einem Briefmarkensammler erfährt Steed, dass eine sehr seltene Marke zum Verkauf angeboten wurde. Kurze Zeit später ist der Mann tot. Steed geht zu dem Geschäft und trifft den reichen Sammler Lord Matterley sowie Shelley, den Besitzer des Ladens. Goodchild, der Assistent des Briefmarkenhändlers, kommt ebenfalls ums Leben. In seinen Taschen finden John Steed und Catherine Gale weitere Verkaufslisten. Die Briefmarken in den Listen stellen eine Art Code dar.

The Mauritius Penny

Gale sucht sich Arbeit bei dem Briefmarkenhändler und findet eine Einladung zu einer philatelistischen Veranstaltung. Steed folgt unterdessen einer anderen Spur und gerät in Gefangenschaft. Er wird von einem Lastwagenfahrer befreit, der von der Organisation ohne sein Wissen benutzt worden war. Von ihm erfährt Steed, dass die Briefmarkensammler Waffen schmuggeln. Gale merkt bei der Versammlung, dass eine radikale Gruppe hinter allem steckt, die einen Staatsstreich vorbereitet. Dabei wird sie gefangen genommen. Steed kann sie retten und Lord Matterley als den Kopf der Bande enttarnen.
Darsteller/innen: Philip Guard (Goodchild), Harry Shacklock (Percy Peckham), Anthony Rogers (Junge), David Langton (Gerald Shelley), Edward Jewesbury (Maitland), Alfred Burke (Brown), Richard Vernon (Lord Matterley), Raymond Hodge (Pförtner), Alan

Episodenführer

The Mauritius Penny

Rolfe (Burke), Edward Higgins (Andrews), Grace Arnold (Putzfrau), Edwin Brown (Lastwagenfahrer), Anthony Blackshaw (Freund des Lastwagenfahrers), Delia Corrie (Miss Power), Sylvia Langova (Sheila Gray), Theodore Wilhelm (Delegierter).
Erstausstrahlung: 10.11.1962.

34. Death of a Great Dane
Regie: Peter Hammond.
Drehbuch: Roger Marshall, Jeremy Scott.
Inhalt: Bei einem Unfall wird ein Mann namens Miller schwer verletzt, der eine große Menge Diamanten in seinem Magen hat. Steed vermutet einen Zusammenhang mit einer bekannten Schmugglerbande. Auf dem Anwesen von Millers reichem Arbeitgeber Litoff sieht er dessen Butler eine Dogge ausführen. Gregory, der Butler, erzählt ihm, dass eine zweite Dogge kürzlich verstorben ist. Litoff selbst ist schwer krank, Steed spricht mit seinem Assistenten Getz. Als Gale herausfindet, dass Litoff seine Unterstützungen an soziale Einrichtungen im großen Stil zurückgezogen hat, verdächtigt Steed Litoffs Assistenten der Veruntreuung. Litoffs Arzt Sir James bestätigt, dass der Millionär schwer krank sei. Miller und seine Frau werden ermordet. In ihrer Wohnung entdeckt Gale die angeblich tote Dogge. Steed bricht bei Litoff ein und findet dessen Bett leer, dafür trifft er auf Sir James, der ihn mit einer Waffe bedroht. Der tote Litoff wurde anstelle des Hundes auf dem Tierfriedhof begraben, und Sir James, Getz und Gregory teilen sein Vermögen untereinander auf. Mit Gales Hilfe kann Steed die Bande überwältigen.
Darsteller/innen: Billy Milton (Minister), Herbert Nelson (Totengräber), Leslie French (Gregory), Clare Kelly (Mrs. Miller), Dennis Edwards (erster Assistent), Anthony Baird (zweiter Assistent), Frederick Jaeger (Getz), Frank Peters (Miller), Michael Moyer (Polizist), John Laurie (Sir James Mann), Eric Elliott (erster Weintrinker), Roger Maxwell (zweiter Weintrinker), Kevin Barry (Mann vom Hundezwinger).
Erstausstrahlung: 17.11.1962.

35. The Sell-Out
Regie: Don Leaver.
Drehbuch: Anthony Terpiloff, Brandon Brady.
Inhalt: Bei einem Anschlag auf M Roland, einen ranghohen UN-Mitarbeiter, den Steed während seines Aufenthaltes in London beschützen soll, kommt ein Unschuldiger ums Leben. Steed erklärt seinem Vorgesetzten One-Twelve (One-Ten scheint im Urlaub zu sein!), dass er einen Insider verdächtigt, diesen und andere erfolglose Anschläge begangen zu haben: Harvey, der für die Sicherheit der Gespräche, die M Roland in London führen soll, verantwortlich ist. Bei der nächsten Gesprächsrunde schüttet Steed Harvey, den er für schwer krank hält, eine Droge in sein Getränk und lässt ihn von Dr. King untersuchen. Harvey durchschaut den Trick und bedroht King. Er erzählt ihm, dass er wegen seiner Krankheit zum Verräter wurde. Seine letzten Jahre wollte er im Luxus verbringen. Steed kommt rechtzeitig, um King zu retten und Harvey zu verhaften.
Darsteller/innen: Jon Rollason (Dr. Martin King), Carleton Hobbs (M Roland), Anthony Blackshaw (Polizeibeamter), Storm Durr (Bewaffneter), Arthur Hewlett (One-Twelve), Michael Mellinger (Frazer), Frank Gatliff (Harvey), Anne Godley (Lilian Harvey), Gillian Muir (Judy), Richard Klee (Arbeiter), Henry Rayner (Reporter).
Erstausstrahlung: 24.11.1962.

36. Death on the Rocks
Regie: Jonathan Alwyn.
Drehbuch: Eric Paice.
Inhalt: Mrs. Ross, die Frau eines Diamantenhändlers, wird von einer Kosmetikerin mit einer ganz speziellen Gesichtsmaske umgebracht. Da zur Zeit Diamanten illegal ins Land geschmuggelt werden, geben sich Steed und Gale als Diamantenhändler und Ehepaar aus. Sie kaufen Ross' Haus, und Steed geht eine Partnerschaft

mit ihm ein. Ross wird von den Schmugglern erpresst, Diamanten von ihnen zu kaufen, und geht aus Angst um das Leben seiner Tochter Jackie darauf ein. Jackies Freund Nicky wird ebenfalls erpresst und soll Steed überwachen. Gale bricht in Nickys Keller ein und entdeckt, dass die Steine zwischen Salzladungen versteckt ins Land kommen. Kurze Zeit später wird die Frau eines weiteren Diamantenhändlers getötet, und Jackie wird gekidnappt. Fenton, der Chef der Schmuggler, will Jackie und ihren Vater töten, aber Steed und Nicky können die beiden retten. Unterdessen macht Gale die mordende Kosmetikerin, die sich als wahrer Kopf der Bande entpuppt, unschädlich.
Darsteller/innen: Annette Kerr (Mrs. Ross), Ellen McIntosh (Liza Denham), Jack Grossman, Vincent Charles (Diamantenhändler); Hamilton Dyce (Max Daniels), Richard Clarke (Van Berg), Haydn Ward (Maler), Gerald Cross (Fenton), David Sumner (Nicky), Meier Tzelniker (Samuel Ross), Toni Gilpin (Jackie Ross), Douglas Robinson (Sid), Naomi Chance (Mrs. Daniels).
Erstausstrahlung: 1.12.1962.

37. Traitor in Zebra
Regie: Richmond Harding.
Drehbuch: John Gilbert.
Inhalt: Von der Navy-Basis Zebra werden geheime Informationen an den Feind weitergegeben. Steed und Gale sehen sich unter falscher Identität vor Ort um. Steed lernt Offizier Crane, Captain Nash, dessen Sekretär Leutnant Mellors und den Unteroffizier Graham kennen. Mellors übermittelt im Dorf geheime Informationen mithilfe eines Dartbretts an den Künstler Rankin, der sie mit einem Hund zu einem Laden weiterleitet, wo sie von der Verkäuferin Linda empfangen werden. Mellors verliert die Nerven und sucht Rankin persönlich auf. In der nächsten Nacht wird er ermordet. Gale freundet sich mit Franks an, dem Besitzer des Lokalblattes, und sieht in seinem Büro die Zeichnung eines Dartbrettes. Franks wird daraufhin von Steed beschattet, als er das nächste Mal bei Linda die Informationen abholt. Franks dreht durch und tötet erst den unschuldigen Unteroffizier Graham und dann Rankin, den Künstler. Anschließend will er die ganze Basis Zebra in die Luft sprengen. Steed sperrt ihn zusammen mit der Bombe ein. So bleibt ihm nichts anderes übrig, als sie selbst zu entschärfen.
Darsteller/innen: Richard Pescud (Begleitender Offizier), Noel Coleman (Nash), Danvers Walker (Crane), June Murphy (Maggie), Ian Shand (Mellors), Michael Browning (Steward in der Offiziersmesse), William Gaunt (Graham), Richard Leech (Franks), John Sharp (Rankin), Katy Wild (Linda), Jack Stewart (Thorne).
Erstausstrahlung: 8.12.1962.

38. The Big Thinker
Regie: Kim Mills.
Drehbuch: Martin Woodhouse.
Inhalt: Das System des größten Computers, der je gebaut wurde, Plato, bricht zum zweiten Mal zusammen, und im Kontrollraum in seinem Inneren wird ein erfrorener Wissenschaftler gefunden. Cathy Gale nimmt die Ermittlungen auf. Sie begegnet Dr. Clemens, dem Leiter des Unternehmens, Professor Farrow und dem Mathematikgenie Dr. Kearns. Mit ihm besucht sie ein Spielcasino, wo Kearns große Summen verliert. Um zu verhindern, dass Kearns durch seine Schulden erpressbar wird, bezahlt sie für ihn. Am nächsten Tag gibt es wieder einen Unfall, bei dem Dr. Clemens ums Leben kommt. Gale entgeht nur knapp dem Tod. Kearns wird verdächtigt, ist aber verschwunden. In der Nacht entdeckt Gale ihn beim Computer. Er glaubt, Clemens müsse den Namen des Mörders gewusst und in den Computer eingegeben haben. Als beide das Innere von Plato betreten, werden sie eingeschlossen, und die Temperatur beginnt zu fallen. Kearns findet einen Weg, Steed zu verständigen. Gerade als der sie retten will, versucht Professor Farrow ein letztes Mal, seine Entlarvung zu verhindern. Dabei wird er von einem Stromschlag getötet.
Darsteller/innen: Walter Hudd (Dr. Clemens), David Garth (Dr. Farrow), Tenniel Evans (Dr. Hurst), Marina Martin (Janet Lingfield), Anthony Booth (Dr. Kearns), Allan McClelland (Broster), Penelope Lee (Clarice), Ray Brown (Blakelock).
Erstausstrahlung: 15.12.1962.

39. Death Dispatch
Regie: Jonathan Alwyn.
Drehbuch: Leonard Fincham.
Inhalt: Ein englischer Kurier wird in Jamaika ermordet, kann aber vor seinem Tod verhindern, dass seine Tasche mit Akten gestohlen wird. Steed und Gale fliegen nach Jamaika und finden in der Tasche nur belanglose Informationen. Steed schlüpft in die Rolle des toten Kuriers. Nach der Ankunft in Südamerika wird er angegriffen, und erst Gales Erscheinen rettet ihn und die Tasche. Der ehrgeizige Politiker Rosas ersetzt den erfolglosen ersten Angreifer Pasco durch Muller. Weitergeflogen nach Santiago, lässt Steed die Tasche als Köder im Hotelzimmer. Als er zurückkehrt, findet er Pasco tot in seinem Zimmer und die Tasche durchwühlt. Gale folgt Muller nach Buenos Aires. Muller entdeckt sie, nimmt sie gefangen und bringt sie zu Rosas. Als Steed ihr zu Hilfe kommen will, wird auch er gefangen. Dabei erfahren sie, dass Rosas die Reiseroute eines US-Diplomaten erfahren und diesen töten wollte, um durch die folgenden politischen Unruhen an die Macht zu kommen. Steed kann sich befreien, und Rosas wird festgesetzt.

Episodenführer

Darsteller/innen: Hedger Wallace (Baxter), Alan Mason (Pasco), Douglas Muir (One-Ten), Geoff L'Cise, Arthur Griffiths (Gangster); Richard Warner (Miguel Rosas), Valerie Sarruf (Anna Rosas), David Cargill (Muller), Bernice Rassin (Zimmermädchen), Michael Forrest (Rico), Maria Andipa (Sängerin), Jerry Jardin (Kunde), Gerald Harper (Travers).
Erstausstrahlung: 22.12.1962.

40. Dead on Course
Regie: Richmond Harding.
Drehbuch: Eric Paice.
Inhalt: Steed und Dr. King untersuchen einen Flugzeugabsturz an der irischen Küste. Als einzige Überlebende wird eine bewusstlose Stewardess in ein nahes Kloster gebracht. Die Fracht, alles Banknoten, ist verschwunden. Auch der Kopilot wird vermisst. King entdeckt, dass der Pilot erdrosselt wurde. Einer der Dorfbewohner, Vincent, erzählt King, er habe den Kopiloten nach dem Absturz lebend gesehen. Kurz danach wird auch die Stewardess erdrosselt. Steed findet heraus, dass der Kopilot mit der Hostess Dreidre verheiratet ist. Er belauscht Dreidre kurz darauf, als sie jemandem im Kloster telefonisch den Rufcode eines zweiten Geldflugzeuges mitteilt. King entdeckt im Dorfpub ein Nonnengewand und einen geheimen Gang zum Kloster. Vincent soll Steed Bescheid sagen. Das tut er, bittet Steed aber um einen Flug nach Amerika, mit Deidre zusammen, bei dem Steed steuern soll. King wird gefangen genommen und mit dem Kopiloten zusammengesperrt, der gefangen gehalten wird, um Deidre zur Mitarbeit zu bewegen. Die Bande versucht, das zweite Flugzeug auf einen Absturzkurs zu bringen. Doch es ist Steeds Flugzeug, mit Dreidre und Vincent an Bord, das ihren Anweisungen folgt. In seiner Todesangst gibt Vincent zu, der Anführer der Bande zu sein. Steed landet sicher.
Darsteller/innen: Jon Rollason (Dr. Martin King), Trevor Reid (Pilot), Bruce Boa (Bob Slade), Margo Jenkins (Margot), John McLaren (Freedman), Elisabeth Murray (Deidre O'Connor), Janet Hargreaves (Schwester Isobel), Peggy Marshall (Oberin), Nigel Arkwright (Hughes), Liam Gaffney (Michael Joyce), Donal Donnelly (Vincent O'Brien), Edward Kelsey (Gerry).
Erstausstrahlung: 29.12.1962.

41. Intercrime
Regie: Jonathan Alwyn.
Drehbuch: Terrance Dicks, Malcolm Hulke.
Inhalt: Zwei kleine Diebe werden von Moss, einem Mitarbeiter der Verbrecherorganisation Intercrime, dabei ertappt, wie sie seinen Safe ausrauben. Moss tötet einen, der Überlebende, Palmer, informiert Steed über die baldige Ankunft eines neuen Mitglieds, der Profikillerin Hilda Stern. Steed lässt sie am Flughafen verhaften, und Gale übernimmt ihre Rolle. Felder, der britische Intercrime-Chef, akzeptiert sie. Palmer wechselt die Seiten und erzählt Felder von Steed. Gale soll daraufhin zusammen mit Moss Steed und den unzuverlässigen Palmer töten. Moss wird verhaftet, aber Gale erzählt Felder, Palmer habe ihn getötet. Unerwartet taucht die echte Hilda Stern auf, die aus dem Gefängnis geflohen ist. Als Beweis ihrer Identität soll Gale einen sinnlosen Mord verüben. Als sie sich weigert, wird sie festgenommen. Es kommt zu Streitigkeiten innerhalb der Organisation, und mitten hinein platzt Steed. Er befreit Gale, und zusammen besiegen sie Intercrime.
Darsteller/innen: Donald Webster (Palmer), Rory MacDermot (Sewell), Alan Browning (Moss), Julia Arnall (Hilda Stern), Charlotte Selwyn (Trusty), Bettine Milne (Gefängnisoffizier Sharpe), Kenneth J. Warren (Felder), Jerome Willis (Lobb), Patrick Holt (Manning), Angela Browne (Pamela Johnson), Paul Hansard (Kressler).
Erstausstrahlung: 7.1.1963.

42. Immortal Clay
Regie: Richmond Harding.
Drehbuch: James Mitchell.
Inhalt: Allan Marling will eine unzerbrechliche Keramik erfunden haben. Gale fährt zu seiner Firma und wird von Allans Bruder Richard herumgeführt. In einem Behälter für Ton wird der Körper des toten Lander gefunden. Gale entdeckt, dass Lander öfters Richards Frau besucht und Richard dadurch eifersüchtig gemacht hat. Ein Mann namens De Groot erzählt ihr, er kaufe die Ware von Marling, um sie auf der Leipziger Messe auszustellen. Steed kommt dazu und erwischt De Groots Assistenten Blomberg beim Herumstöbern in dessen Büro. De Groot bietet Marlings Chefdesigner Miller viel Geld dafür, dass er ihm eine Tasse der unzerbrechlichen Keramik stiehlt. Andertags, als Allan Marling Steed das neue Material vorführen will, zersplittert die Tasse. Einer von Allans Handschuhen wird neben dem Tonbehälter entdeckt, in dem der Tote lag. Nach langen Wirren um die Keramiktassen findet Steed heraus, dass Allan Lander aus Versehen getötet hat, als dieser die Frau seines Bruders belästigte. Die echte unzerstörbare Tasse hatte der Nachtwächter gestohlen.
Darsteller/innen: Gary Watson (Allan Marling), Didi Sullivan (Mara Little), Paul Eddington (Richard Marling), Douglas Muir (One-Ten), James Bree (Miller), Rowena Gregory (Anne), Bert Palmer (Josh Machen), Steve Plytas (De Groot), Frank Olegario (Blomberg).
Erstausstrahlung: 14.1.1963.

43. Box of Tricks
Regie: Kim Mills.
Drehbuch: Peter Ling, Edward Rhodes.
Inhalt: NATO-Geheiminformationen sind aus der Abteilung von General Sutherland nach draußen gesickert. Steed vermutet einen Zusammenhang mit dem plötzlichen Tod der Assistentin eines Zauberkünstlers in dem Club, in dem Venus Smith arbeitet. Kurz darauf stirbt eine zweite Assistentin. Venus erzählt Steed, dass die Tochter von Sutherland, Kathleen, bei dem Wunderheiler Dr. Gilham Hilfe für ihren kranken Vater sucht. Gilham arbeitet mit versiegelten Kästchen, in denen sich angeblich heilkräftige Mineralien befinden. Als Kathleen den Auftrag erhält, das Kästchen, das sie vor kurzem im Rollstuhl ihres Vaters versteckt hatte, gegen ein neues auszutauschen, greift Steed ein. Er findet ein Tonbandgerät in dem Kästchen. Der Magier arbeitet mit Gilham zusammen. Er entführt Kathleen und will sie töten. Steed rettet sie und verhaftet die Verbrecher.
Darsteller/innen: Julie Stevens (Venus Smith), Ian Curry (Gerry), Jacqueline Jones (Henrietta), Dallas Cavell (Manager), April Olrich (Denise), Maurice Hedley (General Sutherland), Jane Barrett (Kathleen Sutherland), Edgar Wreford (Dr. Gilham).
Erstausstrahlung: 21.1.1963.

Eine der sechs Venus-Smith-Folgen: Julie Stevens in *Box of Tricks*

44. Warlock
Regie: Peter Hammond.
Drehbuch: Doreen Montgomery.
Inhalt: Der Wissenschaftler Neville, der eine neue Treibstoffformel entdeckt hat, wird in einer Art Koma aufgefunden. Steed und Gale entdecken, dass Neville mit einem Zirkel zu tun hatte, der schwarze Magie betreibt. Bevor sie ihn befragen können, wird Neville gekidnappt und zu Gallion, dem Anführer der Magier, gebracht. Gallion wurde von dem ausländischen Agenten Markel beauftragt, Wissenschaftlern mithilfe schwarzer Magie ihre Geheimnisse zu entlocken. Markel verhört Neville so brutal, dass er dabei stirbt. Steed und Gale nehmen am nächsten Treffen des Zirkels teil. Dabei beschuldigt Markel Gallion, er habe bei Neville versagt. Gallion spricht daraufhin einen Fluch über Markel aus, und der stürzt tot zu Boden. Gale wird entführt, und Steed fährt zu Gallions Haus. Er wird von Gallions Männern gestellt, der mit seiner Zauberkraft Gale herbeiruft. Doch sie steht nicht unter seinem Einfluss und bedroht ihn mit ihrer Waffe. Als er merkt, dass seine Kräfte schwinden, bricht er tot zusammen.
Darsteller/innen: Peter Arne (Cosmo Gallion), Allan Blakelock (Neville), Olive Milbourne (Mrs. Dunning), John Hollis (Markel), Pat Spencer (Julia), Philip Mosca (Mogam), Brian Vaughan (Arzt), Gordon Gardner (Pathologe), Christina Ferdinando (Miss Timson), Douglas Muir (One-Ten), Susan Franklin (Barfrau), Herbert Nelson (Pasco).
Erstausstrahlung: 27.1.1963.

45. The Golden Eggs
Regie: Peter Hammond.
Drehbuch: Martin Woodhouse.
Inhalt: Der Wissenschaftler Dr. Ashe wird von dem Dieb De Leon überfallen; dabei werden ihm zwei mit Gold überzogene Eier gestohlen. Als Gale den Fall untersucht, bestreitet Ashe den Vorfall. De Leon wird von einer eigenartigen Krankheit heimgesucht und weigert sich, seinem Auftraggeber Hillier das Versteck der Eier zu verraten. Hillier steht seinerseits im Dienste des unermesslich reichen Redfern. Ashes Assistentin, die auch von Redfern bezahlt wird, glaubt, dass De Leon von dem Virus infiziert wurde, an dem Ashe gerade arbeitete. Mit einer falschen Ambulanz wollen die Verbrecher De Leon holen. Doch auf dem Weg hat die Ambulanz einen Unfall und verbrennt. Steed identifiziert den toten De Leon. Gale entdeckt in seinem Haus die goldenen Eier. Später können die beiden Agenten die Verbrecher dingfest machen. Doch dabei gehen die goldenen Eier kaputt. Sie waren völlig harmlos, wie sich später herausstellt; der gefährliche

Virus wurde von Ashe aus Angst vor Missbrauch längst vernichtet.
Darsteller/innen: Donald Eccles (Dr. Ashe), Pauline Delaney (Elizabeth Bayle), Gordon Whiting (De Leon), Irene Bradshaw (Diana), Robert Bernal (Hillier), Peter Arne (Redfern), Louis Haslar (Campbell), Charles Bird (Hall).
Erstausstrahlung: 3.2.1963.

46. School for Traitors
Regie: Jonathan Alwyn.
Drehbuch: James Mitchell.
Inhalt: Ein Universitätsprofessor stirbt, als er an einem wichtigen Forschungsprojekt arbeitet. Steed vermutet Mord und erfährt, dass der Professor Venus Smith, die gerade im Rahmen einer Wohltätigkeitswoche an der Uni auftritt, einen Brief geschrieben hat. Sein Nachfolger, Roberts, wird unterdessen von seiner Freundin Claire überredet, Schulden beim Pub-Besitzer Higby zu machen. Mithilfe des Briefes, den Unbekannte von Venus eingefordert haben, stellt Steed eine Falle. Venus soll ihn auf dem Universitätshof hinterlegen. Im Umschlag sind aber nur leere Blätter, und Steed beobachtet den Hof. Doch der Bote wird getötet, der Umschlag ist weg. Als Roberts bei Venus einbricht, kann Steed ihn stellen. Roberts gesteht, Higby habe ihn zu der Tat erpresst, und beschließt, Steed zu helfen. Als er erkennt, dass seine Freundin für Higby arbeitet, wird er umgebracht. Claire sucht sich ihr nächstes Opfer, den Studenten East. Mit seiner Hilfe können Steed und Venus Smith die Bande hinter Gitter bringen.
Darsteller/innen: Julie Stevens (Venus Smith), John Standing (East), Melissa Stribling (Claire Summers), Richard Thorp (Roberts), Reginald Marsh (Higby), Frederick Farley (One-Seven), Anthony Nicholls (Dr. Shanklin), Frank Shelley (Professor Aubyn), Terence Woodfield (Green), Ronald Mayer (Aufsichtsbeamter), Janet Butlin (Barfrau).
Erstausstrahlung: 10.2.1963.

47. The White Dwarf
Regie: Richmond Harding.
Drehbuch: Malcolm Hulke.
Inhalt: Der Astronom Professor Richter wird ermordet, als er einen Stern beobachtet, den er den »weißen Zwerg« nennt und von dem er glaubt, dass er mit der Erde zusammenstoßen wird. Das Wissenschaftsministerium verbietet seinem Assistenten Cartwright, irgendwelche Neuigkeiten herauszugeben. Gale findet im Observatorium die Leiche des indischen Astronomen Rahim, der Richters Theorien überprüfen sollte. Steed überprüft unterdessen ein undurchsichtiges Aktiengeschäft, an dem der Finanzier Maxwell Barker, der Amerikaner Johnson und Barkers Bruder Henry beteiligt sind. Johnson will Henry töten, wird aber kurz danach selbst tot aufgefunden. Professor Richters Sohn Luke gibt die Erkenntnisse seines Vaters an Gale weiter, und als Cartwright zu einer letzten Messung erscheint, ändert sie die Einstellung des Teleskops. Cartwright glaubt dadurch, dass Richter Recht hatte. Als Barker erscheint, wirft Cartwright ihm falsches Spiel vor. Gale und Steed nehmen Cartwright fest, Barker wird von Steed auf der Flucht erschossen.
Darsteller/innen: Keith Pyott (Professor Richter), Daniel Thorndike (Minister), Peter Copley (Henry Barker), Philip Latham (Cartwright), Vivienne Drummond (Fuller), Paul Anil (Rahim), George Roubicek (Luke), George A. Cooper (Maxwell Barker), Bill Nagy (Johnson), Constance Chapman (Miss Tregarth), John Falconer (Butler).
Erstausstrahlung: 17.2.1963.

48. Man in the Mirror
Regie: Kim Mills.
Drehbuch: Geoffrey Orme, Anthony Terpiloff.
Inhalt: Steed untersucht den Selbstmord von Trevelyan, der in der Chiffrierabteilung des Geheimdienstes gearbeitet hat. Venus Smith, die auf einem Jahrmarkt Fotos macht, werden ihre Kamera und ihre Filme gestohlen, bis auf einen. Auf einem der Bilder sieht man unerklärlicherweise das Gesicht Trevelyans in einem der Spiegel des Spiegelkabinetts. Mrs. Trevelyan gibt zu, dass sie bei der Identifizierung der Leiche gelogen hat. Ihr Mann war entführt worden, und sie wurde gezwungen, mit den Gaunern zusammenzuarbeiten. Venus entdeckt eine Brosche wieder, die ihr gleichzeitig mit der Kamera gestohlen wurde. Betty, die Kassiererin des Jahrmarktcafés, trägt sie. Als Venus die Brosche zurückfordert, wird sie von Stone, dem Besitzer des Cafés, gefangen genommen. Im Haus der Trevelyans treffen alle aufeinander. Mrs. Trevelyan und ihr Mann entpuppen sich als Verräter. Betty erschießt den dritten im Bunde, Stone, und rettet Venus und Steed vor einer Zeitbombe.
Darsteller/innen: Julie Stevens (Venus Smith), Daphne Anderson (Betty), Ray Barrett (Strong), Julian Somers (Brown), Rhonda Lewis (Jean), Hayden Jones (Trevelyan), Frida Knorr (Iris).
Erstausstrahlung: 24.2.1963.

49. A Conspiracy of Silence
Regie: Peter Hammond.
Drehbuch: Roger Marshall.
Inhalt: Sica und Carlo, zwei Italiener, treffen sich in einer Zirkuskünstler-Agentur. Sica befiehlt Carlo, der in seiner Jugend Mitglied der Mafia war und noch an die Eide der Mafiosi gebunden ist, Steed zu töten. Doch der Mordversuch missglückt. Steed glaubt, dass er wegen

seiner Kenntnisse über den internationalen Drogenschmuggel der Mafia getötet werden soll. Gale verfolgt Carlos Spur zu einem Zirkus, wo er als Clown arbeitet. Als Journalistin getarnt, zieht sie bei seiner Frau Rickie ein. Sica bedroht Rickie, um herauszufinden, wo sich Carlo versteckt hält. Terry, einer der Bühnenarbeiter des Zirkus, rettet sie. Nun bittet auch Rickie Carlo, Steed zu töten, um von der Mafia in Ruhe gelassen zu werden. Zusammen mit Terry, der in Wirklichkeit auch für Sica arbeitet, lauert Carlo Steed auf. Gale stellt Sica und erfährt von dem Attentat. Aber Carlo schafft es nicht, Steed zu töten, er erschießt stattdessen Terry.
Darsteller/innen: Artro Morris (James), Alec Mango (Sica), Robert Rietty (Carlo), Sandra Dorne (Rickie), Roy Purcell (Gutman), Leggo (er selbst), John Church (Terry), Tommy Godfrey (Arturo), Willie Shearer (Professor), Ian Wilson (Rant).
Erstausstrahlung: 3.3.1963.

50. A Chorus of Frogs
Regie: Raymond Menmuir.
Drehbuch: Martin Woodhouse.
Inhalt: Bei einem Griechenlandurlaub wird Steed gebeten, den Tod des Tiefseetauchers Staphanopoulus aufzuklären. An Bord einer Luxusyacht wird im Auftrag des Bootsbesitzers Mason mit einer Taucherkugel experimentiert. In ihr ist der Taucher gestorben. Venus Smith wird engagiert, die Gäste auf dem Schiff zu unterhalten. Unter ihnen sind eine Geheimagentin namens Anna sowie Jackson, Helena und Ariston, drei Freunde des toten Tauchers. Sie wollen herausfinden, wie er starb. Als Jackson einen Probetauchgang macht, wird er von Anna mit einer Harpune getötet. Venus erzählt Steed von Masons Geheimlabor. Steed macht sich auf die Suche, wird dabei aber von Mason ertappt und ausgefragt. Ariston und Helena finden die besagte Tauchkugel. Anscheinend experimentierte Mason mit verschiedenen Luftgemischen, um Tiefenrausch zu verhindern. Anna nimmt Venus gefangen und will mit ihr ein weiteres Experiment durchführen. Steed und Helena können sie retten.
Darsteller/innen: Julie Stevens (Venus Smith), Makki Marseilles (Staphanopoulus), Michael Gover (One-Six), Eric Pohlmann (Mason), Yvonne Shima (Anna), John Carson (Ariston), Frank Gatliff (Pitt-Norton), Colette Wilde (Helena), Alan Haywood (Jackson).
Erstausstrahlung: 9.3.1963.

51. Six Hands across a Table
Regie: Richmond Harding.
Drehbuch: Reed R. De Rouen.
Inhalt: Der Schiffsbauer Herbert Collier, der zusammen mit einer französischen Firma an der Konstruktion eines atombetriebenen Schiffes arbeitet, kommt bei

Patrick Macnee, Honor Blackman

einem Unfall ums Leben. Sein Sohn Brian will die Geschäfte weiterführen, aber die mächtige Reniston-Gruppe ist gegen die Kooperation mit den Franzosen, sie will den Auftrag selbst. Eines der Vorstandsmitglieder ist Oliver Waldner, in dessen Tochter Rosalind Brian sich zudem noch verliebt hat. Cathy Gale, die mit Rosalind befreundet ist, mischt sich ein und entgeht zusammen mit Brian nur knapp einem Mordanschlag. Die Reniston-Gruppe droht Brian daraufhin mit der Übernahme seiner Firma. Aber Seabrock, der Finanzberater, und Sir Charles Reniston selbst helfen ihm, die Kontrolle über seine Firma zu behalten. Gale weist den beiden anderen Vorstandsmitgliedern, Waldner und Stanley, nach, dass sie mit allen Mitteln den britischen Schiffbau kontrollieren wollen, um Aufträge an ausländische Firmen zu verhindern. Sie gehen dafür ins Gefängnis.
Darsteller/innen: Philip Madoc (Julian Seabrook), John Wentworth (Sir Charles Reniston), Campbell Singer (George Stanley), Guy Doleman (Oliver Waldner), Ian Cunningham (Butler), Edward de Souza (Brian Collier), Freda Bamford (Lady Reniston), Sylvia Bidmead (Rosalind Waldner), Gillian Barclay (Miss Francis), Stephen Hancock (Zeichner), Frank Siemen (Bert Barnes), Ilona Rodgers (Empfangsdame).
Erstausstrahlung: 16.3.1963.

Episodenführer

52. Killerwhale
Regie: Kim Mills.
Drehbuch: John Lucarotti.
Inhalt: Einer von Catherine Gales Bekannten, der Boxer Joey Frazer, trainiert auf Anraten von Steed in einer Halle, die von Pancho Driver geleitet wird. Als Joey sich nach einem Training die Seife aus dem Schrank eines Seemannes leihen möchte, der zu Besuch war, bekommt er Ärger. Anderntags, als Gale ihm die Hände fürs Training verbindet, riecht sie, dass er keine Seife in der Hand hatte, sondern Amber. Nachts schleicht sie sich in die Halle und findet einen toten Seemann in der Umkleidekabine. John Steed sieht daraufhin seinen Verdacht bestätigt, dass der in den Innereien von Walen vorkommende Stoff aus dem karibischen Ozean zu Pancho geschmuggelt wird. Joey will Gale bei den Ermittlungen helfen, wird dabei aber von Pancho überrascht und eingesperrt. Bei der Suche nach ihm passiert Gale dasselbe. Aber Steed erscheint, und die Schmuggler werden verhaftet.
Darsteller/innen: Patrick Magee (Pancho Driver), Morris Perry (Harry), Kenneth Farrington (Joey Frazer), John Tate (Willie), Frederick Abbott (Seemann), John Bailey (Fernand), Julie Paule (Angela), Lyndhall Goodman (Rezeption), Christopher Coll (Laborassistent), Robert Mill (Brown).
Erstausstrahlung: 23.3.1963.

DRITTE STAFFEL 1963-64

Produktion: John Bryce.
Hauptdarsteller/innen: Patrick Macnee (John Steed), Honor Blackman (Catherine Gale).
Länge: 50 Min. (OF).
Ausstrahlung: ABC.

53. Brief for Murder
Regie: Peter Hammond.
Drehbuch: Brian Clemens.
Inhalt: Wescott, wegen Betrugs angeklagt, wird freigesprochen. Cathy Gale ist aber von seiner Schuld fest überzeugt und stellt fest, dass sein Kontaktmann, mit Codenamen Jonno, der nie gefasst wurde, in Wirklichkeit John Steed ist. Steed weigert sich, mit ihr darüber zu reden, und bedroht sie sogar. Zur Antwort geht sie mit ihrem Wissen zu einer Zeitung. Steed bittet daraufhin Wescott, ihn mit dessen Verteidigern, Jasper und Miles Lakin, bekannt zu machen. Die beiden sollen einen Plan entwickeln, mit dem Steed Gale ermorden kann, ohne eine Verurteilung zu riskieren. Der Plan wird ausgeführt. Steed erschießt Gale, und sie stürzt in die Themse. Steed wird vor Gericht freigesprochen. Kurz darauf treffen sich die beiden Agenten, die Ermordung war lediglich fingiert. Trotzdem können sie den Anwälten die Beteiligung an dem »Mord« nicht nachweisen. In einer neuen Falle, bei der diesmal Gale die Fäden zieht, legen sie die beiden notorisch betrügerischen Anwälte herein und bringen sie hinter Gitter.
Darsteller/innen: Alec Ross (Wescott), June Thody (Dicey), Fred Ferris (Marsh), Anthony Baird (Wilson), Helen Lindsay (Barbara Kingston), Harold Scott (Miles Lakin), John Laurie (Jasper Lakin), Robert Young (Richter), Michael Goldie (Bart), Pamela Wardel (Maisie), Alice Fraser (Miss Prinn), Walter Swash (Juryvorsitzender).
Erstausstrahlung: 28.9.1963.

54. The Undertakers
Regie: Bill Bain.
Drehbuch: Malcolm Hulke.
Inhalt: Professor Sayer, ein Bekannter Steeds, hat sich überraschend in das Altersheim Adelphi Park zurückgezogen. Doch die Anstaltsleiterin Mrs. Lomax verweigert Steed den Zutritt. Cathy Gale entdeckt, dass alle Bewohner der Anstalt Millionäre sind, die allesamt ihr Vermögen kurz vorher ihrem nächsten Angehörigen überschrieben haben, um die Erbschaftssteuer zu sparen. Sie vermutet, dass die Anstalt eine raffinierte Deckung für die Steuerschummeleien der Millionäre ist. Unterdessen fingiert der Totengräber Green einen Mord an Marshall, einem der Millionäre. Steed findet die Leiche von Mrs. Lomax sowie seinen Freund Professor Sayer, der alle seine Vermutungen bestätigt. Zwischen den Millionären kommt es zu Streitereien und weiteren Morden. Steed verhaftet den Schuldigen, den Totengräber Green.
Darsteller/innen: Howard Goorney (Green), Patrick Holt (Madden), Lally Bowers (Mrs. Sayer), Lee Patterson (Lomax), Ronald Russell (Wilkinson), Jan Holden (Paula), Mandy Miller (Daphne), Marcella Markham (Mrs. Lomax), Helena McCarthy (Mrs. Baker), Denis Forsyth (Reeve).
Erstausstrahlung: 5.10.1963.

55. The Man with Two Shadows
Regie: Don Leaver.
Drehbuch: James Mitchell.
Inhalt: Der britische Agent Borowski wurde von der Gegenseite einer Gehirnwäsche unterzogen. In wachen Momenten spricht er von »Doppelgängern«, die ins Land geschmuggelt werden sollen. Steed und Gale finden einen ersten Hinweis: die Broschüre eines Ferienlagers. Inzwischen geht der erste Austausch vonstatten. Der Wissenschaftler Gordon wird von einem Auto überfahren, Gale trifft denselben Mann aber gesund und munter in dem Ferienlager an. Der falsche Gordon informiert seine Vorgesetzten, dass Steed misstrauisch

geworden ist, und sie beschließen, das nächste Double einzusetzen. Das Opfer soll Steed selbst sein. In der Nacht wird er von seinem Doppelgänger angegriffen. Nach einem kurzen Kampf meldet »Steed« seinen Vorgesetzten, der wahre Steed sei tot. Gale erhält den Auftrag, ihn zu töten. Gleichzeitig befiehlt ihm der Chef der Agenten, der Politiker Cummings, sie auszuschalten. Gale bittet ausgerechnet Cummings um Hilfe, doch der echte Steed – der sich als sein eigener Doppelgänger ausgegeben hatte – wird mit ihm fertig.
Darsteller/innen: Daniel Moynihan (Gordon), Paul Whitsun-Jones (Charles), Terence Lodge (Borowski), Douglas Robinson (Rudi), George Little (Sigi), Gwendolyn Watts (Julie), Geoffrey Palmer (Dr. Terence), Anne Godfrey (Miss Quist), Philip Anthony (Cummings), Robert Lankesheer (Feriencampleiter).
Erstausstrahlung: 12.10.1963.

56. The Nutshell
Regie: Raymond Menmuir.
Drehbuch: Philip Chambers.
Inhalt: In einem »Nussschale« genannten unterirdischen Bunker wurde eingebrochen und eine Liste mit Namen von Agenten fotografiert. Der Eindringling war anscheinend eine Frau. Während Gale mithilfe von Venner, einem weiteren Agenten der Anlage, Ermittlungen anstellt, trifft sich Steed heimlich mit Elin, der mysteriösen Einbrecherin. Dabei übergibt sie ihm den Mikrofilm mit den Aufnahmen aus dem Bunker. Er rät ihr, das Land zu verlassen, und informiert Disco, den Chef der Anlage, er habe die Frau gefunden. Als Venner den daraufhin vereinbarten Treffpunkt erreicht, ist Elin tot. Auf einem Foto sieht er sie zusammen mit Steed, der deshalb in Verdacht gerät, für die Gegenseite zu arbeiten. Steed wird eingesperrt. Cathy Gale schmuggelt ihm eine Waffe zu. Venner bietet ihm die Freiheit im Austausch gegen den Mikrofilm. Steed flieht ohne seine Hilfe, nimmt ihn gefangen und übergibt Disco den Film. Der wirkliche Verräter – Venner – ist überführt.
Darsteller/innen: Edina Ronay (Elin Strindberg), Patricia Haines (Laura), Edwin Brown (Militärpolizist), John Cater (Disco), Charles Tingwell (Venner), Christine Shaw (Susan), Ian Clark (Anderson), Jan Conrad (Jason), Ray Browne (Alex).
Erstausstrahlung: 19.10.1963.

57. Death of a Batman
Regie: Kim Mills.
Drehbuch: Roger Marshall.
Inhalt: Bei der Testamentsvollstreckung seines ehemaligen Burschen Wrightson erhält John Steed 10 Pfund zurück, die er ihm 1942 geliehen hatte. Lord Basil Teale, ein Bankier, erhält Wrightsons Orden, seiner Familie hat er mehr Geld vermacht, als er in seinem

Honor Blackman, Patrick Macnee

Episodenführer

Honor Blackman

ganzen Leben als Zeichner bei einer kleinen Druckerei verdient haben kann. Steed tippt auf Falschmünzerei. Lord Basil und sein Partner Van Doren machen sich verdächtig. Wrightsons Sohn John findet unterdessen heraus, woher das Geld seines Vaters stammt. Die Druckerei, in der er angestellt war, druckt wichtige Börsenpapiere. Wrightson, der als Chefzeichner als Erster von jedem neuen Auftrag erfuhr, informierte Lord Basil sofort über aktuelle Ereignisse an der Börse – gegen entsprechende Bezahlung. John versucht, den Bankier zu erpressen, aber Steed hat mithilfe eines Börsenmaklers die Aktivitäten Lord Basils ebenfalls durchschaut. Zusammen überführen sie die beiden Verbrecher.
Darsteller/innen: Kitty Attwood (Edith Wrightson), David Burke (John Wrightson), Andre Morrell (Lord Teale), Philip Madoc (Eric Van Doren), Ray Browne (Cooper), Katy Greenwood (Lady Cynthia), Geoffrey Alexander (Gibbs).
Erstausstrahlung: 26.10.1963.

58. November Five
Regie: Bill Bain.
Drehbuch: Eric Paice.
Inhalt: Bei Parlamentswahlen wird der Wahlsieger Dyter von jemandem aus der Menge erschossen. Dyter hatte angekündigt, demnächst einen großen Sicherheitsskandal zu enthüllen. Von Major Swinburn, einem Minister, erfährt John Steed, dass es keine Grundlage für einen Skandal gebe. Später arrangiert Swinburn trotzdem ein hastiges Treffen mit St. John, Dyters Pressechef, und Minister Arthur Dove. Sie sprechen über einen gestohlenen Atomsprengkopf. Als Cathy Gale und Steed Swinburn kurz danach aufsuchen, finden sie nur noch seine Leiche. Die Regierung erhält ein Erpresserschreiben, in dem 500.000 Pfund für die Rückgabe des Sprengkopfes gefordert werden. St. John trifft sich in seinem Büro mit Dyter, der seine Ermordung nur vorgetäuscht hat. Dyter steckt auch hinter dem Diebstahl und will die Bombe nun im Unterhaus explodieren lassen. Gale und Steed finden anhand von Fotos heraus, dass Dyter noch am Leben sein muss, und hindern ihn daran, die Bombe zu zünden.
Darsteller/innen: John Murray Scott (Offizier), Gary Hope (Dyter), Ric Hutton (Mart St. John), Frank Maher (Bewaffneter), Aimee Delamain (First Lady), David Langton (Major Swinburn), David Davies (Arthur Dove), Iris Russell (Fiona), Joe Robinson (Joe), Ruth Dunning (Mrs. Dove).
Erstausstrahlung: 2.11.1963.

59. The Gilded Cage
Regie: Bill Bain.
Drehbuch: Roger Marshall.
Inhalt: Cathy Gale hat einige Zeit in einer geheimen Goldgrube gearbeitet und erzählt John Steed, wie leicht man diese überfallen und das Gold stehlen könnte. Steed will mithilfe ihres Plans einem Verbrecher namens Spagge eine Falle stellen, der durch mehrere große Coups zum Millionär geworden ist. Aber Spagge lehnt das Angebot ab, zusammen den Überfall zu begehen. Am nächsten Morgen wird Gale wegen Mordes an dem verbrecherischen Millionär verhaftet – sie kann sich aber an nichts mehr erinnern. Steed verspricht ihr, sie aus dem Gefängnis zu holen. In Gesprächen mit dem Gefängnispfarrer beteuert sie ihre Unschuld. Der Gefängnisdirektor Benham lässt sie zu sich kommen und erklärt ihr, es habe sich um einen Test gehandelt, den sie bravourös bestanden habe. Spagge, der natürlich nicht wirklich tot ist, will nun ihren Plan in die Tat umsetzen. Der Überfall klappt, allerdings ohne Steed, der vorher angeschossen wurde. Dadurch kann er beizeiten auftauchen, um Spagge und Konsorten zu verhaften.
Darsteller/innen: Neil Wilson (Groves), Patrick Magee (Spagge), Norman Chappell (Fleming), Frederic Abbott (Manley), Alan Haywood (Westwood), Margo Cunningham (Wärterin), Edric Connor (Benham), Martin Friend (Hammond), Terence Soall (Peterson), Geoff L'Cise (Gruber), Douglas Cummings (Barker).
Erstausstrahlung: 9.11.1963.

60. Second Sight
Regie: Peter Hammond.
Drehbuch: Martin Woodhouse.
Inhalt: Der blinde Millionär Halvarssen will aus der Schweiz zwei Hornhäute einfliegen lassen, um nach einer Operation wieder sehen zu können. Von seinem Assistenten Anstice erfährt Catherine Gale, dass die Hornhäute von einem lebenden Spender stammen werden. Gale, Anstice und der Arzt Dr. Spender fliegen in die Schweiz. Dort liegt die Spenderin Hilda Bauer, durch Bandagen unkenntlich gemacht, angeblich schon narkotisiert in einem Krankenhauszimmer. Steed berichtet Gale am Telefon, dass Halvarssen durch eine Kopfverletzung erblindet ist, eine Operation also völlig sinnlos wäre. Dr. Spender wird heimtückisch von der bandagierten Gestalt ermordet. Zurück in England erfährt Gale, dass die echte Hilda Brauer schon seit drei Jahren tot ist. Anstice bringt den Spezialbehälter mit den Hornhäuten zu Halvarssen, doch in Wirklichkeit enthält er zwei Diamanten. Trotz seiner Blindheit bemerkt Halvarssen, dass die Steine aus Glas sind und Anstice ihn betrügen wollte. Die Ankunft von Steed und Gale rettet diesem das Leben.
Darsteller/innen: Steven Scott (Dr. Vilner), Peter Bowles (Neil Anstice), Judy Bruce (Dr. Eve Hawn), John Carson (Marten Halvarssen), Ronald Adam (Dr. Spender), Terry Brewer (Steiner).
Erstausstrahlung: 16.11.1963.

61. The Medicine Men
Regie: Kim Mills.
Drehbuch: Malcolm Hulke.
Inhalt: Eine Chinesin wird in einem türkischen Bad ermordet. Die Spur führt zu einer Firma für pharmazeutische Produkte. Der Besitzer Geoffrey Willis hat Ärger mit einem Konkurrenten, der Kopien seiner Produkte in arabische Länder liefert. Um im Geschäft zu bleiben, hat er das Verpackungsdesign seines Produktes geändert. Gale lässt sich in dem Geschäft einstellen und lernt die Sekretärin Miss Dowell kennen sowie John Willis, Geoffrey Willis' Vater und Aufsichtsratsvorsitzender der Firma. Dessen Freundin Fay steht Modell für den Zeichner Leeson. Ausgerechnet der stellt zusammen mit dem Drucker Taylor die gefälschten Verpackungen her. Steed belauscht Leeson und erfährt dabei, dass die Kopien in den Bestimmungsländern schlimme Krankheiten auslösen sollen. Auf diese Weise soll ein bevorstehendes Öl-Handelsabkommen zwischen den arabischen Ländern und England sabotiert werden. Fay will dabei nicht mitmachen und wird gefesselt, um nichts verraten zu können. Auch Gale und Steed werden gefangen genommen. Doch Steed kann sich befreien. Er nimmt den Chef der Bande fest – es ist Geoffrey Willis selbst.
Darsteller/innen: Peter Barkworth (Geoffrey Willis), Newton Blick (John Willis), Harold Innocent (Frank Leeson), John Crocker (Taylor), Monica Stevenson (Fay), Brenda Cowling (Masseurin), Joy Wood (Miss Dowell), Peter Hughes (Edwards).
Erstausstrahlung: 23.11.1963.

62. The Grandeur That Was Rome
Regie: Kim Mills.
Drehbuch: Rex Edwards.
Inhalt: Auf der ganzen Welt häufen sich plötzlich seltsame Seuchen und Missernten. Cathy Gale und John Steed spüren eine Firma auf, die mit verseuchten Düngemitteln und Pestiziden handelt. Vermutlich wurde das Gift den Produkten absichtlich zugefügt. Unterdessen bereitet sich Sir Bruno Lucer, der Chef der Firma, auf die Zusammenkunft des von ihm selbst ins Leben gerufenen »Senats« vor. Er lebt in einem römischen Palast und hat anscheinend einen Cäsaren-Tick. Zusammen mit den anderen selbsternannten Senatoren will er mithilfe der schleichenden Vergiftung die Welt beherrschen. Sein Assistent Dodds und seine Geliebte Octavia wollen ihn stürzen und selbst die Leitung übernehmen. Durch ein römisches Zeichen auf einem der Getreidesäcke kommen Steed und Gale auf die richtige Spur. Gale wird bei einem Einbruch in die römische Villa entdeckt und eingesperrt. Auch Steed wird gefangen genommen. Als Gale mit vergiftetem Wein getötet werden soll, können sie und Steed die Wachen überwältigen. Im Haus finden sie Sir Brunos Leiche. Seine beiden Mörder werden verhaftet.
Darsteller/innen: Hugh Burden (Sir Bruno Lucer), John Flint (Marcus Dodds), Ian Shand (Estow), Colette Wilde (Octavia), Kenneth Keeling (Appleton), Raymond Adamson (Lucius), Colin Rix (Barnes).
Erstausstrahlung: 30.11.1963.

63. The Golden Fleece
Regie: Peter Hammond.
Drehbuch: Roger Marshall, Phyllis Norman.
Inhalt: Steed beobachtet ein verdächtiges chinesisches Restaurant. Der internationale Goldschmuggler Mr. Lo, der das Restaurant als Basis benutzt, weist während des Essens Jason darauf hin, dass einer seiner Mitarbeiter der Organisation viel Geld gestohlen habe. Es handelt sich um den Tankstellenbetreiber Jones, der von Lo umgebracht wird, als er das Geld nicht zurückgeben will. Steed findet heraus, dass Jason Soldat ist, und Gale, die an einem Katalog für ein Armeemuseum arbeitet, stellt fest, auf welcher Basis er arbeitet und dass dort in dieser Nacht große Mengen von Munition transportiert werden sollen. Doch in den speziell markierten Kästen befindet sich Gold. Steed verhaftet die Soldaten, die das alles nur taten, um den Gewinn ihrer

Schmugglertätigkeit verdienstvollen ehemaligen Soldaten zukommen zu lassen.
Darsteller/innen: Warren Mitchell (Captain Jason), Tenniel Evans (Major Ruse), Barry Lineham (Seargent Major White), Yu Ling (Mrs. Kwan), Robert Lee (Mr. Lo), Lisa Peake (Esther), Michael Hawkins (Jones), Ronald Wilson (Holmes).
Erstausstrahlung: 7.12.1963.

64. Don't Look behind You
Regie: Peter Hammond.
Drehbuch: Brian Clemens.
Inhalt: Catherine Gale wird von Sir Cavalier Resagne, einem Experten für mittelalterliche Kostüme, eingeladen, ihn übers Wochenende zu besuchen. John Steed setzt sie an dem einsam gelegenen Haus in Devon ab, wo sie nur von Ola, einer jungen Frau, empfangen wird. Sir Cavalier, erfährt sie, werde erst am Abend eintreffen. Und auch Ola verlässt sie mit der Erklärung, sie müsse einen kranken Freund im Dorf besuchen. Gale bleibt allein zurück, und es geschehen allerhand seltsame Dinge. Ein Schaukelpferd bewegt sich leicht, seltsame Geräusche ertönen. Dann klingelt ein junger Mann, dem das Benzin ausgegangen ist. Er möchte Hilfe herbeirufen, aber das Telefon ist tot. Daraufhin fährt er wieder weg. Wieder allein, findet Gale ein zerschnittenes Bild, das ihr Gesicht zeigt, und dann die Leiche des jungen Mannes. Hinter all dem steckt ein Verbrecher, der sich dafür rächen will, dass sie ihn ins Gefängnis gebracht hat. Er greift sie an, aber Steed wusste, dass der Mann aus dem Gefängnis ausgebrochen war, und ist in der Nähe geblieben. Sie überwältigen den Wahnsinnigen.
Darsteller/innen: Janine Gray (Ola), Kenneth Colley (junger Mann), Maurice Good (Mann).
Erstausstrahlung: 14.12.1963.

65. Death à la Carte
Regie: Kim Mills.
Drehbuch: John Lucarotti.
Inhalt: Emir Abdullah Akaba kommt zu seiner jährlichen Gesundheitsüberprüfung nach London. Cathy Gale soll seinen Aufenthalt organisieren. Steed befürchtet einen Mordanschlag auf den Emir und tarnt sich als Koch in dessen Hotel. Dort trifft er auf zwei temperamentvolle Köche, Lucien und Umberto, und den Küchenchef Arbuthnot. Dr. Spender, der Arzt des Emirs, stellt fest, dass der Emir tatsächlich krank ist. Doch der beschließt, aus politischen Gründen, seine Krankheit geheim zu halten. Penter, sein Berater, will ihn mithilfe von Lucien vergiften. In dieser Nacht stirbt der Emir, als er mit seinem Arzt zu Abend isst. Penter will seinen Tod noch nicht offiziell bekannt geben, angeblich, um die politischen Unruhen in seinem Land nicht zu verschärfen. Steed durchsucht die Küche und sieht, wie Lucien versucht, vergiftete Pilze verschwinden zu lassen. Penters Plan ist aber schief gegangen: die Pilze hätten erst in zehn Tagen gewirkt, der Emir starb demnach eines natürlichen Todes, zu früh für Penters politische Zwecke.
Darsteller/innen: Henry Soskin (Emir Abdulla Akaba), Robert James (Mellor), Valentino Musetti (Ali), David Nettheim (Umberto), Gordon Rollings (Lucien), Ken Parry (Arbuthnot), Paul Dawkins (Dr. Spender), Coral Atkins (Josie).
Erstausstrahlung: 21.12.1963.

66. Dressed to Kill
Regie: Bill Bain.
Drehbuch: Brian Clemens.
Inhalt: Von mehreren Vorwarnstationen wird Alarm für den Dritten Weltkrieg gegeben. Gerade noch rechtzeitig werden die Signale als Fehlalarm erkannt. In allen Fällen ist das Land oberhalb der Stationen kurz vorher verkauft worden. Am Silvesterabend geht John Steed, verkleidet als Spieler, auf eine Kostümparty, die in einem Zug stattfindet. Es feiern: Napoleon, Robin Hood, eine Katze, ein Sheriff, ein Polizist und eine Straßenräuberin – und Gale, verkleidet als Mönch. Bei ihnen sind auch der Schaffner und der Barmann. Plötzlich bleibt der Zug stehen. Alle steigen aus und entdecken, dass sie an einem alten, verlassenen Bahnhof abgehängt wurden und der Zug weitergefahren ist. Alle Beteiligten haben ein Interesse an dem Gelände bei der neuesten Warnstation. Es kommt zu zwei Morden, die Opfer sind der Sheriff und die Straßenräuberin. Gale und Steed werden von den anderen verdächtigt, aber sie können Napoleon, den Schaffner und der Barmann in einem klassischen Western-Showdown als die wahren Täter entlarven.
Darsteller/innen: Leon Eagles (Newman), Peter Fontaine (Erster Offizier), Alexander Davion (Napoleon), Anneke Wills (Katze), Frank Maher (Barmann), Anthea Wyndham (Straßenräuberin), Richard Leech (Polizist), John Junkin (Sheriff), Leonard Rossiter (Robin Hood).
Erstausstrahlung: 28.12.1963.

67. The White Elephant
Regie: Laurence Bourne.
Drehbuch: John Lucarotti.
Inhalt: Als Snowy, ein weißer Elefant, aus dem Zoo von Noah Marshall gestohlen wird, gibt sich Cathy Gale dort als Großwildjägerin aus. Noah erzählt ihr, einer seiner Jäger namens Conniston habe Snowy im Dschungel von Burma gefunden. George, Snowys Wärter, ist überzeugt, nur einer hätte es schaffen können, den Elefanten lebendig aus dem Zoo zu bringen: Lawrence, der Besitzer des Camps in Burma. Der aber ist im Dschungel ums Leben gekommen. Am nächsten Tag

entdecken Gale und Steed die Leiche von George. Gale beobachtet Noahs Sekretärin Brenda mit Misstrauen. Sie scheint den Zoo ganz alleine zu leiten und kümmert sich auch um Noahs Waffen. Steed findet die erste heiße Spur, es geht um Elfenbeinschmuggel. Außer Brenda und dem in Wirklichkeit noch lebendigen Lawrence gehören zu der Bande noch Conniston und der Käfigmacher Madge, der das Elfenbein in den Käfigen versteckt. In seiner Fabrik findet Steed auch den noch lebenden Elefanten. Nachdem er Gale aus einem Tigerkäfig gerettet hat, nehmen sie die Bande fest.
Darsteller/innen: Martin Friend (George), Geoffrey Quigley (Noah Marshall), Judy Parfitt (Brenda Paterson), Bruno Barnabe (Fitch), Toke Townley (Joseph Gourlay), Rowena Gregory (Madge Jordan), Edwin Richfield (Lawrence), Scott Forbes (Lew Conniston).
Erstausstrahlung: 4.1.1964.

68. The Little Wonders
Regie: Laurence Bourne.
Drehbuch: Eric Paice.
Inhalt: Der Arzt Mr. Beardmore erhält Besuch vom Bischof von Winnipeg und seiner Pflegerin, Schwester Johnson. Der Bischof ist unerklärlicherweise bewaffnet. John Steed und Cathy Gale finden ebenfalls Waffen, und zwar im Koffer von Reverend Harbottle, der vor kurzem verhaftet wurde. In dem Koffer ist auch eine kaputte Puppe. Gale geht mit ihr zu einem Puppendoktor, doch am nächsten Tag hat die Puppe einen anderen Kopf. Darin sind geheime Mikrofilme. Harbottle ist Mitglied der Verbrecherorganisation »Bibliothek«. An seiner Stelle geht Steed zum nächsten Treffen, verkleidet als Vikar in Salisbury. Der Bischof von Winnipeg leitet das Treffen. Nachts taucht Schwester Johnson auf und beginnt, mit einem Maschinengewehr auf die Anwesenden zu schießen. Steed wird ins Bein geschossen, und er geht zu Beardmore, ohne zu wissen, dass der in Wahrheit die Organisation leitet. Beardmore entdeckt, dass die Mikrofilme in der Puppe ausgetauscht wurden. Bei dem Versuch, Steed und Gale zu töten, können die beiden ihn überführen.
Darsteller/innen: Tony Steedman (Beardmore), Lois Maxwell (Schwester Johnson), David Bauer (Bischof von Winnipeg), Rosemarie Dunham (Gerda), Frank Maher (Hasek), Alex McDonald (Porter), Harry Landis (Harry), John Cowley (Big Sid), Kenneth Warren (Fingers).
Erstausstrahlung: 11.1.1964.

69. The Wringer
Regie: Don Leaver.
Drehbuch: Martin Woodhouse.
Inhalt: Steeds Kollege Anderson ist von seinem letzten Auftrag nicht zurückgekehrt. Er untersuchte eine Reihe

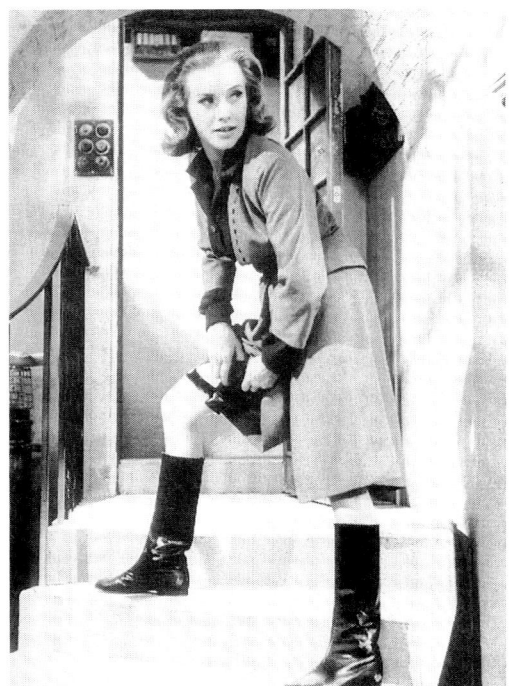

Honor Blackman

mysteriöser Todesfälle britischer Agenten. Steeds Nachforschungen führen ihn zu einem einsamen Feuerturm in Schottland. Dort findet er Anderson, der sein Gedächtnis verloren hat. Er hat ein Dossier bei sich, das beweist, dass Steed die Agenten getötet hat. Im Hauptquartier wird Steed zum Verräter erklärt und soll einer Gehirnwäsche unterzogen werden. Dabei wird offensichtlich, dass der »Gehirnwäscher«, ein Mann mit Spitznamen »The Wringer«, bereits Anderson eine Gehirnwäsche verpasst hat. Bevor Steeds Geist vollkommen zerstört ist, erscheint Gale und befreit ihn aus der Maschine. Sie berichtet Charles, dem Chef der Abteilung, Steed sei geflohen. Steed kehrt nach Schottland zurück und versucht, Anderson zu überzeugen, dass er das Dossier unter dem Einfluss vom »Wringer« selbst geschrieben habe. Als dieser auf dem Turm auftaucht, kehrt Andersons Erinnerung zurück. Er berichtet Charles, wer der wahre Verräter ist.
Darsteller/innen: Peter Sallis (Hal Anderson), Paul Whitsun-Jones (Charles), Barry Letts (Oliver), Gerald Sim (Lovell), Neil Robinson (Bethune), Terence Lodge (»The Wringer«), Douglas Cummings (Murdo).
Erstausstrahlung: 18.1.1964.

Episodenführer

70. Mandrake
Regie: Bill Bain.
Drehbuch: Roger Marshall.
Inhalt: John Steed geht zu der Beerdigung eines Bekannten, Benson, auf einem einsamen Friedhof in Cornwell. Er wird misstrauisch, als er erfährt, dass der Friedhof erst seit einigen Jahren wieder genutzt wird, und auch nur von Leuten aus London. Unterdessen feiert Bensons Sohn in London zusammen mit Dr. Marcrombie und seinem Assistenten Roy Hopkins den Erfolg ihrer Unternehmung. Gale unterhält sich mit dem Vikar, Reverend Wyper, als Hopkins mit Mrs. Turner erscheint, einer neuen Klientin, die den Friedhof besichtigen will. Macrombie gibt Mrs. Turner eine Flasche Arsen für ihren Mann. Gale sucht den Friedhof noch einmal auf. Reverend Wyper bedroht sie mit einer Waffe und enthüllt ihr das Geheimnis des Friedhofes: Der Boden ist dort so arsenhaltig, dass bereits nach wenigen Wochen nicht mehr nachzuweisen ist, dass die Toten vergiftet wurden. Steed erscheint zur Beerdigung von Mr. Turner. Doch die ist ein Trick: Im Sarg liegen nur Sandsäcke. So können sie die ganze Bande festnehmen.
Darsteller/innen: George Benson (Reverend Wyper), Philip Locke (Roy Hopkins), Robert Morris (Benson), John Le Mesurier (Dr. Macrombie), Jackie Pallo (Totengräber), Madge Ryan (Mrs. Turner), Annette André (Judy).
Erstausstrahlung: 25.1.1964.

71. The Secrets Broker
Regie: Jonathan Alwyn.
Drehbuch: Ludovic Peters.
Inhalt: Als einer von John Steeds Kollegen ermordet wird, gibt es zwei Spuren: eine Weinliste der Firma Waller und Paignton und einen Hinweis auf das Forschungszentrum Bridlingtons. Steed schickt Cathy Gale nach Bridlingtons. Dort trifft sie Marion und Cliff Howard, die an einem geheimen Unterwasserradarsystem arbeiten. Der Mörder ist Frederick Paignton, der zu der Tat von Mrs. Wilson gezwungen wurde, einem falschen Medium, das bei seinen Seancen den Kunden Geheimnisse entlockt. Mrs. Wilson erpresst Fredericks Bruder Allan und Marion, mit der er eine Affäre hat. Sie sollen für sie die Pläne des Radarsystems stehlen. Nachts brechen Gale und Steed in den Weinladen ein und finden ein verborgenes Fotostudio, in dem geheime Mikrofilme aufbewahrt werden. Marion will während einer Weinparty die Pläne stehlen. Dabei wird ihr Mann von Frederick Paignton aus Versehen erschossen. Am andern Tag findet Steed Paigntons Leiche neben einem Weinfass. Allan wendet sich hilfesuchend an Steed. Dem und Cathy gelingt es, Waller als den Chef von Mrs. Wilson zu enttarnen und festzunehmen.
Darsteller/innen: Avice Landon (Mrs. Wilson), Jennifer Wood (Julia Wilson), Valentine Musetti (Bruno), John Stone (Frederick Paignton), Patricia English (Marion Howard), Brian Hankins (Jim Carey), John Ringham (Cliff Howard), Ronald Allen (Allan Paignton), Jack May (Waller).
Erstausstrahlung: 1.2.1964.

72. The Trojan Horse
Regie: Laurence Bourne.
Drehbuch: Malcolm Hulke.
Inhalt: Steed besucht den Rennstalltrainer George Meadows und erzählt ihm, er sei vom Foreign Office beauftragt worden, ein Auge auf das Rennpferd eines Schahs zu haben. In Wahrheit sollen er und Gale mehrere Morde aufklären, die in letzter Zeit auf der Rennbahn begangen wurden. Beim Crediton-Cup-Rennen wird einer der Jockeys von dem geheimnisvollen Kirby, der als Arzt verkleidet ist, ermordet. Gale nimmt einen Job in einem der Wettbüros von Heuston an, der eine ganze Kette solcher Büros besitzt. Kirby ist einer seiner Mitarbeiter. Nachts belauscht Steed ein heimliches Treffen der Jockeys und Stallburschen, bei dem Johnson ihnen den Umgang mit Waffen und Gift erklärt. Einer der Jockeys bemerkt Steed und berichtet Heuston davon. Heuston ordnet Steeds Ermordung an. Die Bande bringt Meadows um, weil er Heustons Aktivitäten durchschaut hatte. Steed findet seine Leiche in einer der Boxen und wird von Johnson mit vorgehaltener Pistole zu Heuston gebracht. Gale rettet Steed in letzter Sekunde.
Darsteller/innen: Derek Newark (Johnson), Geoffrey Whitehead (Rt. Hon. Lucian Ffordsham), James Donnelly (Kirby), Arthur Pentelow (Georges Meadows), Basil Dignam (Major Ronald Pantling), Lucinda Curtis (Ann Meadows), T.P. McKenna (Tony Heuston), John Lowe (Lynton Smith).
Erstausstrahlung: 8.2.1964.

73. Build a Better Mousetrap
Regie: Peter Hammond.
Drehbuch: Brian Clemens.
Inhalt: Cathy Gale bittet die alten Damen Ermintrude und Cynthia, auf ihrem Feld, auf dem eine Wassermühle steht, mit ihrer Motorradbande üben zu dürfen. Ihr Wunsch wird abgelehnt. Steed hört im Dorfgasthaus von gelegentlich auftretenden, mysteriösen Ausfällen technischer Geräte. Stignant, der Sicherheitsoffizier eines nahe gelegenen Atomforschungszentrums, bestätigt das. Steed findet heraus, dass das Zentrum der sonderbaren Vorfälle die Wassermühle ist. Ermintrude ist die Tochter von Professor Peck, der zu Lebzeiten an verschiedenen Projekten gearbeitet hat, darunter an der Stillegung elektrischer Geräte über größere Distanzen.

In dieser Nacht wird Stignant unweit der Mühle ermordet. Gale findet in der Mühle ein Gerät, das sie für die Erfindung hält, mit der die Apparate zum Stillstand gebracht werden. Aber ihr Begleiter, der pensionierte Soldat Wesker, nimmt es ihr ab. Ermintrude und Cynthia helfen Steed, Wesker aufzuhalten. Bei der Erfindung handelt es sich um Ermintrudes Versuch, eine bessere Mausefalle zu bauen.
Darsteller/innen: Donald Webster (Dave), Nora Nicholson (Ermintrude), Athene Seyler (Cynthia), Harold Goodwin (Harris), John Tate (Col. Wesker), Alison Seebohm (Caroline), Allan McClelland (Stignant), Marian Diamond (Jessy), David Anderson (Gordon).
Erstausstrahlung: 15.2.1964.

74. The Outside-In Man
Regie: Jonathan Alwyn.
Drehbuch: Philip Chambers.
Inhalt: John Steed soll sich um die Sicherheit von Sharp kümmern, einem Engländer, der in Abarain anti-britische Kampagnen durchgeführt hat, die dort eine Revolution ausgelöst haben. Er kehrt nach London, wo er diplomatische Immunität genießt, zurück, um über Handelsbeziehungen zu verhandeln. Fünf Jahre zuvor hatte der Geheimdienst noch versucht, Sharp zu töten. Charter, der Mann, der damals den Auftrag dazu erhalten hatte, wurde dabei festgenomen. Nun ist er gerade aus dem Gefängnis entlassen worden und befindet sich auf dem Weg nach England – wie Steed glaubt, um Sharp zu töten. Charter wird bei einem Einbruch in die abarainische Botschaft ertappt. Der Botschafter verspricht ihm jede Hilfe, um Sharp loszuwerden. Als Sharp in London ankommt, berichtet Steed ihm, der Plan sei aufgegangen und dank der Zusammenarbeit mit Charter sei seine Vermutung bestätigt: Sharp sei für die Abarainer nicht mehr nützlich. Sharp beschließt, die Verhandlungen zu beenden und dann nach Abarain zurückzufahren.
Darsteller/innen: James Maxwell (Charter), Virginia Stride (Alice), Ronald Radd (Quilpie), Ronald Mansell (Jenkins), Anthony Dawes (Edwards), William Devlin (Botschafter), Basil Hoskins (Major Zulficar), Beryl Baxter (Helen Rayner), Arthur Lovegrove (Michael Lynden), Philip Anthony (Sharp).
Erstausstrahlung: 22.2.1964.

75. The Charmers
Regie: Bill Bain.
Drehbuch: Brian Clemens.
Inhalt: Mehrere Agenten werden ermordet, doch weder Steeds Regierung noch die der Gegenseite scheint damit zu tun zu haben. Steed und sein Opponent Keller vereinbaren, gemeinsam nach der unbekannten

Patrick Macnee, Honor Blackman

dritten Partei zu suchen. In gemischten Teams beginnen die Agenten zu ermitteln. Gale arbeitet mit Martin zusammen, Steed bekommt die attraktive Kim Lawrence zugeteilt. Gales neuer Partner geht sofort verloren. Steed und Kim finden seine Leiche in einer Kiste voller Melonen. Am nächsten Morgen wird die Kiste von elegant gekleideten Männern abgeholt. Steed folgt ihnen zu einer Schule für gutes Benehmen. Bei einem Zahnarzt treffen sie Gale. Kim geht ins Behandlungszimmer. Als Steed und Gale nach ihr sehen wollen, ist der Zahnarzt ermordet, und Kim liegt gefesselt in einer Kiste. Steed nimmt die Stelle eines der eleganten Männer ein, die die Kiste abholen, und gelangt so in die Schule, in der in Wirklichkeit Mörder ausgebildet werden. Dort entpuppt sich Keller als Doppelagent: Er ist der Chef der Schule und der Anführer der Gegenpartei.
Darsteller/innen: John Barcroft (Martin), Warren Mitchell (Keller), Fenella Fielding (Kim Lawrence), Vivian Pickles (Betty Smythe), John Greenwood (Sam), Frank Mills (Harrap), Malcolm Russell (Horace Cleeves), Brian Oulton (Mr. Edgar).
Erstausstrahlung: 29.2.1964.

Episodenführer

76. Concerto
Regie: Kim Mills.
Drehbuch: Terence Dicks, Malcolm Hulke.
Inhalt: Bei Handelsgespräch zwischen England und Russland soll der Pianist Stefan Veliko auftreten. Steed und Gale, zuständig für die Sicherheit der Verhandlungen, befürchten Schwierigkeiten. Eine Frau namens Polly ist vor kurzem ermordet worden. Sie hatte den Pianisten beschuldigt, sie angegriffen zu haben. Steed hält das für einen Versuch, auf Velikos Kosten die Gespräche zu verhindern. Burns, der Mörder von Polly, zwingt ihre Freundin Darleen, Veliko anzurufen und ihn in das Striplokal zu locken, in dem sie arbeitet. Steed und Zalenko, sein Manager, eilen hinterher und können verhindern, dass Veliko kompromittiert wird. Unter dem elitären Publikum, vor dem Veliko spielen soll, ist auch der Handelsminister. Darleen hört bei einem Gespräch zwischen Burns und seinem Assistenten Peterson, dass während der Aufführung jemand ermordet werden soll. Steed und Gale passen auf. Der Attentäter ist Veliko, der von Peterson gezwungen wurde, auf den Minister zu schießen.
Darsteller/innen: Bernard Brown (Peterson), Valerie Bell (Polly White), Geoffrey Colville (Burns), Nigel Stock (Zalenko), Sandor Eles (Stefan Veliko), Dorinda Stevens (Darleen), Carole Ward (Empfangsdame), Leslie Glazer (Robbins).
Erstausstrahlung: 7.3.1964.

77. Esprit de Corps
Regie: Don Leaver.
Drehbuch: Eric Paice.
Inhalt: In den Marroon Barracks wird ein Mann durch ein Erschießungskommando hingerichtet. Offiziell ist er durch einen Unfall beim Reinigen seines Gewehres gestorben. Aber Steed weiß, dass in seinem Körper Projektile aus verschiedenen Gewehren gefunden wurden. Er durchsucht die Kaserne und findet große Mengen Munition. Am nächsten Tag besucht er Lady Bollinger, die Frau des ehemaligen Kommandanten des Regiments. Dieser befasst sich mit schottischer Geschichte und glaubt, dass sein Stiefsohn der rechtmäßige Erbe des schottischen Thrones ist. Der will aber keinen Anspruch darauf erheben. Als Steed später eine Zusammenkunft der Militärs belauscht, wird er erwischt und soll erschossen werden. Bollinger gibt seinen Stiefsohn auf und versucht Cathy Gale, die die nächste Erbberechtigte sein soll, auf die Machtergreifung vorzubereiten. Durch die Hilfe eines Schützen überlebt Steed das Erschießungskommando. Als an diesem Abend die letzten Vorbereitungen für den Angriff auf London getroffen werden, nehmen Steed und Gale Bollinger fest. Sie klärt ihn auf, dass Steed ihren Stammbaum gefälscht hat.
Darsteller/innen: John Thaw (Capt. Trench), Douglas Robinson (Sgt. Marsh), Roy Kinnear (Pte. Jessop), Duncan Macrae (Brig. Gen. Sir Ian Stewart-Bollinger), Pearl Catlin (Mrs. Craig), Joyce Heron (Lady Dorothy Bollinger), Anthony Blackshaw (Pte. Asquith), Hugh Morton (Admiral).
Erstausstrahlung: 14.3.1964.

78. Lobster Quadrille
Regie: Kim Mills.
Drehbuch: Richard Lucas.
Inhalt: Agent Williams wird tot in einer Fischerhütte gefunden. Unter seinen Habseligkeiten ist eine ungewöhnliche Schachfigur. Steed sieht sich die Fischerhütte an und besucht dann Captain Slim, den Besitzer. Slims Schwiegertochter Kate erzählt ihm, dass Slims Sohn Quentin vor kurzem bei einem Sturm ertrunken ist. Gale lässt die Schachfigur von dem Spezialisten Mason untersuchen, der sich an den Namen des Käufers, Williams, erinnert. Die Spielzüge, die Gale in Briefen an diesen Williams findet, ergeben überhaupt keinen Sinn. Sie entdeckt, dass es sich um einen Code handelt, und wird von Mason entführt. Steed erfährt von Kate, dass Quentin geschmuggelt hat und gar nicht tot, sondern vor der Polizei geflohen ist. Zusammen wollen sie Quentins Vater die Wahrheit sagen, als Quentin plötzlich selbst auftaucht. Er hat Cathy Gale als Geisel und will mit einem Boot fliehen. Dabei kommen er und ein Komplize ums Leben. Gale taucht erst am nächsten Morgen wieder auf. Sie hat die Nacht in einer Polizeiwache verbracht.
Darsteller/innen: Gary Watson (Bush), Corin Redgrave (Quentin Slim), Norman Scace (Dr. Stannage), Burt Kwouk (Mason), Leslie Sands (Capt. Slim), Jennie Linden (Katie Miles).
Erstausstrahlung: 21.3.1964.

VIERTE STAFFEL 1965-66

Produktion: Julian Wintle.
Koproduzent: Albert Fennell.
Story Editor: Brian Clemens.
Musik: Laurie Johnson.
Hauptdarsteller/innen: Patrick Macnee (John Steed), Diana Rigg (Emma Peel).
Länge: 50 Min. (OF).
Ausstrahlung: ABC / ZDF, Kabel 1, SAT.1.

Bemerkung zur vierten Staffel: Mehrere Folgen dieser Staffel wurden erst 1996 synchronisiert und ab Ende der 90er Jahre in Deutschland ausgestrahlt. Für die Fernsehausstrahlung tragen sie deshalb einen anderen Titel als in einer früheren Super-8- oder Kino-Version.

 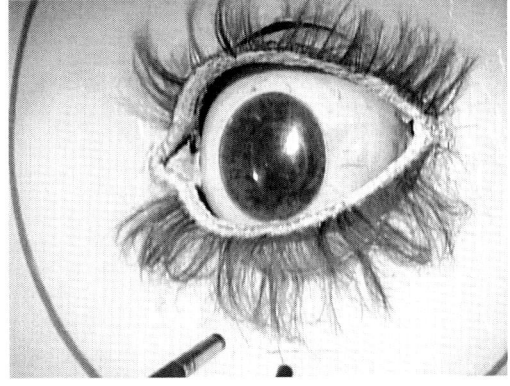
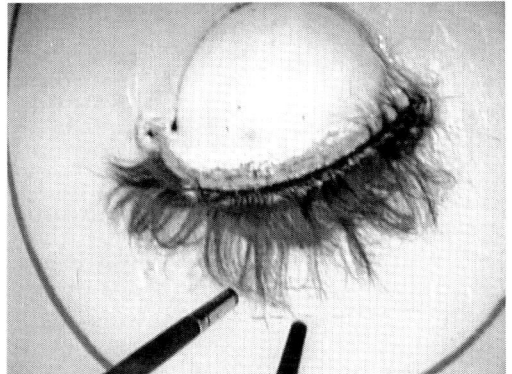 

Stadt ohne Rückkehr, die erste Peel-Episode

Die Sendedaten der englischen Erstausstrahlung beziehen sich wiederum durchgängig auf den Raum London. In anderen Regionen Großbritanniens liefen die Episoden aber nur wenig später. In vielen Episodenführern (so auch in früheren Auflagen dieses Buches) werden die Daten für die Region Midland genannt.

79. Stadt ohne Rückkehr (*The Town of No Return*)
Regie: Roy Baker.
Drehbuch: Brian Clemens.
Inhalt: John Steed und seine neue Partnerin Emma Peel fahren in den kleinen Küstenort Little Bazeley, in dem innerhalb kurzer Zeit vier Agenten spurlos verschwunden sind. Im Zug lernen sie Jimmy Smallwood kennen, der seinen Bruder Tom, den Dorfschmied, besuchen will. Der Ort ist mysteriös: Die Straßen sind menschenleer, die Fenster der Häuser sind zugemauert, nachts hören sie Geräusche wie von marschierenden Truppen. Am nächsten Tag finden sie ihren Bekannten aus dem Zug tot am Strand vergraben. Der Dorfschmied heißt zwar Tom, ist aber deutlich erkennbar ein anderer als der auf dem Foto, das Smallwood ihnen gezeigt hat. Als Peel sich die Eintragungen in den Kirchenbüchern ansehen will, stellt sie fest, dass zahlreiche Seiten herausgerissen wurden. Der falsche Vikar nimmt sie gefangen. Steed entdeckt, dass auch ihr Wirt nicht der ist, der er zu sein scheint. Alle Bewohner des Dorfes wurden durch feindliche Agenten ersetzt. Unter der Erde trainiert die immer größer werdende Armee für die Übernahme des Landes. Steed befreit Peel, und gemeinsam besiegen sie ihre Gegner.
Darsteller/innen: Alan MacNaughtan (Brandon), Patrick Newell (Smallwood), Terence Alexander (Piggy Warren), Jeremy Burnham (Vicar), Robert Brown (Saul), Juliet Harmer (Jill Manson), Walter Horsbrugh (Schulinspektor).
Erstausstrahlung GB / D: 28.9.1965 / 20.12.1966 (ZDF).

Episodenführer

80. Die Totengräber (*The Gravediggers*)
Regie: Quentin Lawrence.
Drehbuch: Malcolm Hulke.
Inhalt: John Steed und Emma Peel suchen die Ursache für Störungen im nationalen Radar-Frühwarnsystem. Der kürzlich verstorbene Dr. Marlowe hat an einem solchen Störgerät gearbeitet. Steed fährt zu Marlowes Grab und sieht, wie sein Sarg zu einem Krankenhaus für pensionierte Eisenbahner gebracht wird. Nebenan hat der exzentrische Millionär und Eisenbahnnarr Sir Horace Winslip seinen Landsitz. Im Krankenhaus trifft er auf Marlowe, der zur Gegenseite übergelaufen ist und seinen Tod nur vorgetäuscht hat. Peel schleicht sich als Schwester in das Krankenhaus ein. Sie entdeckt, dass im OP komplette Störsysteme in Särge eingebaut werden, die auf den umliegenden Friedhöfen vergraben werden. Steed sucht Sir Horace auf, dessen Haus voller Bahnrequisiten ist. Vom Garten fährt eine Miniatureisenbahn bis zum Krankenhaus. Damit will Johnson, der Chef des Krankenhauses, Peel töten, als er ihre wahre Identität herausfindet. Steed beobachtet, wie seine Partnerin an die Gleise gefesselt wird. Es kommt zum Kampf auf dem fahrenden Zug. Steed gewinnt und kann im letzten Moment die Weiche umstellen.
Darsteller/innen: Ronald Fraser (Sir Horace Winslip), Paul Massie (Johnson), Caroline Blakiston (Miss Thirwell), Victor Platt (Sexton), Charles Lamb (Fred), Wanda Ventham (Krankenschwester), Ray Austin (Baron), Steven Berkoff (Sager), Bryan Mosley (Miller), Lloyd Lamble (Dr. Marlowe).
Erstausstrahlung GB / D: 7.10.1965 / 7.2.1967 (ZDF).

81. Die Roboter (*The Cybernauts*)
Regie: Sidney Hayers.
Drehbuch: Philip Levene.
Inhalt: Ein übermenschlich starker Mörder hat mehrere Menschen getötet, die alle in Verhandlungen mit einem japanischen Elektrohersteller waren, der ein neues Schaltelement entwickelt hat. Nur zwei Interessenten sind übrig. Emma Peel besucht den Chef einer Spielzeugfirma, Jephcott, und John Steed geht zu Dr. Armstrong, einem genialen, an den Rollstuhl gefesselten Wissenschaftler. Armstrong durchschaut Steed und schenkt ihm einen Füller. Kurz danach wird auch Jephcott von dem Killer getötet, einem menschenähnlichen Roboter, den Armstrong gebaut hat und der sein Opfer durch den Füller, an dem ein Peilsender angebracht ist, findet. Seinen hat Steed ahnungslos an Peel weitergegeben. Armstrong schickt seinen Roboter aus, Steed zu töten. Steed, der ihn dabei belauscht, wird klar, dass der Roboter Peel umbringen wird. Die ist auf dem Weg zu Armstrongs Firma, weil sie sich Sorgen um Steed macht. Steed entdeckt Peel im Kampf gegen den Roboter. Er lässt sich den Füller zuwerfen, und steckt ihn, als der

Die Roboter

Cybernaut sich ihm zuwendet, Armstrongs zweiten Roboter an. Die beiden Maschinen zerstören sich gegenseitig – und auch Armstrong, als er sie aufhalten will.
Darsteller/innen: Michael Gough (Dr. Armstrong), Frederick Jaeger (Benson), Bernard Horsfall (Jephcott), Bert Kwouk (Tusamo), John Hollis (Sensai), Ronald Leigh-Hunt (Lambert), Gordon Whiting (Hammond).
Erstausstrahlung GB / D: 14.10.1965 / 18.10.1966 (ZDF).

82. Ausverkauf des Todes (*Death at Bargain Prices*)
Regie: Charles Crichton.
Drehbuch: Brian Clemens.
Inhalt: Ein Kollege von Steed wird tot aufgefunden. In seiner Tasche findet sich ein Kassenzettel des Kaufhauses von Horatio Kane – datiert auf den Sonntag. Peel nimmt dort eine Stelle als Verkäuferin an. Allerlei Seltsames passiert. Die Verkäufer haben alle keine Ahnung von ihrem Job. Gleichzeitig finden jeden Abend Sitzungen der Abteilungsleiter statt. Der Hausdetektiv Jarvis wird getötet. Peel erkundigt sich nach dem geheimnisvollen Kassenzettel und wird zum Betriebsleiter Wentworth geschickt. Auf dem Weg entdeckt sie ein verborgenes Labor und darin den verschwundenen Atomwissenschaftler Professor Popple. Wentworth und sein Mitarbeiter Marco nehmen sie gefangen. Steed hatte sich im Kaufhaus versteckt und befreit sie. Es stellt sich heraus, dass der gesamte Keller des Kaufhauses eine einzige Atombombe ist. Der erste Kunde, der am nächsten Morgen mit dem Fahrstuhl ins Untergeschoss fährt, wird sie auslösen. Diese »Demonstration« soll dazu dienen, die Regierung zu erpressen. Der verrückte Kane setzt den Fahrstuhl in Gang. Steed kann ihn in letzter Sekunde mit seinem Schirm aufhalten.

Darsteller/innen: Andre Morell (Horatio Kane), T.P. McKenna (Wentworth), Allan Cuthbertson (Farthingale), George Selway (Massey), Harvey Ashby (Marco), John Cater (Jarvis), Peter Howell (Professor Popple), Ronnie Stevens (Glynn), Diane Clare (Julie).
Erstausstrahlung GB / D: 21.10.1965 / 21.3.1967 (ZDF).

83. Das schottische Schloss (*Castle De'ath*)
Regie: James Hill.
Drehbuch: John Lucarotti.
Inhalt: Auf Schloss De'ath wird ein Froschmann tot im Schlossgraben aufgefunden. Emma Peel – als Vertreterin eines Touristikunternehmens – und John Steed – als schottischer Historiker Jock MacSteed – treffen auf Ian, den 35. Laird des Schlosses, seinen Bruder Angus und ihren Diener McNab. Im Schloss ertönen nachts seltsame Dudelsackklänge, und gelegentlich durchlaufen eigenartige Vibrationen das Gemäuer. Als Steed am nächsten Tag im Schlossgraben taucht, wird er gefangen genommen. Peel schaut sich die Folterkammer des Schlosses an. In einer eisernen Jungfrau entdeckt sie einen geheimen Gang, der in eine unterirdische Kommandozentrale führt. Dort erfährt der gefangene Steed von McNab, dass einer der Brüder mithilfe von U-Booten, die im Schlossgraben liegen und durch einen Verbindungstunnel zum nahe gelegenen Meer fahren, alle Fische vor der Küste vertreiben und so eine Krise in der Fischfangindustrie auslösen will. Es kommt zum Kampf, und Angus, der sich als Chef der Bande herausstellt, kommt in der eisernen Jungfrau ums Leben.
Darsteller/innen: Gordon Jackson (Ian), Robert Urquhart (Angus), Jack Lambert (McNab), James Copeland (Roberton), Russell Waters (Kontrolleur).
Erstausstrahlung GB / D: 28.10.1965 / 10.1.1967 (ZDF).

84. Schule des Tötens, *auch:* Der Club der Hirne (*The Master Minds*)
Regie: Peter Graham Scott.
Drehbuch: Robert Banks Stewart.
Inhalt: Bei einem Einbruch in den Tower wird Sir Clive Todd schwer verletzt aufgefunden. Um festzustellen, was der bisher untadelige Regierungsbeamte dort zur Tatzeit zu suchen hatte, wird Emma Peel zu seiner Krankenschwester ernannt. Todds Tochter Davinia erzählt Steed, dass ihr Vater Mitglied bei Ransack ist, einem Intelligenzler-Club. Auch Steed wird dort Mitglied. Sir Clive wird von seinem Arzt Dr. Campell getötet, der sich hinterher nicht mehr an den Mord erinnern kann. Auch er gehört dem Club an. Peel bewirbt sich dort als Sekretärin. In jedem Zimmer des Hauses befindet sich ein Lautsprecher, aus dem Musik kommt. Steed zieht die Schnur heraus und schließt

Die Roboter

Freundschaft mit einer Sportlehrerin. In den kommenden Nächten beobachtet er, wie die Mitglieder, Peel eingeschlossen, wie in Trance das Haus verlassen und sich am nächsten Morgen nicht mehr daran erinnern können. Steed beweist Peel, dass sie an einem Überfall auf eine Militärstation beteiligt war. Mit dem Lautsprecher werden die Ransack-Mitglieder in Hypnose versetzt. Schließlich können sie den Anführer überführen – es ist Holly, die Sportlehrerin.
Darsteller/innen: Laurence Hardy (Sir Clive Todd), Patricia Haines (Holly Trent), Ian McNaughton (Sir Fergus Campbell), Georgina Ward (Davinia Todd).
Erstausstrahlung: GB / D: 4.11.1965 / 21.2.1967 (ZDF).

85. Das Mörderinstitut (*The Murder Market*)
Regie: Peter Graham Scott.
Drehbuch: Tony Williamson.
Inhalt: Die Spur mehrerer rätselhafter Todesfälle führt zur Heiratsvermittlung *Togetherness*. Peel verdächtigt Robert Stone, den Bruder des letzten Opfers. Steed gibt sich bei den Heiratsvermittlern als Ehekandidat aus. Ein Gespräch zwischen dem Chef Lovejoy und seinem Angestellten Dinsford lässt ihn vermuten, dass ein Klient namens Henshaw das nächste Opfer wird. Doch Peel lässt die Mörderin, Barbara Wakefield, entkommen. Steed gibt also vor, ein reicher Erbe zu sein. Nur eine Cousine sei ihm noch im Weg. Lovejoy bietet ihm an,

die Cousine zu töten – wenn er Peel umbringt, die von Barbara erkannt wurde. Steed meldet den Auftrag als ausgeführt. Als Lovejoy sich überzeugen will, sieht er Peel in einem Sarg liegen. Zufrieden bietet er Steed eine feste Beteiligung an dem Geschäft an und lässt den Sarg zum Friedhof bringen und beerdigen. Dort lernt Steed den wahren Chef der Mörderbande kennen – Jessica Stone, die Frau des letzten Opfers. Zusammen mit Peel, die sich durch einen Notausstieg aus dem Sarg retten konnte, legt er ihr das Handwerk.
Darsteller/innen: Patrick Cargill (Lovejoy), Peter Bayliss (Dinsford), Suzanne Lloyd (Barbara Wakefield), Naomi Chance (Mrs. Stone), John Woodvine (Robert Stone).
Erstausstrahlung GB / D: 12.11.1965 / anscheinend erst 5.1.2003 (Kabel 1), infolge einer Verwechselung mit einer anderen Episode.

86. H2O – Tödliches Nass, *auch:* Eine Überdosis Wasser (*A Surfeit of H2O*)
Regie: Sidney Hayers.
Drehbuch: Colin Finbow.
Inhalt: An einem trockenen, sonnigen Tag ertrinkt ein Mann auf offenem Feld. Das lässt die Bewohner des benachbarten Dorfes an eine neue Sintflut glauben und ruft natürlich den Geheimdienst auf den Plan. John Steed besucht Jonah Barnard, der bereits mit dem Bau einer Arche begonnen hat. In der Nähe einer Weinfirma hängt eine große Wolke in der Luft, die jeden Tag zu wachsen scheint. Als Emma Peel sich in der Firma umsehen will, verbietet ihr ein Dr. Sturm den Zutritt. Es kommt zu einem weiteren Todesfall. Steed verschafft sich Zutritt zu der Weinfirma und entdeckt ungeheuer viele kompliziert aussehende Apparate. Peel untersucht mit einem Meteorologen das geheimnisvolle Feld. Wenig später kommt auch der Meteorologe ums Leben, und Peel wird in einer Weinpresse gefangen gehalten. Sturm zeigt ihr seine Regenmaschinen, die er dem Militär verkaufen möchte. Steed und Jonah brechen in die Fabrik ein und machen den verrückten Wissenschaftler dingfest.
Darsteller/innen: Noel Purcell (Jonah Barnard), Albert Lieven (Dr. Sturm), Sue Lloyd (Joyce Jason), Talfryn Thomas (Eli Barker), John Kidd (Sir Arnold Kelly).
Erstausstrahlung GB / D: 19.11.1965 / 15.10.1998 (SAT.1).

87. Die fehlende Stunde (*The Hour That Never Was*)
Regie: James Hill.
Drehbuch: John Lucarotti.
Inhalt: Emma Peel und John Steed fahren zu einer Veranstaltung in eine Kaserne, in der Steed während des Krieges Dienst getan hat. Kurz bevor sie ankommen, haben sie einen Unfall. Die Zeiger der Uhr am Armaturenbrett bleiben auf 11 Uhr stehen. Als sie in der Kaserne ankommen, ist sie menschenleer. Alle Uhren stehen auf 11. Plötzlich ist Peel verschwunden, und Steed trifft auf den seltsamen Hickey, einen Betrunkenen in zerlumpten Kleidern. Steed wird bewusstlos geschlagen. Als er wieder aufwacht, sitzt er in seinem Auto, aber ohne Emma Peel. Er geht zurück zur Kaserne, wo die Party in vollem Gang ist. Alle seine alten Bekannten sind da, und auch die Uhren gehen wieder. Als Steed verwirrt auf die Straße geht, findet er die Leiche von Hickey. Er sucht weiter und entdeckt Peel, gefesselt in der Praxis des Kasernen-Zahnarztes. In der Praxis ist auch ein Gerät, mit dem Menschen in Tiefschlaf versetzt werden können, und eine Wahrheitsdroge, mit deren Hilfe die Patienten ausgehorcht werden. Es kommt zum Kampf zwischen den Agenten und dem verräterischen Zahnarzt und seinem Gehilfen.
Darsteller/innen: Gerald Harper (Geoffrey Ridsdale), Dudley Foster (Philip Leas), Roy Kinnear (Hickey), Roger Booth (Porky Purser), Daniel Moynihan (Corporal Barman), David Morrell (Fahrer), Fred Haggerty (Wiggins).
Erstausstrahlung GB / D: 26.11.1965 / 10.12.1998 (SAT.1).

88. Vorsicht bei Anruf (*Dial a Deadly Number*)
Regie: Don Leaver.
Drehbuch: Roger Marshall.
Inhalt: Sechs schwerreiche Männer der Finanzwelt sind in letzter Zeit an plötzlichen Herzattacken gestorben. Das letzte Opfer war ein Mr. Todhunter. Steed und Peel nehmen die Ermittlungen auf. Alle Männer hatten einen gemeinsamen Bankier, Mr. Boardman. Steed stellt sich ihm als Vertreter einer Ölgesellschaft vor, die zwei Millionen Pfund anlegen will. Boardman verweist ihn an den Makler Yuill, der ihm erklärt, wie man an solch unvorhergesehenen Todesfällen verdienen kann. Er nennt ihm den Finanzexperten Jago als einen der größten Nutznießer der Todesfälle. Derweil entdeckt Peel im Bestattungsinstitut die Wunde auf der Brust des Toten. Seine Sachen sind verschwunden, aber ein Angestellter erinnert sich an die »Piep-Maschine«, die der Tote in der Brusttasche trug. Bei dem Hersteller der Piepser trifft Peel einen Mann, der im Krieg Geheimwaffen entwickelt hat. Nach einer Party bei Boardman stirbt Yuill, der ebenfalls einen Piepser bei sich hatte. Steed bekommt von Boardmans Frau Ruth ein exaktes Duplikat seiner Uhr – inklusive Piepser. Peel und Steed durchschauen diese Falle und überführen schließlich Jago und die Boardmans als die wahren Täter.
Darsteller/innen: Clifford Evans (Henry Bordman), Jan Holden (Ruth Boardman), Anthony Newlands (Ben Jago), John Carson (Fitch), Peter Bowles (John Harvey), Gerald Sim (Frederick Yuill).
Erstausstrahlung GB / D: 3.12.1965 / 6.12.1966 (ZDF).

Episodenführer

Episodenführer

2:1=1

89. Mörderischer Löwenzahn
(Man-Eater of Surrey Green)
Regie: Sidney Hayers.
Drehbuch: Philip Levene.
Inhalt: Die verschwundene Laura Burford ist die Letzte einer ganzen Reihe von Botanikern, die in jüngster Zeit vermisst wurden. John Steed und Emma Peel finden heraus, dass sie alle im Haus des Pflanzenliebhabers Sir Lyle Petersons gearbeitet haben. Bei Peterson finden sie Burford, die sich sehr seltsam verhält. Auf dem Gelände entdecken sie einen eigenartigen Bohrturm und die Überreste eines Raumschiffes, auf dem eine riesige Pflanze wächst. Bei einer Anfrage bei der Regierung wird ihnen bestätigt, dass vor Monaten ein Raumschiff an einem unbekanntem Ort abgestürzt ist. Steed lässt die Pflanze untersuchen. Dabei stellt sich heraus, dass sie ein Gehirn hat, zu gewaltiger Größe heranwachsen kann und dann Menschen frisst. Sie sendet dabei hypnotische Einflüsse aus, vor denen man sich nur mit Hörgeräten schützen kann. Mit solchen Hörgeräten und Pflanzengiften bewaffnet, versuchen Steed und Peel, die inzwischen riesengroße Pflanze zu besiegen. Peel gerät dabei völlig unter den Einfluss der Pflanze, bis Steed das Monster töten kann.
Darsteller/innen: Derek Farr (Sir Lyle Peterson), Athene Seyler (Dr. Sheldon), Gillian Lewis (Laura Burford), William Job (Alan Carter).
Erstausstrahlung GB / D: 10.12.1965 / 25.3.1999 (SAT.1).

90. 2:1=1 *(Two's a Crowd)*
Regie: Roy Baker.
Drehbuch: Philip Levene.
Inhalt: In London tauchen vier Agenten auf, die für den berühmten Meisterspion Colonel Psev arbeiten. Ihn selbst hat noch nie jemand gesehen; man weiß von ihm nur, dass er tödliche Modellspielzeuge bastelt und Veilchenlikör trinkt. Emma Peel und John Steed sollen bei einer Konferenz der Verteidigungsminister für die allgemeine Sicherheit sorgen. Psevs Mitarbeiter wollen mithilfe des Handlangers Brodny die Pläne der Polaris-U-Boote stehlen. Brodny entdeckt bei einer Modenschau einen perfekten Doppelgänger Steeds namens Gordon Webster. Dieser willigt ein, Steeds Stelle bei der Tagung einzunehmen und die Pläne für Brodny zu stehlen. Webster wird gründlich auf seine Rolle vorbereitet. Aber Peel wird bei einem ersten Zusammentreffen misstrauisch und stellt ihm Fangfragen. Webster will kein Risiko eingehen und lässt sie gefangen nehmen. Dann macht er sich auf den Weg, Steed zu töten. Als er zurückkommt und den Mikrofilm nur Psev persönlich geben will, geben die vier Agenten zu, dass sie sich diese Figur ausgedacht haben. Webster legt sie herein und flieht mit Peel. Erst als die beiden von Modellflugzeugen beschossen werden, glaubt sie ihm, dass er in Wirklichkeit Steed ist und die ganze Zeit eine Doppelrolle gespielt hat.
Darsteller/innen: Warren Mitchell (Brodny), Maria Machado (Alicia Elena), Alec Mango (Shvedloff), Wolfe Morris (Pudeshkin), Julian Glover (Vogel), John Bluthal (Ivenko).
Erstausstrahlung GB / D: 17.12.1965 / 22.11.1966 (ZDF).

91. Weihnachten – ein Albtraum
(Too Many Christmas Trees)
Regie: Roy Baker.
Drehbuch: Tony Williamson.
Inhalt: Steed wird von bösen Träumen gequält, in denen er seinen Kollegen Freddy Marshall als Leiche sieht. Kurz darauf stirbt Freddy wirklich unter mysteriösen Umständen. Um Steed auf andere Gedanken zu bringen, lädt Peel ihn zu einer Dickens-Party im Haus des exzentrischen Millionärs Brandon Storey ein. Doch Storeys Haus ist das Haus aus Steeds Traum. Zwei Gäste der Party, Trasker und Wade, üben telepathischen Einfluss auf ihn aus, um ihm seine Geheimnisse zu entlocken. Für die Weihnachtsparty verkleidet sich Peel als Oliver Twist und Steed als Sydney Carton. Eine Frau namens Janice gibt ein Gedankenlesekunststück zum Besten und wählt Steed als Assistenten, um ihm dabei geheime Informationen zu entlocken. Peel verdächtigt einen anderen Gast, Dr. Teasel. Doch Steed ist nach wie vor Herr seiner Sinne und kann den Fall lösen. Im Schlusskampf entpuppt sich ihr Gastgeber als der Oberschurke.
Darsteller/innen: Mervyn Johns (Brandon Storey), Edwin Richfield (Dr. Felix Teasel), Jeannette Sterke (Janice Crane), Alex Scott (Martin Trasker), Robert James (Jenkins), Barry Warren (Jeremy Wade).
Erstausstrahlung GB / D: 23.12.1965 / 11.3.1999 (SAT.1).

Episodenführer

92. Tödlicher Staub (*Silent Dust*)
Regie: Roy Baker.
Drehbuch: Roger Marshall.
Inhalt: Als ein mysteriöses Vogelsterben einsetzt, erkundet Emma Peel zusammen mit einem Ornithologen die Gegend und gerät dabei auf das Grundstück von Omrod, einem reichen Grundbesitzer. John Steed besichtigt ein landwirtschaftliches Versuchsgelände, das durch fehlerhaften Dünger total verseucht wurde. Alle Vögel in der Gegend sind tot. Steed sucht den Erfinder des Düngers auf, einen Dr. Prendergast, der ihn an seine Tochter Clare weiterverweist. Clare Prendergast ist verbittert über die Art, wie ihr Vater nach dem Dünger-Missgeschick behandelt wurde. Der Ornithologe wird umgebracht, bevor er Peel etwas Wichtiges mitteilen kann. Bei Omrod trifft sich die Bande von Verschwörern: die Dorfschöne Miss Snow, der Rosenzüchter Croft und der brutale Stallbursche Juggins. Sie wollen England Grafschaft für Grafschaft mit dem tödlichen Dünger verseuchen, bis die Regierung ihnen 40 Millionen Pfund zahlt. Omrod lädt die beiden Agenten zu einer Jagd ein, bei der sie ums Leben kommen sollen. Steed, auf einem feurigen Schimmel, überwältigt die Bande.
Darsteller/innen: William Franklyn (Omrod), Jack Watson (Juggins), Conrad Phillips (Mellors), Norman Bird (Croft), Joanna Wake (Miss Snow), Isobel Black (Clare Prendergast), Charles Lloyd Pack (Sir Manfred Fellows), Aubrey Morris (Quince).
Erstausstrahlung GB / D: 31.12.1965 / 8.11.1966 (ZDF).

93. Geschlossene Räume (*Room without a View*)
Regie: Roy Baker.
Drehbuch: Roger Marshall.
Inhalt: Innerhalb weniger Jahre sind die wichtigsten Physiker des Landes spurlos verschwunden. John Wadkin, einer von ihnen, taucht eines Abends überraschend auf, krank und scheinbar ohne Erinnerung. Ein Psychologe stellt fest, dass er in dem berüchtigten Gefangenenlager Mesak in der Mandschurei gewesen sein muss. Das Einzige, an was sich Wadkin erinnert, ist die Zahl 621. Als der Physiker Cullen nach London kommt, sollen Steed und Peel ihn beschützen. In seinem Hotel gibt man ihm das Zimmer 621, und kurz darauf ist auch Cullen verschwunden. Peel nimmt eine Stelle im Hotel an und macht sich durch ihre Fragen verdächtig. Als sie Zimmer 621 putzen soll, strömt Gas aus der Wand. Sie erwacht in einem Lager. Vor ihrer Tür hält ein Asiat Wache. Steed besucht den Chessman, den Besitzer des Hotels, und bringt ihn zum Reden. Er erfährt, dass Chessman die Wissenschaftler den Russen zum Tausch gegen Baugenehmigungen für Hotels hinter dem Eisernen Vorhang anbietet. In einem unbenutzten Stock-

Mrs. Peel, zum Ersten, zum Zweiten, zum Dritten

werk des Hotels hat er das komplette Lager detailliert nachbilden lassen. Steed befreit Peel aus der Zelle.
Darsteller/innen: Paul Whitsun-Jones (Chessman), Peter Jeffrey (Varnals), Richard Bebb (Dr. Cullen), Philip Latham (Carter), Peter Arne (Pasold), Vernon Dobtcheff (Pushkin), Peter Madden (Dr. Wadkin), Jeanne Roland (Anna Wadkin).
Erstausstrahlung GB / D: 8.1.1966 / 8.8.1967 (ZDF).

94. Afrikanischer Sommer (*Small Game for Big Hunters*)
Regie: Gerry O'Hara.
Drehbuch: Philip Levene.
Inhalt: Jack Kendrick wird nach vier Tagen Abwesenheit wiedergefunden, trägt eine seltsame Uniform und ist nicht mehr wach zu bekommen. Professor Swain, ein Experte für Schlafkrankheit, vermutet, es handele sich um Shirenzai, einen afrikanischen Zauber, der in Kayala noch gebräuchlich sei. Steed erfährt, dass Kendricks Uniform 1927 für einen Colonel Rawlings angefertigt und nach Kalaya geschickt wurde. Derselbe Rawlings leitet heute einen Club ehemaliger Kayala-Soldaten – direkt neben Kendricks Haus. Steed besucht den Colonel inmitten einer künstlichen subtropischen Vegetation, mit Löwen und kayalanischen Kriegern. Rawlings glaubt, er lebe immer noch in Kayala. Seine Mitarbeiter

Episodenführer

Die Nacht der Sünder

Fleming und Trent nutzen seine Senilität aus, und wollen das Land mithilfe eines abgewandelten Tse-Tse-Giftes, das die Schlafkrankheit auslöst, unter ihre Kontrolle bringen. Einer der Krieger entpuppt sich als Mitglied des kayalanischen Geheimdienstes. Er hilft Steed, die Verbrecher zu überführen. Peel, verkleidet als kayalanische Kriegerin, nimmt es mit dem Kopf der Bande, Professor Swain, auf.
Darsteller/innen: Bill Fraser (Col. Rawlings), James Villiers (Simon Trent), Liam Redmond (Professor Swain), A.J. Brown (Dr. Gibson), Peter Burton (Fleming), Paul Danquah (Razafi), Tom Gill (Tropenkleidungsschneider), Esther Anderson (Lala), Peter Thomas (Kendrick).
Erstausstrahlung GB / D: 15.1.1966 / 4.4.1967 (ZDF).

95. Mrs. Peel, zum Ersten, zum Zweiten, zum Dritten, auch: Nadeln töten leiser (*The Girl from Auntie*)
Regie: Roy Baker.
Drehbuch: Roger Marshall.
Inhalt: Als John Steed aus dem Urlaub zurückkommt, findet er eine unbekannte Frau vor, die behauptet, Emma Peel zu sein. Sie gibt schließlich zu, dass sie in Wirklichkeit Georgie Price-Jones heißt und diesen Auftrag durch eine Zeitungsanzeige bekommen hat. Als sie gemeinsam versuchen herauszufinden, wer dahintersteckt, entdecken sie insgesamt neun Leichen, jede mit einer großen Stricknadel im Rücken. Von der Tante des letzten Opfers erfährt Steed, dass die Stricknadeln aus dem Arkwright Strickclub stammen. Als er dort Nachforschungen anstellt, sieht er den russischen Agenten Colonel Ivanov aus einer gegenüber liegenden Kunsthandlung kommen. Der Besitzer, Gregorio Auntie, erzählt ihm, für den entsprechenden Preis könne man bei ihm jede Sache der Welt kaufen. Steed erkundigt sich nach Peel und erfährt, sie sei schon verkauft. Steed legt Ivanov, den »Käufer«, mit einem Trick herein und ersteigert Peel auf einer Auktion. Dabei enthüllt eine alte Frau seine Tarnung, und er entgeht nur knapp den tödlichen Stricknadeln. Die mörderische Alte ist in Wirklichkeit ein Mann. Steed stellt die falsche Emma Peel der echten vor, die ihre Entführer überlisten konnte.
Darsteller/innen: Liz Fraser (Georgie Price-Jones), Alfred Burke (Gregorio Auntie), Bernard Cribbins (Arkwright), David Bauer (Ivanov), Sylvia Coleridge (Tante Hetty).
Erstausstrahlung GB / D: 21.1.1966 / 7.1.1999 (SAT.1).

96. Das dreizehnte Loch (*The 13th Hole*)
Regie: Roy Baker.
Drehbuch: Tony Williamson.
Inhalt: Als Murphy, ein Kollege von Steed, ermordet wird, führt die Spur zu einem exklusiven Golfplatz. Steed und Emma Peel schreiben sich als Mitglieder ein. Dort spielt auch Dr. Peter Adams, den der tote Agent überwachen sollte. Colonel Watson und der Clubsekretär Collins reagieren nervös auf die Frage, warum Murphy laut der Golfkarten immer nur bis zum zwölften Loch gekommen ist. Am nächsten Tag findet ein großes Turnier statt. Dabei wird Collins mit einem Golfball aus einem Spezialgewehr erschossen. Steed richtet es so ein, dass er gegen den verdächtigen Adams spielen kann. Peel entdeckt, dass Adams an Raketenleitsystemen arbeitet, und findet eine Weltraumkarte, auf der ein Nachrichtensatellit verzeichnet ist, der jeden Tag zweimal über die Grafschaft hinwegzieht. Sie wird gefangen genommen und zum dreizehnten Loch gebracht, einem unterirdischen Bunker, von dem geheime Informationen an den Nachrichtensatelliten gefunkt werden. Steed bringt die Landesverräter mit gezielten Schlägen zur Strecke.
Darsteller/innen: Patrick Allen (Reed), Hugh Manning (Colonel Watson), Peter Jones (Adams), Victor Maddern (Jackson), Francis Matthews (Collins), Norman Wynne (Professor Minley).
Erstausstrahlung GB / D: 28.1.1966 / 7.3.1967 (ZDF).

Butler sind gefährlich

97. Gefährliche Tanzstunde
(*The Quick-Quick-Slow-Death*)
Regie: James Hill.
Drehbuch: Robert Banks Stewart.
Inhalt: Der ausländische Agent Willi Fehr verliert einen toten Mann aus einem Kinderwagen und verweigert jede Zusammenarbeit mit Steed. Kurze Zeit später wird er getötet. Der einzige Anhaltspunkt führt die Agenten von einem Smokingverleih zum Schuhdesigner Piedi und schließlich zur Tanzschule von Lucille Banks. Dort nimmt Peel eine Stelle als Tanzlehrerin an. Sie lernt Ivor Bracewell und Nicky, zwei Kollegen, kennen, den ewig betrunkenen Kapellmeister Chester Reed – und einen neuen, reichen und einsamen Tanzschüler: John Steed. Lucille Banks kümmert sich persönlich um Steed. Ein anderer Schüler namens Peever wird bei der Verleihung seines Tanzdiploms ermordet, ein anderer nimmt seinen Namen und seine Identität an. Beim großen Preistanzen soll dasselbe mit Steed geschehen. Alle tragen dabei Masken. Peel kann die Nummer sechs auf Steeds Rücken durch Umdrehen in eine Neun umwandeln und sorgt so für große Verwirrung. Der Kapellmeister entpuppt sich als Mastermind und wird verhaftet.
Darsteller/innen: Eunice Gayson (Lucille Banks), Maurice Kaufmann (Ivor Bracewell), Larry Cross (Chester Read), James Belchamber (Peever), Colin Ellis (Bernard), Michael Peake (Willi Fehr).
Erstausstrahlung GB / D: 4.2.1966 / 24.1.1967 (ZDF).

98. Der Club der schwarzen Rose (*The Danger Makers*)
Regie: Charles Crichton.
Drehbuch: Roger Marshall.
Inhalt: Gordon Lamble wird schwer verletzt, als er versucht, die St. Pauls Kathedrale zu besteigen. Von dem Psychologen Harold Long erfahren Emma und John, dass mehrere Männer bei ähnlich ungewöhnlichem Tun ums Leben gekommen sind. Fast alle Toten waren ranghohe Militärs und hatten eine schwarze Rose bei sich. Peel und Long beobachten Lamble bei weiteren Mutproben, können aber nicht verhindern, dass er ermordet wird. Steed findet einen Hinweis auf das Armeemuseum Manton House und fährt dorthin. Auch Peel, die gegenüber einem Major Robinson ihre Leidenschaft für riskante Abenteuer bekundet hat, wird nach Manton House gebracht. Dort lernen sie den Club der schwarzen Rose kennen, dessen Mitglieder sich immer wieder neuen, tödlichen Gefahren aussetzen. In Steeds Beisein besteht Peel die lebensgefährliche Aufnahmeprüfung. Der Chef des Clubs beglückwünscht sie; es ist niemand anderes als der Psychologe Long, der mithilfe der Mitglieder die Kronjuwelen aus dem Tower stehlen will. Long stirbt am Schluss in einer seiner eigenen Fallen.
Darsteller/innen: Nigel Davenport (Major Robertson), Douglas Wilmer (Dr. Harold Long), Fabia Drake (Col. Adams), Moray Watson (Peters), Adrian Ropes (Lieut. Stanhope), Richard Coleman (RAF-Offizier), John Gatrell (Gordon Lamble).
Erstausstrahlung GB / D: 11.2.1966 / 18.7.1967 (ZDF).

99. Die Nacht der Sünder, *auch:* Zur Hölle, Sir!
(*A Touch of Brimstone*)
Regie: James Hill.
Drehbuch: Brian Clemens.
Inhalt: Immer wieder werden ausländische Diplomaten in aller Öffentlichkeit lächerlich gemacht. Der einzige Verdächtige ist der raffinierte John Cartney. Beim nächsten Zwischenfall, bei dem ein Mann ums Leben kommt, spielt Cartneys Freund Darcy eine ent-

Robin Hood spielt mit

scheidende Rolle. Voller Gewissensbisse und betrunken beichtet Darcy Steed, dass diese Witze zu den Spielregeln des Hellfire Clubs gehören, in dem er und Cartney Mitglieder sind. Der Club ist eine Kopie des Originals aus dem 18. Jahrhundert. Alle Mitglieder tragen Regency-Kostüme, und bei den Feiern geht es hoch her. Beim nächsten Treffen des Clubs wird Darcy von den Mitgliedern zum Tode verurteilt und hingerichtet. Steed und Peel werden zur »Nacht der Sünden« eingeladen, dabei trägt Peel lediglich eine Korsage mit Stachelhalsband und eine lebende Schlage um die Taille. Steed entdeckt, dass die Bande in unterirdischen Gängen Sprengstoff lagert und damit eine Konferenz der Außenminister in die Luft sprengen will, um anschließend die Regierung zu übernehmen. In bizarren Kämpfen können die beiden Agenten ihre Feinde besiegen.
Darsteller/innen: Peter Wyngarde (John Cartney), Colin Jeavons (Lord Darcy), Carol Cleveland (Sara), Robert Cawdron (Horace), Jeremy Young (Willy Frant).
Erstausstrahlung GB / D: 18.2.1966 / 5.11.1998 (SAT.1).

100. Butler sind gefährlich (*What the Butler Saw*)
Regie: Bill Bain.
Drehbuch: Brian Clemens.
Inhalt: Von seinem Friseur, einem Doppelagenten, hört Steed, dass es ein Sicherheitsleck in den obersten Militärkreisen geben müsse. In Frage kommen drei Herren: Admiral Willows, Brigadier Ponsonby-Goddard und Captain Miles. Bei Ponsonby-Goddard lernt Steed dessen leicht verrückten Vater kennen und hört, wie der Butler Reeves ein geheimes nächtliches Treffen verabredet. Emma Peel erobert Captain Miles im Sturm und versucht ihn auszuhorchen. Steed kommt einiges an den drei Butlern der Militärs eigenartig vor. Er beginnt eine Ausbildung in einer Butlerschule, wo ihn Hemming, der Butler von Miles, unterrichtet. Als Hemming ermordet wird, soll Steed seine Stellung bei Miles übernehmen. Benson, der Butler von Willows, gibt ihm den Befehl, die Jacke seines Herrn mit Wein zu bespritzen und sie ihm dann zu bringen. In die Jacken haben die Butler Tonbandgeräte eingenäht, die jedes Wort der geheimen Konferenzen der drei aufzeichnen. Steed und Peel können mithilfe des alten Goddard der Bande das Handwerk legen.
Darsteller/innen: Thorley Walters (Hemming), John Le Mesurier (Benson), Dennis Quilley (Captain Miles), Kynaston Reeve (Major General Goddard), Howard Marion Crawford (Brig. Goddard), Humphrey Lestocq (Vice Admiral Willows), Ewan Hooper (Sgt. Moran), David Swift (Friseur), Norman Scace (Reeves).
Erstausstrahlung GB / D: 25.2.1966 / 18.4.1967 (ZDF).

101. Das Häuschen im Grünen (*The House That Jack Built*)
Regie: Don Leaver.
Drehbuch: Brian Clemens.
Inhalt: Emma Peel erbt von einem unbekannten Onkel ein Landhaus und macht sich auf, es zu besichtigen. Unterwegs nimmt sie den Anhalter Withers mit. John Steed ist misstrauisch und ruft Peels Anwalt an, doch der weiß nichts von einer Erbschaft. In dem verlassenen Haus angekommen, beginnt für Emma Peel bald ein Albtraum. Die Wände verändern sich wie von Zauberhand, und sie hört seltsame Geräusche. Kurz danach entdeckt sie die Leiche von Withers. Unter einem Portrait von ihr steht auf einem Schild: »Willkommen zur Ausstellung über die verstorbene Mrs. Peel.« Eine unheimliche Stimme entpuppt sich als ein alter Bekannter: Professor Keller, den sie damals, als sie die Firma ihres Vaters nach seinem Tod weiterführte, wegen Meinungsverschiedenheiten entlassen musste. In einem Zimmer findet sie einen weiteren Gefangenen, der inzwischen verrückt geworden ist und auf sie schießt, und die Leiche von Keller. Die Stimme ist nur eine Aufzeichnung, das Haus handelt inzwischen völlig selbstständig durch eine Computersteuerung. Peel sprengt den Computer und entkommt.
Darsteller/innen: Michael Goodliffe (Professor Keller), Griffith Davies (Burton), Michael Wynne (Withers).
Erstausstrahlung GB / D: 4.3.1966 / 31.12.1998 (SAT.1).

102. Robin Hood spielt mit (*A Sense of History*)
Regie: Peter Graham Scott.
Drehbuch: Martin Woodhouse.
Inhalt: Auf dem Weg zur Universität St. Bodes wird der Volkswirtschaftsprofessor James Broom ermordet.

Honig für den Prinzen

Steed lässt sich von Brooms Assistenten Carlyon das Material zeigen, an dem Broom gearbeitet hatte: ein Konzept zur Armutsbekämpfung. Peel schreibt sich als Studentin an der Uni ein und trifft dort eine Bande exzentrischer Studenten, die von dem bösartigen Duboys angeführt wird, den demokratischen Professor Henge und den rechtskonservativen Professor Acheson. Unter Brooms Sachen findet Steed einen Entwurf einer faschistischen Geschichtstheorie, aber ohne den Namen des Verfassers. Sicher ist nur, dass es jemand vom College geschrieben haben muss. Der Bibliothekar Grindley, der Steed bei der Suche helfen will, wird ermordet. Nach einem missglückten Anschlag auf Carlyon findet sich ein Foto von der Studentin Marianne. Sie ist es, die Steed warnt, dass auf einem Ball, bei dem alle Verkleidungen nach dem Motto »Robin Hood« tragen, Carlyon getötet werden soll. Als Sheriff von Nottingham verkleidet greift Steed rechtzeitig ein. In der Maske von Bruder Tuck steckt Grinley, der wahre Anführer der Faschisten, der seine Ermordung nur vorgetäuscht hatte.
Darsteller/innen: Nigel Stock (Richard Carlyon), John Barron (Dr. Henge), John Glyn-Jones (Grindley), John Ringham (Professor Acheson), Patrick Mower (Duboys), Robin Phillips (John Pettit), Peter Blythe (Millerson), Peter Bourne (Allen), Jacqueline Pearce (Marianne).
Erstausstrahlung GB / D: 11.3.1966 / 1.8.1967 (ZDF).

103. Fit für Mord, *auch:* **Mordet die Männer (*How to Succeed at Murder*)**
Regie: Don Leaver.
Drehbuch: Brian Clemens.
Inhalt: Mehrere Geschäftsleute werden innerhalb kurzer Zeit ermordet, anscheinend ohne jeden Grund. Im Auto des letzten Opfers riecht es stark nach einem seltenen Parfum. Emma Peel bittet den Parfumhändler J.J. Hooter um eine Liste der Kundinnen, die diesen Duft verwenden. Als sie die Liste abholen möchte, ist Hooter tot, und seine Sekretärin Gladys Murkle hat die Geschäfte übernommen. Doch sie lehnt jede Hilfe ab. John Steed stellt fest, dass alle Ermordeten sehr komplex aufgebaute Firmen besaßen, die nun von den sehr erfahreren jeweiligen Sekretärinnen geführt werden. Peel wird Assistentin bei einer von ihnen, Mary Merryweather. Zusammen mit ihr geht sie in das Fitnesscenter von Henry und Henrietta Throgbottom. Doch hinter dieser Fassade steckt eine Gruppe von Frauenrechtlerinnen, die ihre Anweisungen von Henrietta erhalten, die nie zu sehen ist, sondern in einer Nische neben Henry sitzt. Steed lässt den Schwindel auffliegen: Henry ist Bauchredner und wollte so den Tod seiner Frau rächen, die von männlichen Geschäftspartnern ruiniert wurde.
Darsteller/innen: Sarah Lawson (Mary Merryweather), Angela Browne (Sara Penny), Anna Cunningham (Gladys Murkle), Artro Morris (Henry Throgbottom), Jerome Willis (Joshua Rudge), Christopher Benjamin (J.J. Hooter), Kevin Brennan (Sir George Morton), Robert Dean (Jack Finlay).
Erstausstrahlung GB / D: 18.3.1966 / 14.1.1999 (SAT.1).

104. Honig für den Prinzen (*Honey for the Prince*)
Regie: James Hill.
Drehbuch: Brian Clemens.
Inhalt: Zwei von Steeds Kollegen wurden ermordet. In der Wohnung des toten George Reed, wo John Steed nach Hinweisen sucht, findet er ungeheure Mengen von Honiggläsern in einem Schrank. Emma Peel sucht den Honiglieferanten B. Bumble auf und er-

Episodenführer

Einmal Venus – Hin und zurück

FÜNFTE STAFFEL 1967-68

Produktion: Albert Fennell, Brian Clemens.
Produktionsleitung: Julian Wintle.
Musik: Laurie Johnson.
Hauptdarsteller/innen: Patrick Macnee (John Steed), Diana Rigg (Emma Peel).
Länge: 50 Min. (OF).
Ausstrahlung: ABC / ZDF, SAT.1.

105. Einmal Venus – Hin und zurück (*From Venus with Love*)
Regie: Robert Day.
Drehbuch: Philip Levene.
Inhalt: Astronom Cosgrove kommt ums Leben, als er den Planeten Venus durch ein Fernrohr betrachtet. Ein Lichtblitz lässt sein Haar schneeweiß werden. Auf dieselbe Art stirbt Sir Frederick Hadley. Neben der Leiche finden Steed und Peel eine Nachricht von Hadleys Freund Smith. Smith, ein adliger Kaminkehrer und Hobbyastronom, berichtet Peel vom Verein der Venusianer, der einen Satelliten auf den Planeten schicken will. Kurz darauf stirbt auch er an den geheimnisvollen Lichtblitzen. Steed besucht Venus Browne, die Leiterin der Vereinigung, und beantragt die Mitgliedschaft. Browne schickt ihn zuerst zum Augenarzt Primble. Primble erzählt Steed, dass seiner Meinung nach eine Invasion von Venusianern bevorsteht. Peel verfolgt beim nächsten Anschlag den Lichtblitz bis zu einer verlassenen Scheune und entdeckt, dass die Blitze in Wirklichkeit Laserstrahlen sind, die aus einem Sportwagen abgefeuert werden. Primble, der hinter allem steckt, nimmt sie gefangen. Steed kann sie in letzter Minute vor den tödlichen Strahlen retten.
Darsteller/innen: Barbara Shelley (Venus Browne), Philip Locke (Primble), Jon Pertwee (Brigadier Whitehead), Derek Newark (Crawford), Jeremy Lloyd (Bertram Smith), Adrian Ropes (Jennings), Arthur Cox (Clarke), Paul Gillard (Cosgrove), Michael Lynch (Hadley), Kenneth Benda (Mansford).
Erstausstrahlung GB / D: 13.1.1967 / 24.10.1967 (ZDF).

106. Schock frei Haus (*The Fear Merchants*)
Regie: Gordon Flemyng.
Drehbuch: Philip Levene.
Inhalt: Vier Männer, alle aus der Porzellanbranche, werden innerhalb kurzer Zeit wahnsinnig, weil sie mit Dingen konfrontiert wurden, vor denen sie traumatische Angst haben: Mäuse, leere Plätze, rasante Autofahrten. Im Auto des letzten Opfers findet Steed den Brief eines Konkurrenten namens Jeremy Raven, worin dieser eine Fusion der Firmen vorschlägt. Peel belauscht White, den letzten lebenden Konkurrenten Ravens, als er in seinem Büro den eigenartigen Fragebogen eines

fährt, dass die Botschaft von Bahrain immer enorme Mengen bestellt. Bumble wird kurz darauf ermordet. Neben der Leiche liegt ein Anmeldeformular für die QQF. Quops Quelle der Fantasie ist eine Firma unter der Leitung von Ponsonby-Hopkirk, in der jedem Kunden sein persönlicher Wunschtraum erfüllt wird. Auch die beiden toten Agenten hatten Kontakt mit der QQF. Steed erfährt, dass sie den Auftrag hatten, Prinz Ali von Bahrain während eines Aufenthaltes in London zu beschützen, und vermutet, dass ein Anschlag auf den Prinzen geplant ist. Der Attentäter könnte in einem der 40 bestellten Honigfässer in den Harem des Palastes geschmuggelt werden. Steed gewinnt Alis Vertrauen und schenkt ihm den »Stern des Orients« – Emma Peel, die den Prinzen mit dem Tanz der sieben Schleier entzückt. Peel wird in den Harem gebracht und kann das Attentat verhindern. Der dankbare Ali schenkt sie Steed zurück.
Darsteller/innen: Ron Moody (Ponsonby-Hopkirk), Zia Mohyeddin (Prinz Ali), George Pastell (Arkadi), Roland Curram (Vincent), Bruno Barnabe (Großwesir), Ken Parry (B. Bumble), Jon Laurimore (Ronny Wescott), Reg Pritchard (Postbote), Peter Diamond (Bernie), Carmen Dene (Haremsdame), Richard Graydon (George Reed).
Erstausstrahlung GB / D: 25.3.1966 / 4.7.1967 (ZDF).

Rationalisierungsbüros ausfüllt. Kurz darauf stirbt er – aus Angst vor einem Vogel. Raven gibt zu, das Rationalisierungsbüro beauftragt zu haben, seine Konkurrenten zur Fusion zu überreden. Von den Morden habe er allerdings nichts gewusst. Als Raven aus seinem Vertrag aussteigen will, bringen ihn Pemberton, Dr. Voss und Gilbert, die drei Leiter des Büros, um. Steed wendet sich an die drei und gibt an, er wolle seine Konkurrentin Emma Peel loswerden. Doch sein Trick wird durchschaut. Pemberton nimmt Peel gefangen, kann aber keine geheimen Ängste bei ihr entdecken. Als Steed erscheint, besiegen sie ihre Gegner, die alle Angst im Dunkeln haben.
Darsteller/innen: Patrick Cargill (Pemberton), Brian Wilde (Raven), Annette Carell (Dr. Voss), Garfield Morgan (Gilbert), Andrew Keir (Crawley), Jeremy Burnham (Gordon White), Edward Burnham (Meadows), Bernard Horsfall (Fox), Ruth Trouncer (Dr. Hill), Declan Mullholland (Saunders), Philip Ross (Krankenpfleger).
Erstausstrahlung GB / D: 20.1.1967 / 19.12.1967 (ZDF).

107. Fahrkarten in die Vergangenheit (*Escape in Time*)
Regie: John Krish.
Drehbuch: Philip Levene.
Inhalt: Die beiden Agenten Paxton und Vincent spüren einigen äußerst gefährlichen Gangstern nach, die England verlassen haben und unauffindbar sind. Beide werden ermordet – mit Waffen aus vergangenen Jahrhunderten. Ein Hinweis führt zu dem Diktator Josino, der sich in England befindet und anscheinend ebenfalls untertauchen will. Peel und Steed beobachten ihn bei einer ersten Kontaktaufnahme in einer surrealistischen Einkaufsstraße. Steed gibt sich als Verbrecher aus, der dringend untertauchen muss, und geht denselben Weg wie Josino. Am Ende findet er sich in einem Landhaus wieder. Thyssen, der Besitzer, bietet ihm an, ihn gegen eine entsprechende Summe in ein Jahrhundert seiner Wahl zu versetzen, wo er vor jeder Verfolgung sicher sei. Er schickt Steed auf eine überzeugend wirkende Probefahrt in das 18. Jahrhundert. Auch Emma Peel lernt Thyssen kennen, doch er fällt nicht auf sie herein. Steed entlarvt den Mechanismus der Zeitmaschine als Schwindel und rettet sie vor dem verkleideten Thyssen, der sie zu Tode foltern will, so wie alle anderen Kunden vorher auch.
Darsteller/innen: Peter Bowles (Thyssen), Geoffrey Bayldon (Clapham), Judy Parfitt (Vesta), Imogen Hassall (Anjali), Edward Chaddick (Sweeney), Nicholas Smith (Parker), Roger Booth (Tubby Vincent), Richard Montez (Josino), Clifford Earl (Paxton), Rocky Taylor (Mitchell).
Erstausstrahlung GB / D: 27.1.1967 / 26.9.1967 (ZDF).

Fahrkarten in die Vergangenheit

108. Die Durchsichtigen (*The See-Through Man*)
Regie: Robert Asher.
Drehbuch: Philip Levene.
Inhalt: Geheime Akten werden aus dem Verteidigungsministerium gestohlen – anscheinend von einem Unsichtbaren. Die entwendeten Unterlagen beschäftigen sich alle mit dem verrückten Erfinder Quilby und seiner neuesten Idee, Projekt 144. Von Quilby erfährt

Episodenführer

Der geflügelte Rächer

John Steed, dass es sich dabei um eine Formel handelt, die unsichtbar macht. Er hatte sie dem Ministerium angeboten, aber dort hatte man ihm nicht geglaubt. Verkauft hat er sie schließlich an eine Firma, von der Steed weiß, dass sie eine Tarnadresse russischer Agenten ist. Er vermutet, dass die Top-Spione Alexandre und Elena Vazin hinter allem stecken. Tatsächlich erhält Botschafter Brodny gerade von dem unsichtbaren Alexandre Befehle. Elena und Alexandre Vazin töten Quilbys Assistenten Ackroyd, der versucht hatte, sie zu erpressen, und auch Quilby. Emma Peel wird entführt und lernt den unsichtbaren Alexandre kennen. Steed entdeckt ein kompliziertes System von Fernsteuerungen, mit dem die Agenten die Unsichtbarkeit vortäuschten. Die englischen Wissenschaftler sollten alle Energien auf die Suche nach der nichtexistierenden Formel verschwenden. Die Verbrecher werden verhaftet.
Darsteller/innen: Moira Lister (Elena), Warren Mitchell (Brodny), Roy Kinnear (Quilby), Jonathan Elsom (Ackroyd), John Nettleton (Sir Andrew Ford), Harvey Hall (Ulric), David Glover (Wilton).
Erstausstrahlung GB / D: 3.2.1967 / 21.11.1967 (ZDF).

109. Ein Vogel, der zuviel wusste (*The Bird Who Knew Too Much*)
Regie: Roy Rossotti.
Drehbuch: Brian Clemens.
Inhalt: Neben der Leiche seines Kollegen Danvers findet Steed eine Handvoll Vogelfutter. Ein zweiter Agent stirbt. In seiner Tasche befinden sich Luftaufnahmen einer geheimen Rakctenanlage. Sein Mitarbeiter Paerson kann vor seinem Tod Steed informieren, dass Pläne der Anlage durch einen Captain Cruseo ins Ausland geschmuggelt werden sollen. Peel verfolgt eine andere Spur und lernt den Vogelliebhaber Edgar Zwitscher kennen, der einen Graupapagei dieses Namens besitzt. Doch der Papagei ist verschwunden. Steed glaubt, dass die Luftaufnahmen von einem Vogel gemacht sein könnten. In Pearsons Wohnung entdeckt er einen Taubenschlag, und eines der Tiere hat eine Minikamera am Bein. Peel erfährt von Zwitscher und seinem Assistenten Cunliffe, dass Captain Crusoe einem Mann namens Jordan gehört, der den Tieren beibringt, Texte auswendig zu lernen und bei einem bestimmten Ton wiederzugeben. Diese Methode wurde von Cunliffe ausgenutzt, um geheime Militärinformationen zu übermitteln.
Darsteller/innen: Ron Moody (Jordan), Ilona Rodgers (Samantha Slade), Kenneth Cope (Tom Savage), Michael Coles (Verret), John Wood (Edgar Zwitscher), Anthony Valentine (Cunliffe), Clive Colin-Bowler (Robin), John Lee (Mark Pearson).
Erstausstrahlung GB / D: 10.2.1967 / 29.8.1967 (ZDF).

110. Der geflügelte Rächer (*The Winged Avenger*)
Regie: Gordon Flemyng, Peter Duffell.
Drehbuch: Richard Harris.
Inhalt: Ein eigenartiges Vogelwesen bringt eine Reihe reicher Geschäftsmänner um, indem es von außen in die Bürohäuser eindringt. Alle Opfer galten als grausam und ungerecht gegenüber ihren Angestellten. Eine erste Spur führt Emma Peel zu dem Autor und Bergsteiger Sir Lexius Cray, der sie an Professor Poole weiterverweist, einen exzentrischen Vogelnarren, der Schuhe entwickelt hat, mit denen er Wände hochgehen und an der Decke spazieren kann. Ein Comicheft bringt Peel und John Steed zur *Winged Avenger Enterprises*. Zeichner Arnie und Texter Stanton lassen ihren Helden, den geflügelten Rächer, seine Opfer auf dieselbe Art und Weise töten wie in den von ihnen untersuchten Morden. Steed fällt auf, dass alle Morde in den Comics vorhergesagt wurden. Einige neue Entwürfe zeigen den Mord an Professor Poole, und an Peel, die sich auf dem Weg zu ihm befindet. Als Steed in Pooles Haus eintrifft, sieht er Peel und den Rächer, beide in Spezialschuhen, an der Decke hängend kämpfen. Mit Steeds Hilfe kann sie das Vogelwesen besiegen. Es ist Arnie, der sich in seinem Wahnsinn selbst für den Rächer gehalten hat.
Darsteller/innen: Nigel Green (Sir Lexius Cray), Jack MacGowan (Professor Poole), Neil Hallett (Arnie Packer), Colin Jeavons (Stanton), Roy Patrick (Julian), John Garrie (Tay-Ling), Donald Pickering (Peter Roberts), William Fox (Simon Roberts), A.J. Brown (Dawson), Hilary Wontner (Damayn), John Crocker (Fothers), Ann Sydney (Gerda).
Erstausstrahlung GB / D: 17.2.1967 / 10.6.1993 (SAT.1).

Der geflügelte Rächer

111. Der Geist des Duke von Benedikt (*The Living Dead*)
Regie: John Krish.
Drehbuch: Brian Clemens.
Inhalt: In einem kleinen Dorf sind Gerüchte aufgetaucht, der Geist des Duke of Benedikt spuke in der Kapelle. Rupert, der 15. Herzog von Benedikt, war zusammen mit 30 Bergarbeitern fünf Jahre zuvor bei einem Grubenunglück verschüttet worden. Nicht nur John Steed und Emma Peel wollen die geheimnisvollen Vorfälle untersuchen, auch zwei Vertreter konkurrierender Geistervereinigungen sind angereist: Mandy McKay von den *Freunden der Geister* und Spencer von der *Wissenschaftlichen Messung von Geistern*. Geoffrey, der 16. Herzog von Benedikt, steht völlig unter dem Einfluss seines Verwalters Masgard. Bei der ersten Nachtwache in der Kapelle wird Spencer ermordet. Als Emma Peel und Mandy McKay in der Nacht darauf Wache halten, wird Peel entführt. Steed fährt mit McKay in den Schacht der alten Mine ein. Hinter einer verborgenen Tür befindet sich eine komplette unterirdische Stadt, in der Soldaten für eine Invasion des Landes ausgebildet werden. Emma Peel kann Steed vor dem Drahtzieher Masgard retten. Gemeinsam mit dem noch lebenden Rupert und den anderen Bergleuten fliehen sie durch den Geheimgang zum Friedhof.
Darsteller/innen: Julian Glover (Masgard), Pamela Ann Davy (Mandy McKay), Howard Marion Crawford (Geoffrey), Jack Woolgar (Kermit), Jack Watson (Hopper), Edward Underdown (Rupert), John Cater (Olliphant), Vernon Dobtcheff (Spencer), Alister Williamson (Tom).
Erstausstrahlung GB / D: 24.2.1967 / 12.9.1967 (ZDF).

112. Vorsicht, Raubkatzen (*The Hidden Tiger*)
Regie: Sidney Hayers.
Drehbuch: Philip Levene.
Inhalt: Sir David Harper, der Leiter einer landwirtschaftlichen Versuchsfarm, und sein Butler Williams werden tot aufgefunden – offensichtlich von einem Raubtier angegriffen. Major Nesbitt, ein Nachbar, glaubt, dass die Großkatzen sich von den Viehbeständen der Farm ernähren. Nesbitt kommt ebenfalls ums Leben, obwohl er sich in einem verschlossenen Käfig befunden hatte. Neben dem Käfig finden Steed und Peel ein Medaillon der Katzenorganisation PURR. Dort lernen sie den Chef der Katzenfreunde Cheshire und seine Assistenten Angora und Dr. Manx kennen. Alle Toten waren im Vorstand dieser Vereinigung. Beim nächsten Todesfall entdeckt Steed eine friedlich schnurrende Katze in der Wohnung des Toten, die ein PURR-Medaillon trägt. Die Medaillons übertragen Signale, durch die die Katzen zu mordenden Bestien werden. Angora

Vorsicht, Raubkatzen

Episodenführer

Der geflügelte Rächer

und Manx wollen das Land durch eine Armee entsprechend ausgerüsteter Katzen unter ihre Kontrolle bringen. Peel rettet Steed aus einem Käfig voller Katzen und schaltet die Verbrecher mit einem Trick aus.
Darsteller/innen: Ronnie Barker (Cheshire), Lyndon Brook (Dr. Manx), Gabrielle Drake (Angora), John Phillips (Nesbitt), Michael Forrest (Peters), Stanley Meadows (Erskine), Jack Gwillim (David Harper), Frederick Treves (Dawson), Brian Haines (Samuel Jones), John Moore (Williams), Reg Pritchard (Bellamy).
Erstausstrahlung GB / D: 3.3.1967 / 5.12.1967 (ZDF).

113. Kennen Sie »Snob«? (*The Correct Way to Kill*)
Regie: Charles Crichton.
Drehbuch: Brian Clemens.
Inhalt: Als mehrere Agenten der Gegenseite umgebracht werden, hält ihr Chef Nutski Steed für den Mörder. John Steed schlägt Nutski vor, gemeinsam den wahren Täter zu suchen. Steed setzt seine Ermittlungen mit der Agentin Olga fort, Emma Peel tut sich mit Ivan zusammen. Der verschwindet bald darauf in der Praxis eines Arztes. John und Olga finden bei dem Schirmhersteller Merryweather seine Leiche in einer Kiste. Als diese von sechs eleganten jungen Männern abgeholt wird, folgen sie ihnen zu »Snob«, einer Schule für gutes Benehmen. Der Leiter der Schule weiß aber nichts von dem Toten, der plötzlich verschwunden ist. Olga erinnert sich, eine zweite Kiste gesehen zu haben, die an Merryweather adressiert war. Dort treffen sie auf Peel, aber Olga verschwindet ebenfalls und wird – noch lebend – in einer Kiste wiedergefunden. Während Peel Nutski informiert, nimmt Steed die Stelle eines der »Sargträger« ein und gelangt so unauffällig zu »Snob«. Dort fliegt seine Verkleidung auf, und er wird zum Chef der Bande gebracht. Es ist Nutski. Peel, Steed und Olga machen ihn gemeinsam unschädlich.
Darsteller/innen: Anna Quayle (Olga), Michael Gough (Nutski), Philip Madoc (Ivan), Terence Alexander (Ponsonby), Peter Barkworth (Percy), Graham Armitage (Algy), Timothy Bateson (Merryweather), Joanna Jones (Hilda), Edwin Apps (Winters), John G. Heller (Grotski).
Erstausstrahlung GB / D: 10.3.1967 / 10.10.1967 (ZDF).

114. Duplikate gefällig? (*Never, Never Say Die*)
Regie: Robert Day.
Drehbuch: Philip Levene.
Inhalt: Ein Mann, der bei einem Autounfall vermeintlich ums Leben kam, ist anschließend aufgestanden und verschwunden. Chefärztin Dr. James ruft Steed und Peel zu Hilfe. Getrennt machen sie sich auf die Suche nach dem Mann, der auf seinem Weg durch den Wald alle Funkgeräte und Radios zerstört. Steed wird von dem geheimnisvollen Mann angegriffen. Eine Gruppe von Krankenpflegern und deren Leiter Dr. Penrose fangen ihn mit Netzen ein und laden ihn in einen Krankenwagen. Steed folgt dem Wagen zum Forschungszentrum von Frank N. Stone, einem Wissenschaftler, der dem seltsamen Wesen zum Verwechseln ähnlich sieht. Emma Peel macht die Bekanntschaft des Hobbyfunkers Eccles, der ihr erzählt, er sei mit Stone in Streit geraten, weil er mit einer bestimmten Frequenz dessen Experimente störe. Stone zeigt Steed seine Erfindung: Duplikate, genaue Ebenbilder von Menschen, gesteuert durch Radiowellen, aber mit eigenem Willen und Verstand. Bald entdeckt Steed, dass die Duplikate die Herrschaft an sich gerissen und ihre menschlichen Vorbilder eingesperrt haben. Mithilfe eines Radios können sie die Duplikate besiegen.
Darsteller/innen: Christopher Lee (Professor Stone), Jeremy Young (Dr. Penrose), Patricia English (Dr. James), David Kernan (Eccles), Christopher Benjamin (Whittle), John Junkin (Sergeant), Peter Dennis (Schüt-

ze), Geoffrey Reed (Carter), Alan Chuntz (Selby), Arnold Ridley (älterer Mann), David Gregory (junger Mann), Karen Ford (Krankenschwester).
Erstausstrahlung GB / D: 17.3.1967 / 7.11.1967 (ZDF).

115. Filmstar Emma Peel (*Epic*)
Regie: James Hill.
Drehbuch: Brian Clemens.
Inhalt: Der verrückte Regisseur Z.Z. von Schnerck und seine Schauspieler Damita Syn und Stewart Kirby drehen auf einem verlassenen Studiogelände einen Film. Die Hauptrolle soll Emma Peel spielen, und von Schnerk lässt sie kurzerhand entführen und bewusstlos auf das Gelände bringen. Sie erwacht in einer Dekoration, die genau wie ihre Wohnung aussieht. Verwirrt versucht sie sich zu orientieren und gerät von einer surrealen Situation in die nächste. Dabei muss sie ihr Leben gegen Stewart Kirby verteidigen, der sie in den unterschiedlichsten Verkleidungen angreift, während von Schnerck heimlich filmt. Sie begreift schließlich, dass sie in einem Film mitspielt, der den Titel *Die Vernichtung der Emma Peel* trägt und versucht zu fliehen – ohne Erfolg. In letzter Sekunde rettet Steed, der ihr zur Hilfe eilt, sie vor einer riesigen Kreissäge. Von Schnerck begeht Selbstmord.
Darsteller/innen: Peter Wyngarde (Stewart Kirby), Isa Miranda (Damita Syn), Kenneth J. Warren (Z.Z. von Schnerck), David Lodge (Polizist), Anthony Dawes (Schauspieler).
Erstausstrahlung GB / D: 31.3.1967 / 9.4.1969 (ZDF).

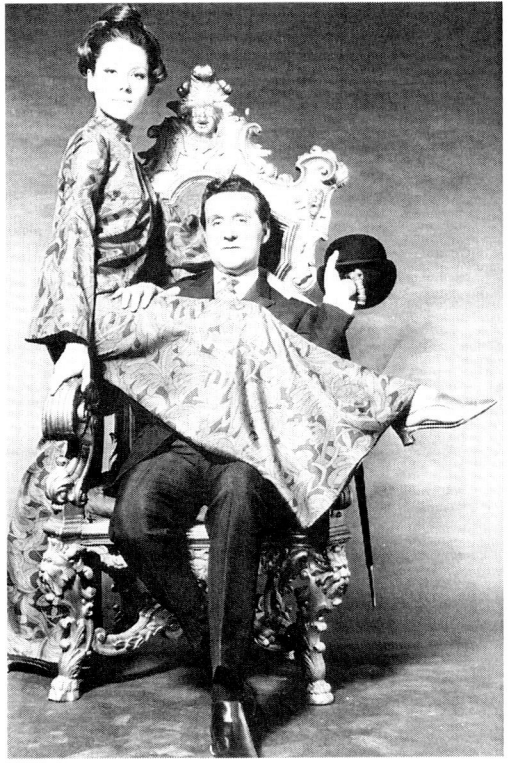

Diana Rigg, Patrick Macnee

116. Fliegen Sie mal ohne (*The Superlative Seven*)
Regie: Sidney Hayers.
Drehbuch: Brian Clemens.
Inhalt: John Steed ist zu einem Kostümfest an Bord eines Flugzeuges eingeladen. Er geht als Wellington. An Bord trifft er die anderen Partygäste – Max Hardy als Militär, Jason Wade als Narr mit zwei Gesichtern, Joe Smith als Matador, Freddy Richards als Kraftmensch und Hana Wilde als Cowgirl – doch ihr Gastgeber ist nicht da, ein Autopilot fliegt die Maschine. Alle Gäste sind Experten in einer besonderen Kampfsportart. Das Flugzeug landet auf einer Insel, und dort erfahren sie den Sinn der Entführung: Ein Mann namens Jessel hat eine Art Superkämpfer mit optimalen Reflexen herangezogen, der jeden besiegen kann. Um seine Theorie zu beweisen und seinen Geschäftspartner zu überzeugen, hat Jessel sie auf die Insel gebracht und mit reichlich Waffen ausgestattet – der Mörder ist einer von ihnen ... Nach und nach sterben Richards, Smith und Hardy – jeder wurde auf seinem eigenen Fachgebiet geschlagen. Wade und Dayton sind die nächsten. Doch Wade hat seinen Tod nur vorgetäuscht. Als er Steed angreift, stirbt er tatsächlich. Hana Wilde hält Steed für den Mörder, doch bevor sie ihn töten kann, wird sie von der eintreffenden Emma Peel daran gehindert, die durch eine innere Stimme gewarnt worden war. Plötzlich taucht Wade wieder auf, doch Peel schlägt ihn k.o. und löst das Rätsel: Die beiden Wades waren Zwillinge.
Darsteller/innen: Charlotte Rampling (Hana Wilde), Brian Blessed (Mark Dayton), James Maxwell (Jason Wade), Hugh Manning (Max Hardy), Leon Greene (Freddy Richards), Gary Hope (Joe Smith), Donald Sutherland (Jessel), John Hollis (Kanwitch), Margaret Neale (Stewardess), Terry Plummer (Toy Sung).
Erstausstrahlung GB / D: 7.4.1967 / 12.3.1969 (ZDF).

117. Diesmal mit Knalleffekt
(*A Funny Thing Happened on the Way to the Station*)
Regie: John Krish.
Drehbuch: Bryan Sheriff.
Inhalt: Der Agent Lucas will sich in Norborough mit Steed und Peel treffen. Als sein Zug hält und auf den

Episodenführer

Weekend auf dem Lande

Stationsschildern der Ortsname zu lesen ist, steigt er aus. Zu spät merkt er, dass er sich auf einem stillgelegten Bahnhof befindet, die Schilder waren falsch. Lucas wird erschossen. Steed und Peel warten vergeblich am richtigen Bahnhof und besteigen dann den Zug, wo sie seine Aktentasche finden und darin ein Foto des Regierungsbeamten Salt. Sie spielen diesem eine bewusste Falschinformation zu, um ihn auf die Probe zu stellen. Später finden sie Lucas' Leiche und treffen den Sonderling Crewe, der den Bahnhof kaufen will, um dort zu leben. Bei der nächsten Fahrt des 8-Uhr-10-Zuges nach Norborough fährt Salt mit. Steed entdeckt, wie die Informationen weitergegeben werden. Der Schaffner knipst bei der Kartenkontrolle einen vorher angebrachten Mikropunkt aus der Fahrkarte. Er gehört zu einer Bande, die ein Attentat auf den Premierminister plant, der am nächsten Abend diesen Zug benutzen wird. Steed wird gefangen genommen. Peel kann ihn mit Crewes Hilfe befreien und das Attentat verhindern.
Darsteller/innen: James Hayter (Schaffner), John Laurie (Crewe), Drewe Henley (Bräutigam), Isla Blair (Braut), Tim Barrett (Salt), Richard Caldicot (Admiral), Dyson Lovell (Warren), Peter J. Elliott (Aufseher), Michael Nightingale (Lucas), Noel Davis (Sekretär).
Erstausstrahlung GB / D: 14.4.1967 / 2.1.1969 (ZDF).

118. Eins, zwei, drei – wer hat den Ball? (*Something Nasty in the Nursery*)
Regie: James Hill.
Drehbuch: Philip Levene.
Inhalt: Drei hohe Beamte stehen im Verdacht, geheime Informationen weitergegeben zu haben: Sir George Collins, Frederick Webster und Lord William Beaumont. Bei einem gemeinsamen Treffen der drei mit Steed und Peel benimmt sich Beaumont vollkommen kindisch. Hinterher erzählt er Steed von einem merkwürdigen Traum und von seinem Kindermädchen Nancy Roberts. In seinem Haus erlebt auch Webster eine Reise zurück in seine Kindheit. Auch er hatte Nancy Roberts als Kindermädchen, und auch bei ihm beginnt es mit einem Baby-Ball, der auf ihn zurollt. Steed besucht die Schule von Nancy Roberts, doch ihre Mitarbeiter Miss Lister, Goat und Roberts lassen ihn nicht zu ihr. Roberts wird von ihren Mitarbeitern gefangen gehalten und ist krank und schwach. Auch Peel erliegt dem Zauber des Baby-Balles, und als sie ihn berührt, befindet sie sich im Spielzeugparadies ihrer Kindheit. Die Bälle sind mit einer Droge behandelt, und sobald diese zu wirken beginnt, taucht Goat auf, verkleidet als Nancy Roberts, und entlockt den Regierungsbeamten ihre Geheimnisse. Steed, durch seine Handschuhe immun gegen die Droge, bringt die Gauner mit einem Trick zu Fall.

Darsteller/innen: Dudley Foster (Mr. Goat), Yootha Joyce (Miss Lister), Paul Eddington (Beaumont), Paul Hardwick (Webster), Patrick Newell (Sir George Collins), Geoffrey Sumner (Gen. Wilmot), Trevor Bannister (Gordon), Clive Dunn (Martin), George Merritt (James), Enid Lorimer (Nancy Roberts), Louise Ramsay (Kindermädchen Smith), Penelope Keith (Kindermädchen Brown), Dennis Chinnery (Dobson).
Erstausstrahlung GB / D: 21.4.1967 / 13.2.1969 (ZDF).

119. Weekend auf dem Lande (*The Joker*)
Regie: Sidney Hayers.
Drehbuch: Brian Clemens.
Inhalt: Emma Peel wird von dem Brigde-Experten Sir Cavalier Rousicana für ein Wochenende in sein Haus in Devonshire eingeladen. Als sie ankommt, ist nur seine Nichte Ola da, er selbst wurde in der Stadt aufgehalten. Auch Ola verlässt sie bald, um einen Freund in Dorf zu besuchen. In ihrem Zimmer findet Peel lauter identische Schallplatten: »Mein Liebling, meine Rose«. Plötzlich taucht ein junger Mann auf und bittet, telefonieren zu dürfen, weil ihm das Benzin ausgegangen ist. Doch die Leitung ist tot. Er verschwindet wieder. Steed, der mit gebrochenem Bein zu Hause liegt, erfährt inzwischen, dass Prendergast, ein Mann, den er und Peel ins Gefängnis gebracht haben, ausgebrochen ist. Ein Mordanschlag, der Steed zugedacht war, kostet einen Bekannten das Leben. Aus Angst um Peel macht er sich auf den Weg. Diese hat weitere unheimliche Erlebnisse in dem leeren Haus: Sie findet ein zerschnittenes Bild von sich selbst, die Leiche des jungen Mannes, und immer wieder ertönt das Lied von der Platte ... Im Speisesaal trifft sie auf Prendergast und Ola, doch Steed ist trotz seines gebrochenen Beines rechtzeitig da, um den Mord an Peel zu verhindern.
Darsteller/innen: Peter Jeffrey (Prendergast), Sally Nesbitt (Ola), Ronald Lacey (Junger Mann), John Stone (Major George Fancy).
Erstausstrahlung GB / D: 28.4.1967 / 30.1.1969 (ZDF).

120. Wer ist wer? (*Who's Who*)
Regie: John Moxey.
Drehbuch: Philip Levene.
Inhalt: Agent Hooper, Deckname Rose, wird tot in einer Lagerhalle entdeckt, seine Beine durch Holzstelzen grotesk verlängert. Steed sucht den Hersteller der Stelzen auf und läuft direkt in eine Falle. Dort erwartet ihn bereits das Gaunerpärchen Basil und Lola. Steed wird bewusstlos geschlagen und unter einen von Dr. Krelmar entwickelten Apparat gesetzt, mit dem Verstand und Bewusstsein von einer Person auf eine andere übertragen werden können. Wenig später steht Steed auf ... und küsst Lola. Er ist zu Basil geworden und macht sich auf den Weg zu Emma Peel. Kurz darauf tauschen auch Peel

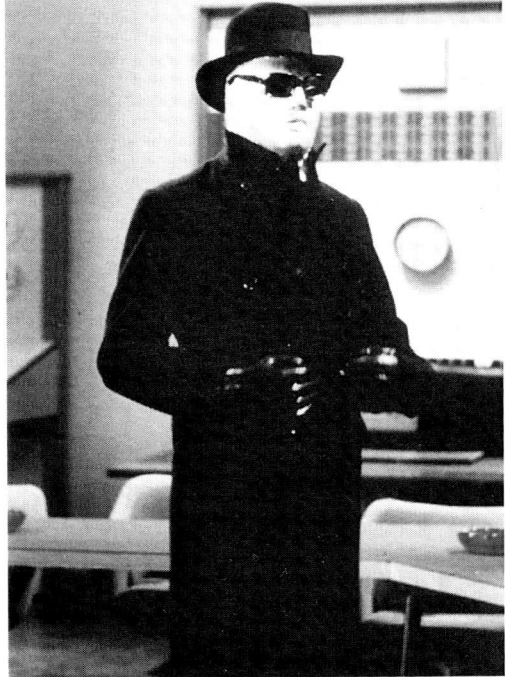
Und noch einmal Roboter

und Lola die Körper. Während sich Peel und Steed erst mühsam an die neuen Körper gewöhnen, beginnen Basil und Lola ihren Plan in die Tat umzusetzen und das gesamte britische Spionagenetz auszuschalten. Sie ermorden nacheinander alle Mitglieder von Major »B«'s Blumenbeet, einer Agenten-Sondereinheit: Narzisse, Mohnblume und Glockenblume. Steed und Peel entkommen, doch Major »B« glaubt ihnen ihre Geschichte nicht. Bei Krelmar treffen Originale und Fälschungen aufeinander, und Peel legt Krelmar mit einem Trick herein, sodass er den normalen Zustand wiederherstellt.
Darsteller/innen: Patricia Haines (Lola), Freddie Jones (Basil), Campbell Singer (Major »B«), Peter Reynolds (Tulpe), Arnold Diamond (Krelmar), Philip Levene (Narzisse), Malcolm Taylor (Hooper)
Erstausstrahlung GB / D: 5.5.1967 / 7.5.1969 (ZDF).

121. Und noch einmal Roboter (*Return of the Cybernauts*)
Regie: Robert Day.
Drehbuch: Philip Levene.
Inhalt: Wieder machen Roboter das Königreich unsicher. Der reiche Sammler Beresford, der sich mit Emma

Episodenführer

Wer ist wer?

Mit 160 aus dem Stand

Peel und John Steed angefreundet hat, lässt seine Geschöpfe eine Reihe von bedeutenden Wissenschaftlern entführen. Sie sollen eine Idee ausarbeiten, wie er Peel und Steed auf besonders grausame Weise töten kann, um so den Tod seines Bruders, des Roboterkonstrukteurs Dr. Armstrong, zu rächen, gegen den die beiden in einer früheren Folge den Kampf gewannen. Gewisse Vorfälle erinnern die Agenten an die alten Feinde, und sie versuchen, mit Armstrongs Anwalt Kontakt aufzunehmen. Doch Beresford lässt ihn vorher töten. Die Wissenschaftler präsentieren ihm ihre Idee: Eine spezielle Uhr am Handgelenk unterwirft jeden Menschen vollkommen seinem Willen. Beresford lässt den beiden die präparierten Uhren zukommen, doch Steed trägt seine nicht, als Beresford die Fernsteuerung betätigt. So kann er Peel folgen, die sich plötzlich wie ein Roboter benimmt. Auf Beresfords Befehl versucht sie Steed zu töten. Steed kann Beresford besiegen, indem er seine eigenen Erfindungen gegen ihn richtet.
Darsteller/innen: Peter Cushing (Paul Beresford), Frederick Jaeger (Benson), Charles Tingwell (Dr. Neville), Fulton Mackay (Professor Chadwick), Roger Hammond (Dr. Russell), Anthony Dutton (Dr. Garnett), Noel Coleman (Conroy), Aimi MacDonald (Rosie), Redmond Phillip (Hunt), Terry Richard (Roboter).
Erstausstrahlung GB / D: 28.9.1967 / 16.1.1969 (ZDF).

122. Der wahrgewordene Albtraum (*Death's Door*)
Regie: Sidney Hayers.
Drehbuch: Philip Levene.
Inhalt: Bei einer wichtigen Tagung weigert sich der Vorsitzende, Sir Andrew Boyd, den Konferenzraum zu betreten. Steed erhält den Auftrag, für sein Erscheinen am nächsten Tag zu sorgen. Boyd erzählt Steed, dass er von schrecklichen Träumen gequält wird, in denen er auf der Flucht vor Löwen ums Leben kommt. Kurz darauf stirbt er wirklich. Steed bemerkt die steinernen Löwen am Eingang des Gebäudes. Lord Melford soll nun die Leitung der Konferenz übernehmen. Auch bei ihm stellen sich bald grausige Träume ein, in denen er vom Kronleuchter erschlagen wird, sobald er den Konferenzraum betritt. Als am nächsten Tag einige Details aus dem Traum Realität werden, weigert sich auch Melford, die Konferenz weiterzuführen. Auf Fotos erkennt er einen ausländischen Agenten wieder, der in seinem Traum eine Hauptrolle spielt. Erst als Steed und Peel ein verlassenes Lagerhaus voller überlebensgroßer Requisiten aus Melfords Traum sowie Drogen finden, mit denen ihm seine Wahnvorstellungen suggeriert wurden, können sie ihn davon befreien und die Schuldigen verhaften lassen.
Darsteller/innen: Clifford Evans (Boyd), William Lucas (Stapley), Allan Cuthbertson (Lord Melford), Marne Maitland (Becker), Paul Dawkins (Dr. Evans), Michael Faure (Pavret), Peter Thomas (Saunders), William Lyon Brown (Dalby), Terry Yorke (Haynes), Terry Maidment (Jepson).
Erstausstrahlung GB / D: 5.10.1967 / 4.6.1993 (SAT.1).

123. Wo der Hund begraben liegt (*The 50,000 Pound Breakfast*)
Regie: Robert Day.
Drehbuch: Roger Marshall.
Inhalt: Als der Bauchredner Rhodes nach einem Unfall auf dem Weg in die Schweiz im Krankenhaus geröntgt wird, stellt man fest, dass er Diamanten im Wert von 50.000 Pfund im Magen hat. Steed besucht Rhodes' Frau, die einen weißen Barsoi namens Bellhound besitzt. Von ihr erfährt er, dass ihr Mann für den schwerreichen Industriellen Litoff gearbeitet hat. Auf einem

Tierfriedhof wird einer von Litoffs Hunden begraben. Steed besucht Litoff und sieht, dass er noch einen Barsoi besitzt, um den sich der Butler kümmert. Er bietet der energischen Sekretärin Pegram die Diamanten an. In derselben Nacht wird Rhodes, der ursprünglich Bellhound hatte töten sollen, ermordet. Pegrams Assistent tötet auch Rhodes Frau und schafft Bellhound fort. Steed versucht, zu Litoff selbst vorzudringen, wird aber von seinem Arzt Sir James Arnell und Glover, dem Butler, daran gehindert. Die beiden haben zusammen mit der Sekretärin den Tod des Millionärs verschwiegen und ihn heimlich auf dem Tierfriedhof begraben. Peel und Steed verhaften das Trio.
Darsteller/innen: Cecil Parker (Glover), Yolande Turner (Miss Pegram), David Langton (Sir James Arnell), Pauline Delaney (Mrs. Rhodes), Anneke Wills (Judy), Cardew Robinson (Minister), Eric Woofe (Erster Assistent), Phillippe Monnet (Zweiter Assistent), Richard Curnock (Rhodes).
Erstausstrahlung GB / D: 12.10.1967 / 9.6.1993 (SAT.1).

124. Mit 160 aus dem Stand (*Dead Man's Treasure*)
Regie: Sidney Hayers.
Drehbuch: Michael Winder.
Inhalt: Der angeschossene Kurier Danvers versteckt wichtige Informationen in einer roten Schatulle, den Schlüssel dazu schickt er an John Steed – zusammen mit einer Einladung zu einer Autorallye, bei der genau dieses rote Kästchen gesucht werden soll. Aus den Blutspuren an der Einladung und Danvers letzten Worten zieht Steed die richtigen Schlüsse, und so nehmen die beiden Agenten die Einladung des Autonarren Benstead an. Der führt ihnen gleich stolz seinen Rennwagensimulator vor, der jedes Abkommen von der Fahrbahn mit leichten elektrischen Schlägen bestraft. Die Rallye beginnt. John fährt zusammen mit der redseligen Penny, und Emma bildet mit Mike ein Team. Auch Carl und Alex, die Mörder von Danvers, nehmen an der Rallye teil. Nach einer chaotischen Fahrt von Hinweis zu Hinweis kommen Emma Peel und Mike als erste wieder da an, wo die Fahrt begonnen hatte. Mike, der sich als Verräter entpuppt, fesselt Emma, die den letzten Hinweis vor ihm geheimgehalten hatte, an den Simulator und erhöht bei jedem ihrer Fahrfehler die Stromstärke. Erst das Eintreffen von Steed und Penny rettet ihr das Leben.
Darsteller/innen: Norman Bowler (Mike), Valerie Van Ost (Penny), Edwin Richfield (Alex), Neil McCarthy (Carl), Arthur Lowe (Benstead), Ivor Dean (Bates), Rio Fanning (Danvers), Penny Bird (Miss Peabody), Gerry Crampton (Erster Gast), Peter J. Elliott (Zweiter Gast).
Erstausstrahlung GB / D: 19.10.1967 / 23.4.1969 (ZDF).

Diana Rigg, Patrick Macnee

125. Sie wurden soeben ermordet (*You Have Just Been Murdered*)
Regie: Robert Asher.
Drehbuch: Philip Levene.
Inhalt: Auf Gilbert Jarvis werden mehrere Mordanschläge verübt. Doch der Mörder meint es anscheinend nicht ernst, er greift Jarvis mit Gummimessern oder ungeladenen Pistolen an und hinterlässt Kärtchen mit der Aufschrift »Sie wurden soeben ermordet«. Jarvis bittet Steed um Hilfe, doch bevor er ihm alles erklären kann, tötet der Mann ihn dieses Mal wirklich. Der Bankier Lord Maxted vertraut Peel auf der Party des Millionärs Unwin an, dass mehrere seiner Kunden ihn um die Auszahlung einer Million Pfund in bar gebeten hätten, auch Gilbert Jarvis. Rathbone, ein weiterer Gast der Party, sowie der Gastgeber Unwin haben offenbar ebenfalls solche eigenwilligen Morddrohungen erhalten. Als Unwin seine Million abliefern geht, präpariert Steed den Geldkoffer mit einem Sender, während Peel auf den Abholer wartet. Sie zwingt ihn, sie zu seinem Boss Nadel zu bringen, der sein Quartier in einem Heuhaufen aufgeschlagen hat. Unwin, der nichts von Steeds Plänen wusste, hat eine Bombe in dem Koffer angebracht. Steed und Unwin können die Bande mithilfe des Senders finden, aber die Bombe explodiert und mit ihr alle sorgsam gestapelten Geldkoffer.

Episodenführer

Haben Sie es nicht ein bisschen kleiner?

Darsteller/innen: Barrie Ingham (Unwin), Robert Flemying (Lord Maxted), George Murcell (Nadel), Leslie French (Rathbone), Geoffrey Chater (Jarvis), Simon Oates (Shelton), Clifford Cox (Chalmers), John Baker (Hallam), Les Crawford (Morgan), Frank Maher (Nicholls), Peter J. Elliott (Williams).
Erstausstrahlung GB / D: 26.10.1967 / 26.3.1969 (ZDF).

126. Der todbringende Anzug (*The Positive-Negative-Man*)
Regie: Robert Day.
Drehbuch: Tony Williamson.
Inhalt: Mehrere Wissenschaftler sterben auf eigenartige Weise. Emma Peel und John Steed finden heraus, dass sie alle an dem inzwischen eingestellten Projekt 90 gearbeitet haben. Steed sieht sich das Gelände an, auf dem die Forschung dafür betrieben wurde, und bekommt einen schweren Elektroschock, als er den Lieferwagen eines merkwürdig aussehenden Mannes mit Plastikstiefeln und grauer Gesichtsfarbe berührt. Zusammen mit Peel besucht er später Cresswell, einen der letzten Überlebenden des Projektes, der ihnen erklärt, sie hätten an der Übertragung von Elektrizität mittels Radiowellen gearbeitet. Bei Cresswell treffen sie auch den geheimnisvollen Unbekannten. Emma Peel berührt mit einem Taschentuch unauffällig seine Haut, die mit einer dicken Isolierschicht überzogen ist. Die beiden Verbrecher entführen sie, überziehen sie mit Silberfolie und setzen sie unter Strom. Steed soll bei dem Versuch, sie zu retten, sterben. Doch der schlaue Agent erscheint in Gummistiefeln. Im folgenden Kampf werden die Verbrecher getötet.
Darsteller/innen: Ray McAnally (Cresswell), Michael Latimer (Haworth), Caroline Blakiston (Cynthia Wentworth-Howe), Peter Blythe (Mankin), Sandor Eles (Maurice Jubert), Joanne Dainton (Miss Clarke), Bill Wallis (Charles Grey), Ann Hamilton (Empfangsdame).
Erstausstrahlung GB / D: 3.11.1967 / 8.6.1993 (SAT.1).

127. Willkommen im Dorf des Todes (*Murdersville*)
Regie: Robert Asher.
Drehbuch: Brian Clemens.
Inhalt: Emma Peel begleitet ihren Freund Paul Croft zu seinem neuen Haus in Little Storping. Die Dorfbewohner empfangen ihn alles andere als freundlich, sie zerstören seine Möbel und töten seinen Diener. Auch andere Morde geschehen in dem verschlafenen kleinen Nest, doch die Dorfbevölkerung scheint daran nichts ungewöhnlich zu finden. Als Croft einen Mord beobachtet, der vor aller Augen in der Bibliothek begangen wird, wird auch er getötet. Peel entdeckt unterdessen die Leiche des Dieners, wird aber niedergeschlagen. Als sie im Haus der Arztes wieder aufwacht, erzählt er ihr, sie habe einen Autounfall gehabt und halluziniere nun. Zum Beweis zeigt er ihr ihren völlig verbeulten Wagen. Peel wird eingesperrt und erfährt von vier anderen Gefangenen, dass sich die Dorfbewohner dafür bezahlen lassen, jedem Mörder ein wasserdichtes Alibi zu geben und die Toten verschwinden zu lassen. Die Dorfbewohner zwingen sie, vor ihrem Tod ihren »Mann John« anzurufen, um ihre Spuren zu verwischen. Steed wird natürlich stutzig und eilt nach Little Storping. Gemeinsam besiegen sie das Dorf der Mörder.
Darsteller/innen: Colin Blakeley (Mickle), John Ronane (Hubert), Ronald Hines (Dr. Haynes), John Sharp (Prewitt), Sheila Fearn (Jenny), Eric Flynn (Croft), Norman Chappell (Forbes), Roger Cawdren (Banks), Marika Mann (Miss Avril), Irene Bradshaw (Maggie), Joseph Greig (Higgins), Geoffrey Colville (Jeremy Purser), Langton Jones (Chapman), Tony Caunter (Miller), John Chandos (Morgan), Andrew Laurence (Williams).
Erstausstrahlung GB / D: 10.11.1967 / 7.6.1993 (SAT.1).

128. Haben Sie es nicht ein bisschen kleiner? (*Mission Highly Improbable*)
Regie: Robert Day.
Drehbuch: Philip Levene.
Inhalt: Unter mysteriösen Umständen verschwindet von dem streng bewachten Gelände eines militärischen Forschungslabors der Wagen von Sir Gerald Bancroft, einem Beamten des Schatzamtes. John Steed und der Offizier Gifford finden am Tatort nur ein Miniaturmodell des verschwundenen Rolls. Sir George, ebenfalls auf winzige Größe geschrumpft, wird – unbemerkt von ihnen – von Dr. Chivers mit einem Schmetterlingsnetz eingefangen. Im Labor lernt Steed Professor Rushton, der das Miniaturisierungsgerät erfunden hat, sowie dessen Tochter Susan kennen. Der naive Wissenschaftler wird von Chivers ausgenutzt, der mit dem Gerät viel Geld durch Spionage verdienen will. Er verkauft einem russischen Militärbeobachter den Prototypen eines neuen Panzers, doch in diesem befindet sich – als er zur Übergabe verkleinert wird – ausgerechnet Steed. Um Rushton zu erpressen, will Chivers seine Tochter entführen. Doch statt ihrer erwischt man Emma Peel. Der kleine Steed hilft ihr, zu entkommen. Peel bringt ihn dafür wieder auf Normalgröße, wird aber selbst kurz danach miniaturisiert. Diesmal befreit sie Steed, der unterdessen von Chivers gefangen genommen wurde ... Doch alles endet gut und in richtiger Größenordnung. Nur Chivers bleibt winzig und wird von Steed mit der Melone eingefangen.
Darsteller/innen: Ronald Radd (Shaffer), Jane Merrow (Susan), Noell Howlett (Professor Rushton), Francis Matthews (Chivers), Richard Leech (Col. Drew), Stefan Gryff (Josef), Nicholas Courtney (Gifford), Kevin Stoney (Sir Gerald Bancroft), Peter Clay (Sergeant), Nigel Rideout (Corp. Johnson), Nosher Powell (Henrick), Denny Powell (Karl).
Erstausstrahlung GB / D: 17.11.1967 / 27.2.1969 (ZDF).

Diana Rigg, Patrick Macnee

129. Auf Wiedersehen, Emma (*The Forget-Me-Knot*)
Regie: James Hill.
Drehbuch: Brian Clemens.
Inhalt: Agent Sean Mortimer hat sein Gedächtnis verloren. Das Einzige, woran er sich erinnert: Er wollte jemandem namens Steed sagen, dass ein Verräter in der Organisation sitzt. Steed erstattet daraufhin »Mutter«, dem Chef des Geheimdienstes, Bericht und lernt dabei Agentin 69, Tara King, kennen, die von George Burton ihre Grundausbildung erhält. Sie gibt ihm ihre Adresse. Zwei Gangster entführen Mortimer aus Steeds Wohnung und beschießen Emma Peel mit einem winzigen Pfeil. Als sie wieder zu sich kommt, hat sie den gesamten Vorfall vergessen. Als Steed sie so findet, will er sie ins Hauptquartier bringen; unterwegs werden sie jedoch überfallen und mit einer noch stärkeren Dosis der Droge beschossen. Steed kommt in einem Krankenhaus wieder zu sich. Das Einzige, was er noch besitzt, ist Tara Kings Adresse. Peel und Mortimer sitzen anderswo zusammen und versuchen sich daran zu erinnern, wer sie sind. Steed findet mit Kings Hilfe seine Wohnung und sein Gedächtnis wieder. Mit Burton fährt er zum Glashaus, einem Trainingsplatz der Agenten, und beschuldigt ihn, der Verräter zu sein. Auch King, Peel und Mortimer beteiligen sich am Kampf.
Unerwartet taucht Emma Peels verschollen geglaubter Mann wieder auf. In seiner Wohnung sagen sich John Steed und Emma Peel Lebewohl. Steed stellt erstaunt fest, dass Peter Peel, der Emma dort abholt, ihm verblüffend ähnlich sieht. Mutter hat Steed bereits eine neue Partnerin geschickt – Tara King. Emma und Tara treffen sich auf der Treppe, und Emma Peel gibt ihrer Nachfolgerin einen guten Rat mit auf den Weg: Steed trinke seinen Tee immer entgegen dem Uhrzeigersinn gerührt ...
Darsteller/innen: Linda Thorson (Tara King), Patrick Kavanagh (Sean Mortimer), Jeremy Young (George Burton), Patrick Newell (Mutter), Alan Lake (Karl).
Erstausstrahlung GB / D: 25.9.1968 / 11.8.1970 (ZDF).

Episodenführer

Puzzlespiel

SECHSTE STAFFEL 1969

Produktion: Albert Fennell, Brian Clemens.
Musik: Laurie Johnson.
Hauptdarsteller/innen: Patrick Macnee (John Steed), Linda Thorson (Tara King), Patrick Newell (Mutter).
Länge: 50 Min. (OF).
Ausstrahlung: ABC / ZDF, SAT.1

130. Puzzlespiel (*Game*)
Regie: Robert Fuest.
Drehbuch: Richard Harris.
Inhalt: Auf einem Spielplatz finden John Steed und Tara King die Leiche eines Zoologen, der an einem Schlangenbiss gestorben ist. Gleichzeitig stirbt ein Rennfahrer, als er mit dem geheimnisvollen Bristow ein Rennen mit Spielzeugautos fährt. Die nächsten Opfer sind ein Finanzfachmann, den Bristow zu einem Börsenspiel zwingt, und ein Soldat. Steed erinnert sich an Daniel Edmund, der 1946 wegen Schwarzmarktgeschäften von sechs Männern zum Tode verurteilt wurde. Vier von ihnen sind tot, die beiden Überlebenden sind ein Professor Witney und er selbst. Steed vermutet, dass Edmund überlebt hat und sich rächen will. Kurz darauf stirbt Witney bei einem Buchstabenspiel. Als nächstes wird Tara King entführt, und Steed wird seinerseits zu einem tödlichen Spiel aufgefordert, einem Agentenspiel, das aus mehreren Prüfungen besteht, die er in einer bestimmten Zeit bestehen muss. Denn King steckt in einer riesigen Sanduhr fest und wird allmählich unter dem Sand begraben. Steed besteht mit Bravour und rettet ihr das Leben.
Darsteller/innen: Peter Jeffrey (Bristow/Edmund), Garfield Morgan (Diener), Aubrey Richards (Professor Witney), Anthony Newlands (Brig. Wishforth-Browne), Alex Scott (Averman), Geoffrey Russell (Dexter), Achilles Georgiou (Student), Desmond Walter-Ellis (Manager).
Erstausstrahlung GB / D: 2.10.1968 / 17.11.1970 (ZDF).

131. Das Glaspflegeinstitut (*The Super Secret Cypher Snatch*)
Regie: John Hough.
Drehbuch: Tony Williamson.
Inhalt: Ein Agent mit Kenntnissen über neue Chiffriermethoden wird ermordet. John Steed und Tara King ermitteln gemeinsam mit der Abteilung M1 12. Deren bester Agent Jarret wird wenig später direkt vor der Chiffrierzentrale von einem der Fensterputzer erschossen, doch keiner will den Mord gesehen haben. Jarret hatte Aufnahmen bei sich, auf denen die Autos des Glaspflegeinstitutes zu sehen sind. Dort erzählt der Leiter Steed, die Chiffrierzentrale zähle nicht mehr zu seinen Kunden. King nimmt einen Job in der Zentrale an, doch als ein Kollege von M1 12 sie dort besuchen will, scheint sie ihn gar nicht wahrzunehmen. Am Abend kann sie nur berichten, der Tag sei ganz normal verlaufen. Am nächsten Tag erscheinen wieder die Lastwagen der Fensterputzer, versetzen die Mitglieder der Chiffrierabteilung in Hypnose, während deren ihnen suggeriert wird, dass alles wie immer ist, und kopieren die geheimen Unterlagen. Steed entdeckt beim nochmaligen Durchsehen der Bilder, dass eine der Frauen eine Zigarette in der Hand hält, die so weit heruntergebrannt ist, dass ihre Finger davon versengt wurden. Er eilt zur Chiffrierzentrale, befreit King aus der Hypnose, und beide nehmen den Kampf gegen die Fensterputzer auf.
Darsteller/innen: John Carlisle (Peters), Simon Oates (Maskin), Alec Ross (Erster Wächter), Clifford Earl (Jarret), Donald Gee (Vickers), Ivor Dean (Ferret), Anne Rutter (Betty), Angela Scoular (Myra), Lionel Wheeler (Zweiter Wächter), Anthony Blackshaw (Davis), Nicholas Smith (Lather), Allan Cuthbertson (Webster).
Erstausstrahlung GB / D: 9.10.1968 / 8.9.1970 (ZDF).

Episodenführer

Episodenführer

Puzzlespiel

132. Tod per Post
(You'll Catch Your Death)
Regie: Paul Dickson.
Drehbuch: Jeremy Burnham.
Inhalt: Eine Reihe von Ärzten stirbt an einer schweren Erkältung, die bei allen anfing, nachdem ihnen ein falscher Postbote einen leeren Umschlag überbracht hatte. Steed erfährt bei dem Hersteller der Umschläge, dass kürzlich 10.000 dieser Art an eine Krankenschwesternschule verkauft wurden. Von dort führt ihn eine Spur zu der Praxis von Colonel Timothy, einem Spezialisten für Erkältungen. Tara King wird entführt, und Steed erhält ebenfalls einen leeren Umschlag, er trägt aber eine Schutzmaske. Der Allergieexperte Dr. Fawcett entdeckt im Inneren des Umschlags ein tödliches Virus in Pulverform. King, die in der Praxis von Timothy gefangen gehalten wird, soll als Versuchsobjekt für einen neuen Virus dienen. Doch Timothy selbst ist unschuldig, sein Assistent Glover steckt hinter allem. Als Steed und Timothy eingreifen, kostet die teuflische Erfindung Glover selbst das Leben. Steed und King kommen mit einem Schnupfen davon.
Darsteller/innen: Ronald Culver (Colonel Timothy), Valentine Dyall (Butler), Fulton Mackay (Glover), Sylvia Kay (Oberschwester), Dudley Sutton (Dexter), Peter Bourne (Preece), Charles Lloyd Pack (Dr. Fawcett), Henry McGee (Maidwell), Hamilton Dyce (Camrose), Bruno Barnabe (Farrar), Fiona Hartford (Janice), Geoffrey Chater (Seaton), Jennifer Clulow (Georgina), Emma Cochrane (Melanie), Willoughby Gray (Padley), Andrew Laurence (Herrick), Douglas Blackwell (Postbote).
Erstausstrahlung GB / D: 16.10.1968 / 12.6.1999 (SAT.1).

133. Geist sucht Körper (Split)
Regie: Roy Baker.
Drehbuch: Brian Clemens.
Inhalt: Durch einen geheimnisvollen Anruf, bei dem eine Stimme nach »Boris« fragt, ändern sich das Verhalten und die Persönlichkeit des Agenten Harry Mercer auf erstaunliche Art, und er erschießt einen Kollegen. Hinterher ist ihm anscheinend nicht bewusst, dass er den Mord verübt hat. Bei einer anderen Gelegenheit werden King und Steed Zeugen dieser unheimlichen Veränderung. Ein grafologisches Gutachten seiner Handschrift deutet auf zwei verschiedene Persönlichkeiten in einem Körper hin. Anscheinend handelt es sich bei dem zweiten Ich um den tot geglaubten feindlichen Agenten Boris Kartovski, einen besonders grausamen Menschen. Lord Barnes, der unter demselben Einfluss steht, erschießt Mercer. Steed entdeckt, dass beide Männer wegen Bagatellen kürzlich in demselben Krankenhaus behandelt wurden. Dort findet er den künstlich am Leben gehaltenen Kartovski in einem Glassarg, bewacht von dem verrückten Dr. Constantine, der einen Weg gefunden hat, Geist und Willen eines Menschen in einen anderen Körper zu übertragen – aber nur für kurze Zeit. Tara King soll das nächste Opfer werden. In letzter Sekunde kann Steed sie vor der grauenhaften Operation retten.
Darsteller/innen: Nigel Davenport (Lord Barnes), Julian Glover (Peter Rooke), Bernard Archard (Dr. Constantine), John G. Heller (Himel), Jayne Sofiano (Petra), Steven Scott (Kartovski), Iain Anders (Frank Compton), Christopher Benjamin (Swindin), John Kidd (Butler).
Erstausstrahlung GB / D: 23.10.1968 / 24.4.99 (SAT.1).

134. Operation George
(Whoever Shot Poor George Oblique Stroke XR40)
Regie: Cyril Frankel.
Drehbuch: Tony Williamson.
Inhalt: Auf den Computer George wurde geschossen. Mögliches Motiv ist eine Gleichung, die ihm sein Erbauer, Sir Winfried Pelley, eingegeben hat. Der Computerchirurg Dr. Ardmore führt eine Notoperation durch. Daraufhin behauptet George, dass Sir Winfried ein Verräter sei. Als Steed ihn aufsucht, ist Pelley zu betrunken, um mit ihm zu reden. Doch Pelley macht gemeinsame Sache mit Tobin, der George mit Säure begießt, um ihn am Ausplaudern der geheimen Formel zu hindern. Tara King gibt sich als Pelleys Nichte aus und entdeckt, dass er sich offenbar in der Hand einer Frau namens Loris befindet, die sich stark für das englische Verteidigungssystem interessiert. George wird geheilt und gibt bekannt, dass Pelley und seine Leute von feindlichen Spionen unter Druck gesetzt wurden, deren Chef Pelleys Butler ist.

Operation George

Der Dolch der tausend Tode

Darsteller/innen: Dennis Price (Jason), Clifford Evans (Pelley), Judy Parfitt (Loris), Anthony Nicholls (Ardmore), Frank Windsor (Tobin), Adrian Ropes (Baines), Arthur Cox (Anästhesist), Tony Wright (Keller), John Porter-Davison (Jacobs), Jacky Allouis (Jill), Valerie Leon (Betty).
Erstausstrahlung GB / D: 30.10.1968 / 22.9.1970 (ZDF).

135. Die Milch macht's (*False Witness*)
Regie: Charles Crichton.
Drehbuch: Jeremy Burnham.
Inhalt: Alles spricht dafür, dass es in Steeds Abteilung einen Verräter gibt. Besonders verdächtig ist Lord Edgefield. Steed und sein Kollege Melville brechen bei ihm ein, um nach Beweisen für seine Schuld zu suchen. Steed wird fast erwischt, weil Melville ihn nicht rechtzeitig warnt. Ein ähnliches Versäumnis Melvilles hatte gerade erst einen anderen Agenten das Leben gekostet. Bei einem Test mit dem Lügendetektor zeigt das Gerät selbst die offensichtlichsten Lügen Melvilles nicht an. Edgefield sorgt mithilfe einer Droge in harmlosen Milchflaschen dafür, dass alle Zeugen ihre Aussagen gegen ihn zurückziehen und nur noch Unwahrheiten von sich geben. Auch Tara King nimmt aus Versehen einen Schluck dieser Milch zu sich. Steed, dem sie ein Glas davon aus der Hand schlägt, bevor sie verwirrt in die Milchfabrik fährt, wird der Zusammenhang nach einer Analyse der Flüssigkeit klar. Er fährt hinter ihr her und rettet sie vorm Tod in der Buttermaschine, bevor er den abtrünnigen Agenten überführt.
Darsteller/innen: Rio Fanning (Lane), Barry Warren (Melville), John Atkinson (Brayshaw), Peter Jesson (Penman), William Job (Lord Edgefield), Rhonda Parker (Rhonda), Arthur Pentlow (Dr. Grant), Larry Burns (Gould), Jimmy Gardner (Kleiner Mann), Dan Meaden (Sloman), John Bennett (Sykes), Michael Lees (Plummer), Tony Steedman (Sir Joseph), Terry Eliot (Amanda), Simon Lack (Nesbitt).
Erstausstrahlung GB / D: 6.11.1968 / 17.7.1999 (SAT.1).

136. Spieglein, Spieglein in der Hand (*All Done with Mirrors*)
Regie: Ray Austin.
Drehbuch: Leigh Vance.
Inhalt: In einem Forschungszentrum wurden während eines Besuchs von Steed wichtige Unterlagen gestohlen. Mutter beschließt, ihn aus dem Verkehr zu ziehen, bis sich der Verdacht gegen ihn entkräftet hat. Tara King fährt zusammen mit Agent Watney zu der an der Küste gelegenen Forschungsstation. In dem angrenzenden Dorf gab es bereits zwei Morde. Ihr Gespräch mit dem Sicherheitschef Sparshott wird von einem Mann mithilfe eines hellen Lichtstrahls abgehört. Ein weiterer Mitarbeiter wird getötet. Sterbend erklärt er Watney, das alles werde mit Spiegeln gemacht. Bei der Besichtigung eines Leuchtturms lernt King Colonel Whithers und seine beiden Assistenten kennen. Doch es stellt sich heraus, dass die drei den echten Leuchtturmwärter und seine Männer überfallen und eingesperrt haben, um vom Leuchtturm aus mit einem speziellen Fernrohr überall senden und empfangen zu können, wo eine spiegelnde Fläche in der Nähe ist. So spionieren sie die Forschungsstation aus. Tara wird von den Klippen herabgestürzt, und Watney meldet Mutter ihren Tod. Doch als Steed umgehend dort eintrifft, spricht Tara, die leicht alleine mit den Gangstern fertig wurde, schon von weitem mithilfe des Fernrohrs mit ihm.

Biete Putsch, suche Waffen

Darsteller/innen: Dinsdale Landen (Watney), Peter Copley (Sparshott), Edwin Richfield (Barlow), Michael Trubshawe (Col. Withers), Joanna Jones (Pandora), Nora Nicholson (Miss Emily), Tenniel Evans (Carswell), Liane Aukin (Miss Tiddiman).
Erstausstrahlung GB / D: 13.11.1968 / 25.8.1970 (ZDF).

137. Der Dolch der tausend Tode (*Legacy of Death*)
Regie: Don Chaffey.
Drehbuch: Terry Nation.
Inhalt: Steed hat unerwartet einen antiken Dolch geerbt. Kurz darauf taucht ein Mann bei ihm auf, der ihm eine Million Pfund dafür bietet. Bevor Steed auf den Vorschlag reagieren kann, wird der Mann vor seinen Augen erschossen. Tara King lässt den Dolch in einem chinesischen Laden untersuchen. Das lockt noch mehr Interessenten an, von denen einige versuchen, den Dolch mit Gewalt in ihren Besitz zu bringen. Als Tara King von Unbekannten gefangen genommen wird, die von ihr mit allen Mitteln das Versteck des Dolches wissen wollen, gelingt es ihr ihrerseits, herauszufinden, dass der Dolch der Schlüssel zu einem wertvollen Schatz, einer schwarzen Perle, ist. Im Haus des Mannes, der Steed den Dolch vererbte, entdecken sie das Versteck, doch die Perle ist verschwunden. Als kurz darauf auch alle anderen auftauchen, die hinter der Perle her sind, erscheint unerwartet der Erblasser. Es war nur ein Trick, um alle seine Feinde an einem Ort zu versammeln. Er schießt sie über den Haufen, dabei fällt die Perle in ein Glas mit Wein und löst sich auf.
Darsteller/innen: Stratford John (Sidney), Ronald Lacey (Humbert), Ferdy Mayne (Baron von Orlak), Kynaston Reeves (Dickens), Richard Hurndall (Farrer), John Hollis (Zoltan), Leon Thau (Ho Lung), Tute Lemkow (Gorky), Peter Swanwick (Oppenheimer), Vic Wise (Slattery), Teddy Kiss (Winkler), Michael Bilton (Dr. Winter).
Erstausstrahlung GB / D: 20.11.1968 / 26.6.1999 (SAT.1).

138. Wenn es zwölf Uhr schlägt (*Noon Doomsday*)
Regie: Peter Sykes.
Drehbuch: Terry Nation.
Inhalt: Steed liegt mit einem Gipsbein in einem Sanatorium, das speziell für kranke Agenten eingerichtet wurde. King, die ihm einen Krankenbesuch abstattet, muss eine außerordentliche Reihe von Sicherheitsvorkehrungen überwinden – elektrische Zäune und ein Minenfeld schützen die Klinik. Sie bringt ihm Champagner und seine Post, darunter eine Karte für eine Opernvorstellung vor sieben Jahren. Zwei Männer bereiten sich unterdessen darauf vor, in die Klinik einzudringen. Sie zerstören die Telefonleitungen und töten den Sicherheitsbeamten. Steed erklärt King, dass es sich vermutlich um eine Racheaktion eines Mannes namens Kaska handelt, den er ins Gefängnis gebracht hat. Kaska will Steed um Punkt zwölf Uhr erschießen, doch der sitzt im Rollstuhl, und die anderen Patienten erweisen sich als keine große Hilfe. King kämpft auf dem Hof mit den beiden Gaunern, als Kaska mit einem Hubschrauber erscheint. Im großen Showdown bleiben King und Steed siegreich.
Darsteller/innen: Ray Brooks (Farrington), T.P. McKenna (Grant), Griffith Jones (Baines), Lyndon Brook (Lyall), Peter Bromilow (Kaska), Rhonda Parker (Rhonda), Peter Halliday (Perrier), Anthony Ainley (Sunley), John Glyn-Jones (Hyde), David Glover (Carson), Lawrence James (Cornwall).
Erstausstrahlung GB / D: 27.11.1968 / 1.12.1970 (ZDF).

139. Vor Clowns wird gewarnt (*Look [Stop Me If You've Heard This One] but There Were These Two Fellers*)
Regie: James Hill.
Drehbuch: Dennis Spooner.
Inhalt: Sir Jeremy Broadfoot, Präsident der *Land und Development Company*, wird von zwei Männern mit Clownsmasken ermordet: Als John Steed und Tara King

den Tatort besichtigen, finden sie einen Zauberstab und einen riesigen Fußabdruck. Wenig später wird ein weiteres Vorstandsmitglied der Gesellschaft auf dem Golfplatz ermordet, dabei bleibt eine rote Pappnase zurück. King sucht Pugman auf, einen Experten für Clownsmasken, der kurz danach ebenfalls ermordet wird. Über den Gagschreiber des mordenden Clowns kommen Steed und King ihm auf die Spur. Als Polizist verkleidet entführt Maxie Martin King und bringt sie zu einem Seniorenheim für ehemalige Künstler. Steed rettet sie vor der Säge eines Zauberers und findet den Hauptschuldigen: das letzte lebende Vorstandsmitglied.
Darsteller/innen: Jimmy Jewel (Maxie Martin), Julian Chagrin (Jennings), Bernard Cribbins (Bradley Marler), John Cleese (Marcus Pugman), William Kendall (Lord Bessington), John Woodvine (Seagrave), Garry Marsh (Brig. Wiltshire), Gaby Vargas (Miss Charles), Bill Shine (Cleghorn), Richard Young (Sir Jeremy Broadfoot), Robert James (Merlin), Talfryn Thomas (Fiery Frederick), Jay Denver (Tenor), Johnny Vyvyan (Unterhalter), Len Belmont (Bauchredner).
Erstausstrahlung GB / D: 4.12.1968 / 22.5.1999 (SAT.1).

140. Biete Putsch, suche Waffen
(Have Guns ... Will Haggle)
Regie: Ray Austin.
Drehbuch: Donald James.
Inhalt: Vier Männer stehlen eine Kiste Gewehre eines neuen Typs aus einer Waffenfabrik. Steed glaubt, dass der Afrikaner Colonel Nsonga dahintersteckt, der in seinem Land einen Putsch plant. Er durchsucht heimlich dessen Zimmersafe und entdeckt darin große Mengen Geldes. Adrianna, die mit den Dieben zusammenarbeitet, nimmt mit Nsonga Kontakt auf. Bei einem zweiten Überfall soll die für die Gewehre notwendige Spezialmunition erbeutet werden. Tara King befindet sich zufällig an Ort und Stelle, kann aber nichts gegen die Männer ausrichten und wird gefangen genommen. Steed gibt sich Nsonga und Adrianna gegenüber als Waffenhändler aus und wird nach Stokeley House eingeladen, wo die Waffen versteigert werden sollen. Dort soll zum Beweis der Feuerkraft der Gewehre ein Duell zwischen King und Adriannas Bruder Conrad ausgetragen werden. King gewinnt das Duell, und zusammen mit Steed jagt sie das Waffenlager in die Luft. Die Putschisten kommen bei der Explosion ums Leben.
Darsteller/innen: Johnny Sekka (Col. Nsonga), Nicola Pagett (Adrianna), Jonathan Burn (Conrad), Timothy Bateson (Spencer), Michael Turner (Crayford), Robert Gillespie (Fahrstuhlführer), Roy Stewart (Giles), Peter J. Elliott (Brad).
Erstausstrahlung GB / D: 11.12.1968 / 15.5.1999 (SAT.1).

Linda Thorson

141. Wer ist John Steed? **(They Keep Killing Steed)**
Regie: Robert Fuest.
Drehbuch: Brian Clemens.
Inhalt: Eine Gruppe von Terroristen will eine Friedenskonferenz sabotieren. John Steed, der als Beobachter an der Konferenz teilnimmt, wird von ihnen entführt. Es wird ein Abdruck seines Gesichtes genommen, der sich durch eine völlig neue Methode auf jedes andere Gesicht übertragen lässt – fertig ist der perfekte Doppelgänger. Steed kann dafür sorgen, dass nicht nur einer, sondern alle fünf Agenten genauso aussehen wie er. Als sie am nächsten Tag im Konferenzgebäude aufeinander treffen, bringt einer den anderen um, immer im Glauben, den echten Steed vor sich zu haben. Der letzte Überlebende baut den Zündmechanismus für die Bombe in den Hammer des Vorsitzenden ein. Tara King entdeckt zu ihrer Verwunderung einen toten Steed nach dem anderen. Der echte konnte sich inzwischen befreien und die Detonation der Bombe verhindern. Beim großen Schlusskampf wird der echte Steed tödlich verwundet. Kurz darauf erscheint lächelnd noch ein Steed, diesmal wirklich der eine und einzige.

Episodenführer

Linda Thorson

Darsteller/innen: Ian Ogilvy (Baron von Curt), Ray McAnally (Arcos), Norman Jones (Zerson), Bernard Horsfall (Captain Smythe), Arthur Howell (Verno), Bill Cummings (Golda), Frank Barringer (Smanoff), William Ellis (Bruno).
Erstausstrahlung GB / D: 18.12.1968 / 3.7.1999 (SAT.1).

142. Mannerings Fragestunde (*The Interrogators*)
Regie: Charles Crichton.
Drehbuch: Richard Harris, Brian Clemens.
Inhalt: In einer ganz normal aussehenden Zahnarztpraxis werden in Wahrheit Agenten geheime Informationen entlockt. Lieutenant Caspar, der das ganze für einen Test hält, verrät dem Doppelagenten Mannering die Namen seiner beiden Kontaktpersonen. Mannering lässt sie und Caspar töten. Ähnliches erlebt der Agent Minnow, auch er verrät aus Versehen zwei Kollegen. Hinterher erinnert er sich an die Anweisung, eine Taube freizulassen, falls etwas schief ginge. Steed folgt dem Vogel in einem Helikopter zu Mannerings Testgelände, wo gerade Tara King und ein anderer Agent dem speziellen Verhör unterzogen werden. Beide bestehen das Extremverhör; erst hinterher, durch die entspannte Atmosphäre und durch Drinks unvorsichtig geworden, verraten sie ihr Wissen. Als Steed auftaucht, behauptet Mannering, es handele sich um einen weiteren Test, bei dem sie mit Platzpatronen auf den Eindringling schießen sollen. Als King misstrauisch wird und vorschlägt, die Waffen erst an Mannering selbst auszuprobieren, verliert der die Nerven und kann überführt werden.
Darsteller/innen: Christopher Lee (Col. Mannering), David Sumner (Minnow), Philip Bond (Caspar), Glynn Edwards (Blackie), Neil McCarthy (Rasker), Neil Stacy (Mallard), Neil Wilson (Norton), Cardew Robinson (Mr. Puffin), Cecil Cheng (Captain Soo), Mark Elwes (Marineoffizier), David Richards (Luftwaffenoffizier).
Erstausstrahlung GB / D: 1.1.1969 / 28.8.1999 (SAT.1).

143. Durch und durch verrottet (*The Rotters*)
Regie: Robert Fuest.
Drehbuch: Dave Freeman.
Inhalt: Sir James Pendred vom Forstwirtschaftsministerium wird von zwei Männern verfolgt und flüchtet in sein Büro. Plötzlich löst sich die schwere Holztür in Luft auf, und die Mörder ziehen ihre Pistolen. Tara King findet in seiner Wohnung ein Foto, das ihn zusammen mit vier anderen Männern zeigt. Steed entdeckt einen Bleistift, der sich wie die Tür in nichts auflöst. Doch auch bei dem Holzspezialisten Professor Pym bringt er nichts in Erfahrung. Eine Reihe von Männern wird ermordet, darunter auch Pym. Auf der Suche nach den drei überlebenden Männern auf dem Foto findet King heraus, dass es sich um den Antiquitätenhändler Sambow, den gerade in Afrika weilenden Forscher Forsythe und den offenbar soeben verstorbenen Wainwright handelt. Sie beobachtet die Ermordung Sambows und wird von den Mördern gefangen genommen. Forsythe überlebt nach seiner Rückkehr aus Afrika nur knapp einen Mordanschlag. Er gesteht Steed, er und die anderen hätten zusammen an einer neuen Entdeckung gearbeitet, einer mutierten Spezies von Trockenfäule. Tara King wird zu Wainwright gebracht, der gar nicht tot ist. Er beabsichtigt, die europäischen Regierungen um eine Milliarde Pfund zu erpressen. Doch rechtzeitig taucht Steed auf und schlägt den Gauner mit einer Spraykanone voller Trockenfäule.
Darsteller/innen: Gerald Sim (Kenneth), Jerome Willis (George), Eric Barker (Pym), John Nettleton (Palmer), Rhonda Parker (Rhonda).
Erstausstrahlung GB / D: 8.1.1969 / 7.8.1999 (SAT.1).

144. Invasion der Erdenmenschen (*Invasion of the Earthmen*)
Regie: Don Sharp.
Drehbuch: Terry Nation.
Inhalt: Der verschwundene Agent Grant wurde zuletzt in einem Gasthof auf dem Land gesehen. In seinem Zimmer finden Steed und King einen Prospekt der Alpha-Akademie, einer stark militaristischen Schule für Jugendliche. Bei Brigadier Brett stellen sie sich als interessiertes Elternpaar vor und entdecken, dass seltsame Dinge in der Akademie vor sich gehen. Die Jugendlichen tragen Uniform, ein Raum steht völlig unter Strom, und King entdeckt eine Art Labor, in dem ein Mann im Weltraumanzug den Umgang mit Schwerelosigkeit übt. Nachts schleichen sich die beiden auf das streng bewachte Gelände. King macht die unangenehme Bekanntschaft von Fallen, Schlangen und Skorpionen,

Steed entdeckt im Haus dutzende von »tiefgefrorenen« Schülern. Brett schickt unterdessen zwei der Jugendlichen auf eine Nachtübung, die nur einer von ihnen überleben darf. Tara wird gefangen genommen, und Brett erklärt ihr seinen Plan. Er bildet Astronauten-Soldaten aus, die er in Kälteschlaf versetzt, bis es technisch möglich ist, neue Planeten zu besiedeln. Brett lässt sie laufen und hetzt seine Schüler hinter dem lebenden Unterrichtsobjekt her. Sie fliehen durch einen Tunnel, den zu durchqueren die Abschlussprüfung der Akademie darstellt, weil in ihm alle geheimen Ängste wahr werden. Zu guter Letzt entkommen sie den Killerkindern.
Darsteller/innen: William Lucas (Brett), Christian Roberts (Huxton), Lucy Fleming (Emily), Christopher Chittell (Bassin), Warren Clarke (Trump), Wendy Allnutt (Sarah), George Roubicek (Grant).
Erstausstrahlung GB / D: 15.1.1969 / 15.11.1997 (SAT.1).

145. Remak (*Killer*)
Regie: Cliff Owen.
Drehbuch: Tony Williamson.
Inhalt: Als Agent Trouncer entdeckt, dass der Computer Remak hinter den Morden an mehreren Agenten steckt, bringen ihn zwei von Remaks Männern um. Seine letzten Worte sind ein Hinweis auf eine Leiche, die kürzlich, in Polyäthylen eingewickelt und mit einer Zierschnur verknotet, auf einem Kirchhof gefunden wurde. Auch Remaks Erfinder Wilkington wird tot in einer solchen Verpackung aufgefunden. Steed und Lady Diana, Tara Kings Urlaubsvertretung, nehmen die Ermittlungen auf. Bei ihrem ersten Kontakt mit den Mördern kann Lady Diana nicht verhindern, dass diese alle Unterlagen des toten Wilkington verbrennen. Von einem seiner Mitarbeiter erfährt sie die Adresse des Remak-Zentrums. Mit einer List gelangen sie und John Steed in den Kontrollraum, wo sie den wahren Schuldigen überführen und den Selbstzerstörungsmechanismus Remaks aktivieren.
Darsteller/innen: Jennifer Croxton (Lady Diana Forbes-Blakeney), Grant Taylor (Merridon), William Franklyn (Brinstead), Richard Wattis (Clarke), Harry Towb, John Bailey, Michael Ward, James Bree, Michael McStay, Anthony Valentine, Charles Houston, Jonathan Elsom, Clive Graham, Oliver Macgreevy.
Erstausstrahlung GB / D: 22.1.1969 / 14.8.1999 (SAT.1).

146. Sag mir, wo die Menschen sind (*The Morning After*)
Regie: John Hough.
Drehbuch: Brian Clemens.
Inhalt: Steed hat den Vierfach-Agenten Merlin zu sich eingeladen, um ihn am Verkauf der neu entwickelten

Linda Thorson

Schlafkapseln zu hindern, die er aus einem geheimen Labor gestohlen hat. Merlin erscheint auf dramatische Art und Weise, wobei eine der Kapseln zerbricht. Als Merlin, Steed und King wieder aufwachen, ist ein ganzer Tag vergangen. Die Straßen sind menschenleer, und ein Erschießungskommando unter Sergeant Hearn richtet jeden hin, der sich unerlaubt draußen blicken lässt. Eine Reporterin erklärt ihnen schließlich, dass Terroristen eine Atombombe unter dem Handelsministerium vergraben haben und die Stadt sich im Ausnahmezustand befindet. Steed wird von Hearn entdeckt, doch King rettet ihn vor dem Erschießungskommando. Es stellt sich heraus, dass der Alarm nur ein Trick war, der den Verbrechern Gelegenheit geben sollte, wirklich eine Bombe in das Gebäude zu schmuggeln und die Regierung zu erpressen. Dahinter steckt Brigadier Hansing, der wahnsinnig wurde, als ein Computer seinen Arbeitsplatz übernahm. Mit der Hilfe von Merlin und den Schlafkapseln können Steed und King die Ordnung wieder herstellen.
Darsteller/innen: Peter Barkworth (Merlin), Penelope Horner (Jenny), Joss Ackland (Brigadier Hansing), Brian Blessed (Sgt. Hearn), Donald Douglas (Major

Koffer, Koffer, du musst wandern

Parsons), Philip Dunbar (Yates), Jonathan Cartney (Cartney).
Erstausstrahlung GB / D: 29.1.1969 / 4.9.1999 (SAT.1).

147. Die Indizienmörder
(*The Curious Case of the Countless Clues*)
Regie: Don Sharp.
Drehbuch: Philip Levene.
Inhalt: Zusammen mit dem Ministeriumsdetektiv Sir Arthur Doyle besichtigt John Steed die Wohnung des ermordeten Dawson. Dabei finden sie verdächtig viele Indizien, und Steed misstraut den Schlüssen, die Doyle aus ihnen zieht. Der Tat verdächtigt wird das ehrenwerte Kabinettsmitglied Sir William Burgess, denn der Täter fuhr einen Rolls-Royce mit dem Kennzeichen von Burgess' Wagen. Die beiden wahren Mörder bereiten unterdessen einen Indizienbeweis gegen ihr nächstes Opfer, Flanders, vor, in dem sie wieder einen vollkommen Unschuldigen töten und dafür sorgen, dass Flanders der Tat verdächtigt wird. Wieder zieht Sir Arthur Doyle genau die Schlüsse, die er aus den Indizien – dem Knopf, dem Taschentuch und dem Autokennzeichen – ziehen soll. Und wieder hat das Opfer ein Alibi, das nicht bestätigt wird. Die Erpresser bieten ihren Opfern für viel Geld einen Beweis ihrer Unschuld, und Flanders zahlt mit seinen wertvollen Gemälden. Den nächsten Fall bauen die Indizienmörder ausgerechnet gegen Steed auf – Tara King, die nach einem Unfall mit Beinbruch im Rollstuhl sitzt, soll das Opfer sein. Trotz ihres Handicaps wird sie mit den Mördern fertig, und Steed braucht sie nur noch in Empfang zu nehmen.
Darsteller/innen: Anthony Bate (Earle), Kenneth Cope (Gardiner), Tony Selby (Stanley), Peter Jones (Doyle), Tracy Reed (Janice), Edward de Souza (Flanders),

George A. Cooper (Burgess), Reginald Jessup (Dawson).
Erstausstrahlung GB / D: 5.2.1969 / 20.10.1970 (ZDF).

148. Willkommen im Shakespeare's Inn
(*Wish You Were Here*)
Regie: Don Chaffey.
Drehbuch: Tony Williamson.
Inhalt: Tara Kings Onkel Charles ruft sie zu Hilfe und behauptet, dass er in einem Luxushotel gefangen gehalten wird. Im Hotel angekommen, stellt sie fest, dass das der Wahrheit entspricht, auch ihr wird es auf raffinierte Weise unmöglich gemacht, das Hotel zu verlassen. Ihr Wagen springt nicht an, ihre Kleider werden beschädigt. Auch alle Versuche, mit den anderen Gästen Kontakt aufzunehmen, scheitern. Kurz darauf trifft Mutters Neffe Basil im Hotel ein, als Ersatz für Steed, der an einem anderen Fall arbeitet. Und auch ihm ergeht es nicht viel besser: Jemand leert einen Eimer mit roter Farbe über ihn aus, und ein Mädchen in einem Bikini stellt ihm eine Falle. Die drei verbarrikadieren sich schließlich zusammen mit Maxwell, einem der Gäste, in der Küche und verweigern die Ausgabe von Nahrungsmitteln, um die anderen Gäste zur Abreise zu bewegen. Doch Maxwell entpuppt sich als der eigentliche Drahtzieher. Mit Bratpfannen setzen Tara und Basil die Bande außer Gefecht.
Darsteller/innen: Liam Redmond (Charles Merryvale), Robert Urquhart (Maxwell), Brook Williams (Basil), Dudley Foster (Parker), Gary Watson (Kendrick), Richard Caldicot (Mellor), Derek Newark (Vickers), David Garth (Brevitt), Louise Pajo (Miss Craven), John Cazabon (Mr. Maple), Sandra Fehr (Mädchen), Rhonda Parker (Rhonda).
Erstausstrahlung GB / D: 12.2.1969 / 10.7.1999 (SAT.1).

149. Herz ist Trumpf (*Love All*)
Regie: Peter Sykes.
Drehbuch: Jeremy Burnham.
Inhalt: Sir Rodney Kellog vom Geheimdienst ist dermaßen verliebt in die Putzfrau Martha, dass er alle Vorsicht fahren lässt und ihr seine Dienstgeheimnisse erzählt. Als ein Kollege dahinterkommt, bringt Martha Kellog dazu, ihn zu erschießen. Steed verhaftet ihn, doch mit einem todesmutigen Sprung aus dem Fenster rettet er sich und eilt zu Martha. Ihre Nichte holt sie an die Tür, und die beiden fliehen zusammen. Ein paar Straßen weiter schießt Martha ihn kaltblütig über den Haufen und verwandelt sich wieder in ihre eigene Nichte. Tara King erkennt den exklusiven Parfumduft im Inneren des Autos und bittet den Hersteller um eine Liste der Kundinnen, die das Parfum benutzen. Das entgeht Martha nicht, und ihr Chef Bromfield befiehlt, King zu töten. Der Anschlag schlägt fehl, der Mörder erschießt sich

selbst. An seinem Finger entdeckt King einen Ring der Firma *Casanova Inc.* Ähnlich wie zuvor Rodney Kellog verfallen im Ministerium immer mehr hohe Beamte, nachdem sie ein mysteriöses Buch gelesen haben, das im Ministerium herumgeht, der ersten Frau, die sie zu Gesicht bekommen. Steed entdeckt bei *Casanova Inc.* das Geheimnis dieses Buches: Mikropunkte mit dem Text »Sie werden sich in die nächste Person, die Ihnen begegnet, verlieben«. Steed heftet sich ein paar Mikropunkte an den Anzug und kann so die ganze Mörderbande, die ihm schmachtend nachläuft, ins Gefängnis einliefern.
Darsteller/innen: Veronica Strong (Martha), Terence Alexander (Bromfield), Robert Harris (Sir Rodney), Patsy Rowlands (Thelma).
Erstausstrahlung GB / D: 19.2.1969 / 3.11.1970 (ZDF).

150. Urlaub auf Raten (*Stay Tuned*)
Regie: Don Chaffey.
Drehbuch: Tony Williamson.
Inhalt: John Steed ist im Begriff, seinen Urlaub anzutreten. Als er mit seinem Gepäck das Haus verlässt, schlägt ihn ein Mann namens Proctor bewusstlos. Als Steed wieder zu sich kommt, sind drei Wochen vergangen, an die er sich nicht erinnern kann. Ziellos fährt er durch London und versucht, sein Gedächtnis wiederzufinden. Vater, die Urlaubsvertretung von Mutter, befreit ihn für eine Weile von der Arbeit. Erneut schlägt Proctor ihn nieder. Steed wacht in seinem Apartment wieder auf, genauso ratlos wie vorher. Das Benzin in seinem Wagen lässt darauf schließen, dass er in Frankreich gewesen sein muss. Eine Straße, durch die er kommt, weckt undeutliche Erinnerungen. Es stellt sich heraus, dass Steed von Kreer, der mit Proctor zusammenarbeitet, hypnotisiert wurde, mit dem Auftrag, Mutter umzubringen. Als Steed im Begriff ist, seinen Auftrag auszuführen, kommt Tara King hinzu. In letzter Sekunde kann sie ihm die Pistole aus der Hand schlagen und so den Bann brechen.
Darsteller/innen: Gary Bond (Proctor), Kate O'Mara (Lisa), Iris Russell (Vater), Duncan Lamont (Wilks), Howard Marion-Crawford (Collins), Denise Buckley (Sally), Roger Delgado (Kreer), Harold Kasket (Dr. Meitner), Ewan Roberts (Travers), Patrick Westwood (Taxifahrer).
Erstausstrahlung GB / D: 26.2.1969 / 2.10.1999 (SAT.1).

151. Koffer, Koffer, du musst wandern (*Take Me to Your Leader*)
Regie: Robert Fuest.
Drehbuch: Terry Nation.
Inhalt: Ein geniales Gerät, kaum größer als eine Brieftasche, wird von der anderen Seite zum Aufbewahren gestohlener Geheimdokumente verwendet. Als einer

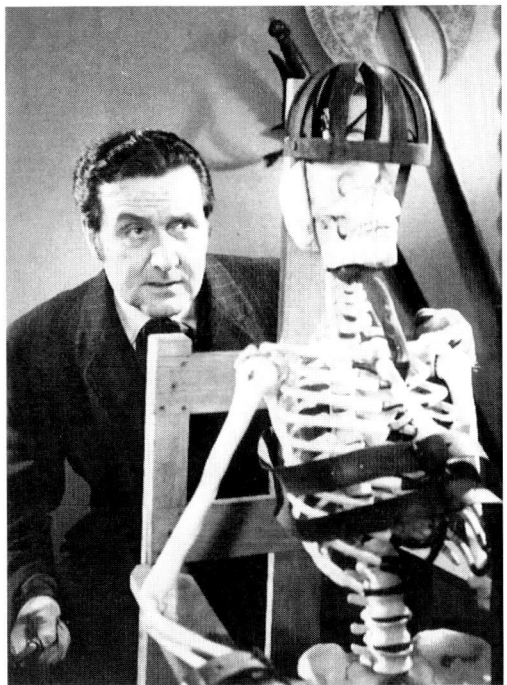

Club des Gaslichtmörders

von Mutters Agenten versucht, es an sich zu bringen, ruft es seinem Besitzer Shepherd eine Warnung zu. Das Gerät wird von Agent zu Agent weitergegeben, und John Steed und Tara King bleiben ihm auf der Spur. Bei der nächsten Übergabe kommt es zu einem tödlichen Zwischenfall, und Steed und King haben Gelegenheit, den Behälter zu röntgen. Er enthält eine Sprengladung und eine Reihe miteinander verbundener Schlösser. Ein Schlüssel in der Tasche des toten Gegners öffnet ihn zwar nicht, aber löst den Sprechmechanismus aus, der ihnen den nächsten Kontaktmann nennt. Im Laufe der weiteren Suche nach dem Ende der Kette deutet einiges darauf hin, dass Mutter ein Doppelagent ist. Bei der letzten Übergabe sind auf einmal zwei identisch aussehende Koffer im Spiel, von denen einer beginnt, Giftgas auszustoßen. Steed wird in Mutters Büro gebracht, doch als Mastermind erweist sich der Chef einer rivalisierenden Abteilung. King schaltet ihn mithilfe des Giftgaskoffers aus.
Darsteller/innen: Patrick Barr (Stonehouse), John Ronane (Captain Tim), Michael Robbins (Cavell), Henry Stamper (Major Glasgow).
Erstausstrahlung GB / D: 5.3.1969 / 18.9.1999 (SAT.1).

Episodenführer

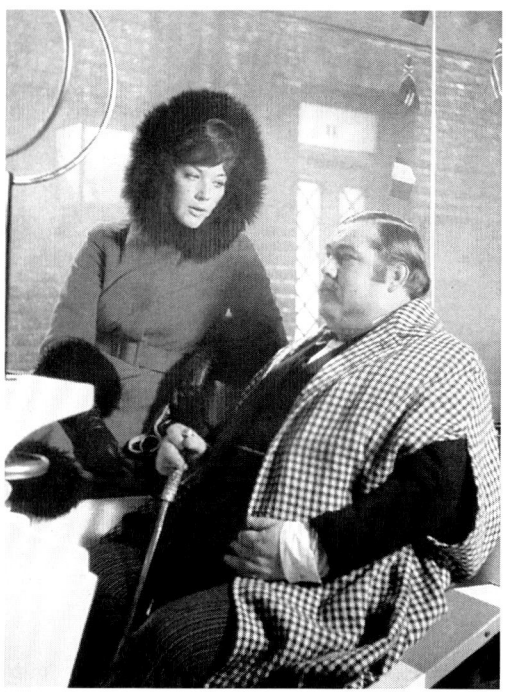

Requiem

152. Club des Gaslichtmörders (*Fog*)
Regie: John Hough.
Drehbuch: Jeremy Burnham.
Inhalt: Steed betreut vier russische Delegierte während einer Abrüstungskonferenz. Zwei von ihnen werden auf eine Weise ermordet, die an die Methode des berüchtigten Gaslichtmörders erinnert, der im Jahre 1888 die Gegend um den Londoner Hafen in Angst und Schrecken versetzte. Der Mörder tötet mit einem viktorianischen Stockdegen, trägt Cape und Zylinder und verlässt den Tatort immer in einer Hansom-Droschke. John Steed und Tara King ermitteln in den engen und nebligen Hafenstraßen und stoßen auf den Club des Gaslichtphantoms, dessen Mitglieder, die sich bei ihren Zusammenkünften wie das Phantom kleiden, sich um die Aufklärung der Fälle bemühen. Steed wird ebenfalls Mitglied und lernt den Präsidenten Armstrong, Sekretär Travers und den Kurator Wellbeloved kennen. Kings Ermittlungen bei einem Kutschenverleiher lassen den Präsidenten verdächtig erscheinen. Doch schließlich entpuppt sich Travers, im Hauptberuf Waffenhersteller, als der Mörder. Er wollte aus beruflichem Interesse die Abrüstungskonferenz sabotieren. Doch bei einem Stockdegenduell mit Steed zieht er den Kürzeren.
Darsteller/innen: Nigel Green (Präsident), Guy Rolfe (Travers), Terence Brady (Carstairs), Paul Whitsun-Jones (Sanders), David Lodge (Maskell), Norman Chappell (Fowler).
Erstausstrahlung GB / D: 12.3.1969 / 6.10.1970 (ZDF).

153. Die Dame im Zentrum (*Who Was That Man I Saw You with?*)
Regie: Don Chaffey.
Drehbuch: Jeremy Burnham.
Inhalt: Tara King testet im Auftrag der Regierung die Sicherheitsvorkehrungen im Kriegsministerium, vor allem einen Raum, in dem eine kleine schwarze Box steht, die weltweit jedes Militärflugzeug und Einzelheiten über seine Ladung anzeigen kann. Ihr Kollege Fairfax hält sie bald für eine Doppelagentin, als sie geheimnisvolle Geschenke erhält und mehrfach der feindliche Agent Zaroff vor ihrem Haus gesehen wird. Mutter ordnet eine Untersuchung an. Steed versucht, ihre Unschuld zu beweisen, aber immer mehr Indizien sprechen gegen sie, sodass auch er schließlich zu zweifeln beginnt. King flieht, und Mutter gibt widerwillig den Befehl, sie zu töten. Es gelingt King, Steed zu überzeugen, dass alle Beweise gegen sie arrangiert wurden. Doch Zaroff überwältigt Steed und bringt King zu seinem Chef Dangerfield, der ihr seinen Plan erklärt. Mutter sollte glauben, dass King Einzelheiten über die Sicherheitsvorrichtungen des Kriegsministeriums verraten habe, und deshalb neue Maßnahmen anordnen. In der Übergangszeit von 48 Stunden wäre das Land jedem feindlichen Angriff hilflos ausgeliefert. Steed erscheint als Retter in der Not, und gemeinsam besiegen sie die gegnerischen Agenten.
Darsteller/innen: William Marlowe (Fairfax), Ralph Michael (General Hesketh), Alan Browning (Zaroff), Alan MacNaughtan (Gilpin), Alan Wheatley (Dangerfield), Bryan Marshall (Phillipson), Aimee Delamain (Miss Culpepper), Richard Owens (Perowne), Nita Lorraine (Kate), Ralph Ball (Hamilton), Ken Haward (Powell), Neville Marten (Pye).
Erstausstrahlung GB / D: 19.3.1969 / 9.10.1999 (SAT.1).

154. Mutters Erzählungen (*Homicide and Old Lace*)
Regie: John Hough.
Drehbuch: Malcolm Hulke, Terrence Dicks.
Inhalt: Mutter feiert seinen Geburtstag bei seinen Tanten Harriet und Georgina. Die beiden alten Damen sind leidenschaftliche Krimifreundinnen und fragen ihn über seine Erlebnisse beim Geheimdienst aus. Widerstrebend erzählt Mutter ihnen eine Geschichte, die sich aus Szenen anderer Episoden zusammensetzt. Während des

Erzählens wird er immer wieder von seinen beiden Tanten unterbrochen, die alles ganz genau wissen wollen. Dies ist die Story: Die Verbrecherorganisation *Intercrime* plant, die gesamten Juwelen des Königreiches in einem meisterlichen Coup zu rauben. Steed und King werden Mitglieder bei *Intercrime*, um die Organisation von innen heraus zu sprengen, was ihnen natürlich auch gelingt.
Darsteller/innen: Joyce Carey (Harriet), Mary Merrall (Georgina), Gerald Harper (Col. Corf), Keith Baxter (Dunbar), Edward Brayshaw (Fuller), Rhonda Parker (Rhonda).
Erstausstrahlung GB / D: 26.3.1969 / 15.12.1970 (ZDF).

155. Vorsicht Hochspannung (*Thingumajig*)
Regie: Leslie Norman.
Drehbuch: Terry Nation.
Inhalt: Bei Ausgrabungsarbeiten in den Katakomben unterhalb einer Kirche stirbt der Archäologe Greer, anscheinend an einem enorm starken Lichtbogen. Noch weitere Menschen kommen auf diese Weise ums Leben. John Steed entdeckt bei seinen Ermittlungen einen seltsamen schwarzen Kasten am Ufer des nahe gelegenen Flusses, der offenbar auch für das Fischsterben in diesem Fluss verantwortlich ist. Eine Röntgenanalyse bleibt ergebnislos, doch als die Box sich in Tara Kings Wohnung befindet, fängt sie an, King mit ihren tödlichen Strahlen zu verfolgen. Es gelingt King, die Hauptsicherung herauszudrehen. Anschließend eilt sie in die Katakomben, um Steed zu warnen, der dort bereits mit einem Mann namens Kruger kämpft, der mit Tausenden dieser Kästen das gesamte Land vernichten will. Als Kruger bereits auf Steed anlegt, richtet sich der zweite fertig gestellte Kasten gegen seinen Erfinder und tötet ihn. Steed zerstört ihn mit einem Schweißbrenner.
Darsteller/innen: Dora Reisser (Inge), Jeremy Lloyd (Teddy), Iain Cuthbertson (Kruger), Willoughby Goddard (Truman), Hugh Manning (Major Star), John Horsley (Dr. Grant), Edward Burnham (Brett), Vernon Dobcheff (Stenson), Russell Waters (Pike), Michael McKevitt (Philips), Neville Hughes (Williams), John Moore (Greer), Harry Shacklock (Bill).
Erstausstrahlung GB / D: 2.4.1969 / 30.10.1999 (SAT.1).

156. Therapie des Todes (*My Wildest Dream*)
Regie: Robert Fuest.
Drehbuch: Philip Levene.
Inhalt: In verschiedenen therapeutischen Sitzungen »ermordet« Paul Gibbons – Vorstandsmitglied der Firma ACME – auf Anraten seines Psychiaters eine Puppe seines Kollegen Peregrine. Doch sein leidenschaftlicher Hass wird dadurch nicht befriedigt, und eines Tages

Stille Tage auf dem Land

bringt er Peregrine wirklich um. Schwester Owen ruft Steed und King zu Hilfe. Doch müssen sie am Tatort erleben, wie Gibbons Selbstmord begeht. In einen ähnlichen Vorfall, nur wenige Tage später, sind zwei weitere Mitarbeiter derselben Firma verwickelt. Slater, der Täter, wird von Schwester Owan entführt und neu programmiert, Tobias, ein weiteres Mitglied des Vorstandes von ACME, zu töten. Tobias bringt Slater in Notwehr um. Steed wird dem wahren Täter lästig, als er beginnt, Nachforschungen in der Praxis des Psychiaters anzustellen. Einer von Tara Kings Verehrern wird darauf konditioniert, ihn zu töten. Doch gegen Steed hat er keine Chance. Tara King enttarnt Tobias als den wahren Schuldigen und macht kurzen Prozess mit ihm.
Darsteller/innen: Peter Vaughan (Jagger), Derek Godfrey (Tobias), Edward Fox (Chilcott), Susan Trevers (Schwester Owen), Philip Madoc (Slater), Michael David (Reece), Murray Mayne (Paul Gibbons), Tom Kempinski (Dyson), John Savident (Winthrop), Hugh Moxley (Peregrine).
Erstausstrahlung GB / D: 7.4.1969 / 21.8.1999 (SAT.1).

157. Requiem (*Requiem*)
Regie: Don Chaffey.
Drehbuch: Brian Clemens.
Inhalt: Miranda Loxton, die Hauptzeugin in einem Prozess gegen eine internationale Vereinigung von Mördern, entgeht nur knapp einem Mordanschlag. John Steed versteckt sie bis zur Anhörung in einem Haus auf dem Land. Tara King wird entführt und unter Drogen gesetzt, doch sie bekommt noch mit, dass in Steeds Wohnung ein Anschlag auf Mutter verübt werden soll.

Episodenführer

Sie kommt zu spät, die Bombe explodiert. Als sie wieder zu sich kommt, ist Mutter tot, sie selbst liegt mit gebrochenen Beinen im Krankenhaus. Als Lieutenant Barrett behauptet, Steed sei ebenfalls in Gefahr und müsse gewarnt werden, gibt sie ihm einen Hinweis, wie er das geheime Landhaus finden könne. Kurz danach entdeckt sie, dass ihre Beine überhaupt nicht gebrochen sind und das Ganze ein genialer Plan ist, um den Aufenthaltsraum der missliebigen Zeugin zu finden. King flieht und trifft Mutter gesund und munter in Steeds Wohnung an. Sie drehen den Spieß um und erstellen ein Duplikat des Landhauses, in dem sie die Mörder erwarten.
Darsteller/innen: Angela Douglas (Miranda Loxton), John Cairney (Firth), John Paul (Wells), Denis Shaw (Murray), Terence Sewards (Rista), Mike Lewin (Barrett), Kathja Wyeth (Jill), Harvey Ashby (Bobby), John Baker (Vikar), Rhonda Parker (Rhonda).
Erstausstrahlung GB / D: 16.4.1969 / 6.11.1999 (SAT.1).

158. Stille Tage auf dem Land (*Take Over*)
Regie: Robert Fuest.
Drehbuch: Terry Nation.
Inhalt: Mithilfe einer neuen Geheimwaffe, die wie ein Feuerzeug aussieht, wollen die Verbrecher Fenton Grenville, Lomax und Circe eine Friedenskonferenz sabotieren. Die Waffe funktioniert wie eine Fernbedienung und zündet Phosphor-Brandsätze, die vorher in die Kehle des Opfers implantiert wurden. Die Verbrecher übernehmen den Landsitz der Bassetts und bauen einen Raketenwerfer im Dachgeschoss auf. Bill Bassett ist durch einen der Brandsätze in seiner Kehle in der Hand der Gauner. John Steed, der zu einem Weihnachtsbesuch vorbeikommt, wird misstrauisch. Bei einem zum Vergnügen abgehaltenen Schießwettbewerb wird er von Grenville angeschossen und schwer verletzt nach London transportiert. Doch die Gespräche der Krankenwagenfahrer offenbaren ihm den Plan der Terroristen. Er fährt zurück zum Landhaus, wo er auf Tara King trifft. Es kommt zu einem Kampf, und Steed schießt Grenville einen seiner eigenen Brandsätze ins Genick. Im letzten Moment kann er den Raketenwerfer von seinem Ziel ablenken.
Darsteller/innen: Tom Adams (Grenville), Elisabeth Sellars (Laura), Michael Gwynn (Bill), Hilary Pritchard (Circe), Garfield Morgan (Sexton), Keith Buckley (Lomax), John Comer (Groom), Anthony Sagar (Clifford).
Erstausstrahlung GB / D: 23.4.1969 / 13.11.1999 (SAT.1).

159. Pandora (*Pandora*)
Regie: Robert Fuest.
Drehbuch: Brian Clemens.
Inhalt: Die beiden Brüder Rupert und Henry Lasindall hecken einen infamen Plan aus, um ihren senilen Onkel Gregory um sein Vermögen zu bringen. Sie führen eine Scharade auf, die ihn in frühere Zeiten versetzen soll, dort soll er dann auf seine große Jugendliebe Pandora treffen, gespielt von einer Schauspielerin, die ihm seine Geheimnisse abluchsen soll. Für diese Rolle haben sie Tara King vorgesehen, die Pandora ähnlich sieht. Sie entführen sie und unterziehen sie einer Gehirnwäsche. Ein Zettel, der aus Kings Tasche herausfällt, bringt John Steed auf die richtige Spur. Inzwischen ist die Gehirnwäsche abgeschlossen, und der Plan geht auf. Onkel Gregory verrät Tara/Pandora, dass er all sein Geld hinter einem Gemälde von Pandora versteckt hat. In seiner Gier bemerkt Rupert, der das Bild zerschlägt, zu spät, dass dahinter ein Rembrandt-Gemälde verborgen ist. Die beiden Brüder gehen aufeinander los, und der Onkel stirbt vor Schreck an Herzversagen. Steed nimmt die beiden Verbrecher fest.
Darsteller/innen: Julian Glover (Rupert Lasindall), James Cossins (Henry Lasindall), Reginald Barrett (Murray), John Laurie (Juniper), Kathleen Byron (Miss Faversham), Anthony Roye (Hubert Pettigrew), Peter Madden (Onkel Gregory).
Erstausstrahlung GB / D: 30.4.1969 /16.10.1999 (SAT.1).

160. Der Chamäleon-Faktor (*Get-a-Way*)
Regie: Don Sharp.
Drehbuch: Philip Levene.
Inhalt: Drei russische Agenten werden bei dem Versuch, drei britische Agenten zu töten, verhaftet und in ein streng bewachtes Kloster gebracht. Einer von ihnen kann auf mysteriöse Weise entfliehen und taucht überraschend auf einer Dinnerparty in Steeds Apartment auf, wo er einen von Steeds Kollegen ermordet. Als Steed im Kloster Ermittlungen anstellt, löst sich auch der zweite Russe quasi in Luft auf. Tara King eilt zu Ryder, dem Mann, den er töten sollte, doch sie kommt zu spät. In der Zelle des entflohenen Agenten entdeckt Steed ein naturwissenschaftliches Magazin, aus dem Seite 25 herausgerissen wurde, und eine Flasche Wodka, was ihn wundert, da der Tote Abstinenzler war. Ezdorf, der dritte Agent, hat den Auftrag, Steed zu töten. King findet eine intakte Ausgabe der Zeitschrift, auf Seite 25 ist ein Artikel über Eidechsen. Auch der Wodka hatte eine Eidechse auf dem Etikett. Steed sucht die Firma auf und bringt Ezdorf eine Flasche Wodka in die Zelle. In der Flasche befindet sich eine Chemikalie, durch die Kleidungsstücke die Farbe des Hintergrundes annehmen und den Träger fast unsichtbar machen. So gelingt auch Ezdorf die Flucht, aber Steed legt ihn in seinem Apartment mit demselben Trick herein.
Darsteller/innen: Andrew Keir (Col. James), Vincent Harding (Rostov), William Wilde (Major Baxter), Terence Langdon (George Neville), Neil Hallett (Paul

Patrick Macnee, Joanna Lumley, Gareth Hunt

Chef der Agentur, einem indischen Fakir, geführt, der eine Möglichkeit gefunden hat, seine Kunden kurz in scheintoten Zustand zu versetzen. Nach seiner Beerdigung wacht Steed in einem Raum unter dem Friedhof wieder auf. Als Tara King seinen Sarg exhumieren lässt, verrät sich Steed. Es kommt zum Kampf, anschließend führen sie die tot geglaubten Verbrecher ihrer gerechten Strafe zu.
Darsteller/innen: Sally Nesbitt (Helen Pritchard), James Kerry (Captain Cordell), John Sharp (Jonathan Jupp), Roy Kinnear (Happychap), Michael Balfour (Tom), Patrick Connor (Bob), Sheila Burrell (Mrs. Jupp), George Innes (Shaw), Ron Pember (Charley), Fulton Mackay (Der Meister).
Erstausstrahlung GB / D: 21.5.1969 / 20.11.1999 (SAT 1).

THE NEW AVENGERS 1976

Produktion: Albert Fennell, Brian Clemens.
Musik: Laurie Johnson.
Hauptdarsteller/innen: Patrick Macnee (John Steed), Gareth Hunt (Mike Gambit), Joanna Lumley (Purdey).
Länge: 50 Min. (OF).
Ausstrahlung: Da sich die einzelnen ITV-Anstalten auch bei den *New Avengers* nicht auf einen verbindlichen Sendetermin für ganz England einigen konnten, werden hier wiederum die Ausstrahlungsdaten für die Region London aufgelistet. Was die deutsche Erstausstrahlung der *New Avengers* betrifft, gibt es diverse Ungereimtheiten. Bereits 1978 soll die ARD fünf Episoden der neuen Staffel gezeigt haben, Daten für die 80er Jahre liegen jedoch überhaupt nicht vor. Deshalb werden die Sendetermine von TM3 angegeben, wo die Staffel offenbar erstmals komplett gezeigt wurde.

Ryder), Robert Russell (Lubin), Peter Bowles (Ezdorf), Peter Bayliss (Professor Dodge), John Hussey (Peters), James Bellchamber (Bryant), Barry Lineman (Magnus).
Erstausstrahlung GB / D: 14.5.1969 / 8.5.1999 (SAT.1).

161. Nächster Aufenthalt: Paradies (*Bizarre*)
Regie: Leslie Norman.
Drehbuch: Brian Clemens.
Inhalt: Die Sekretärin Helen Pritchard wird aufgegriffen, als sie, nur mit einem Nachthemd bekleidet, viele Meilen von jeder Zivilisation entfernt herumirrt, anscheinend nachdem sie aus einem fahrenden Zug gestürzt ist. Sie behauptet, in einem Sarg im Zug habe ein lebendiger Mann gelegen. Steed und King ermitteln, dass der tote Finanzier Jonathan Jupp in diesem Zug zum Friedhof transportiert wurde. Morton, ein anderer Finanzier, versucht Pritchard zu töten. Dieser Morton wurde aber sechs Monate zuvor – wie auch Jupp – auf dem *Happy Meadows*-Friedhof beerdigt. Beide sind durch ihren »Tod« einer Anzeige wegen Betrugs entkommen. Jupp hatte vor seinem Tod eine Reise bei der Agentur *Mystic Tours* gebucht. Steed gibt sich dort als reicher Kunde aus und wird zu dem

162. Der Adlerhorst (*The Eagle's Nest*)
Regie: Desmond Davis.
Drehbuch: Brian Clemens.
Inhalt: Gambit nimmt anstelle des ermordeten Agenten Stannard an einem Vortrag des Wissenschaftlers von Claus teil. Von Claus, Spezialist für Fälle vorübergehenden Atemstillstands, wird entführt, doch Gambit kann den Entführer überwältigen, der sich das Leben nimmt. Unter seiner Perücke hat er eine Tonsur. Kurz darauf erhält Gambit den Hinweis, nahe der Insel St. Dorca sei 1945 ein Nazi-Flugzeug mit »Deutschlands größtem Schatz« an Bord abgestürzt. Als Steed und Purdey dem einsam gelegenen Kloster auf der Insel einen Besuch abstatten, werden sie gefangen genommen. Sie entdecken, dass das Kloster das Versteck für eine Gruppe alter Nazis ist. Von Claus soll auf Wunsch des Anführers »Vater« Trasker einen

Episodenführer

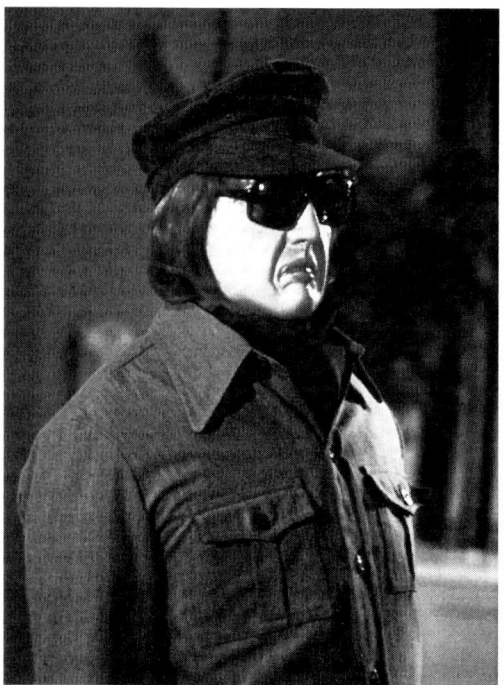

Das stählerne Monster

mysteriösen Koma-Patienten wiederbeleben – Adolf Hitler persönlich. Unter Zwang leitet er die Wiederbelebung ein. Steed und Purdey betreten den Raum, und während des anschließenden Gefechts löst sich eine Salve aus Traskers Maschinenpistole. Die Kugeln durchbohren den Führer.
Darsteller/innen: Peter Cushing (von Claus), Derek Farr (»Vater« Trasker), Frank Gatliff (Karl), Sydney Bromley (Hara), Trevor Baxter (Brown-Fitch), Joyce Carey (Frau mit Hund), Neil Phillips (Main), Brian Anthony (Stannard), Jerold Wells (Barker), Trude van Dorne (Gerda), Peter Porteous (Nazi-Korporal), Jerold Wells (Ralph).
Erstausstrahlung GB / D: 19.10.1976 / 24.10.1997 (TM3).

163. Herzdame (*House of Cards*)
Regie: Ray Austin.
Drehbuch: Brian Clemens.
Inhalt: Der russische Meisterspion Perov soll den übergelaufenen Professor Vasil zurückholen. In einer spektakulären Aktion (Purdey als Anführerin einer kreischenden Gruppe von Popfans sowie Gambit als »Star«) auf einem Flughafen können Steed und Purdey das verhindern. Perov organisiert zur Täuschung seine eigene Beerdigung und nimmt Kontakt zu einer Gruppe von »Schläfern« auf: Agenten, die schon jahrelang in England leben und darauf konditioniert wurden, bei einem bestimmten posthypnotischen Befehl einen Menschen erbarmungslos zu töten, und zwar beim Anblick einer halbierten Spielkarte. Herz König ist der Befehl, Steed zu töten, Herz Bube steht für Gambit, die Dame dagegen für Purdey. Doch keinem der Schläfer gelingt es, Vasil oder die *Avengers* zu ermorden. Als Steed beschließt, ihn an einen anderen Ort zu bringen, greift Perov wieder an. Aber Steed, Purdey und Gambit überwältigen ihn.
Darsteller/innen: Peter Jeffrey (Perov), Frank Thornton (Roland), Lyndon Brook (Cartney), Derek Francis (Bischof), Mark Burns (Spence), Geraldine Moffat (Jo), Annette Andre (Suzy), Ina Skriver (Olga), Murray Brown (David), Gordon Sterne (Vasil), Dan Meaden (Boris), Jeremy Wilkin (Tulliver), Anthony Bailey (Frederick).
Erstausstrahlung GB / D: 26.10.1976 / 29.8.1997 (TM3).

164. Das stählerne Monster (*The Last of the Cybernauts ... ?*)
Regie: Sidney Hayers.
Drehbuch: Brian Clemens.
Inhalt: Doppelagent Kane wird bei einem Unfall schwer verletzt und sitzt fortan im Rollstuhl. Ein Jahr lang schmiedet er Rachepläne gegen die *Avengers*, die er für schuldig an seinem Unfall hält. Als Frank Goff, der frühere Assistent des Roboter-Erfinders Armstrong, aus dem Gefängnis entlassen wird, sieht Kane seine Chance gekommen. Von Goff erfährt er, wo Armstrong seine Kybernauten versteckt hat, und setzt sie ein, um Steed und Purdey zu töten. Doch die beiden tricksen den ersten Roboter aus. Ein Sturz im Treppenhaus bricht ihm das Genick. Der zweite Roboter entführt den Maschinenexperten Professor Mason, der gezwungen wird, Kane in einen Roboter zu verwandeln. Kane, nun unbesiegbar stark, will als erstes Purdey töten. Mason warnt Steed. Zusammen mit Gambit eilt er zu Purdeys Wohnung. Zusammen mit Gambit schaffen sie es, den unbesiegbaren Kane mit Plastikspray »festzukleben«, bis er sich nicht mehr bewegen kann.
Darsteller/innen: Robert Lang (Kane), Oscar Quitak (Malov), Gwen Taylor (Dr. Marlow), Basil Hopkins (Professor Mason), Robert Gillespie (Goff), David Horovitch (Fitzroy), Sally Bazely (Laura), Pearl Hackney (Mrs. Weir), Martin Fisk (zweite Wache), Eric Carte (Terry), Ray Armstrong (erste Wache), Rocky Taylor (Roboter), Tricia (Davina Taylor).
Erstausstrahlung GB / D: 2.11.1976 / 5.9.1997 (TM3).

165. Gold (*The Midas Touch*)
Regie: Robert Fuest.
Drehbuch: Brian Clemens.
Inhalt: Steed erhält den Tipp, dass ein alter »Bekannter« namens Hong-Kong-Harry auf dem Flughafen eintreffen soll. Steed staunt: Harry hat beträchtlich zugenommen. Bei einer Schießerei wird Harry getroffen, bleibt aber unverletzt. Mit Goldstaub im Wert von 750.000 Pfund gefüllte Säckchen in seinem Anzug wirkten wie eine kugelsichere Weste. Harry erklärt, das Gold sei für einen Professor Turner, einen Mann, der für seine Goldgier berühmt ist. Turner ist auch der Erschaffer von Midas, einem jungen, gutaussehenden Mann, dessen alleinige Berührung tödlich ist. Midas ist mit jeder bekannten tödlichen Krankheit infiziert, er selbst aber ist immun. Nun soll er an den Meistbietenden versteigert werden. Harrys Gold sollte eine Anzahlung sein. Im Verlauf der Auktion muss Midas demonstrieren, was er kann. Ein ganzer Raum voller Menschen stirbt in Minutenschnelle. Der ausländische Diplomat Vann ersteigert den todbringenden Mann. Midas soll für ihn eine unbequeme Prinzessin bei einem Empfang durch einen einfachen Handkuss töten. Die *Avengers* verhindern das. Bei den üblichen Turbulenzen berührt Midas zufällig seinen Erschaffer, der sofort stirbt.
Darsteller/innen: John Carson (Freddy), Ed Devereaux (Vann), Ronald Lacey (Hong Kong Harry), David Swift (Turner), Jeremy Child (Leutnant), Robert Mill (Aufseher), Ray Edwards (Garvin), Gilles Millinaire (Midas), Pik-Sen Lim (Sing), Chris Tranchell (Doktor), Lionel Guyett (Tayman), Geoffrey Bateman (Simpson).
Erstausstrahlung GB / D: 9.11.1976 / 12.9.1997 (TM3)

166. Wie aus heiterem Himmel (*Cat amongst the Pigeons*)
Regie: John Hough.
Drehbuch: Dennis Spooner.
Inhalt: Rydercroft, ein hoher Beamter, soll um 12 Uhr mittags ermordet werden. Steed erhält einen Tipp von einem Mann namens Merton, der kurz darauf bei einem Autounfall ums Leben kommt. In seinem Wagen findet Purdey eine Feder. Rydercroft startet mit einem Flugzeug kurz vor 12 in Richtung Schweiz. Steed hat den ganzen Flughafen absichern lassen. Nichts Ungewöhnliches passiert. Trotzdem – um Punkt zwölf stürzt die Maschine ohne erkennbaren Grund ab. An der Unglücksstelle entdecken Steed und Purdey Federn und einen Vogelring, der sie zur Vogelstation von Professor Zarcardi führt. Purdey stattet ihm einen Besuch ab. Zarcardi hat die fixe Idee, mit einer Armee von Vögeln die Welt zu kontrollieren. Als er merkt, dass Purdey ihm auf die Schliche gekommen ist, spielt er auf einer Flöte, und seine Vögel greifen Purdey an. Steed und Gambit

Tödliches Training

retten sie mit ihrer eigenen Armee von Tieren: einer Horde Katzen. Bei einem Fluchtversuch aus dem Fenster stirbt Zarcardi.
Darsteller/innen: Vladek Sheybal (Zarcardi), Matthew Long (Turner), Basil Dignam (Rydercroft), Peter Copley (Waterlow), Hugh Walters (Lewington), Gordon Rollings (Bridlington), Joe Black (Hudson), Patrick Connor (Foster), Kevin Stoney (Tomkins), Andrew Bradford (Merton), Brian Jackson (Kontrolleur).
Erstausstrahlung GB / D: 16.11.1976 / 1.8.1997 (TM3).

167. Tödliches Training (*Target*)
Regie: Ray Austin.
Drehbuch: Dennis Spooner.
Inhalt: Auch Agenten müssen trainieren. Die *Avengers* tun das, wie ihre ganze Abteilung auch, auf einem alten Fabrikgelände, wo sie auf Feinde aus Pappmaché schießen. Rote Farbkleckse stehen für die Treffer, die die Agenten selbst erhalten haben. Der Einzige, der ohne einen Treffer bestanden hat, ist Steed. Zusammen mit dem Schusswaffentest müssen die Agenten auch einen kompletten Gesundheitscheck über sich ergehen lassen. Deshalb wird Steed misstrauisch, als fünf Agenten eines »natürlichen« Todes sterben, die gerade erst den Test absolviert hatten. Eine Untersuchung zeigt, dass die Agenten an Curare starben, das von den Pappkameraden abgeschossen wurde. Die ahnungslose Purdey will mit Steed gleichziehen und bekommt dabei einen der Giftpfeile ab. Hinter den Morden stecken Bradshaw, der Leiter des Testgeländes, sowie zwei Helfershelfer. Bradshaw wird von seinen eigenen Giftpfeilen getötet, aber auch Steed be-

Gareth Hunt

kommt einen ab, und Gambit muss allein das Gegengift besorgen und seinen beiden Partnern das Leben retten.
Darsteller/innen: Keith Barron (Draker), Robert Beatty (Ilenko), Roy Boyd (Bradshaw), Frederick Jaeger (Jones), Malcolm Stoddard (Myers), Deep Roy (Kloekoe), John Paul (Kendrick), Bruce Purchase (Lopez), Dennis Blanch (Talmadge), Robert Tayman (Palmer).
Erstausstrahlung GB / D: 23.11.1976 / 3.10.1997 (TM3).

168. Die weiße Ratte (*To Catch a Rat*)
Regie: James Hill.
Drehbuch: Terence Feeley.
Inhalt: Rückblick. Vor 17 Jahren versuchte der im Ostsektor Berlins arbeitende Agent Irwin Gunner vergeblich, die Identität des Doppelagenten »weiße Ratte« herauszufinden. Dabei schoss er dem Unbekannten ins Bein. Zusammen mit Agent Cledge tarnte sich Gunner als Trapezduo im Zirkus. Doch Cledge arbeitete heimlich für die »weiße Ratte«. Er sorgte für einen Unfall, bei dem Gunner abstürzte und das Gedächtnis verlor. 17 Jahre später fängt Gunner, der jetzt in einer englischen Pflegeanstalt lebt, nach einem Schlag auf den Kopf wieder an, sich zu erinnern. Die *Avengers* werden auf ihn aufmerksam. Clegde ebenfalls. Er versucht, Gunner zu töten, jedoch erfolglos. Purdey dringt in Clegdes Wohnung ein und trifft dort auf den Agenten Cromwell. Die beiden erhalten einen Anruf Gunners und machen sich auf den Weg zu ihm. Steed und Gambit haben inzwischen erfahren, dass es Cromwell war, der damals durch einen Schuss ins Bein verletzt wurde. Im Showdown stirbt Gunner, aber nicht, ohne vorher die »weiße Ratte« getötet zu haben.
Darsteller/innen: Ian Hendry (Gunner), Edward Judd (Cromwell), Robert Fleming (Quaintance), Barry Jackson (Cledge), Anthony Sharp (Grant), Jeremy Hawk (Finder), Bernice Stegers (Telefonistin), Jo Kendall (Schwester), Dallas Cavell (Farmer), Sally-Jane Spencer (Mutter).
Erstausstrahlung GB / D: 30.11.1976 / 17.10.1997 (TM3).

169. Das geheimnisvolle Ypsilon (*Tale of the Big Why*)
Regie: Robert Fuest.
Drehbuch: Brian Clemens.
Inhalt: Der inhaftierte Bert Brandon versucht seit Jahren, wichtige Informationen an die englische Regierung zu verkaufen. Als Brandon aus dem Gefängnis entlassen wird, warten neben Purdey und Gambit noch zwei weitere Interessenten: Poole und Roach. Die beiden bringen Brandon wenig später um und durchsuchen seinen Wagen, ohne etwas zu finden. Rückstände von Pflanzenschutzmitteln an den Schuhen des Toten führen die *Avengers* zu Brandons Freund Turner, der mit seinem Flugzeug Pflanzenschutzmittel versprüht. Von dessen Frau erhalten sie den Hinweis, Brandon habe seiner Tochter Irene kurz vor seinem Tod ein Päckchen geschickt. Steed erhält von ihr den Inhalt: ein Buch mit dem Titel *Tale of the Big Why*. Schließlich kommen sie auf die Lösung. Mit »The Big Why« ist das große »Y« von Surrey auf einer Landkarte gemeint, und »Tale« ist ein Wortspiel. Gemeint ist »Tail«, so etwas wie »Ende«, also »das Ende vom Y« im Wort Surrey auf der Landkarte. Nachdem die richtige Landkarte gefunden wurde, fahren sie zum Ort des Verstecks. Nach einer langen Verfolgungsjagd können sie dank der Papiere einen hohen Beamten des Verrats überführen.
Darsteller/innen: Derek Waring (Harmer), Jenny Runacre (Irene), George Cooper (Brandon), Roy Marsden (Turner), Gary Waldhorn (Roach), Rowland Davis (Poole), Geoffrey Toone (Minister), Maeve Alexander (Mrs. Turner).
Erstausstrahlung GB / D: 7.12.1976 / 26.9.1997 (TM3).

Episodenführer

170. Doppelgänger (Faces)
Regie: James Hill.
Drehbuch: Brian Clemens, Dennis Spooner.
Inhalt: Landstreicher Terrisson entdeckt, dass der Regierungsbeamte Craig ihm erstaunlich ähnlich sieht. Zusammen mit Mullins tötet er den Beamten und nimmt seine Stelle ein. Gemeinsam mit dem Schönheitschirurgen Dr. Prator gründen Terrisson und Mullins ein ungewöhnliches Gewerbe. Ein Obdachlosenheim dient ihnen als Basis, dort finden sie ihr Material: Alkoholiker und Penner, die hohen Regierungsbeamten ähnlich sehen, ersetzen nach einer Gesichtsoperation und einer Gehirnwäsche ihre Doppelgänger. Steed wird auf ihre Machenschaften aufmerksam, als sein Freund Mark Clifford unter merkwürdigen Umständen ums Leben kommt. Sein Misstrauen ist berechtigt: Es war gar nicht Clifford, sondern ein Doppelgänger. Weitere unerklärliche Vorfälle deuten auf das Obdachlosenasyl hin, und sowohl Purdey als auch Gambit verschaffen sich, als Penner beziehungsweise Prostituierte verkleidet, Zutritt zum Obdachlosenasyl, wo sie zu ihren eigenen Doppelgängern ausgebildet werden. Auch ein Doppelgänger für Steed taucht auf, und schließlich weiß keiner der drei Agenten mehr, ob die beiden anderen Originale oder Fälschungen sind. Erst am Schluss steht fest: Alle drei waren immer nur sie selbst, nur der Chef ihrer Abteilung war wirklich ein Doppelgänger.
Darsteller/innen: David De Keyser (Prator), Edward Petherbridge (Mullins), Neil Hallett (Clifford), Annabel Leventon (Wendy), David Webb (Bilston), Jill Melford (Sheila), Richard Leech (Craig), Donald Hewlett (Torrance), Robert Putt (Diener), J.G. Devlin (Landstreicher), Michael Sheard (Peters).
Erstausstrahlung GB / D: 14.12.1976 / 15.8.1997 (TM3).

171. Das Ungeheuer (Gnaws)
Regie: Ray Austin.
Drehbuch: Dennis Spooner.
Inhalt: Thornton und sein Assistent Carter führen Experimente durch, wie Radioaktivität das Wachstum beeinflusst. Erste Tests mit Tomatenpflanzen haben überwältigenden Erfolg. Aus Versehen zerbricht Carter eines Tages eine Ampulle mit dem radioaktiven Präparat und spült die Flüssigkeit den Abfluss runter. Bald darauf hört man Gerüchte, in den Abwasserkanälen der Stadt treibe ein Monster sein Unwesen. Als eine Gruppe von Arbeitern spurlos verschwindet, übernehmen die *Avengers* den Fall, zusammen mit dem sowjetischen Agenten Chislenko. Carter ist das nächste Opfer. Thornton, der inzwischen über alles informiert ist, kann dem Monster, einer riesengroßen Ratte, entkommen und nimmt Purdey gefangen. Sie soll ihm als Köder dienen. Gambit und Steed gelingt es, die Ratte mit Raketenbeschuss zu tö-

Joanna Lumley

ten. Purdey wird gerettet und revanchiert sich mit einem riesigen Tomatensalat.
Darsteller/innen: Julian Holloway (Charles Thornton), Morgan Shepherd (Walters), Peter Cellier (Carter), John Watts (Harlow), Anulka Dubinska (Mädchen), Ronnie Laughlin (Mechaniker), Jeremy Young (Ivan Chislenko), Patrick Malahide (George Ratcliffe), Keith Marsh (Joe), Ken Wynne (Arthur), Keith Alexander (Malloy), Denise Reynolds, Peter Richardson (Paar im Auto).
Erstausstrahlung GB / D: 21.12.1976 / 22.8.1997 (TM3).

172. Das dreckige Dutzend (Dirtier by the Dozen)
Regie: Sidney Hayers.
Drehbuch: Brian Clemens.
Inhalt: General Stevens macht einen unerwarteten Besuch bei Colonel »Mad Jack« Millers 19. Kommandoeinheit, um eine Inspektion vorzunehmen. Das Gelände ist verlassen. Kurz darauf kehrt Miller mit seiner Truppe von einer seltsamen Mission zurück – anschei-

Engel des Todes

nend direkt aus dem Dschungel! Miller lässt Stevens töten. Sein Verschwinden ruft die *Avengers* auf den Plan. Bei ihren Recherchen stoßen sie auf Fotos, die Miller und seine Leute in verschiedenen Krisenregionen rund um die Welt zeigen. Miller hat aus seiner Einheit eine Söldnertruppe gemacht, die für Geld dorthin fliegt, wo gerade Krieg ist. Purdey besucht die Soldatenkaserne, wird dabei als Spionin enttarnt und eingesperrt. Gambit gibt sich als Söldner aus und wird in die Truppe aufgenommen. Er entdeckt, dass beim nächsten geplanten Einsatz im mittleren Osten die Leiche General Stevens zurückgelassen werden soll, was vielleicht zum Dritten Weltkrieg führen könnte. Gambit befreit Purdey. Sie flüchtet und gerät dabei in ein Minenfeld. Aber Steed kommt seinen Partnern rechtzeitig in einem Hubschrauber und mit militärischer Verstärkung zu Hilfe.
Darsteller/innen: John Castle (Colonel Miller), Shaun Curry (Sergeant Bowden), Colin Skeaping (Travis), Michael Barrington (General Stevens), Michael Howarth (Captain Tony Noble), Brian Croucher (Terry).
Erstausstrahlung GB / D: 5.1.1977 / 8.8.1997 (TM3).

173. Schlaf über der Stadt (*Sleeper*)
Regie: Graeme Clifford.
Drehbuch: Brian Clemens.
Inhalt: An der Vorführung des neu entwickelten Betäubungsgases S-95 nehmen auch Steed, Purdey und Gambit teil. Das Gas versetzt Menschen für mindestens sechs Stunden in Tiefschlaf, es sei denn, man injiziert sich vorher das entsprechende Gegenmittel. Alle Teilnehmer an der Demonstration erhalten eine Dosis. Der Verbrecher Brady stiehlt einige Kanister des Gases, die er im Morgengrauen über der Stadt versprüht. Steed, der die Nacht in Gambits Apartment verbracht hat, bemerkt am nächsten Morgen als Erstes, dass der Lieblingsspatz seines Kollegen eingeschlafen auf dem Fensterbrett liegt. Alles ist totenstill, auch auf der Straße ist kein Mensch zu sehen. Steed ruft Purdey an und bittet sie, die Gegend zu erkunden. Dabei fällt die Tür hinter ihr zu. Unterdessen beginnen Brady und seine Leute damit, systematisch alles auszuräumen. Nur mit einem Schlafanzug bekleidet, macht sich Purdey auf den Weg zu Gambit. Dabei verpasst sie ihre Kollegen, die im Auto auf der Suche nach ihr sind. Erst als Steed und Gambit auf einen Turm klettern, können sie die Verbrecher lokalisieren. Verkleidet erhalten sie Zutritt zu deren Hauptquartier und setzen sie außer Gefecht. Im Fluchthubschrauber der Bande stoßen sie auf Purdey – fest eingeschlafen.
Darsteller/innen: Keith Buckley (Brady), Sara Kestelman (Tina), Mark Jones (Chuck), Prentis Hancock (Bart), Leo Dolan (Bill), Dave Schofield (Ben), Gavin Campbell (Fred), Peter Godfrey (Carter), Joe Dunne (Hardy), Jason White, Rony McHale (Polizisten); Arthur Dignam (Dr. Graham).
Erstausstrahlung GB / D: 12.1.1977 / 19.9.1997 (TM3).

174. Drei minus Eins gleich Null (*The Three-Handed Game*)
Regie: Ray Austin.
Drehbuch: Dennis Spooner, Brian Clemens.
Inhalt: Meisterspion Juventor und sein Gehilfe Ivan haben einen Apparat gestohlen, der Erinnerungen und Fähigkeiten eines Menschen in einen anderen Menschen hineinprojizieren kann, wobei das Spendergehirn allerdings völlig zerstört wird. Meroff, ein ausländischer Diplomat, bietet zehn Millionen Pfund für Einzelheiten über das »dreihändige Spiel« – ein geheimes, von Steed gestaltetes Dokument. Drei Agenten, Masgard, McKay und Fields, jeder mit einem fotografischen Gedächtnis ausgestattet, haben jeweils ein Drittel des Dokuments gespeichert, das ohne die beiden anderen vollkommen nutzlos ist. Steeds Mitarbeiter Larry erfährt von Juventors Plänen und warnt Steed, bevor er selbst ein Opfer der Maschine wird. Juventor überträgt seinen Geist unterdessen in den Körper des Tänzers Ranson, dessen Erinnerungen zuvor gelöscht wurde. Auf diese Art gelingt es ihm, die Erinnerungen der drei Agenten des dreihändigen Spiels an sich zu bringen. Doch bevor er sein Wissen an Meroff verkaufen kann, stellen Steed, Purdey und Gambit ihm in einem leeren Theater eine Falle.
Darsteller/innen: David Wood (Ranson), David Greif (Juventor), Tony Vogel (Ivan), Michael Petrovitch (Larry), Terry Wood (Professor Meroff), Gary Raymond (Masgard), Noel Trevarthen (Tony Field).
Erstausstrahlung GB / D: 19.1.1977 / 10.10.1997 (TM3).

Episodenführer

175. Tote Männer sind gefährlich (*Dead Men are Dangerous*)
Regie: Sidney Hayers.
Drehbuch: Brian Clemens.
Inhalt: Als er nach Hause kommt, findet Steed seine Wohnung vollkommen durchwühlt, seine wertvollen Bilder und seine Porzellan-Sammlung beschädigt. Später zerstört eine Bombe seinen geliebten Bentley, ein Sarg mit der Aufschrift »John Steed R.I.P.« wird bei ihm abgegeben, und zweimal wird auf ihn geschossen. Schließlich wird auch noch Purdey entführt, und Steed erhält die Drohung, sie werde noch am selben Tag sterben. Gambit findet einen ersten Hinweis auf den Täter: Mark Crayford, ein Schulfreund und Exkollege Steeds, vor zehn Jahren zum Feind übergelaufen. Damals war Steed gezwungen gewesen, auf ihn zu feuern, und die Kugel blieb knapp neben seinem Herzen stecken. Seither bewegte sie sich Millimeter für Millimeter weiter, und Crayord, dem Tode geweiht, will nun Rache an seinem »Mörder« nehmen. Gambit findet heraus, wo Crayford Purdey gefangen hält, und fährt mit Steed dorthin. Crayford bedroht die beiden mit einer Pistole. Gerade als die Situation völlig auswegslos erscheint, beendet die vor zehn Jahren abgeschossene Kugel ihr Werk.
Darsteller/innen: Clive Revill (Mark), Richard Murdoch (Perry), Gabrielle Drake (Penny), Terry Taplin (Hara), Michael Turner (Dr. Culver), Trevor Adams (Sandy), Roger Avon (Schuldirektor).
Erstausstrahlung GB / D: 8.9.1977 / 7.11.1997 (TM3).

176. Engel des Todes (*Angels of Death*)
Regie: Ernest Day.
Drehbuch: Terence Feely, Brian Clemens.
Inhalt: Steed und Purdey beobachten, wie Agent Martin beim Versuch, in den Westen zurückzukehren, abgeschossen wird. Seine letzten Worte lauten: »Todesengel ... der Killer im Inneren ...« Kurz darauf findet ein Treffen der Abteilung unter der Führung von Pelbright statt. Pelbright stirbt nach einem Blick auf ein Blatt Papier, auf dem ein Labyrinth gezeichnet war, angeblich an einer natürlichen Ursache. Dabei war er gerade erst von einer Gesundheitsfarm zurückgekommen und schien topfit. Es stellt sich heraus, dass ganze 47 Agenten in den letzten zwei Jahren auf ähnliche Weise starben. Steed stattet daraufhin der Gesundheitsfarm einen Besuch ab. Die Klinik entpuppt sich als Anlage, in der Agenten einer Gehirnwäsche unterzogen werden. Steed wird unter Drogen gesetzt und in einem Labyrinth ausgesetzt. Diese Erfahrung ist derart traumatisch, dass später allein schon die Zeichnung eines Labyrinths zum Tod durch Schock führt. Purdey will Steed retten, wird aber selbst gefangen genommen. Erst Gambit gelingt es, seine beiden Kollegen aus dem tödlichen Labyrinth zu befreien.

Die Falle

Darsteller/innen: Terence Alexander (Manderson), Caroline Munro (Tammy), Michael Latimer (Reresby), Richard Gale (Pelbright), Lindsay Duncan (Jane), Pamela Stephenson (Wendy), Melissa Stribling (Sally Manderson), Anthony Bailey (Simon Carter).
Erstausstrahlung GB / D: 15.9.1977 / 5.12.1997 (TM3).

177. Die Wahrsagerin (*Medium Rare*)
Regie: Ray Austin.
Drehbuch: Dennis Spooner.
Inhalt: Steeds Freund und Kollege Freddy Mason wird ermordet. Er war als Zahlmeister für eine Gruppe von Informanten zuständig. Nun sieht sich sein Chef Wallace, der diese Gruppe für krumme Geschäfte benutzte, durch Steeds Nachforschungen bedroht. Er heuert einen Killer an, der Steed zunächst belasten und dann töten soll. Wirklich fällt der Verdacht auf Steed, zwei Kollegen umgebracht zu haben. Er wird unter Hausarrest gestellt. Die falsche Wahrsagerin Victoria Stanton unterstützt Purdey und Gambit bei ihren Versuchen, Steeds Unschuld zu beweisen, und plötzlich scheint sie tatsächlich hellsehen zu können. Sie gibt den beiden Tipps, die sie zu den wahren Verbrechern führen. Wallace und Richards wollen den Mord an Steed wie einen Selbstmord aussehen lassen, damit er wie ein Geständnis für die Morde wirkt. Aber Gambit und Purdey retten Steed das Leben.
Darsteller/innen: Jon Finch (Wallace), Mervyn Johns (älterer Mann), Jeremy Wilkin (Richards), Sue Holderness (Victoria Stanton), Neil Hallett (Roberts), Maurice O'Connell (McBain), Diana Churchill (Witwe), Celia Foxe (Model), Steve Ubels (Mann in der Seance), Allen Weston (Mason).
Erstausstrahlung GB / D: 22.9.1977 / 14.11.1997 (TM3).

Episodenführer

Der Meisterspion

Abenteuer in Kanada

178. Eine königliche Geisel (*The Lion and the Unicorn*)
Regie: Ray Austin.
Drehbuch: John Goldsmith.
Inhalt: Das Einhorn, ein gnadenloser Auftragskiller und Agent der gegnerischen Seite, versucht, einen hohen Minister zu töten. Dank Steeds Schutz schlägt der Versuch fehl. Die *Avengers* folgen dem Einhorn nach Paris. Bei einem Anschlag auf Steeds Leben töten die feindlichen Agenten aus Versehen das Einhorn. Steed beschließt, so zu tun, als ob der Superagent noch am Leben und in seiner Gefangenschaft wäre. Die Bande entführt einen Prinzen, um ihn gegen das Einhorn auszutauschen. Steed versucht Zeit zu gewinnen und stimmt einem Austausch zu. Bei dieser Übergabe spielen zwei Lifte und eine an die Brust des Prinzen gebundene Bombe eine Rolle, aber am Ende siegen wie immer die Guten.
Darsteller/innen: Jean Claudio (Einhorn), Maurice Marsac (Leparge), Raymond Bussieres (Henri).
Erstausstrahlung GB / D: 29.9.1977 / 12.12.1997 (TM3).

179. Der Rachefeldzug (*Obsession*)
Regie: Ernest Day.
Drehbuch: Brian Clemens.
Inhalt: Steed und Purdey erhalten den Auftrag, die Sicherheit einer Delegation von Arabern zu garantieren. Purdey weigert sich: Der Vater ihres ehemaligen Verlobten Larry Doomer war vor sieben Jahren von arabischen Soldaten getötet worden. Larry löste die Verlobung und widmete sein weiteres Leben ausschließlich der Rache. Inzwischen ist er der Anführer einer Schwadron, die arabischen Regierung einige Flugzeugraketen vorführen soll – derselben Gruppe, die seinen Vater getötet hat. Steed besteht auf Purdeys Mitarbeit, und es kommt zu einem ersten Zusammentreffen zwischen ihr und Larry. Bei der Vorführung bringt Larry eine der Raketen an sich, um mit ihr das Parlamentsgebäude zu sprengen, in der die Araber abgestiegen sind. Purdey kann ihn nicht davon abbringen. Als er versucht, sie zu töten, trifft ihn eine Kugel aus Gambits Gewehr. Purdey ahnt, wo Larry die Rakete versteckt hat. Zusammen bringen die *Avengers* die Rakete vorzeitig zur Explosion.
Darsteller/innen: Martin Shaw (Larry), Mark Kingston (General Canvey), Terence Longdon (Commander East), Lewis Collins (Kilner), Anthony Heaton (Morgan), Tommy Boyle (Wolach), Roy Purcell (Kontrolleur).
Erstausstrahlung GB / D: 6.10.1977 / 21.11.1997 (TM3).

180. Die Falle (*Trap*)
Regie: Ray Austin.
Drehbuch: Brian Clemens.
Inhalt: Willie, einer von Steeds Agenten, kann kurz vor seinem Tod noch einen Hinweis auf eine geplante Übergabe von Drogen im Wert von zehn Millionen Dollar geben. Zusammen mit dem CIA-Agenten Brine erwarten die *Avengers* den Drogenkurier. Dabei kommen dieser und Brine ums Leben. Die *Avengers* nehmen die Drogen an sich. Der Auftraggeber des Deals, der Chinese Soo Choy, ist durch dieses Missgeschick zum Gespött der Drogen-Dealer-Branche geworden. Er schwört Rache und lockt die *Avengers* an Bord eines Flugzeuges, das von einem seiner Männer gesteuert wird. Es kommt zum Kampf, und Gambit tötet den Piloten. Das Flugzeug stürzt ab, direkt auf den Besitz von Choy, wo sich die Agenten plötzlich dessen Privatarmee gegenübersehen. Gambit wird gefangen genommen, aber Steed gelingt es, einen der Männer zu überwältigen und in dessen Kleidung zu schlüpfen. Mit Purdey als »Gefangener« dringt er bis zu Choy vor und nimmt ihn fest.

Darsteller/innen: Terry Wood (Soo Choy), Ferdy Mayne (Arcarty), Robert Rietty (Dom Carlos), Kristopher Kum (Tansing), Yasuko Naggazumi (Yasho), Stuart Damon (Marty Brine), Barry Lowe (Murford), Annegret Easterman (Miranda), Bruce Boa (Mahon), Larry Lamb (Williams), Maj Britt (Freundin).
Erstausstrahlung GB / D: 13.10.1977 / 28.11.1997 (TM3).

181. Der Drache erwacht
(K is for Killing - Part 1: The Tiger Awakes)
Regie: Yvon Marie Coulais.
Drehbuch: Brian Clemens.
Inhalt: Steed und Peel waren 1965 auf einen sonderbaren Fall gestoßen: Ein junger russischer Soldat kam ums Leben und wurde im Tod in Sekundenschnelle zu einem alten Mann. 1977 werden drei französische Arbeiter von einem jungen russischen Soldaten erschossen. Steed glaubt, dass dieser Vorfall mit den Geschehnissen von 1965 in Zusammenhang steht, und fährt mit Purdey und Gambit nach Frankreich. Zusammen mit dem französischen Polizisten Colonel Martin verfolgen sie eine Spur zu einem Schloss, das unter schwerem Beschuss steht und von einem jungen russischen Soldaten geleitet wird. Als Gambit ihn tötet, verwandelt auch er sich blitzschnell in einen alten Mann. Laut Soldbuch war er erst 52. Ähnliches geschieht bei einem anderen Schloss, auch hier stirbt ein Mann auf seltsame Weise. Im Kopf der beiden Toten wird ein Empfangsgerät gefunden, und ein Franzose erkennt in einem der beiden einen Mann, den er vor 30 Jahren kannte. Da erhält Steed einen Anruf von Toy, dem russischen Botschafter in Paris.
Darsteller/innen: Pierre Vernier (Colonel Martin), Maurice Marsac (General Gaspard), Charles Millot (Stanislav), Paul Emile Deiber (Toy), Christine Delaroche (Jeanine Leparge), Sacha Pitoeff (Kerov), Maxence Mailfort (Turkov), Alberto Simeno (Minister), Jaques Monnet (Kellner), Frank Oliver (Minsky), Guy Mairesse (Wache), Cyrille Besnard (Sekretärin), Krishna Clough (Soldat), Kenneth Watson (Major der Heilsarmee), Tony Then (Mönch), Eric Allen (Penrose).
Erstausstrahlung GB / D: 27.10.1977 / 19.12.1997 (TM3).

182. Der Drache erwacht
(K is for Killing - Part 2: Tiger by the Tail)
Regie: Yvon Marie Coulais.
Drehbuch: Brian Clemens.
Inhalt: Toy erzählt Steed, dass die Verstorbenen alle sogenannte K-Agenten waren, eine Elitetruppe, die durch ein Signal über einen Satelliten gesteuert wurden. Der Satellit hat inzwischen einen Defekt erlitten und funktioniert nicht mehr wie geplant. Die Männer müs-

Poker um Purdy

sen gestoppt werden, sonst könnten sie den Dritten Weltkrieg auslösen. Bald darauf erfährt der russische Agent Stanislav von Toy, dass alle 200 K-Agenten gefangen oder getötet wurden. Stanislav weiß aber, dass es noch zwei weitere gibt: Turkov (Stanislavs Vater) und Minsky. Stanislav will seinen Vater schützen. Als Toy Steed von den beiden letzten Agenten berichten will, tötet er ihn. Minsky, der vorletzte K-Agent, stirbt. Stanislav und sein jung gebliebener Vater Turkov wollen den französischen Präsidenten auf der Beerdigung töten, doch die *Avengers* vereiteln den Plan und schalten Vater und Sohn aus.
Darsteller/innen: s. 181.
Erstausstrahlung GB / D: 3.11.1977 / 2.1.1998 (TM3).

183. Der Meisterspion (*Complex*)
Regie: Richard Gilbert.
Drehbuch: Dennis Spooner.
Inhalt: Einer von Steeds erbittertsten Gegnern ist Agent X41, Code-Name Scapina. In all der Zeit konnte Steed seine Identität nie lüften. Durch einen kanadischen Kontaktmann hofft er auf neue Hinweise. Doch bevor dieser reden kann, wird er erschossen. Am Tat-

ort finden die *Avengers* ein unscharfes Foto; es zeigt einen Mann beim Verlassen eines modernen Gebäudes. Der russische Agent Karavitch bietet Steed an, die Identität von Scapina für eine Million Dollar zu verraten. Der Treffpunkt: Toronto. In Kanada werden die *Avengers* in einem hochmodernen Gebäude empfangen. Karavitch wird ermordet, sein Mörder begeht Selbstmord. Als Purdey im Keller des Hauses Nachforschungen anstellt, wird sie unmerklich von dem Computer, der alle Funktionen des Hauses steuert, eingeschlossen, und die Luft wird aus dem Raum abgepumpt. Scapina ist niemand anderes als das ganze Gebäude. Steed entdeckt einen Zugang zum Kontrollraum über die Hauspost. Er wirft Streichholzschachteln in die Postanlage. Purdey begreift, was er vorhat. Sie entzündet die Streichhölzer und setzt damit die Sprinkleranlage in Gang. Das Wasser sorgt dafür, dass der Computer einen Kurzschluss erleidet.
Darsteller/innen: Cec Linder (Baker), Harvey Atkin (Talbot), Vlasta Vrana (Karavitch), Rudy Lipp (Koschev), Jan Rubes (Patlenko), Michael Ball (Cope), David Nichols (Greenwood), Suzette Couture (Miss Cummings), Gerald Crack (Berisford Holt).
Erstausstrahlung GB / D: 10.11.1977 / 9.1.1998 (TM3).

184. Poker um Purdey (*Hostage*)
Regie: Sidney Hayers.
Drehbuch: Brian Clemens.
Inhalt: Gerade als Steed eine Bekannte zu einem intimen Dinner in seine Wohnung eingeladen hat, klingelt das Telefon. Eine Stimme informiert ihn, Purdey sei entführt worden und werde getötet, wenn er die Anweisungen nicht genau befolge. Er wird aufgefordert, niemandem davon zu erzählen. Die Entführer fordern bestimmte Geheimpläne der Alliierten. Steed fährt ins Ministerium und fertigt Kopien der Papiere an, die sich in McKays Safe befinden. McKay wird misstrauisch und lässt Steed beschatten. Die Entführer töten den Schatten, doch der Verdacht fällt auf Steed. McKay fordert ausgerechnet Gambit auf, der von Purdeys Entführung nichts ahnt, Steed zu ihm zu bringen. Steed überwältigt Gambit und fährt zu einem verlassenen Jahrmarkt, wo Purdey von Spelman, einem Angestellten des Ministeriums und Kopf der Entführer, festgehalten wird. Steed und Purdey werden schwer bedrängt, bis Gambit zu ihrer Rettung herbeieilt.
Darsteller/innen: William Franklyn (McKay), Simon Oates (Spelman), Michael Culver (Walters), Anna Palk (Suzy), Barry Stanton (Packer), Richard Ireson (Vernon), George Lane-Cooper (Marvin).
Erstausstrahlung GB / D: 17.11.1977 / 31.10.1997 (TM3).

Joanna Lumley

185. Abenteuer in Kanada (*Forward Base*)
Regie: Don Thompson.
Drehbuch: Dennis Spooner.
Inhalt: Der russische Agent Czibor versteckt ein kleines Päckchen, bevor er an Schussverletzungen stirbt. Seine letzten Worte lauten: »Forward Base«. Steed machen diese Worte mehr Sorgen als der Inhalt des Päckchens, die Kontrolleinheit einer Lenkrakete. Bald taucht der russische Agent Halfhide auf, gräbt das Päckchen aus, wirft es in einem See und verschwindet. Gambit folgt ihm. Sonderbare Dinge passieren inzwischen am Ufer des Sees. Ein Fischer findet sich selbst abwechselnd auf trockenem Boden oder bis zum Hals im Wasser. Purdey holt das Päckchen aus dem Wasser, aber es scheint ein anderes Modell als vorher zu sein. Halfhide schüttelt Gambit ab, kehrt zum See zurück, und Purdey beobachtet erstaunt, wie er vollständig angezogen in den See springt und im Schlafanzug wieder daraus auftaucht. Noch andere sonderbare Dinge passieren. Zusammen mit einer Gruppe von Tauchern geht Purdey dem See auf den Grund und findet dort eine seltsame Unterwasserwelt – »Forward Base« – eine Basis für russische Spione, die sich dort auf den Dritten Weltkrieg vorbe-

reiten. Mit einer kleinen Unterwasser-Armee eilt Steed Purdey zu Hilfe.
Darsteller/innen: Jack Creley (Hosking), August Schellenberg (Bailey), Marilyn Lightstone (Ranoff), Nich Nichols (Malachev), David Calderisi (Halfhide), Maurice Good (Milroy), John Bethune (Doktor), Anthony Parr (Glover), Les Rubie (Harper), Toivo Pyyko (Clive), Richard Moffat (Czibor).
Erstausstrahlung GB / D: 24.11.1977 / 31.8.1998 (TM3).

186. Emily (*Emily*)
Regie: Don Thompson.
Drehbuch: Dennis Spooner.
Inhalt: Die *Avengers* versuchen, die Identität des »Fuchs« aufzuspüren. Am Lake Ontario beobachten sie eine Geldübergabe zwischen dem »Fuchs« und dem Kurier Arkoff. Ein Mann auf Wasserski greift sich den Koffer mit dem Geld. Der Skifahrer ist Gordon Collings, ein Verbindungsoffizier zwischen dem britischen und dem kanadischen Geheimdienst – ein äußerst gut informierter Mann mit viel Insiderwissen. Er entkommt, und Steed versucht seine Fingerabdrücke zu nehmen, die er bei einem Sprung über ein Auto auf der Motorhaube hinterlassen haben muss. Doch das Auto verschwindet überraschend. Es gehört einer Miss Daly, die es über alles liebt und ihm den Namen »Emily« gegeben hat. Miss Daly will »Emily« durch eine Waschanlage fahren, doch die *Avengers* können diese in letzter Sekunde stoppen und so den wertvollen Fingerabdruck retten. Auf der Fahrt zu einem forensischen Spezialisten liefern sich die drei mit den Männern des »Fuches« eine wilde Autojagd. Steeds Bowler hängt schützend über dem Abdruck. Dabei werden zwar die abtrünnigen Agenten überführt, aber auch Miss Dalys Stolz und Glück zu Schrott gefahren. Bevor sie das Land verlassen, übergeben die *Avengers* ihr ihr neues Auto.
Darsteller/innen: Les Carison (Collings), Richard Davidson (Phillips), Jane Mallet (Miss Daly), Peter Torokvei (Kalenkov), Peter Arkroyd (Mirschtia), Brian Petchy (Reddington), Don Corbett (Arkoff), Sandy Crawley (erster Polizist), John Kerr (zweiter Polizist), Don Legros (Mechaniker).
Erstausstrahlung GB / D: 1.12.1977 / 1.9.1998 (TM3).

187. Die Kampfmaschine (*The Gladiators*)
Regie: George Fournier.
Drehbuch: Brian Clemens.
Inhalt: Bei einem halb beruflichen, halb privaten Kanada-Aufenthalt werden die *Avengers* gebeten, ein Auge auf die Aktivitäten von Karl Sminsky, einem Rote-Armee-Oberst und KGB-Agenten, zu werfen. Sminsky und seine zwei Begleiter sind gerade erst in Kanada angekommen und zwar aus einem Trainingscamp, wo diese beiden aus über 130 Männern ausgesucht wurden. Die drei töten zwei junge Männer in einem Supermarkt. Das bringt die *Avengers* auf ihre Spur. Als Steed und Purdey Sminskys Camp entdecken, sollen sie den dort auszubildenden Gladiatoren als lebende Zielscheibe dienen. Ein Tonband verrät ihnen, dass Sminsky die Akten des kanadischen Sicherheitssystems vernichten will, um die Abwehr um Jahre zurückzuwerfen. Im Kampf siegen die perfekt ausgebildeten *Avengers* gegen die härtesten Gladiatoren, sogar gegen den »Meister« selbst, Sminsky, der mit der bloßen Hand Gewehrkugeln fangen kann. Aber auch das nutzt ihm nichts.
Darsteller/innen: Louis Zorich (Karl), Neil Vipond (Peters), Bill Starr (O'Hara), Peter Bor etski (Tarnokoff), Yanci Burkovek (Barnoff), Jan Muzynski (Cresta), Michael Donaghue (Hartley), George Chuvalo (großer Mann), Dwayne McLean (Rogers), Patrick Sinclair (Ivan), Doug Lennox (Nada).
Erstausstrahlung GB / D: 18.11.1977 bzw. 6.9.1978 (s. Anmerkung) / 27.8.1998 (TM3).
Anmerkung: Diese Episode wurde in der Region London erst Monate später als der Rest der Staffel ausgestrahlt. Die Programmverantwortlichen fanden sie zunächst zu brutal, um sie den Zuschauern zu zeigen. In den Midlands lief *The Gladiators* ganz normal im Rahmen der *New Avengers*-Staffel.

Mit Schirm, Charme und Melone zum Nachlesen

Internet

http://theavengers.tv (die Website, die keine Fragen oder Wünsche offen lässt).
http://www.sk96.de/sk_av.htm (sehr gute, detailreiche deutsche Seite.).
http://www.patrickmacnee.com/ (ein Muss für jeden Fan).
http://calwestray.tripod.com/Avengers/emma_peel.htm (noch mehr über Emma Peel).
http://losvengadores.theavengers.tv/ (sehr empfehlenswerte Seite aus Südamerika, zum Glück auch in englisch).
http://www.dissolute.com.au/avweb/ (australische Seite mit vielen Bildern und Fashionguide).
http://theavengers.online.fr/ (schöne französische Seite).
http://www.arte.tv/de/film/Mit-Schirm-Charme-und-Melone/3553048,CmC=3553132.html (Sepecial zum 50. Geburtstag).
http://blogs.chi.ac.uk/theavengers/ (alles zum großen Geburtstagstreffen 2011).

Zeitungs- und Zeitschriftenartikel

»An Actress Who Believes in Taking Risks«. In: *Herald Tribune*, 1.7.1974.
»The Best of the Empire«. In: *die tageszeitung*, 17.10.1991.
»Britain's Best Actress«. In: *Time*, 28.5.1979.
»Das Ende einer Starfighterin«. In: *Wiener Kurier*, 5.1.1973.
»Diana entdeckt das Eheleben«. In: *Berliner Morgenpost*, August 1973.
»Diana Rigg Chooses Her Way«. In: *The Times*, 14.10.1972.
»Diana Rigg, die nie, nie wieder heiraten wollte!« In: *B.Z.*, 27.3.1982.
»Diana Rigg ist sexy wie einst«. Aus der Reihe: »Die Serien-Stars von gestern. Was machen sie heute?« In: *Berliner Morgenpost*, 28.7.1988.
»Emma Peel – die Domina des Films«. In: *Neues Deutschland*, 18.10.1991.
»Emma Peel, für uns gezähmt«. In: *Wiener Kurier*, 5.7.1967.
»Emma Peel kommt nicht zu spät«. In: *Handelsblatt*, 2./3.2.1968.
»Emma Peels sanfte Verteidigung«. In: *Handelsblatt*, 11.7.1967.
»Emmas Comeback mit Schleier und Schwert«. In: *Münchner Merkur*, 6.7.1967.
»Emmas Rückkehr«. In: *Der Tagesspiegel*, 6.7.1967.
»Emma und John wahren Kontenance«. In: *Berliner Morgenpost*, 11.5.1988.
»Farewell to Emma. Shakespeare statt Pistolen«. In: *Die Zeit*, 17.5.1968.
»Filmstar rettete eine Ertrinkende aus dem Pazifik«. In: *B.Z.*, 21.9.1985.
»Frei wie Emma«. In: *Frankfurter Allgemeine Zeitung*, 17.7.1967.
»Ich liebe Emma Peel!« In: *Stuttgarter Zeitung*, 11.4.1967.
»Jetzt Bösewicht, aber immer noch mit Charme: Patrick Macnee«. In: *Bild am Sonntag*, 29.5.1983.
»John und Emma«. In: *Süddeutsche Zeitung*, 21.4.1967.
»Man kommt aus dem Staunen nicht heraus: Ist das die echte Emma Peel?« In: *B.Z.*, 27.7.1987.
»Miß Peel macht mal Pause«. In: *Christ und Welt*, 14.4.1967.
»Neu im Kino: Mit Schirm, Charme und Melone«. In: *film-dienst*, 18/98.

»Die neuesten Abenteuer des ›Rächers‹ (›The Avenger‹)«. Ein Interview mit Patrick Macnee. Aus: *USA TODAY*, 16.7.1987.

»Ohne Schirm, Charme und Melone«. In: *epd Film*, Okt. 98.

»Patrick Macnee: eine Psychotherapie hat ihn gerettet. Isabelle Caron berichtet aus dem Leben unserer TV-Helden«. Reportage auf *Télé 7 Jours*, 15.8.-21.8.1992.

»Pleite für Diana Riggs TV-Serie in Amerika?« In: *Berliner Morgenpost*, 1973.

»Die ›Rächerinnen‹ kommen«. In: *Stuttgarter Zeitung*, 7.9.1965.

»Schirm, Charme und frauliche Waffen«. In: *Münchner Merkur*, 21.10.1967.

»Statt Gangster angelt sie nun Lachse«. In: *Bild am Sonntag*, 13.5.1984.

»Von Emma Peel zu Frau Bond«. In: *Stuttgarter Zeitung*, 22.10.1968.

Literatur

Baumgart, Lars: Das Konzept Emma Peel. Kiel 2002.

Buxton, David: From *The Avengers* to *Miami Vice*. Form and Ideologie in Television Series. Manchester, New York 1990.

Cornell, Paul / Martin Day / Keith Topping: The *Avengers* Dossier. The Definitive Unauthorised Guide. London 1998.

Delling, Manfred: Bonanza & Co. Reinbek 1967.

Eco, Umberto: Apokalyptiker und Integrierte. Zur kritischen Kritik der Massenkultur. Frankfurt/Main 1984.

Ders.: Serialität im Universum der Kunst und der Massenmedien. In: Ders.: Streit der Interpretationen. Konstanz 1987.

Esslin, Martin: The Television Series as Folk Epic. In: C.W.E. Bigsby: Superculture: American Popular Culture and Europe. London 1975.

Faulstich, Werner: Ästhetik des Fernsehens. Tübingen 1982.

Gerani, Gary / Paul H. Schulman: Fantastic Television. A Pictorial History of Sci-fi, The Unusual and the Fantastic. New York 1977.

Hickethier, Knut: Die Fernsehserie und das Serielle des Fernsehens. Lüneburg 1992.

Hoffmann, Hilmar / Heinrich Klotz: Die Sechziger. Die Kultur unseres Jahrhunderts. Düsseldorf, Wien, New York 1987.

Horwarth, Alexander: Wie Spielbergs Herz in Großaufnahme klopft. In: *Kinoschriften 2*, 1987.

Kocian, Erich: Die James-Bond-Filme. München 1982.

Kreuzer, Helmut / Karl Prümm: (Hrsg.): Fernsehsendungen und ihre Formen. Stuttgart 1990.

Lange, Günter: Kriminalserien im Fernsehen. In: Diskussion Deutsch, 8. Jg. 1977, H. 38.

Lumley, Joanna: No Room for Secrets. London 2004.

Macnee, Patrick: *The Avengers*. Deadline. London 1965.

Ders.: *The Avengers*. Dead Duck. London 1966.

Ders.: Blind in One Ear. Autobiography of an Avenger. London 1988.

Ders. / Dave Rogers: *The Avengers* and Me. London 1998.

Meehan, Diana M.: Ladies of the Evening. Women Characters of Prime-Time Television. New York, London 1983.

Meyers, Richard: TV Detectives. San Diego, London 1981.

Miller, Toby: *The Avengers*. London 1997.

Paulu, Burton: Television and Radio in the United Kingdom. London, Basingstoke 1981.

Peel, John / Dave Rogers: The Avengers. Too Many Targets. New York 1990.

Rigg, Diana (Hg.): No Turn Unstoned. The Worst Ever Theatrical Reviews. New York 1983.

Rogers, Dave: *The Avengers*. London 1983.

Ders.: *The Avengers* Anew. London 1985.

Ders.: The ITV Encyclopedia of Adventure. London 1988.

Ders.: The Complete *Avengers*. London, New York 1989.

Schneider, Irmela / Christian W. Thomson / Andreas Novak (Hg.): Lexikon der britischen und amerikanischen Serien, Fernsehfilme und Mehrteiler. Berlin 1991.

Stay Tuned. The UKs Officially Authorised *Avengers* Magazine. Hg. v. Dave Rogers.

Steadycam. Eine Filmzeitschrift. Ausgabe: »Seriensucht. Wie Fernsehserien das Leben verändern«. Hg. v. Milan Pavlovic. Nr. 27, 1994.

Tracy, Kathleen: Diana Rigg. The Biography. Dallas 2004.

Whiteley, Nigel: Pop Design: Modernism to Mod. London 1987.

Episoden-Register

Anmerkung: Das Register führt die im deutschen Fernsehen ausgestrahlten Episoden jeweils sowohl unter ihrem deutschen als auch unter ihrem Originaltitel. Im Haupttext des Buches wird jedoch stets nur eine Variante – in den meisten Fällen der deutsche Titel – genannt. Zum Abgleich siehe den Episodenführer, auf den die jeweils letzte Seitenzahl der Register-Einträge verweist.

A
Abenteuer in Kanada 216
Adlerhorst, Der 207
Afrikanischer Sommer 66, 102, 177
All Done with Mirrors 197
Angels of Death 213
Ashes of Roses 147
Auf Wiedersehen, Emma 40, 74, 193
Ausverkauf des Todes 172
AVENGERS, THE (Kinofilm) 139-142

B
Biete Putsch, suche Waffen 198, 199
Big Thinker, The 157
Bird Who Knew Too Much, The 98, 136, 184
Bizarre 207
Box of Tricks 159
Brief for Murder 162
Brought to Book 12, 145
Build a Better Mousetrap 168
Bullseye 154
Butler sind gefährlich 98, 103, 180

C
Castle De'ath 113, 130, 173
Cat amongst the Pigeons 209
Chamäleon-Faktor, Der 206
Change of Bait, A 152
Charmers, The 169
Chorus of Frogs, A 161
Club der Hirne, Der s. Schule des Tötens
Club der schwarzen Rose, Der 102, 104, 109, 179
Club des Gaslichtmörders 102, 122, 204
Complex 215
Concerto 170
Conspiracy of Silence, A 160
Correct Way to Kill, The 95, 104, 110, 111, 186
Crescent Moon 146
Curious Case of the Countless Clues, The 102, 108, 122, 202
Cybernauts, The 26, 43, 81, 117, 118, 136, 172

D
Dame im Zentrum, Die 204
Dance with Death 148
Danger Makers, The 102, 104, 109, 179
Dead Man's Treasure 77, 86, 95, 109, 110, 191
Dead Men are Dangerous 213
Dead of Winter (The Case of the Happy Camper) 151
Dead on Course 158
Deadly Air, The 152
Death à la Carte 166
Death at Bargain Prices 172
Death Dispatch 157
Death of a Batman 163
Death of a Great Dane 156
Death on the Rocks 156
Death on the Slipway 149
Death's Door 120, 190
Decapod, The 20, 154
Dial a Deadly Number 174
Diamond Cut Diamond 12, 146
Diesmal mit Knalleffekt 113, 187
Dirtier by the Dozen 211
Dolch der tausend Tode, Der 198
Don't Look Behind You 166
Doppelgänger 211
Double Danger 150
Drache erwacht, Der 215
Dragonsfield 152
dreckige Dutzend, Das 211
Drei minus Eins gleich Null 212
dreizehnte Loch, Das 72, 106, 112, 178
Dressed to Kill 166
Duplikate gefällig? 93, 118, 186
Durch und durch verrottet 200
Durchsichtigen, Die 35, 81, 115, 183

E
Eagle's Nest, The 207
Einmal Venus – Hin und zurück 35, 42, 68, 69, 85, 93, 104, 110, 114, 182
Eins, zwei, drei – wer hat den Ball? 7, 112, 188
Emily 217
Engel des Todes 213
Epic 86, 187
Escape in Time 35, 110, 116, 130, 183
Esprit de Corps 170

F
Faces 211
Fahrkarten in die Vergangenheit 35, 110, 116, 130, 183
Falle, Die 214
False Witness 197

Far Distant Dead, The 150
Fear Merchants, The 97, 102, 120, 136, 182
fehlende Stunde, Die 26, 174
50,000 Pound Breakfast, The 190
Filmstar Emma Peel 86, 187
Fit für Mord 181
Fliegen Sie mal ohne 81, 86, 110, 123, 187
Fog 102, 122, 204
Forget-Me-Knot, The 40, 74, 193
Forward Base 216
Frighteners, The 148
From Venus with Love 35, 42, 68, 69, 85, 93, 104, 110, 114, 182
Funny Thing Happened on the Way to the Station, A 113, 187

G
Game 81, 104, 106, 110, 129, 194
Gefährliche Tanzstunde 83, 112, 179
geflügelte Rächer, Der 98, 107, 134, 184
geheimnisvolle Ypsilon, Das 210
Geist des Duke von Benedikt, Der 108, 185
Geist sucht Körper 196
Geschlossene Räume 66, 90, 109, 177
Get-a-Way 206
Gilded Cage, The 164
Girl from Auntie, The 178
Girl on the Trapeze 146
Gladiators, The 217
Glaspflegeinstitut, Das 98, 136, 194
Gnaws 211
Gold 209
Golden Eggs, The 159
Golden Fleece, The 165
Grandeur That Was Rome, The 165
Gravediggers, The 82, 96, 109, 112, 172

H
H2O – Tödliches Nass 26, 138, 174
Haben Sie es nicht ein bisschen kleiner? 100, 110, 115, 130, 193
Häuschen im Grünen, Das 180
Have Guns ... Will Haggle 198, 199
Herz ist Trumpf 93, 202
Herzdame 208
Hidden Tiger, The 109, 112, 185
Homicide and Old Lace 136, 204
Honey for the Prince 42, 82, 83, 128, 181
Honig für den Prinzen 42, 82, 83, 128, 181
Hostage 216
Hot Snow 64, 145
Hour That Never Was, The 26, 174
House of Cards 208
House That Jack Built, The 180

How to Succeed at Murder 181
Hunt the Man Down 147

I
Immortal Clay 158
Indizienmörder, Die 102, 108, 122, 202
Intercrime 158
Interrogators, The 200
Invasion der Erdenmenschen 68, 200
Invasion of the Earthmen 68, 200

J
Joker, The 42, 81, 104, 110, 189

K
K is for Killing – Part 1: The Tiger Awakes 215
K is for Killing – Part 2: Tiger by the Tail 215
Kampfmaschine, Die 217
Kennen Sie »Snob«? 95, 104, 110, 111, 186
Kill the King 151, 186
Killer 201
Killerwhale 162
Koffer, Koffer, du musst wandern 203
königliche Geisel, Eine 214

L
Last of the Cybernauts ... ?, The 117, 208
Legacy of Death 198
Lion and the Unicorn, The 214
Little Wonders, The 167
Living Dead, The 108, 185
Lobster Quadrille 170
Look [Stop Me If You've Heard This One] but There Were These Two Fellers 198
Love All 93, 202

M
Man in the Mirror 160
Man with Two Shadows, The 20, 162
Mandrake 168
Man-Eater of Surrey Green 26, 138, 176
Mannerings Fragestunde 200
Master Minds, The 113, 173
Mauritius Penny, The 155
Medicine Men, The 165
Medium Rare 213
Meisterspion, Der 215
Midas Touch, The 209
Milch machts, Die 197
Mission Highly Improbable 100, 110, 115, 130, 193
Mission to Montreal 20, 154
Mit 160 aus dem Stand 77, 86, 95, 109, 110, 191
MIT SCHIRM, CHARME UND MELONE (Kinofilm) 139-142

Episoden-Register

Mörderinstitut, Das 26, 81, 173
Mörderischer Löwenzahn 26, 138, 176
Mordet die Männer s. Fit für Mord
Morning After, The 201
Mr. Teddy Bear 152
Mrs. Peel, zum Ersten, zum Zweiten, zum Dritten 178
Murder Market, The 26, 81, 173
Murdersville 95, 100, 101, 136, 192
Mutters Erzählungen 136, 204
My Wildest Dream 205

N

Nächster Aufenthalt: Paradies 207
Nacht der Sünder, Die 34, 35, 79, 98, 138, 179
Nadeln töten leiser s. Mrs. Peel, zum Ersten, zum Zweiten, zum Dritten
Never, Never Say Die 93, 118, 186
Nightmare 146
Noon Doomsday 137, 198
November Five 164
Nutshell, The 163

O

Obsession 214
One for the Mortuary 148
Operation George 196
Outside-In Man, The 169

P

Pandora 206
Please Don't Feed the Animals 147
Poker um Purdey 216
Positive-Negative-Man, The 115, 192
Propellant 23 153
Puzzlespiel 81, 104, 106, 110, 129, 194

Q

Quick-Quick-Slow-Death, The 83, 112, 179

R

Rachefeldzug, Der 214
Radioactive Man, The 147
Remak 201
Removal Man, The 155
Requiem 205
Return of the Cybernauts 43, 81, 92, 117, 118, 189
Robin Hood spielt mit 67, 68, 101, 125, 128, 180
Roboter, Die 26, 43, 81, 117, 118, 136, 172
Room without a View 66, 90, 109, 177
Rotters, The 200

S

Sag mir, wo die Menschen sind 201
Schlaf über der Stadt 212
Schock frei Haus 97, 102, 120, 136, 182
School for Traitors 160
schottische Schloss, Das 113, 130, 173
Schule des Tötens 113, 173
Second Sight 165
Secrets Broker, The 168
See-Through Man, The 35, 81, 115, 183
Sell-Out, The 156
Sense of History, A 67, 68, 101, 125, 128, 180
Sie wurden soeben ermordet 108, 191
Silent Dust 125, 177
Six Hands across a Table 20, 161
Sleeper 212
Small Game for Big Hunters 66, 102, 177
Something Nasty in the Nursery 7, 112, 188
Spieglein, Spieglein in der Hand 197
Split 137, 196
Springers, The 148
Square Root of Evil 12, 145
Stadt ohne Rückkehr 23, 24, 70, 99, 112, 171
stählerne Monster, Das 117, 208
Stay Tuned 203
Stille Tage auf dem Land 206
Super Secret Cypher Snatch, The 98, 136, 194
Superlative Seven, The 81, 86, 110, 123, 187
Surfeit of H2O, A 26, 138, 174

T

Take Me to Your Leader 203
Take Over 206
Tale of the Big Why 210
Target 125, 177, 209
Therapie des Todes 205
They Keep Killing Steed 199
Thingumajig 205
13th Hole, The 72, 106, 112, 178
Three-Handed Game, The 212
To Catch a Rat 210
Tod per Post 196
todbringende Anzug, Der 115, 192
Tödlicher Staub 125, 177
Tödliches Training 209
Too Many Christmas Trees 23, 138, 176
Tote Männer sind gefährlich 213
Totengräber, Die 82, 96, 109, 112, 172
Touch of Brimstone, A 34, 35, 79, 98, 138, 179
Town of No Return, The 23, 24, 70, 99, 112, 171
Toy Trap 150
Traitor in Zebra 157
Trap 214
Trojan Horse, The 168
Tunnel of Fear, The 150
Two's a Crowd 81, 109, 119, 176
2:1=1 81, 109, 119, 176

U

Überdosis Wasser, Eine s. H20 – Tödliches Nass
Und noch einmal Roboter 43, 81, 92, 117, 118, 189
Undertakers, The 162
Ungeheuer, Das 211
Urlaub auf Raten 203

V

Vogel, der zuviel wusste, Ein 98, 136, 184
Vor Clowns wird gewarnt 198
Vorsicht bei Anruf 174
Vorsicht Hochspannung 205
Vorsicht, Raubkatzen 109, 112, 185

W

wahrgewordene Albtraum, Der 120, 190
Wahrsagerin, Die 213
Warlock 15, 159
Weekend auf dem Lande 42, 81, 104, 110, 189
Weihnachten – ein Albtraum 23, 138, 176
weiße Ratte, Die 210
Wenn es zwölf Uhr schlägt 137, 198
Wer ist John Steed? 199
Wer ist wer? 42, 82, 96, 108, 119, 189
What the Butler Saw 98, 103, 180
White Dwarf, The 160
White Elephant, The 166
Who Was That Man I Saw You with? 204
Who's Who 42, 82, 96, 108, 119, 189
Whoever Shot Poor George Oblique Stroke XR4 196
Wie aus heiterem Himmel 209
Willkommen im Dorf des Todes 95, 100, 101, 136, 192
Willkommen im Shakespeare's Inn 202
Winged Avenger, The 98, 107, 134, 184
Wish You Were Here 202
Wo der Hund begraben liegt 190
Wringer, The 167

Y

Yellow Needle, The 149
You Have Just Been Murdered 108, 191
You'll Catch Your Death 196

Z

Zur Hölle, Sir! s. Nacht der Sünder, Die

Reihe **Deep Focus**

Sonja M. Schultz
Der Nationalsozialismus im Film
Von TRIUMPH DES WILLENS bis
INGLOURIOUS BASTERDS

Frank Hentschel
Töne der Angst
Die Musik im Horrorfilm

Antje Flemming
Lars von Trier
Goldene Herzen,
geschundene Körper

Christian Schmitt
Kinopathos
Große Gefühle
im Gegenwartsfilm

Thomas Elsaesser
Hollywood heute
Geschichte, Gender und Nation
im postklassischen Kino

N. Grob / B. Kiefer / I. Ritzer (Hg.)
Mythos DER PATE
Francis Ford Coppolas
GODFATHER-Trilogie und
der Gangsterfilm

Daniel Kulle
Ed Wood
Trash & Ironie

Marcus Stiglegger
Ritual & Verführung
Schaulust, Spektakel &
Sinnlichkeit im Film

Rayd Khouloki
Der filmische Raum
Konstruktion, Wahrnehmung,
Bedeutung

Ivo Ritzer
Walter Hill
Welt in Flammen

www.bertz-fischer.de
mail@bertz-fischer.de